本教材获华侨大学教材建设基金立项资助

普通高等学校"十四五"规划公共管理类专业精品教材
总主编：汤兆云

社会保险学

汤兆云　和红　主编

华中科技大学出版社
http://press.hust.edu.cn
中国·武汉

内 容 简 介

伴随社会保障改革从试点进入成熟、定型发展的新阶段，有必要对我国社会保险的发展道路、价值取向、目标追求、体系建构与行动方案进行深入研究。本书在归纳、总结和提炼我国社会保险最新理论动态的基础上，分析我国社会保险的改革历程和发展趋势，探究未来改革的方向和路径。本书的主要内容包括：(1) 介绍社会保险体系中各个项目的运作原理及其反映的理论逻辑；(2) 讲解社会保险各个项目改革的最新动态、影响和成效；(3) 分析社会保险各个项目存在的主要困境，探讨制度改革的未来方向和路径；(4) 介绍社会保险领域经典、前沿文献的主要内容、研究方法和研究结论；(5) 分析我国港澳台地区社会保险的发展演变历程和最新动态；(6) 介绍代表性国家社会保险的发展状况和改革趋势。

本书将多学科的理论和方法与社会保险制度改革及其影响和效果相结合，是对现有社会保险类教材的补充和突破。本书适用于劳动与社会保障、行政管理、财政学、经济学、人力资源管理等专业的本科教学和研究生教学，也可以作为社会保险实务工作人员的参考用书。

图书在版编目（CIP）数据

社会保险学/汤兆云，和红主编．—武汉：华中科技大学出版社，2023.1
ISBN 978-7-5680-9049-0

Ⅰ.① 社⋯ Ⅱ.① 汤⋯ ② 和⋯ Ⅲ.① 社会保险-保险学 Ⅳ.① F840.61

中国版本图书馆 CIP 数据核字（2022）第 249416 号

社会保险学 汤兆云 和 红 主编
Shehui Baoxianxue

策划编辑：钱　坤　张馨芳
责任编辑：黄　军
封面设计：孙雅丽
版式设计：赵慧萍
责任校对：张汇娟
责任监印：周治超
出版发行：华中科技大学出版社（中国·武汉）　　电话：(027) 81321913
　　　　　武汉市东湖新技术开发区华工科技园　　邮编：430223
录　　排：华中科技大学出版社美编室
印　　刷：武汉科源印刷设计有限公司
开　　本：787mm×1092mm　1/16
印　　张：19　插页：2
字　　数：388 千字
版　　次：2023 年 1 月第 1 版第 1 次印刷
定　　价：78.00 元

本书若有印装质量问题，请向出版社营销中心调换
全国免费服务热线：400-6679-118　竭诚为您服务
版权所有　侵权必究

CONTENTS

目 录

第一章　社会保险概述 —— 001
- 第一节　社会保险的基本概念 —— 002
- 第二节　社会保险发展的思想理论 —— 006
- 第三节　社会保险的多学科研究 —— 014
- 第四节　社会保险学的研究方法 —— 017

第二章　社会保险的起源与发展 —— 022
- 第一节　西方社会保险制度的起源 —— 023
- 第二节　中国内地社会保险制度的产生与发展 —— 026
- 第三节　中国港澳台地区社会保险制度的产生与发展 —— 037
- 第四节　社会保险起源的理论解释 —— 046

第三章　养老保险 —— 052
- 第一节　养老保险概述 —— 053
- 第二节　养老保险的理论基础 —— 056
- 第三节　养老保险的基本内容 —— 060
- 第四节　中国内地的养老保险制度 —— 067
- 第五节　中国港澳台地区的养老保险制度 —— 075
- 第六节　典型国家的老年年金制度 —— 080

第四章　医疗保险 —— 092
- 第一节　医疗保险的基本概念 —— 093
- 第二节　医疗保险的理论基础 —— 096
- 第三节　典型国家的医疗保险 —— 100

  第四节 中国内地的医疗保险 — 108
  第五节 中国港澳台地区的医疗保险 — 118

第五章 失业保险 — 124
  第一节 失业保险概述 — 125
  第二节 中国内地的失业保险制度 — 136
  第三节 中国港澳台地区的失业保险制度 — 141
  第四节 典型国家失业保险制度的运行模式 — 147

第六章 工伤保险 — 159
  第一节 工伤保险概述 — 160
  第二节 中国内地的工伤保险制度 — 168
  第三节 中国港澳台地区的工伤保险制度 — 181
  第四节 国外工伤保险事业的发展 — 184

第七章 长期护理保险 — 195
  第一节 长期护理保险的内涵和类型 — 196
  第二节 长期护理保险的发展历程和制度模式 — 201
  第三节 典型国家的长期护理保险 — 204
  第四节 我国长期护理保险的探索及发展趋势 — 215

第八章 社会保险管理 — 227
  第一节 社会保险管理的内涵及特征 — 228
  第二节 社会保险管理的内容 — 231
  第三节 社会保险管理的模式 — 236
  第四节 中国的社会保险管理 — 239
  第五节 典型国家的养老保险基金管理 — 243

第九章 社会保险精算 — 252
  第一节 社会保险精算管理系统概述 — 253
  第二节 社会保险评估的流程 — 259
  第三节 典型国家的社会保险精算评估制度 — 270

第十章　社会保险的经济社会效应　— 277

第一节　社会保险的经济社会效应概述　— 278

第二节　养老保险的经济社会效应　— 283

第三节　医疗保险的经济社会效应　— 287

第四节　其他保险的经济社会效应　— 290

后记　— 296

表目录

表 1-1　社会保险与社会救助、社会福利的区别 —— 005
表 3-1　养老保险的功能 —— 55
表 3-2　主要年份世界主要国家的退休年龄 —— 62
表 3-3　养老保险确定给付制和确定缴费制的比较 —— 65
表 3-4　按养老保险资金征集渠道划分的四种养老保险类型比较 —— 67
表 3-5　我国多层次、多支柱养老保险体系 —— 74
表 4-1　城乡居民大病保险的参保对象、保障范围与保障水平 —— 116
表 5-1　世界各地失业保护计划概述 —— 154
表 8-1　各国养老金基金性质和管理模式分类 —— 243

图目录

图 4-1　我国城镇职工基本医疗保险制度各参与主体相互之间的关系 —— 110
图 4-2　我国全民基本医疗保险"三步走"框架 —— 113
图 4-3　香港医院管理局的组织构架 —— 119
图 5-1　总人口存量的划分 —— 127
图 5-2　美国失业保险制度层次概览 —— 148
图 9-1　社会保险精算管理系统 —— 253
图 10-1　社会保险制度参与政府宏观经济调控的作用机理 —— 278
图 10-2　全球养老资产规模 —— 285
图 10-3　不同的老年人口背景下养老金现收现付制情况 —— 285

第一章

社会保险概述

―――― **本章导言** ――――

社会保险是社会保障的重要组成部分，在保障被保险人的基本生活、保证劳动力再生产的顺利进行、调节收入差距、实现社会公平、稳定社会秩序等方面起到重要作用。社会保险本身的制度特点、运行机制将其与其他社会保障制度区分开来。社会保险学就是运用经济学、社会学、政治学、法学和公共管理学等诸多学科的知识，通过跨学科、跨文化的研究视角和研究方法来解释、分析社会保险制度产生、发展、转型的学科。本章主要介绍社会保险的基本概念、基本特征，社会保险学的基本理论、研究特点、研究方法等。

―――― **重点问题** ――――

- 社会保险的基本概念
- 社会保险的基本特征
- 社会保险学的基本理论
- 社会保险学的研究特点
- 社会保险学的研究方法

第一节 社会保险的基本概念

一、社会保险的概念

社会保险是为保障劳动者（有些国家可能普及全体公民）在遭遇年老、伤残、失业、生育等情况时的基本生活需求，在国家法律保证下强制实施的一种社会制度安排。根据国际劳工组织各类专项公约和各国法律要求，经过长期实践探索，社会保险主要包括养老保险（养老、伤残及遗属保险）、医疗保险、失业保险、工伤保险和生育保险。截至2016年，世界上已有186个国家实行了各种形式的养老保险，111个国家实行了各种健康保险，83个国家实行了失业保险，116个国家实行了工伤保险，125个国家实行了生育保险。[①]

为了增进对这几个概念的理解，需要把握社会保险的特点。

（一）强制性

强制性是实施社会保险的组织保证，是指社会保险由国家通过立法强制实施，任何劳动者个人和所在单位都必须依照法律的规定参加，并向社会保险机构缴纳规定的保险费。社会保险的缴费标准和待遇项目、保险金的给付标准等，均由国家的法律法规统一规定，劳动者个人无权任意选择和更改。

（二）政策性

社会保险是国家和社会基本政策的直接体现，以实施社会政策为目的。它不以营利为目的，要求社会效益重于经济效益，这是社会保险的明显特征之一。社会保险虽然在具体运行中也强调基金运用要有一定的经济效益，但不以经济效益的好坏决定社会保险项目的取舍和保障水准的高低，如果社会保险财务出现赤字影响其运作，国家财政负有最终责任。

（三）普遍性

普遍性是指社会保险是所有社会劳动者的一项基本权利，社会保险对所有成员

---

① 数据来源于国际社会保障协会（ISSA）官方网站。

具有普遍保障的责任。对于生存困难的社会成员，不论其年龄、性别、是否就业、就业年限、收入水平和健康状况如何，一旦丧失劳动能力或失业，政府即依法提供收入损失补偿、医疗护理、伤残康复、职业培训和介绍、老年活动等多方面的服务，以保障其基本生活需要。社会成员之间只存在着保险基金的筹集方式，保险的范围、项目、标准以及采取的形式等方面的不同，而不存在有没有社会保险的差别。

（四）基本保障性

社会保险的保障标准限于满足保障对象的基本生活需要，为了体现社会公平，保障水平不高，只能为保障对象提供基本保障。这种保障虽能对工资、物价、社会生活水平的变化做出反应，避免通货膨胀的过大影响，发挥社会稳定器的作用，在一定条件下，也能使劳动者分享到经济和社会发展的成果，但社会保险只能起到基本的保障性作用。

（五）福利性

社会保险的福利性表现在三个方面：一是社会保险事业的目的不是为了营利，而是为了保障全体劳动者的基本生活，提高基本生活待遇；二是社会保险费率较低，通常由国家、企业、个人三方负担，所以个人的社会保险费负担比较轻，而且，国际劳工组织规定，社会保险费个人负担比例不能超过50%；三是社会保险除现金给付外，还有医疗护理、伤残重建、职业康复、职业培训、职业介绍等许多方面的服务。

（六）互济性

社会保险通过建立社会保险基金，对劳动者遭遇年老、疾病、伤残、生育、失业、死亡等情况时施行保障，社会保险金在劳动者不同代人之间、在职职工与退休职工之间、男女之间、健康劳动者与残疾劳动者之间、行业之间、企业之间、地区之间等进行横向和纵向调剂使用，体现了社会保险的互助互济性特征。社会保险金统筹的范围越广，互济性的效果就发挥得越充分。

（七）调节性

社会保险是国家调节个人收入差距的特殊手段。首先，它的作用通常在劳动者劳动过程中断时才会凸显出来。其次，社会保险提供的消费品有着专门目标，社会保险待遇的给付标准一般不与个人的劳动贡献直接关联，而是根据被保险人基本生活保障的实际需要确定。此外，社会保险分配政策的制定以有利于低收入阶层为原则，因为同样的危险事故，对于低收入劳动者所造成的威胁要大于高收入劳动者。因此，社会保险具有调节个人收入差距的特征。

(八) 社会性

社会保险的实施范围较广，随着条件的成熟，社会保险可使全社会劳动者及其家属都能得到保障，此即社会保险的社会性。享受社会保险待遇的人数众多，对整个政治生活、经济生活和社会生活的稳定影响极大。社会保险之所以称为社会保险，很重要的一点就是它的受众群体具有广泛性，对社会生活的影响大，带有很强的社会性。

(九) 保障对象特定性

社会保险的保障对象是工薪劳动者，而不是所有社会成员。没有任何收入、靠其他人抚养的人，如儿童、学生、无法参加工作的残疾人等不包括在社会保险的保障对象范围内。

二、社会保险与社会保障的关系

社会保障是国家通过立法并依法采取强制手段对国民收入进行再分配，对暂时或永久失去劳动能力及因各种原因造成生活困难的社会成员提供基本生活保障和基本医疗服务的措施、制度和事业的总称。社会保障通过分散个人的风险，以保证劳动力再生产、社会安定和经济有序运行。许多国家的社会保障制度包括社会保险、社会救助、社会福利等内容，在中国还有针对特殊人群的社会优抚制度。在众多社会保障制度中，社会保险是核心组成部分，也是社会保障制度最重要的组成部分。

社会保险不同于社会保障之处在于如下几点。

(1) 社会保险的覆盖面比社会保障窄。社会保险的保障对象仅仅是有工资收入的劳动者，而社会保障的保障对象为全体社会成员。

(2) 社会保险有严格的权利义务对等关系。社会保险的对象在享受权利之前，要先尽缴费的义务，社会保障的其他组织形式则没有严格的权利义务对等关系。

(3) 社会保险的资金来源广泛。从资金来源看，社会保险资金来源于雇主、雇员和国家或其中的两方，而社会保障的其他组织形式的资金基本来源于国家各级财政。

(4) 社会保险的保障水平适中。从保障水平看，社会保险满足劳动者及其家庭成员的基本生活需要，保障水平高于各类社会救助项目，同时低于各类社会福利项目。

从表1-1可以看出社会保险与社会保障中的社会救助、社会福利项目的具体区别。

表 1-1　社会保险与社会救助、社会福利的区别

	社会保险	社会救助	社会福利
保障对象	有或有过劳动收入者	贫困线之下的家庭	全体公民
实施目标	补偿社会风险导致的收入下降	帮助贫困群体	提高全体社会成员的生活质量
资金来源	个人和企业缴费为主	财政拨款与社会捐赠	财政拨款、社会捐款、企业利润分成
保障水平	基本生活水平	最低生活水平	提高生活质量
给付标准	与收入和缴费有关	根据收入调查确定	平均分配
经办主体	政府专设机构	政府部门、社会团体	政府、社会、企业
保障手段	投入返还	选择性	普遍性
保障方式	以提供津贴为主	提供资金与实物	提高服务水平和提供公共品

资料来源：林义．社会保险［M］．北京：中国金融出版社，2022．

三、社会保险与商业保险的关系

我们一般可把保险分为社会保险和商业保险两大类。它们之间有密切的联系，具有共性的一面；同时，它们分别属于不同性质的保险，在诸多方面存在着原则性的、明显的区别。两者的区别主要表现在以下几点。

（1）性质不同。社会保险是国家的一项社会保障政策，不以营利为目的，属于国家基本保障性质；商业保险是金融企业的经营活动，以营利为目的，属于经营性质。

（2）实施方式不同。社会保险是由国家立法强制实施的，每个工薪劳动者以及用人单位（雇主）必须依法缴纳保险费；商业保险是商业行为，只能采用买卖自愿的方式，公民是否投保以及投多投少，完全建立在自愿的基础上。

（3）对象不同。社会保险以法定的社会劳动者及其供养的直系亲属为对象；商业保险的对象，法律一般不做规定，全体公民均可自由选择、自愿参加。

（4）权利与义务的对应关系不同。社会保险强调社会成员应履行一定的义务，即劳动义务和缴费义务，并由此获得享受社会保险待遇的权利，但劳动者贡献的大小、个人缴纳保险费的多少，同待遇之间没有严格的对等关系；商业保险则实行权利与义务的严格对等，强调等价交换原则，即实行"多投多保，少投少保，不投不保"的原则。

（5）保障水平不同。社会保险的保障水平以满足劳动者及其供养的直系亲属的基本生活为出发点，所以要综合考虑劳动者原有生活水平、社会平均消费水平、物价上涨等因素的影响；商业保险的保障并不考虑以上因素，其保障水平依投保人的购买价格和实际受损的性质与程度而定。

（6）资金来源不同。社会保险资金来源于政府、企业（雇主）、劳动者个人三方，而商业保险的资金只来源于被保险人所缴纳的保险费。

（7）管理体制和立法范畴不同。社会保险是政府行为，由各级政府（中央和地方）统一领导，社会保险专门机构直接实施管理，属于行政事业领导体制，社会保险的对象是劳动者，属于劳动立法的范畴；商业保险由各保险公司自主经营，独立核算，自我发展，属于金融体制，商业保险双方当事人的权益受经济合同法及专门的保险法的保护和约束。

尽管社会保险与商业保险存在着上述几个方面的不同，但也有共性所在，两者之间存在着密切的联系。首先，社会保险和商业保险都是为了保障公民的生活需求，补偿公民的风险损失，维护劳动力的再生产，促进社会稳定；其次，社会保险和商业保险通过提供不同的保障项目和不同层次的保障水平，可以满足人们多样性的、不同水平的保障需要，就这个意义上讲，商业保险是社会保险的补充。

总之，社会保险与商业保险既有区别又有联系，两者相互配合，相得益彰。在现代保障体制中，社会保险与商业保险各行其道，各司其职，共同发展。

第二节 社会保险发展的思想理论

一、马克思主义的社会保险思想

（一）马克思的社会保险思想

马克思主义的社会保险思想建立在为工人阶级谋取社会福利的出发点上，是工人阶级争取自身福利的指导思想。

19世纪40年代，随着产业革命的逐步展开，英、法、德等国家的社会生产力获得巨大发展，资本主义生产方式和社会关系发生深刻变化，资本主义社会的基本矛盾随之充分暴露。自1825年后，经济危机频频爆发，大量企业倒闭，工人失业，工人阶级的生活状况日益窘迫，资本主义社会的阶级关系发生新的变化。19世纪三四十年代，英、法、德接连爆发了三大工人运动，虽以失败告终，但工人阶级真切地表达了对平等的社会福利制度的向往和追求。马克思正是基于对资本主义经济和社会发展规律的深刻反思，揭示了工人阶级贫困化的根源，提出了无产阶级解放和社会福利改善的思想。

1. 吃穿住行的充分保障是人的全面解放和全面发展的基础

共产主义社会是以人的全面解放和全面发展为目标的,马克思和恩格斯在《共产党宣言》中指出:"代替那存在着阶级和阶级对立的资产阶级旧社会的,将是这样一个联合体,在那里,每个人的自由发展是一切人的自由发展的条件。"[①] 经济解放是人的全面解放和全面发展的内容之一,工人阶级吃穿住行得到充分保障是全面解放的表现形式。另外,马克思和恩格斯在《德意志意识形态》中指出:"只有在现实的世界中并使用现实的手段才能实现真正的解放……当人们还不能使自己的吃喝住穿在质和量方面得到充分保证的时候,人们就根本不能获得解放。"[②] 未来的共产主义社会给予劳动者在吃穿住行方面的充分保障,不仅仅在劳动力具有劳动能力、实现就业、拥有健康等情况下给予保障,在劳动力不具有劳动能力、失业、生病等情况下也要提供保障。因此,给予劳动者吃穿住行全方位的社会保障是人的全面解放和全面发展的必备条件。

2. 保险基金和准备金对社会物质资料再生产和劳动力再生产的重要性

马克思认为,保险基金和准备金是社会物质资料再生产和劳动力再生产顺利进行的基础,是防范社会物质资料的再生产风险的手段。马克思在《资本论》中阐述了保险基金和准备金对于补偿自然灾害和意外事故给生产资料造成的损失的必要性。他指出:"如果我们再把剩余劳动和剩余产品,缩小到社会现有生产条件下一方面为了形成保险基金和准备金,另一方面为了按社会需求所决定的程度来不断扩大再生产所必要的限度;最后,如果我们把那些有劳动能力的人必须为社会上还不能劳动或已经不能劳动的成员而不断进行的劳动,包括到 1. 必要劳动和 2. 剩余劳动中去,也就是说,如果我们把工资和剩余价值,必要劳动和剩余劳动的独特的资本主义性质去掉,那末,剩下的就不再是这几种形式,而只是它们的为一切社会生产方式所共有的基础。"[③] 马克思所说的共有基础是劳动者的个人消费,即有劳动能力的人为少年儿童和没有劳动能力的老人、病人、残疾人而劳动,通过有劳动能力的人的剩余劳动所积累的保险基金和后备基金为这些人提供基本的生活保障。

3. 收入分配是获得社会保险基金的途径

马克思认为,工人阶级的社会保障基金是通过收入分配获得的。劳动所得就是社会总产品,它属于社会一切成员。从社会总产品中扣除包括用来应付不幸事故、自然灾害等的后备基金或保险基金在内的三项费用后才能用作消费资料。在将消费资料进行个人分配之前,还应该从中扣除三项费用:第一,和生产没有直接关系的

---

① 马克思恩格斯选集(第1卷)[M]. 北京:人民出版社,1995:294.
② 马克思恩格斯选集(第1卷)[M]. 北京:人民出版社,1995:74.
③ 马克思. 资本论(第3卷)[M]. 北京:人民出版社,1975:990.

一般管理费用；第二，用来满足共同需要的部分，如学校、保健设施等；第三，为丧失劳动能力的人等等设立的基金。① 从公共经济学视角来看，这三项扣除的费用都是用来提供公共产品的。马克思认为，从社会总产品中扣除社会后备基金和保险金，"在经济上是必要的，至于扣除多少，应当根据现有的资料和力量来确定，部分地应当根据概率论来确定"②。同时，尽管这些必要扣除来源于生产者劳动创造的财富，但它"又会直接或间接地用来为处于社会成员地位的这个生产者谋福利"③。

(二) 列宁的社会保险思想和实践

列宁继承和发展了马克思主义，成功地领导了俄国十月社会主义革命，是世界上第一个社会主义国家的缔造者，使社会主义由科学理论转变为伟大实践。列宁十分重视无产阶级的社会福利问题，系统地阐述了无产阶级的社会福利要求和建立无产阶级的国家保险等主张。在苏维埃政权建立后，列宁领导建立起劳动者的社会保障和社会福利制度。

列宁在《俄国社会民主工党纲领草案》中系统地阐述了无产阶级政党在工人阶级社会福利方面的基本要求，其中包括国家对失去劳动能力的老年工人发付抚恤金。④ 列宁在《关于对杜马的工人的国家保险法案的态度》中提出了无产阶级国家保险的基本原则。列宁认为，要通过"剥夺剥夺者"即国家向资本家征收特别税的方式建立保险基金。最好的工人保险形式是国家保险，这种保险是根据下列原则建立的：

（1）工人在下列一切场合（伤残、疾病、老年、残疾；女工还有怀孕和生育；养育者死后所遗寡妇和孤儿的抚恤）丧失劳动能力，或因失业失掉工资时国家保险都给工人以保障；

（2）保险要包括一切雇佣劳动者及其家属；

（3）对一切被保险者都要按照补助全部工资的原则给予补助，同时一切保险费都由企业主和国家负担；

（4）各种保险都由统一的保险组织办理，这种组织应按区域和被保险者完全自理的原则建立。⑤

列宁积极推动以保护工人阶级利益为宗旨的社会保障制度的建立。从十月社会主义革命到1922年期间，列宁先后签署了100多项关于劳动者社会保障和福利的法令。1918年，俄罗斯联邦人民委员会批准了《劳动者社会保障条例》。苏维埃政权还

---

① 马克思恩格斯选集（第3卷）[M]. 北京：人民出版社，1972：9-10.
② 马克思恩格斯选集（第3卷）[M]. 北京：人民出版社，1972：9.
③ 马克思恩格斯选集（第3卷）[M]. 北京：人民出版社，1972：10.
④ 列宁全集（第6卷）[M]. 北京：人民出版社，1959：13-14.
⑤ 列宁全集（第17卷）[M]. 北京：人民出版社，1959：448-450.

成立了国家救济人民委员会（后为社会保障人民委员会），负责社会保障事业，保障内容逐渐扩展到残废抚恤金、残疾人福利、老年福利、退休金、医疗保健、劳动者休假疗养等方面。第二次世界大战后，许多社会主义国家也都效仿苏联实行国家社会保障制度。

二、新历史学派

德国新历史学派也称"讲坛社会主义学派"，由历史学派演变而来。19世纪末20世纪初，实现统一后的德国快速地经历了工业化和城市化，劳资矛盾凸显，解决日益尖锐的社会矛盾成为德国面临的首要问题。新历史学派产生于这一历史背景下，提倡劳资合作和实行社会改良政策，其代表人物有施穆勒、桑巴特和瓦格纳等。

新历史学派的主要理论观点可概括为如下几点。

第一，强调民族精神和伦理意识在社会经济生活中的重要地位，经济问题只有和伦理道德联系起来才能解决。劳资关系的冲突不是经济利益上的对立，而是由情感、教养和思想上存在的差距引起的。只需要对工人进行教育，改变其心理和伦理道德的观点，就可以化解劳资矛盾。

第二，倡导实行"国家经济"，强调国家职能不能仅限于维持社会秩序和发展军事力量，主张国家干预经济生活。施穆勒认为："没有一个坚强组织的国家权力并具备充分的经济功用，没有一个'国家经济'构成其余一切经济的中心，那就很难设想有一个高度发展的国民经济。"[①] 桑巴特提出，由企业的精神和市民的精神组成的一个统一的整体的心情称为资本主义精神。资本主义精神是资本主义经济发展的动力，这种精神在国家内部并通过国家才能发挥作用，国家帮助资本主义开拓市场，获得劳动力，推行新技术，保护并推进资本主义的利益。[②]

第三，提倡社会改良主义。国家应担负起"文明和福利"的职责，通过社会立法，实行包括社会保险、孤寡救济、劳资合作以及工厂监督在内的一系列社会政策，改善工人的劳动和生活条件，加强劳动保护，对贫困者提供社会救济，缓解劳资矛盾。瓦格纳提出，国家是最重要的"强制共同经济"，不仅应该通过政府与法律维持国内秩序，而且应该通过社会政策增进民众的福利。施穆勒提出制定"全国最低生活标准"，主张推行扩大对工人的损失补偿、支持老年人年金制度、改善住房条件、增加教育设施等政策。

德国新历史学派的经济社会政策主张对19世纪末期的德国产生了深远影响。德国当时的宰相俾斯麦在德国国会发表演讲时宣称，社会弊病的医治，不能仅仅依靠

---

① 转引自季陶达.资产阶级庸俗政治经济学选辑[M].北京：商务印书馆，1963：344.
② 伟·桑巴特.现代资本主义（第1卷）[M].李季，译.北京：商务印书馆，1958：215.

对社会民主党的过火行为的镇压,而应该通过积极促进工人阶级福利的改善。建立由国家领导、国家出资的社会保险制度是使工人离开社会主义革命的最好办法,应当接近工人并考虑他们的要求。[①] 正是在德国新历史学派思想主张的影响下,德国于1883年推出世界上第一部医疗保险法——《疾病保险法》,1884年颁布了《劳工伤害保险法》,1889年颁布了《老年与残疾保险法》。这三部法律的颁布标志着德国在世界上率先建立起社会保险制度,也标志着人类社会保险制度的正式诞生。

三、福利经济学

福利经济学兴起于19世纪末20世纪初,分为旧福利经济学和新福利经济学两派。福利经济学以效用(功用)理论为出发点,探究有关人类社会福利最大化的问题。

英国著名经济学家庇古是福利经济学的创始人。庇古的主要著作有《福利经济学》(1920)、《产业变动论》(1926)、《财政学研究》(1928),其中,《福利经济学》一书的出版标志着福利经济学的正式产生,为其赢得了"福利经济学之父"的美誉。

庇古将福利分为社会福利和经济福利,经济福利对社会福利具有决定性的影响。社会福利难以计量,经济福利可以计量。一个人的经济福利是由效用构成的,效用可以用商品价格来计量。庇古以边际效用递减规律为依据,阐述了"收入均等化理论"。庇古根据基数效用论提出,增加产出而不减少穷人的绝对份额,或增加穷人的绝对份额而不减少产出,都意味着社会福利的增加。如果把富人收入的一部分转移给穷人,经济福利就会增大。因为一个人收入愈多,货币收入的边际效用愈小;收入愈少,货币收入的边际效用愈大。如果将货币收入从富人那里"转移"一些给穷人,就可以增加货币的边际效用,从而使社会满足总量增加。收入转移有两种形式,即自愿转移和强制转移。自愿转移是指个人或企业自愿捐出一部分收入剩余,用于举办娱乐、教育、保健等福利事业。强制转移则指国家通过征收累进所得税和遗产税,然后向穷人支付养老年金、失业救济金、医疗给付金、教育补贴、房屋补贴等,通过这些方式直接增加穷人的实际所得,或者是政府对于能为穷人提供最迫切需要的日常用品的生产部门和服务单位给予税收优惠或补贴,促使这些部门和单位降低商品成本或服务价格,使穷人受益。庇古的福利经济学思想具有明显的时代特征,效用以主观感受评价,将个人的价值判断纳入福利分析中。

20世纪30年代,西方经济学家们开始转向寻求新的效用理论和分析方法,用序数效用论和无差异曲线分析代替旧福利经济学的基数效用论与边际分析。帕累托提

---

① 丁建定.社会福利思想[M].武汉:华中科技大学出版社,2005:105.

出了序数效用论,并论证了"帕累托最优"理论。卡尔多、希克斯、伯格森和萨缪尔森等经济学家对帕累托最优准则做了多方面的修正和发展,并提出了补偿原则论和社会福利函数论等理论观点。

福利经济学是英国推行"普遍福利"政策的理论根据之一,它为"福利国家"社会保障制度的发展提供了理论依据,对西方国家社会福利政策的制定和完善产生了积极的影响。

四、凯恩斯主义理论

20世纪30年代爆发的经济危机暴露了自由资本主义的种种弊端,国家干预经济成为资本主义经济发展的必然选择。1936年,凯恩斯发表了《就业、利息和货币通论》一书,系统地提出了政府干预经济的主张。在凯恩斯国家干预经济的思想中,社会保障和社会福利思想占有相当重要的地位。凯恩斯主义为二战后西方福利国家思想的建立和发展提供了宏观层次的经济学理论支撑,其在社会保障方面的政策主张可以概括为如下两点。

第一,以积极的财政政策提高社会保障水平。凯恩斯认为,经济衰退和失业源于有效需求不足,政府应该实施积极的财政政策,直接进行投资或消费,以弥补消费需求和投资需求不足的问题,从而保持充分就业,推动经济增长。凯恩斯指出:"国家必须用改变租税体系、限定利率、以及其他方法,指导消费倾向。还有,仅仅依赖银行政策对利率之影响,似乎还不足以达到最适度的投资量,故我觉得,要达到离充分就业不远之境,其唯一办法,乃是把投资这件事情,由社会综揽。"[①] 在政府投资方向上,凯恩斯主张政府举办公共工程,并承担起市场经济条件下私人无法承担的老年救济、失业保障等责任。

第二,以累进税调节国民收入分配。凯恩斯认为,社会不同收入阶层具有不同的边际消费倾向,富人阶层的边际消费倾向较低,穷人阶层的边际消费倾向较高。而社会消费是家庭消费的加总,因此,国民收入分配越不均等,社会消费需求越小,反之则越大。政府通过征收累进个人所得税,可以把富人用于储蓄的一部分收入征收过来,作为公共收入用于低收入者生活保障性支出,从而缩小收入差距,增加消费需求,刺激经济增长。

凯恩斯主义对20世纪30年代以后尤其是第二次世界大战后的西方资本主义国家的经济社会政策产生了重要影响。凯恩斯主义提出了系统的国家干预经济的理论体系和政策主张,包括国家干预经济的范围、内容、途径和限度,为解决二战后西方资

---

① 凯恩斯. 就业、利息和货币通论 [M]. 徐毓枬, 译. 北京: 商务印书馆, 1983: 325-326.

本主义国家的经济衰退和失业问题,建立社会保障制度,尤其是西欧福利国家的建立和发展提供了理论基础。

五、贝弗里奇报告

贝弗里奇是英国经济学家,致力于英国社会保障制度建立和发展的研究和实践。20世纪二三十年代,贝弗里奇长期担任英国失业保险法定委员会主席,并发表了《失业:一种工业的问题》《全民保险》《社会主义制度下的计划》等著作,为英国失业保险制度与失业救济制度的建立做出了贡献。

第二次世界大战期间,英国的失业问题和贫困问题加剧,已经实施了30多年的社会保障制度越来越不适应英国社会的需要,对原有的社会保障制度进行改革成为一种迫切需求。1941年,英国政府宣布成立"社会保险与相关服务委员会",由贝弗里奇担任主席。1942年,贝弗里奇委员会在前期两份备忘录的基础上发布《社会保险与相关服务》(Social Insurance and Allied Services)的报告,也称贝弗里奇报告。

贝弗里奇报告首先对英国当时的社会保障制度进行了批评,阐述了英国社会保障制度改革的原则和方法。贝弗里奇提出了社会保险的六项基本原则,即保险给付一律平等;缴纳保险费一律平等;统一管理;保险给付要符合受益人的基本需求;社会保险的全面性;社会保险的分类。贝弗里奇设计的福利国家制度体系包括社会保险、国民补助和自愿保险三个方面。社会保险计划旨在向全体公民提供失业、残疾、养老、寡居、生育、死亡等方面的保障;国民补助是向需要帮助的社会群体提供的社会救助;较高收入者则可以通过自愿保险制度满足各种保障需求。[①]

贝弗里奇报告提出了较为系统完整的社会保险体系,是社会保障思想发展史上具有划时代意义的历史文献。报告提出的建立福利国家的思想为战后英国社会保险制度的发展指明了方向,为英国资本主义经济的进一步发展提供了保障。贝弗里奇报告先后被许多国家翻译出版,它的影响遍及世界。

六、新自由主义

二战结束后,西方古典自由主义日渐式微,批判传统自由主义、为西方社会的未来寻求出路成为思想潮流。新自由主义思潮代表人物哈耶克根据当时西方的制度内容,从社会保障制度、税收制度、养老制度、疾病保险制度和失业保险制度几个方面进行批判性分析,提出解决当时重大社会经济问题的新路径,力求缓解西方社会

---

① 钱宁. 现代社会福利思想 [M]. 北京:高等教育出版社,2006:172-176.

面临的各种危机，推动自由观念的发展，促使自由主义思想更好地推动自由社会的发展。

哈耶克认为，福利国家似乎是美好的，它监护着国民的幸福，控制着国民的命运，极力满足国民的需求和欲望，使国民获得物质上和精神上的快乐。但这种模式却导致人们处于"恒久的孩童状态"，与其说是为人造福，不如说是困住了个人意志，使人们丧失了掌控命运的能力。因此，哈耶克认为，福利国家是违背"自由意志"的政体。哈耶克对福利国家的批判可以分为如下几个方面。

第一，对社会保障制度整体的批判。哈耶克通过分析社会保障制度的发展历史，认为社会保障制度是极其复杂的制度。然而，一些具有话语权的制度研究专家很少有对于制度价值的合理性评价标准，他们盲目支持现行政策，制定收入分配制度；他们对福利分配的标准没有清晰的定义，导致有些民众可以通过法律和道德的规定领到救济金，有些人仅依据需求并因而依赖于对需求的证明的方式而获得救济；他们有时为迎合民主制度而将公共资金用于扩展自身的宣传活动，随意分配本应该救济民众的资金。这种种现象严重背离自由主义的初衷，又与国家垄断何异？

第二，对养老制度的批判。在现代养老制度下，当今政府为老年人发放固定的生活津贴，解决老年人的养老问题。哈耶克认为，这种制度在一定程度上存在弊端。对于养老金的发放规则，政府在发放养老金时，不在乎个人真正需求，不管对社会是否做出贡献，符合领取条件的老年人都会领到差不多甚至等额的养老金，这对部分老龄人口不够公平，也会使民众对社会的贡献意识淡薄，助长自私心理。对于养老金的来源，政府利用年轻人的贡献去扶持老年人，养老金是从那些当前正在从事生产的人的收入中转移出来的一部分，在不同年龄层面上，对于参与工作的人不够公平，增加了社会劳动力的压力。

第三，对疾病保险的批判。哈耶克认为，疾病保险和养老制度一样，都会以牺牲大部分群体的利益为代价来帮助特定群体。然而，与养老制度不同的是，疾病具有紧迫性，对疾病的救治需要花费更多力量，疾病的种类多样性也使疾病保险变得更加复杂。并且，若是实行免费医疗制度，资金的投入、药物的研发、基础医疗的建立都是不可逆且成本高昂的。因此，一个国家有必要对是否推广医疗保险做出选择。哈耶克认为，在人道主义层面，减轻病人的痛苦和延长病人的生命是必要的；但是，从经济的角度看，健全的医疗体制、病人的不治之症和老年疾病的救助给社会带来的压力巨大；从"自由理念"的角度看，有些只能延长患者生存时间而不会根治的疾病被投入大量的资源，而有可能间接影响到能康复的劳动者的救治，这不利于维护大多数人的生存权利，有悖于大多数人的自由意志；从国家层面看，医疗制度的完善少不了政府的介入，如果医疗项目的实施公开透明地上报给国家相关机构，更违背了自由理念，这种行为与国家垄断又有何异？

第四，对失业保险的批判。哈耶克认为，对失业人口的救济犹如无底洞，一个行业产生的失业人员的救济金要从其他行业的利润中划拨，同样，为维持夕阳行业的运作、减少失业人员，要用黄金产业的营业额帮扶。这种行为只是在短期内救济了失业人口、减少了失业率，若不去探究失业根源，不去调整产业结构，不用这笔资金减少失业的出现，那么失业情况不仅不会减少，反而会越来越恶化。

七、正义论

正义是人类社会普遍认同的崇高价值，对于现代国家来说，正义与制度所体现的政治价值相关，最基本的政治价值就是自由和平等。换言之，一个现代国家只有以制度的方式实现了自由和平等，才能称为是符合正义的。分配正义理论强调社会保障制度建设应注重实现社会利益的公平分配。约翰·罗尔斯在《正义论》中指出，社会福利与居民效用定量等价，且与境况较差的个体效用呈正相关关系。为此，应以自由优先、经济平等为原则实现社会利益的分配正义，即必须充分保障贫困、弱势群体的基本利益，确保不同个体具有同等的竞争机会和竞争起点。

罗尔斯在此基础上进一步将分配正义界定为由个体主观努力所产生的机会公平，这种公平不受其所处环境的影响。在同等竞争环境下，不同个体福利回报的差异只与其努力程度相关。基于这一原则，社会利益分配应采用最大化最不利群体平均收益的方法，对先天能力不足的弱势群体进行利益补偿。具体而言，就是要按照机会平等与应得正义原则践行初次分配中的起点公平，鼓励个人的努力程度最大化以保证社会经济效率；坚持以利益补偿原则实现再次分配对初次分配不公平的矫正，最终实现实质分配公平。

专栏 1-1：
社会保障水涨船高，民生福祉普惠共享

第三节 社会保险的多学科研究

一、经济学

社会保险的内容与经济学相关领域的理论关系密切，这些领域包括宏观经济学、微观经济学、公共经济学、劳动经济学等。具体而言，养老保险涉及的经济理论一部分与宏观经济学中的生命周期理论、最优储蓄理论、跨期消费决策理论、经济增长理论等相关。宏观经济学的基本模型是分析养老保险对个人储蓄行为和代际转移行为影响的重要工具，是讨论最优养老保险制度的基础。同时，养老保险制度对于储蓄、投资、利率、工资的影响也需要纳入宏观经济学的分析框架。医疗保险涉及的经济学理论与微观经济学中的信息不对称理论密切相关，医疗保险市场中的逆向选择和道德风险问题是微观经济学领域的经典问题。公共经济学强调公平与效率的权衡，是政府干预市场的理论基础，因而也是社会保险政策设计和分析的重要理论。政府参与社会保险的理由、社会保险的再分配功能、健康和医疗保险的公平性等内容均以公共经济学理论为基础。劳动经济学中的劳动供给和需求理论是分析社会保险对劳动参与影响的框架，包括养老保险、失业保险和生育保险对劳动供给的影响，均需采用劳动经济学的分析框架。

二、社会学

在社会学中，马斯洛的需求层次理论、帕森斯的结构功能理论、拉尔夫·达伦多夫的冲突理论、艾斯平·安德森的福利体制理论为社会保险的研究奠定了理论基础。其中，艾斯平·安德森的福利体制理论以去商品化和福利多元主义为核心，对不同类型的市场经济国家中政府在社会福利体制建构中的介入程度和参与机制进行了比较研究，同时，分析了政府、社会组织等不同类型主体在福利供给中的角色。福利体制的社会学研究的主要内容是，分析和解释一个国家或地区的福利体制（福利支出或生产的机制、资源配置和不同结构的关系）对社会中不同行动者和人群产生的社会分层影响，尤其关注福利分配对社会不平等产生的效果，以及福利体制对社会整合的功能和效果。

举例来说，现代养老保险作为工业化的产物，在成为深入人心的固定制度安排后，不但保障和提升了老年人的经济独立性，而且改变了养老预期以及代际关系对养老预期的影响。养老保险带来的自给自足导致父母对子女的刚性经济需求减少，这极大地降低了老年人对于子女赡养的需求和期待。社会保险的产生与发展在很大程度上与家庭结构和功能的变迁密切相关，两者存在着直接互动关系。

三、政治学

权力运行与资源配置是政治学界研究政策结构的重要视角，其中最具代表性的研究成果是多元主义理论。在考察民主政治权力结构的基础上，多元主义理论指出，现代社会通过多中心的权力制衡为民主政治的实现提供了保障，决策权力的分散化和决策过程的竞争与妥协成为政策结构的重要特征。社会保险政策涉及多元主体，如执政党、中央政府及其职能部门、基层地方政府、专家学者、研究机构、社会媒体等，行动主体为实现自身的政策目标而进行策略互动。在此过程中，主体系统、行动系统和价值系统等要素得到了充分彰显。同时，制度责权关系调整是社会保险制度发展面临的重大问题，财政责任调整则是责权关系调整的核心。

四、法学

政策法律化的过程，实际上也是一个政策筛选的过程，即将成熟、有效的政策内容上升到法律层面，其实质是科学立法的体现。社会保险是建立在用人单位、参保人、政府多方分担责任基础上并遵循权利义务相结合原则的主要社会保障制度，立法先行、以法定制、依法实施是基本规则，故法制建设是前提条件。梳理我国社会保险法的规定不难看出，基本保险的实体性规范主要涉及适用对象、保障内容、资金筹集和待遇给付等几个方面，这也正是具体的社会保障制度最为核心的几个方面的内容。

五、公共管理学

社会保险作为连接政府和公众的公共服务，是政府行政改革和公权力应用的一个重要制度场域。社会保险基金是社会保险制度正常运行的财力基础和资金保障，只有确保社会保险基金收支稳定持续、运营管理安全高效，才能使社会保险制度运行的基础更加牢固。现代社会是一个充满各种风险和不确定性的风险社会，在推进数字政府建设的过程中，系统研究当前我国社会保险基金管理存在的问题和困境，探索数字技术在社会保险参保缴费、投资运营、待遇发放、预算管理、审计监管和经办服务等方面的有效运用，实现社会保险基金数字化管理，既是提高基金运行效率、防范化解基金风险、促进制度改革完善的重要工具，又是提升社会保险领域的政府服务和公共服务能力与水平的重要支撑。

制度设计与经办管理是社会保险政策的"两条腿"，制度设计的优点需要通过经办管理体现出来，没有良好的经办管理和公共服务水平，好的制度设计也难以发挥作用。将制度优势转化为治理效能，中间的关键环节就是经办管理。例如在医疗领域，"十四五"规划对医保经办管理和公共服务的五年发展设计了清晰的路线图，体现了医保治理能力提升的逻辑主线：统一规范、下沉基层、高效便捷、区域联通、治理创新。

第四节
社会保险学的研究方法

社会保险学就是运用经济学、社会学、政治学、法学和公共管理学等诸多学科的知识，通过跨学科、跨文化的研究视角和研究方法来解释、分析社会保险制度产生、发展、转型的学科。

一、福利分析方法

以社会养老保险为例，养老保险不仅对家庭的收入、消费、储蓄等经济状况产生影响，还对居民的劳动力供给、健康状况与主观福利产生作用。此外，社会养老保险在养老模式、性别偏好、儿童照料与健康以及居民政治信任等方面发挥着溢出效应。通过个体效用最大化得到社会保险政策对个体行为的影响，通过社会福利最大化讨论对最优社会保险水平的选择，是社会保险学中重要的分析方法。

例如，在考察养老保险对储蓄的影响时，根据生命周期理论，人们通过最大化一生的期望效用得到对储蓄的选择。储蓄的主要目的是积累资产，用于退休之后的消费。假设人们存活若干期，没有不确定性，通过最大化一生的期望效用，决定各个时期的消费水平，从而可得到各个时期的储蓄水平。同时，个体面临预算约束，即各期的消费加储蓄要等于各期的收入。由此，个体的养老储蓄水平取决于收入水平和时间偏好。在其他情况相同时，收入水平越高的个体，养老储蓄水平越高，但储蓄率（储蓄/收入）并不随收入而变化；时间贴现率越大，储蓄水平越低。

二、制度分析方法

经济学界长期存在两种制度研究范式，即制度理性建构论和制度自发演进论，两种研究范式长期相互独立，难有通约。制度的理性建构是基于演化形成的共同知识而非整体性知识的设计，同时必须为参与者有效运用其局部知识留有空间，理性建构的制度也会随着时间的推移而演进；自发演进的制度需要借助理性建构才能够得到扩展，进而获得更多参与者的遵循。在许多情况下，制度生成和变迁的过程既不乏理性建构的力量在起作用，也能发现自发演进的力量参与其中。制度的有效性表现为对共同知识和局部知识的有效利用，制度系统的生成和演变涉及多主体互动和多层级选择过程。

社会保险制度是理论创新、实践创新、制度创新相统一的成果，具有深刻的历史逻辑、理论逻辑、实践逻辑。社会保险制度系统的理性建构是基于历史演化结果，结合时代特征和对未来发展趋势的科学判断而做出的主动谋划与设计。制度建设不是机械僵化、无所不包的完全理性设计，相反，它是基于共同知识而非整体性知识的理性建构，允许社会各主体在遵循制度系统的前提下，有效利用其局部知识进行积极探索，以给未来的演进和完善留出时间和空间。当前社会制度系统的理性建构并不排除自发演进的力量，制度的理性建构是从历史演化而来，并将进一步推动未来制度的演进。

三、国际比较的研究方法

随着后工业经济时代的来临，福利国家面临的诸多新社会风险是传统的以社会保险或税收为基础的福利制度所未遭遇的，而新技术尤其是信息技术和网络化对劳动就业与公民生活的影响，也对传统的和相对固定的以就业者为基础的福利体系造成了冲击。在经济全球化浪潮和技术变迁的背景下，新的社会保险领域的转型和改革都会对社会保障与社会服务的内容产生不可忽视的影响，这种状况无疑会关系到未来的福利体制建构与发展。从福利体制比较研究的角度来看，社会保险学研究需要沿袭并借鉴比较研究领域中发展起来的各种方法与分析技术，主要体现为以定量方法为基础的跨国的截面研究、以个案方法为基础的小规模案例的比较—历史研究、基于制度分析与政治经济学分析的综合探究。在全球化时代，伴随着经济发展形态的可变性、经济增长的不确定性、潜在的社会变迁和深远的技术变革，福利体制的比较研究在未来一定将出现新的机遇和发展动力，也会为民族国家社会政策变革与发展提供新的理论资源和方法上的革新。

四、社会保险精算技术与方法

从本质上来讲，社会保险不是社会福利，必须坚持精算平衡。从国际先进经验来看，精算在制度建设、政策评估、财务预算、风险预警等方面都发挥着重要的作用。从英美等发达国家的社会保险精算制度来看，精算报告在国家社会保险基金管理中的作用主要表现在两个层面：一是监测制度的运行，二是支持政策决策。当前我国社会保险事业急需精算工作作为支撑。

伴随着人口老龄化的加剧，养老、医疗等社会保险的支付压力将会逐年增加。为确保我国社会保障体系的高效、可持续发展，应增强风险意识，通过精算技术的应用，加强社会保险的风险预警测算和分析，及时出台有关政策措施，确保社保基金的收支平衡和平稳运行。数据是社保精算的生命和基础，所有的精算分析和研究都是基于数据来展开的。以养老保险为例，可以以金保工程数据为基础，将精算技术和方法引入养老保险基金的收支测算，详细测算出每一期养老保险基金的收支状况，各参保群体养老保险费缴纳、养老金领取状况，参保人口缴费基数结构情况以及养老金隐性债务水平等。另外，还应综合考虑人口数量和结构的变化、退休年龄、人口流动等因素，对未来20年、30年甚至50年的养老保险基金收支状况进行仿真模拟测算，以实现养老保险基金的精算平衡，为有关政策出台提供决策参考和依据。

五、数理统计方法

随着计量经济学"可信性革命"席卷了经济学的各个领域，基于潜在因果模型的因果效应识别策略，如匹配法、工具变量法、双重差分法和断点回归设计等，逐渐成为社会科学领域实证研究的通行研究范式。当今世界各国不断推出相关的改革试验，为这些方法的实施提供了条件，为区分试验组和对照组从而开展二者差异的统计检验提供了可能。例如，双重差分法就在公共政策评估领域得到了广泛应用。需要注意的是，如果估计得到的政策效应符合预期，是否就意味着政策达到了初始目标或者政策本身就是有效的呢？不一定。一般而言，双重差分法只能评估干预政策对研究者感兴趣的结果变量的影响，但研究者并不清楚政策本身的机会成本有多大，也不清楚政策的净收益到底是多少。评估政策效应整体上是否符合预期或者政策是否有效率，并不能仅根据估计结果就得出判断，而是需要从更广泛的一般均衡角度，从整体上对政策进行成本—收益分析。行为经济学融入了心理学和神经系统学的视角，对人们的储蓄行为、风险性行为、社会保险参与行为等提出了新的解释。这为社会保险问题研究提供了较为前沿的研究方法和研究视角。

本章小结

社会保险是政府主办的项目，用于应对社会成员在养老、医疗、失业、工伤、生育等领域的收入风险，是社会保障制度的核心内容。社会保险学就是运用经济学、社会学、政治学、法学和公共管理学等诸多学科的知识，通过跨学科、跨文化的研究视角和研究方法来解释、分析社会保险制度产生、发展、转型的学科。

主要概念

社会保险 社会保障 社会福利 商业保险 分配正义

复习思考题

1. 什么是社会保险？
2. 社会保险有哪些特点？
3. 新历史学派关于社会保险的主要观点和影响有哪些？
4. 如何认识和评价庇古的福利经济学思想？
5. 谈谈对马克思主义社会保险思想与实践的认识。
6. 社会保险学的研究方法有哪些？

参考文献

[1] 陈信勇. 中国社会保险制度研究 [M]. 杭州：浙江大学出版社，2010.

[2] 邓大松，刘昌平，等. 改革开放30年：中国社会保障制度改革回顾、评估与展望 [M]. 北京：中国社会科学出版社，2009.

[3] 丁建定. 社会福利思想 [M]. 武汉：华中科技大学出版社，2005.

[4] 胡晓义. 走向和谐：中国社会保障发展60年 [M]. 北京：中国劳动社会保障出版社，2009.

[5] 季陶达. 资产阶级庸俗政治经济学选辑 [M]. 北京：商务印书馆，1963.

[6] 林义. 社会保险 [M]. 北京：中国金融出版社，2022.

[7] 刘金章，王岩. 现代社会保险学教程 [M]. 北京：清华大学出版社，北京交通大学出版社，2019.

[8] 刘同芗，王志忠. 社会保险学 [M]. 北京：科学出版社，2016.

[9] 钱宁. 现代社会福利思想 [M]. 北京：高等教育出版社，2006.

[10] 任正臣. 社会保险学 [M]. 北京：社会科学文献出版社，2001.

[11] 史潮. 社会保险学 [M]. 北京：科学出版社，2007.

[12] 宋士云. 社会保障学 [M]. 北京：对外经济贸易大学出版社，2010.

[13] 孙光德，董克用. 社会保障概论 [M]. 北京：中国人民大学出版社，2012.

[14] 孙健夫. 社会保障概论 [M]. 北京：经济管理出版社，2007.

[15] 孙树菡，朱丽敏. 社会保险学 [M]. 北京：中国人民大学出版社，2019.

[16] 郑功成. 从企业保障到社会保障——中国社会保障制度变迁与发展 [M]. 北京：中国劳动社会保障出版社，2009.

[17] 邹东涛，李欣欣，等. 社会保障：体系完善与制度创新 [M]. 北京：社会科学文献出版社，2011.

[18] 贝弗里奇. 贝弗里奇报告——社会保险和相关服务 [M]. 劳动和社会保障部社会保险研究所,译. 北京:中国劳动社会保障出版社,2004.

[19] 凯恩斯. 就业、利息和货币通论 [M]. 徐毓枬,译. 北京:商务印书馆,1983.

[20] 列宁全集(第6卷)[M]. 北京:人民出版社,1959.

[21] 列宁全集(第17卷)[M]. 北京:人民出版社,1959.

[22] 马克思. 资本论(第3卷)[M]. 北京:人民出版社,1975.

[23] 马克思恩格斯选集(第1卷)[M]. 北京:人民出版社,1995.

[24] 马克思恩格斯选集(第3卷)[M]. 北京:人民出版社,1972.

[25] 伟·桑巴特. 现代资本主义(第1卷)[M]. 李季,译. 北京:商务印书馆,1958.

第二章

社会保险的起源与发展

―――― 本章导言 ――――

社会保险制度的产生与发展有着深厚的社会底蕴,既是人类为提升福祉的理论探索过程,也是在社会实践中不断摸索和完善的过程。本章通过对社会保险制度产生与发展过程的系统梳理,从理论和实践两个层面诠释社会保险制度的产生与发展规律。

―――― 重点问题 ――――

- 西方社会保险制度的起源
- 中国内地社会保险制度的产生与发展
- 中国港澳台地区社会保险制度的产生与发展
- 社会保险起源的理论阐释

第一节
西方社会保险制度的起源

一、社会保险制度在欧洲的建立

社会保险制度在欧洲诞生已有百余年的历史,经历了不断发展、变革的历程。在16—18世纪的西欧,封建小生产方式逐步瓦解,资本主义机器大生产逐步确立。工业革命带来人类社会生产方式的转变,工业化和社会化大生产使劳动者在生产过程中的风险事故大幅度增加,导致工人伤残、职业病的事故频发;资本有机构成的提高,导致工人失业增加。这些风险引发了严重的社会问题。19世纪后半期,欧洲产业工人罢工、游行、示威此起彼伏,严重地危及有产者的统治地位。如何缓解社会矛盾,成为资本主义国家政府面临的难题。

(一)英国政府颁布《济贫法》

1601年,英国政府颁布了《伊丽莎白济贫法》,也称旧《济贫法》,虽救济面窄,享受救济的条件苛刻,但它是社会保障历史上第一个通过国家立法干预贫困救济、确立救济制度的标志。

19世纪初,随着英国产业革命的发展,社会矛盾进一步加剧,原有的零星的微薄救济已不足以解决日益突出的社会矛盾。英国工人为了应对生、老、病、死、伤残、失业等问题,成立了一些自发的、民间的、小规模的类似互助基金会的组织,在很大程度上缓解了工人的窘迫处境和不满情绪。英国政府注意到这一现象,认为这是一种维护社会安定的有效办法。1834年,英国政府颁布了《济贫法》,也称新《济贫法》。新《济贫法》将救济对象限制在丧失劳动能力的老弱病残幼身上,受助者必须通过严格的财产审查,并住进济贫院,同时取消受助者的选举权和个人自由等。英国政府组建济贫实施委员会管理救济工作,提高国家对救济的行政监管力度。

新《济贫法》最大的进步是,它承认要求社会保护是公民的合法权利,社会负有保障公民生存的义务。新《济贫法》的颁布和普遍实施,使得互助救济向社会救济转化。

(二)德国社会保险三项立法

德国是世界上第一个建立社会保障制度的国家,也是最早建立社会保险制度的西欧国家。

19世纪80年代，德国已完成了由农业社会向工业化社会的转型，伴随工业化而来的年老、疾病、伤残、失业等问题日益成为普遍性的社会风险，劳资矛盾日趋尖锐。早在1848年2月，无产阶级的政治纲领《共产党宣言》发表，标志着马克思主义的诞生，并首先在德国传播开来。在马克思主义指导下，德国的工人运动风起云涌，1875年，德国社会主义工人党成立。同时，新历史学派在德国盛行，主张社会改革，国家干预经济生活，增进社会福利。面对复杂的社会环境，俾斯麦政府奉行"胡萝卜加大棒"政策，决定由政府出面干预经济和社会生活，举办社会保险事业。1883年，德国制定了世界上第一部《疾病保险法》，1884年颁布了《劳工伤害保险法》，1889年又颁布了《老年和残疾保险法》。这三部法律的颁布和实施，奠定了德国社会保险的法律基础。

《疾病保险法》是世界上第一部疾病社会保险法。它规定，对全体从事经济性工业活动的工人一概实行强制性疾病社会保险，经费由雇主负担1/3，雇员负担2/3。保险项目包括疾病补助金、生育补助金、丧葬补助金和特定情况下的家庭补助金。

《劳工伤害保险法》是世界上第一部工伤事故保险法。它规定，在工作中发生事故的人或死难者家属，可以从那些实施事故保险的同业工伤事故保险联合会得到抚恤金。工伤保险的费用完全由雇主承担，工伤保险费数额要根据事故发生的频率和预防措施，每年由专业机构进行评估和调整。

《老年和残疾保险法》是世界上第一部老年人和残疾人社会保险法。它要求工人和低职级官员一律参加，保险资金来自国家、雇主、雇员三方，雇主和雇员平均分担缴纳保险费，国家则提供一定的补贴；退休工人的退休收入依工人原工资收入等级和地区等级而定；财政部按年金类模式提供资助；只有证明确实失去谋生能力者且缴足5年保险费，才有资格享受残疾社会保险待遇；享受养老金的年龄规定为70岁，养老保险覆盖全部劳动工人。

受德国社会保险三项立法的影响，第一次世界大战前后，欧洲各国纷纷效仿德国的做法，建立了适应本国具体情况的社会保险制度。奥地利1887年建立工伤社会保险，1888年建立疾病社会保险，1906年建立老年社会保险，1920年建立失业社会保险；荷兰1895年建立工伤社会保险，1937年和1963年先后建立老年、疾病社会保险；意大利1898年建立工伤社会保险，1919年同时建立老年社会保险和失业社会保险；英国1908年建立老年社会保险，1911年建立疾病和失业社会保险，1946年建立工伤社会保险；法国1898年实行工伤保险，1905年实行失业保险，1910年建立老年社会保险，1930年和1946年先后建立疾病社会保险和生育社会保险。

二、社会保险制度在美国的建立

1929年至1933年的世界范围内的经济大危机给美国带来了沉重打击,广泛的经济危机加剧了劳资双方的矛盾,工人运动高潮迭起。1932年,民主党人富兰克林·罗斯福当选美国总统。为了摆脱危机,振兴经济,缓和国内劳资矛盾,罗斯福推出了一系列新的改革措施,史称"罗斯福新政"。新政以充分就业为首要目标,强调国家干预社会经济生活,对美国社会保险制度的建立影响深远。1933年,美国国会通过《联邦紧急救济法》,成立联邦紧急救济署,扩大公共工程规模,推行社会福利计划。1935年,在罗斯福的推动下,美国国会制定并颁布了《社会保障法》(Social Security Act),这是美国历史上第一部社会保障法,奠定了美国社会保障制度的法律基础,确立了美国社会保障制度的初步格局。

《社会保障法》的基本内容包括两个社会保险项目和三个社会救济项目,即老年社会保险、失业社会保险,贫穷盲人救济、贫穷老人救济、未成年人救济(仅限于失去双亲、出走或残疾而无人抚养的未成年人)。法案的主要内容包括:① 提供老年保障,老年保障分为养老保险和老年救助。老年救助是对于既没有获得资助又没有任何商业保险的贫困老年人,提供最低标准的救济金,其经费由政府财政拨付。② 举办失业保险,保费主要由雇主承担,政府给予适当补贴。③ 建立社会救助项目。各州要提供资金援助孤儿、救济盲人;由各州建立母亲和儿童福利计划;向公共保健局拨款,用于新职业培训和职工疾病检查。

美国的社会保险法案是世界社会保险发展史上一个重要的标志。有限保障是美国社会保险法案的显著特点,它在履行政府责任的同时,也强调了个人、家庭的义务与责任,从而创造了一个不同于"福利国家"的社会保障制度模式。

三、社会保险制度在世界范围内的普遍建立

美国社会保障法的诞生对世界各国社会保障事业的发展起到了积极的促进作用。20世纪30年代,在世界性经济危机的大背景下,各国经济走向衰退,人们的生、老、病、死、伤、残、失业等社会问题日益突出,工人运动在世界各地不断爆发,各国开始着手建立适合本国的社会保障制度。据1993年出版的美国社会保障总署研究报告——《全球社会保障制度》的统计,到1940年,实行任何一种社会保险的国家有57个;实行老年、伤残和遗属保险的国家有33个;实行疾病和生育保险的国家有24个;实行工伤保险的国家有57个;实行失业保险的国家有21个。到第二次世界

大战以后，北美洲国家、大洋洲发达国家、亚洲发达国家和地区纷纷建立起社会保障制度。[①]

20世纪50年代后期至70年代，在全世界范围内，社会保障制度进入快速发展时期。据统计，仅在1958—1967年期间，实行社会保险的国家就由80个猛增到120个。第二次世界大战结束后，各国开始制定一些有利于经济发展的配套措施，社会保险政策是世界各国的首选政策，以缓和劳资矛盾，促进经济发展。同时，伴随着战后工业的迅速恢复和发展，工伤事故也随之增多，这个时期建立工伤保险的国家（地区）最多，由1958年的77个，增加到1977年的117个。[②]在此阶段，社会保险出现了国际化发展趋势。1952年，联合国国际劳工组织（ILO）在总结各国社会保障立法的基础上，制定并通过了《社会保障最低标准公约》（以下简称《公约》）。《公约》包括医疗津贴、疾病津贴、失业津贴、老龄津贴、工伤津贴、家庭津贴、残疾津贴、遗属津贴、定期支付应遵循的标准、平等对待非本国公民等条款，以及一切经济活动的国际标准产业分类。《公约》对社会保险的各项目都规定了最低支付标准，为各国社会保险法规的完善发挥了极为重要的作用，标志着社会保险事业从此走向国际化。

20世纪80年代以来，世界范围的社会保险制度进入平稳上升的发展阶段。20世纪90年代初，苏联解体后形成的15个共和国，都纷纷建立并实行社会保险制度；原有的实行其他模式的保险制度的国家改为实行社会保险制度；许多国家开始着手健全本国的社会保险制度。1981年实行社会保险的国家（地区）为139个，1985年是142个，1990年是146个，1992年达到了163个，建立社会保险的国家数量出现了比较大的增长趋势。

第二节
中国内地社会保险制度的产生与发展

1949年新中国的成立，为中国内地社会保险制度的建立和发展奠定了制度基础。70多年来，社会保险制度伴随着社会主义建设和市场经济体制改革的步伐不断健全和完善。

[①] 刘金章，王岩. 现代社会保险学教程[M]. 北京：清华大学出版社，北京交通大学出版社，2019：22.

[②] 刘金章，王岩. 现代社会保险学教程[M]. 北京：清华大学出版社，北京交通大学出版社，2019：22-23.

一、社会保险制度的产生（1951—1978）

新中国成立后，保护劳动者的社会保险制度建设工作随之起步。1950年，政务院批准公布《救济失业工人暂行办法》和《民兵、民工伤亡抚恤暂行条例》。1951年，政务院颁布《中华人民共和国劳动保险条例》（以下简称《劳动保险条例》），这是新中国第一部社会保险法规。

为了尽快实现工业化，在国际环境极其恶劣的条件下，我国通过实施工农业产品价格"剪刀差"政策支持工业尤其是重工业的发展。为了保证从农业获得稳定的工业化资金，国家实行了严格的城乡分割的户籍、财政、就业、住房和社会保障政策，在制度上形成了二元经济结构体制。因此，新中国在社会保险制度建设上也具有明显的二元化特征，在城市建立以劳动保险为核心的社会保险制度，在农村形成以集体为依托的社会保险制度。

（一）城镇职工社会保险制度的建立

《劳动保险条例》是新中国第一部社会保险法规，该条例全面确立了适用于我国城镇职工的劳动保险制度。《劳动保险条例》主要涉及三个方面的内容。

第一，实施范围和内容。《劳动保险条例》覆盖了有工人职员一百人以上的国营、公私合营、私营及合作社经营的工厂、矿场及其附属单位，铁路、航运、邮电的各企业单位与附属单位等；还具体规定了职工在疾病、伤残、死亡、生育、遗属以及养老等方面可以享受的保险待遇。

第二，劳动保险各项费用的征集与保管。劳动保险金全部由实行劳动保险的企业行政方面或资方负担。企业行政方面或资方须按月缴纳职工工资总额的3%作为劳动保险金。

第三，劳动保险工作实施统一管理。社会保险制度是一种"国家—企业"保险制度模式，国家为实施和管理主体，企业依附于国家。中华全国总工会作为全国劳动保险事业的最高领导机关，统筹全国劳动保险事业。中央人民政府劳动部作为全国劳动保险业务的最高监督机构，负责监督《劳动保险条例》的实施。

1953年，政务院又颁布了《关于中华人民共和国劳动保险条例若干修正的决定》，对《劳动保险条例》的内容进行了补充完善，劳动保险对象范围扩大到职工在一百人以上的工厂、矿场和交通事业的基本建设单位与国营建筑公司。1956年，国务院对《劳动保险条例》进行了再次修订，把保险对象范围进一步扩大到商业、外贸、粮食、供销合作、金融、民航、石油、地质、水产、国营农牧场、造林等十几个产业部门。

(二) 国家机关、事业单位职工社会保险制度的建立

20世纪50年代，我国国家机关、事业单位职工的社会保险制度是以颁布单行法规的形式逐步建立起来的。1950年，内务部公布了《革命工作人员伤亡褒恤暂行条例》，对国家工作人员的伤残和死亡待遇做了规定，该条例于1952年、1953年和1955年进行了三次修改。1952年，政务院颁布了《关于全国人民政府、党派、团体及所属事业单位的国家工作人员实行公费医疗预防措施的指示》，进一步扩大了公费医疗的实施范围。1955年，国务院颁发了《关于女工作人员生产假期的通知》，建立了面向机关、事业单位人员的生育保险制度。国家机关和事业单位工作人员的退休制度以1955年国务院颁发的《国家机关工作人员退休处理暂行办法》《国家机关工作人员退职处理暂行办法》《关于处理国家机关工作人员退职、退休时计算工作年限的暂行规定》等法规为依据，它与企业职工退休制度所规定的内容大体相同，使国家机关工作人员在生、老、病、死、伤、残等方面的待遇都有了法规依据。

(三) 农村社会保险制度的建立

改革开放前，我国农村实行以集体为依托的社会保险制度，主要包括五保供养制度、农村合作医疗制度，以及少量的救灾救济项目。

1. 五保供养制度

1956年，第一届全国人民代表大会第三次会议通过了《高级农业生产合作社示范章程》，其中第五十三条规定："农业生产合作社对于缺乏劳动力或者完全丧失劳动力、生活没有依靠的老、弱、孤、寡、残疾的社员，在生产上和生活上给以适当的安排和照顾，保证他们的吃、穿和柴火的供应，保证年幼的受到教育和年老的死后安葬，使他们生养死葬都有依靠。"五保供养制度首次确立了对农村弱势群体的社会保障制度。1960年，第二届全国人民代表大会第二次会议通过《1956年到1967年全国农业发展纲要》，再次明确了这五项内容，并将其简称为"五保"。

2. 农村合作医疗制度

农村合作医疗制度是中国农民为了满足自己的医疗需求，在公共医疗资源短缺的情况下所进行的一种制度创新。农村合作医疗最初是一种自下而上的探索。1955年初，山西省高平县米山乡最早实行社员群众出"保健费"和生产合作社提供"公益金"补助的办法，建立了当地的集体合作医疗制度。当时的山西、河南、河北等省的农村在乡政府的领导下，由农业生产合作社、农民群众和医生采取"合医合防不合药"的合作医疗方式，共同筹资建立了医疗保健站。1959年，卫生部党组向中共中央上报《关于全国农村卫生工作山西稷山现场会议情况的报告》，并提交《关于人民公社卫生工作几个问题的意见》的附件，明确提出"以实行人民公社社员集体保健

医疗制度为宜",即实行"合作医疗"。1966年,中国历史上第一个合作医疗试点——湖北省长阳县乐园公社杜家村卫生室成立。1976年,全国90%的农民参加合作医疗。1978年,农村合作医疗制度被载入宪法。

1979年,卫生部会同农业部、财政部等部门下发了《农村合作医疗章程(试行草案)》,明确了农村合作医疗的性质:"农村合作医疗是人民公社社员依靠集体力量,在自愿互助的基础上建立起来的一种社会主义性质的医疗制度,是社员群众的集体福利事业。"① 该试行草案对合作医疗制度进行了规范,实现了合作医疗的制度化。1977年底,全国约有85%的行政村(生产大队)实行了合作医疗,而到1980年,这一比重提高到了90%,覆盖了85%的农村人口。② 正是在逐步的实践过程中,我国的农村合作医疗制度与农村的三级医疗保健网、赤脚医生一起构成了解决农村缺医少药、保障农民群众健康的"三大法宝",被世界卫生组织和世界银行赞誉为"以最少的投入获得最大健康收益的模式",是一场"成功的卫生革命",并作为样板向第三世界国家推广。③ 合作医疗被誉为"新中国农民在长期与疾病的斗争中所摸索出的一个创举"。

3. 救灾救济项目

救灾救济项目包括自然灾害救济、对于残疾军人生活的保证、烈士和军人家属的抚恤和优待等。在实施过程中,主要依靠国家财政拨款,采取社会救济和社会福利方式运作。

20世纪六七十年代,我国城镇经济由国有经济统一领导,农村则进入"一大二公"的公社化时期。在这一时期,社会保险事业陷入停滞,社会保障制度遭到破坏,主管救灾救济、社会福利等事务的内务部被撤销,国营企业停止提取劳动保险金。"劳动保险"就此失去了统筹调剂功能,演变成由企业实报实销的"企业保险"或单位化保障。

二、社会保险制度的恢复与探索(1978—1992)

十一届三中全会以后,伴随着我国改革开放的进程,经济体制由计划经济向社会主义市场经济转型,我国城乡二元结构开始发生转变,社会保险制度得到恢复和发展。

---

① 转引自伍凤兰. 农村合作医疗制度变迁研究 [M]. 杭州:浙江大学出版社,2009:202.
② 何超,任耀飞,尹增奎. 20世纪我国农村合作医疗制度的历史思考及启示 [J]. 陕西农业科学,2006(06):129.
③ 毛翠英. 新型农村合作医疗研究:基于财政的视角 [M]. 北京:中国物资出版社,2011:68.

(一) 养老保险制度

1. 养老保险制度的恢复和重建

1978年，国务院颁布《关于安置老弱病残干部的暂行办法》和《关于工人退休、退职的暂行办法》，标志着机关事业单位养老保险和企业职工养老保险分别得到恢复。1984年，劳动人事部和中国人民保险公司联合发布《关于城镇集体企业建立养老保险制度的原则和管理问题的函》，标志着养老保险制度扩展到集体企业。1986年，国务院颁布《国营企业实行劳动合同制暂行规定》，劳动合同制职工的养老保险制度得以确立。

2. 社会上不同类别人群的养护保障的建立

1979年1月8日，财政部、民政部联合发布《关于调整军人、机关工作人员、参战民兵民工牺牲、病故抚恤金标准的通知》；1980年，国务院发布《关于老干部离职休养的暂行规定》；1981年，国务院、中央军委颁布《关于军队干部退休的暂行规定》；1982年，国务院、中央军委颁布《关于军队干部离职休养的暂行规定》，中共中央作出《关于建立老干部退休制度的决定》；1983年，国务院发布《关于高级专家离休退休若干问题的暂行规定》和《关于延长部分骨干教师、医生、科技人员退休年龄的通知》；1985年，国务院颁布《关于发给离休退休人员生活补贴费的通知》。根据这一系列文件精神，各部门陆续出台一系列关于老弱病残干部及工人、职员的退休、退职的安置和待遇等方面的政策文件，使我国的退休制度重新建立并发展起来。

3. 农村五保供养制度的改革

1979年，农村实行生产责任制后，五保供养制度仍然存在，但是对五保户的供养形式和供给渠道有所改变。改革开放以后，我国农村绝大部分地区实行了以家庭联产承包为主的生产经营责任制，在农村新的经营体制下，党和政府始终将五保供养制度放在重要位置，并积极探索新的供养渠道。1980年，中共中央提出，对军烈属、五保户和其他困难户，要有妥善的照顾办法。1982年，中共中央提出，要有一定的公共提留，统一安排烈军属、五保户、困难户的生活。1985年，为了使五保户的生活得到可靠的保障，中共中央、国务院提出，乡和村供养五保户等事业的费用，原则上应当以税收或其他法定的收费办法来解决。在这一制度建立之前，实行收取公共事业统筹费的办法。1991年，国务院提出，村提留包括公积金、公益金和管理费，其中公益金用于五保户供养、特别困难户补助、合作医疗保健以及其他集体福利事业，乡统筹费可以用于五保户供养，五保户供养从乡统筹费中列支的，不得在村提留中重复列支。可以看出，在经济体制转型期间，我国五保供养制度采取集体公益金运行模式，主要由乡镇人民政府负责组织实施，并以村提留、乡统筹的形式作为经费来源。①

(二) 医疗保险制度

伴随着改革开放的步伐，我国逐步形成了公有制经济与多种所有制经济共同发展的局面，原有的公费医疗和劳保医疗已不适应社会经济发展的需要。从20世纪80年代开始，我国医疗保险制度改革开始向社会统筹与个人账户相结合的新型社会保险模式迈进，在全国推行"统账结合"的医疗保险模式。

20世纪80年代中期，我国开启医疗保险制度改革的步伐。1988年，国务院批准成立国家医疗制度改革研讨小组，承担我国医疗制度改革的调查研究和方案设计工作。1987年，北京东城、西城两区蔬菜公司率先试行大病医疗费用统筹。1989年，国务院在丹东、四平、黄石、株洲四个城市进行医疗保险社会统筹改革试点。在总结上述改革试点经验的基础上，1992年，劳动部拟定《关于企业职工医疗保险制度改革的设想》和《关于试行职工大病医疗费用社会统筹的意见的通知》。同年，国务院办公厅出台《关于进一步做好职工医疗制度改革工作的通知》。这一时期的城镇医疗保险制度改革的主要内容包括：一是建立个人分担医疗保险费用机制，全国普遍实行公费医疗、劳保医疗费用和个人挂钩的办法，就医时个人适当负担部分医疗费用，即实行医疗费用定额包干的办法；二是引入社会统筹机制，部分省市开展了离退休人员医疗费用社会统筹和职工大病医疗费用社会统筹的试点。

在农村，伴随着家庭联产承包责任制改革的推进，单纯依赖集体经济的农村合作医疗制度逐渐走向衰落。截至1985年，全国实行农村合作医疗的行政村占全国行政村的比例由过去的90%猛降至5%。农村合作医疗制度衰落的原因主要有：一是集体经济经营方式的变化动摇了农村合作医疗制度赖以生存的经济基础，农村合作医疗制度无法适应经济体制的变化；二是国家重视城市医疗事业的投入，拉大了城乡居民人均享有医疗资源的差距；三是农村合作医疗制度存在缺陷，由于可以免费或以低廉价格享受合作医疗，同时免费项目过多、筹资水平较低，农村合作医疗制度在财务上入不敷出，难以长期维系。1993年，我国政府再次关注农村合作医疗制度，提出"坚持民办公助和自愿参加的原则"。1997年，农村居民参加农村合作医疗人数占全国农村居民人数的比例仅为9.6%，农村合作医疗制度陷入困境。②

---

① 高中华. 中国共产党的社会保障观：发展与演变 [J]. 学术前沿, 2017 (01): 91.
② 张栋, 刘涵, 巫艳思. 我国农村合作医疗发展历程及展望 [J]. 经济研究导刊, 2010 (23): 50.

（三）失业保险制度

在计划经济体制时期，我国没有建立失业保险制度。伴随着经济体制改革的深入，企业自主经营、自负盈亏，劳动合同制度开始推行，企业开始拥有人事权利。1986年，为了适应劳动制度改革的需要，促进劳动力合理流动，保障国营企业职工在待业期间的基本生活需要，国务院颁布实施《国营企业职工待业保险暂行规定》，标志着我国失业保险制度正式建立。

《国营企业职工待业保险暂行规定》提出，四类人员（宣告破产的企业的职工，濒临破产的企业法定整顿期间被精减的职工，企业终止、解除劳动合同的工人，企业辞退的职工）可以享受失业保险待遇。1989年到1991年，国务院、劳动部发布一系列关于国营企业职工待业保险的相关政策文件，我国失业保险制度逐步走向完善。

三、社会主义市场经济体制下社会保险制度的完善（1992年至今）

20世纪90年代以来，伴随着社会主义市场经济体制的建立和完善，我国的社会保险制度也迈入改革和发展的快车道。1992年，中国共产党第十四次全国代表大会确立了建立社会主义市场经济体制的目标。1993年，十四届三中全会通过了《中共中央关于建立社会主义市场经济体制若干问题的决定》，提出建立包括社会保险、社会救济、社会福利、优抚安置和社会互助、个人储蓄积累保障在内的多层次社会保障体系的目标，重点完善企业养老和失业保险制度。2003年，十六届三中全会通过了《中共中央关于完善社会主义市场经济体制若干问题的决定》，提出加快建设与经济发展水平相适应的社会保障体系，完善企业职工基本养老保险制度，健全失业保险制度，继续完善城镇职工基本医疗保险制度、医疗卫生和药品生产流通体制的同步改革，继续推行职工工伤和生育保险。2010年，十一届全国人大常委会第十七次会议审议通过了《中华人民共和国社会保险法》（以下简称《社会保险法》），《社会保险法》对基本养老保险、基本医疗保险、工伤保险、失业保险、生育保险分别做出了全面的制度安排，规范了社会保险关系，确立了广覆盖、可转移、可衔接的社会保险制度，进一步规范和明确了劳动者和用人单位的社会保险权利义务关系，有利于促进劳动关系的稳定与和谐。2020年，中央全面深化改革委员会第十二次会议审议通过了《关于新时代加快完善社会主义市场经济体制的意见》，提出了完善覆盖全民的社会保障体系的目标，要求健全统筹城乡、可持续的基本养老保险制度、基本医疗保险制度，尽快实现养老保险全国统筹，大力发展企业年金、职业年金、个人储蓄性养老保险和商业养老保险，完善统一的城乡居民医保和大病保险制度，完善失业保险制度。

(一) 养老保险制度

1. 企业职工养老保险制度

1993年,《中共中央关于建立社会主义市场经济体制若干问题的决定》明确提出,城镇职工养老和医疗保险金由单位和个人共同负担,实行社会统筹和个人账户相结合。1995年,国务院发布《关于深化企业职工养老保险制度改革的通知》,决定实行社会统筹和个人账户相结合的养老保险模式,进一步确定了我国城镇企业职工基本养老保险制度"统账结合"的改革方向。"统账结合"养老保险模式的特点是,由企业和个人共同缴费,为每个人按其工资一定的百分比建立个人账户,其余部分为统筹资金,达到规定的条件后可享受相应的待遇。1997年,国务院颁布《关于建立统一的企业职工基本养老保险制度的决定》,强调实行统一制度,即统一企业和个人缴费比例、统一个人账户规模和统一养老金计发办法,我国以"统账结合"为特征的养老保险制度形成。2009年,国务院发布《关于开展新型农村社会养老保险试点的指导意见》,新型农村社会养老保险(简称"新农保")试点在全国范围内展开。文件提出,新农保试点的基本原则是"保基本、广覆盖、有弹性、可持续",探索建立个人缴费、集体补助、政府补贴相结合的新农保制度。2010年,《社会保险法》通过,自2011年7月1日起,将城镇居民社会养老保险和新型农村社会养老保险合并实施。通过养老保险试点工作的启动和一系列政策文件的颁布,我国基本养老保险制度趋于完善。

专栏 2-1:
中国共产党对国家养老金制度的探索与实践

2. 事业单位基本养老保险制度

1992年,中共中央组织部和人事部颁布《关于加强干部退休工作的意见》,提出因地制宜,不断改进和完善退休干部管理形式。2008年,国务院发布《关于印发事业单位工作人员养老保险制度改革试点方案的通知》,决定事业单位实行社会统筹与个人账户相结合的基本养老保险制度。2011年,中共中央、国务院印发《关于分类推进事业单位改革的指导意见》,规定事业单位工作人员基本养老保险实行社会统筹和个人账户相结合,养老保险费由单位和个人共同负担,个人缴费全部记入个人账户,养老保险基金单独建账,实行省级统筹,基本养老金实行社会化发放。2015年,国务院印发《关于机关事业单位工作人员养老保险制度改革的决定》,决定从2014年10月1日起,对机关事业单位工作人员养老保险制度进行改革。文件规定,机关事业单位实行社会统筹与个人账户相结合的基本养老保险制度,基本养老保险费由单位和个人共同负担;改革基本养老金计发办法;建立待遇与缴费挂钩机制,多缴多得、长缴多得,提高单位和职工参保缴费的积极性。

3. 补充养老保险制度

补充养老保险包括企业年金和职业年金。企业年金是指企业及其职工在依法参加基本养老保险的基础上，自愿建立的补充养老保险。1995年和1997年，劳动部、国务院分别出台相关文件，明确要求在国家政策指导下大力发展企业补充养老保险。2000年，国务院发布《关于印发完善城镇社会保障体系试点方案的通知》，将企业补充养老保险更名为"企业年金"。随后，党和国家颁布一系列政策文件对企业年金制度进行完善，企业年金制度初具雏形。截至2018年末，全国共有8.74万户企业设立了企业年金，参加职工人数为2 388万人，企业年金基金累计结存14 770亿元。[①]

职业年金是指公职人员在基本养老保险之外的补充养老保险。2008年3月，国务院发布《关于印发事业单位工作人员养老保险制度改革试点方案的通知》，提出建立事业单位工作人员职业年金制度。随后，国务院相继出台职业年金的相关配套改革及管理办法，职业年金制度不断完善。

4. 农村五保供养制度的改革与完善

1994年，国务院颁布《农村五保供养工作条例》，规范了五保供养的内容，明确五保供养的实际标准不应低于当地村民的一般生活水平，所需经费和实物应当从村提留或者乡统筹费中列支。2006年，修订后的《农村五保供养工作条例》除延续了原条例中保吃穿住医葬（未成年人保教）的内容外，新补充的内容有：① 农村五保供养对象的疾病治疗，应当与当地农村合作医疗和农村医疗救助制度相衔接；② 农村五保供养标准不得低于当地村民的平均生活水平；③ 村民委员会可以委托村民对分散供养的农村五保供养对象提供照料。该条例进一步明确了对五保集中供养与分散供养的资金安排、监督管理和法律责任，提高了集中供养形式的法治化水平。

截至2020年末，全年基本养老保险基金收入49 229亿元，基金支出54 656亿元，年末基本养老保险基金累计结存58 075亿元，参加城镇职工基本养老保险人数为4.6亿人，参加城乡居民基本养老保险人数为5.4亿人。[②] 截至2021年11月末，全国基本养老保险参保人数为10.25亿人。[③] 我国养老保险制度逐步走向成熟。

[①] 上海长宁. 当你退休时，除了养老金，还可拿"这几笔钱"[EB/OL].（2020-01-13）[2022-03-15]. https://m.gmw.cn/baijia/2020-01/13/1300873189.html.

[②] 人力资源和社会保障部. 2020年度人力资源和社会保障事业发展统计公报[R/OL].（2021-06-03）[2022-03-15]. http://www.mohrss.gov.cn/SYrlzyhshbzb/zwgk/szrs/tjgb/202106/t20210604_415837.html.

[③] 姜琳. 全国基本养老保险参保人数达10.25亿人[EB/OL].（2022-02-01）[2022-03-15]. http://www.gov.cn/xinwen/2022-02/01/content_5671601.htm.

(二) 医疗保险制度

1996年,国务院办公厅转发国家体改委等四部委《关于职工医疗保障制度改革扩大试点的意见》,决定有计划、有步骤地扩大职工医疗保障制度改革的试点范围。1998年,国务院颁布《关于建立城镇职工基本医疗保险制度的决定》,提出建立个人账户和社会统筹相结合的城镇职工基本医疗保险制度。到1999年底,新型医疗保险制度正式在全国范围内确立,新制度通过设置个人账户、起付线等强调个人责任,取代了原有的公费医疗和劳保医疗,减少了医疗费用的不合理增长;医疗保险资金来源多元化,使得新型医疗保险制度有了可持续发展的保证。2007年,国务院颁布《关于开展城镇居民基本医疗保险试点的指导意见》,城镇居民医疗保险制度改革继续推进。2012年,党的十八大提出统筹推进城乡社会保障体系建设。同年,国家发改委等六部门发布《关于开展城乡居民大病保险工作的指导意见》,提出整合城乡居民基本医疗保险制度。

截至2021年底,基本医疗保险参保人数达13.6亿人,参保覆盖面稳定在95%以上。其中参加职工基本医疗保险人数为3.5亿人,参加城乡居民基本医疗保险人数为10.1亿人。[①]

与此同时,农村合作医疗制度的改革也在有序推进。2002年,中共中央、国务院发布《关于进一步加强农村卫生工作的决定》,明确提出要逐步建立以大病统筹为主的新型农村合作医疗制度(以下简称"新农合")。2003年1月,国务院办公厅转发卫生部等部门《关于建立新型农村合作医疗制度的意见》,新农合试点工作在全国范围内迅速展开。截至2018年末,新农合参保人数为1.3亿人,在基金收支方面,新农合基金收入875亿元,支出839亿元,年末累计结存318亿元。[②]

为了推进城乡一体化,统一城乡居民的医疗待遇,国务院于2016年印发了《关于整合城乡居民基本医疗保险制度的意见》,决定推进城镇居民医保和新农合制度整合,逐步在全国范围内建立起统一的城乡居民医保制度。

(三) 失业保险制度

随着我国市场经济体制改革进一步深化,失业保险制度得到进一步发展。从1993年到1998年,国务院发布一系列文件,对国有企业职工待业保险不断进行完

[①] 国家医疗保障局.2021年医疗保障事业发展统计快报[R/OL].(2022-03-04)[2022-04-15].http://www.nhsa.gov.cn/art/2022/3/4/art_7_7927.html.

[②] 国家医疗保障局.2018年全国基本医疗保障事业发展统计公报[R/OL].(2019-06-30)[2022-04-15].http://www.nhsa.gov.cn/art/2019/6/30/art_7_1477.html?from=groupmessage&isappinstalled=0.

善,建立了国有企业下岗职工基本生活保障制度。1999年,国务院发布《失业保险条例》,这是我国第一个正式的失业保险法规,它为失业保险制度的发展提供了法律规范,标志着我国失业保险制度的正式建立。

《失业保险条例》正式使用失业保险代替待业保险,扩大失业保险覆盖范围,扩大资金来源渠道,提高了失业保险费率和统筹层次,为失业人员提供基本生活保障,将基本生活保障和促进再就业工作紧密结合起来。

2021年,我国参加失业保险人数为2.3亿人,截至该年年末,全国领取失业保险金人数为259万人。①

(四) 工伤保险

1996年,劳动部发布《企业职工工伤保险试行办法》。由于该办法属于部门规章,法律级次较低,在实施过程中,未能得到很好的贯彻。2003年,国务院发布《工伤保险条例》,确定了工伤保险经济补偿、工伤预防和职业康复三大职能。随后,劳动和社会保障部、卫生部、国家中医药管理局先后发布关于工伤保险医疗服务、工伤康复服务项目及诊疗规范的有关文件。2010年,国务院决定对《工伤保险条例》进行修订,修订后的《工伤保险条例》自2011年1月1日起施行。2011年7月1日,《社会保险法》开始实施,我国工伤保险制度走上规范化、法治化的道路。

截至2021年末,我国参加工伤保险人数为2.8亿人,其中参加工伤保险的农民工为9 086万人。②

(五) 生育保险

自1994年劳动部颁发《企业职工生育保险试行办法》以来,生育保险各项工作稳步开展。2004年,劳动和社会保障部办公厅颁布《关于进一步加强生育保险工作的指导意见》,提出协同推进生育保险与医疗保险工作,切实保障生育职工的医疗需求和基本生活待遇。2012年,国务院颁布《女职工劳动保护特别规定》,规范了女职工的产假假期和产假待遇,并且调整了女职工禁忌从事的劳动范围。2019年,国务院办公厅印发《关于全面推进生育保险和职工基本医疗保险合并实施的意见》,决定全面推进生育保险和职工基本医疗保险合并实施。截至2019年底,广东、广西、山东、山西等超过20个省份公布两险合并方案。截至2021年末,参加生育保险人数为23 851万人。③

---

① 国家统计局. 中华人民共和国2021年国民经济和社会发展统计公报 [R/OL]. (2022-02-28) [2022-04-15]. http://www.gov.cn/xinwen/2022-02/28/content_5676015.htm.
② 国家统计局. 中华人民共和国2021年国民经济和社会发展统计公报 [R/OL]. (2022-02-28) [2022-04-15]. http://www.gov.cn/xinwen/2022-02/28/content_5676015.htm.
③ 国家统计局. 中华人民共和国2021年国民经济和社会发展统计公报 [R/OL]. (2022-02-28) [2022-04-15]. http://www.gov.cn/xinwen/2022-02/28/content_5676015.htm.

经过几十年的发展，我国社会保险体系逐步完善，建立了社会统筹与个人账户相结合的养老保险、医疗保险，此外还有失业保险、工伤保险、生育保险。由五大主要保险项目构成的保险体系实现了生命周期全覆盖，保障水平不断提高，管理能力也逐渐提升。《2020年度人力资源和社会保障事业发展统计公报》显示，2020年全年基本养老保险、失业保险、工伤保险三项社会保险基金收入合计50 666亿元，基金支出合计57 580亿元。[①]

第三节 中国港澳台地区社会保险制度的产生与发展

一、中国香港地区社会保险制度的产生与发展

（一）香港回归前的社会保险状况

香港开埠即被英国实施殖民统治，英国的殖民统治是为了从当地获得更多利益，很少考虑当地人民的福利。因此，香港的社会保障制度发育迟缓，香港地区的社会保障长期依赖民间自救与互济两种方式，具体表现为华人的慈善团体和教会兴办的救济性质的福利事业。

20世纪50年代以后，香港工业化进程加快，人口剧增，火灾、水灾、风灾等灾害频发，人的基本生存问题成为社会面临的主要问题。1965年，香港第一个社会福利政策白皮书《香港社会福利工作之目标与政策》出版，标志着香港社会保障事业的真正开始。1966年，港英政府出版了题为《香港社会保障服务提供及有关问题之可行性研究》的报告，该报告提出，政府必须制订一个社会保障计划以解决短期的疾病和死亡等危机，以及长期的老年问题等。1967年，港英政府成立了专门研究香港社会保障发展的跨部门工作小组，并出版了《社会保障的若干问题报告书》，报告书建议港英政府实施社会保障计划，首先解决疾病、医疗、体弱和生存的社会保障问题，具体包括修建公共房屋、参与社会救济和推行公医制度。1968年，港英政府颁布了《雇佣条例》，建立起雇主责任制，其中一项重要规定就是雇主负担生育收入保障，雇主直接给符合条件的雇员支付生育津贴，雇员可以享受最多10周的带薪产

---

① 人力资源和社会保障部. 2020年度人力资源和社会保障事业发展统计公报［R/OL］.（2021-06-03）［2022-03-15］. http：//www.mohrss.gov.cn/SYrlzyhshbzb/zwgk/szrs/tjgb/202106/t20210604_415837.html.

假。1969年，港英政府对《劳工赔偿条例》进行了修订，但该条例被认为无必要在当时推行，最终没有立法实施。

20世纪70年代，港英政府才开始承担社会保障制度建设的责任。1971年，港英政府开始进行原本是由志愿机构和非营利组织承担的现金援助，1993年正式更名为"综合社会保障援助"计划，旨在帮助更多有困难的人士，其中包括对失业者的援助。截至1998年7月，香港领取失业援助金的人数已经达到23 754人，这个数字占全香港失业人数的16.2%，为领取综合援助金整体个案的11.3%。[①]

1973年，港英政府颁布《香港福利未来发展计划》，设立暴力执法伤亡赔偿计划和伤残老弱津贴计划，此文件后经多次修改，形成了香港社会保障的基本框架。1981年，有关工伤和职业病的保障有较大的突破，港英政府制定了《雇员补偿条例》，代替之前的《劳工赔偿条例》。《雇员补偿条例》制定了一个不论过失、无须供款的对雇员因受工伤给予补偿的制度。《雇员补偿条例》并没有规定雇主必须为雇员购买工伤保险，经常出现雇员发生工伤后得不到补偿的现象。经过雇员的多次争取，港英政府在1984年修订了《雇员补偿条例》，实施强制性工伤保险制度，规定雇主必须为雇员向私营保险公司购买工伤保险。《雇员补偿条例》及相关法律法规对雇员发生工伤后的权益保障起到了很好的作用，保险公司的参与减轻了政府的事务性负担，市场机制的引入亦提高了工伤保障制度的效率。1981—2000年期间，港英政府和香港特区政府又出台了多个法律文件对《雇员补偿条例》进行修订，可以看出，法律对雇员的工伤保障日趋周全，香港的工伤保障制度也日趋成熟。

1985年，港英政府聘请澳洲咨询服务公司就香港提供的医疗服务进行评估，并发布了顾问报告书，其中提出了政府设立独立管理的医院制度等建议。1990年，《人人健康展望未来：基层健康服务工作小组报告》出台，重申政府医疗卫生政策，即不应有人因缺乏金钱而不能获得适当的医疗治理。1991年，根据《医院管理局条例》，医院管理局正式成立，负责管理公立医院及相关的医疗服务。1993年，港英政府发表《促进健康咨询文件》，提出通过增加额外收入来源以资助医院服务的措施。香港地区的医疗保障制度基本上沿袭了英国的全民健康服务制度，即由政府直接主办一体化的"全民健康服务"，这种医疗保障模式为市民提供了多层次、全方位的医疗健康服务。香港的公立医院由政府全额拨款，香港本地居民到公立医院就医是基本免费或低收费的。在这套制度的保障下，香港市民的健康指数位居世界前列。

20世纪90年代之前，港英政府对雇主不存在任何退休保障的规定。1992年，为解决香港日益严重的人口老龄化问题，港英政府通过了《职业退休计划条例》。该条例通过一系列相关制度来督促雇主自愿成立职业退休计划，职业退休计划的基金由

---

① 香港卫生福利局."综合社会保障援助"计划[N].香港文汇报，1998-08-24（10）.

雇主和雇员共同缴费，作为参与计划的雇员的养老金。养老金的发放可以按照一个统一的标准，也可以按照与参与者的其他收入具有相当程度关联的形式进行发放。《职业退休计划条例》只是一种自愿性的养老保险计划。

(二) 香港回归后的社会保险制度

1. 香港地区的养老保险制度

香港回归祖国之前，以社会保险为核心的社会保障制度在香港发展非常有限，缺乏统一的养老保险制度。1995年，香港制定了《强制性公积金计划条例》，从2000年开始，《强制性公积金计划条例》正式实施，2016年再次进行修订。该计划是一种完全养老基金制，具有强制性，规定雇主及雇员必须无条件参与计划，按照雇员收入的固定比例供款，计划中的公积金都以信托形式安排。该计划为就业人员设立了正式的退休保障制度，帮助雇员累积养老金来度过退休之后的生活。香港的养老制度由三部分构成：一是综合社会保障援助和高龄津贴，这部分资金由政府财政统一支出，以现收现付模式进行；二是强制性公积金和职业退休计划，这是香港养老金制度的核心，具有强制性；三是个人储蓄和家庭资助。

2. 香港地区的医疗保险制度

香港回归祖国后，开启了医疗保障改革进程。1997年，香港第一任特首董建华在其施政报告中指出，特区政府会在1998年全面复检目前的整个医疗体系，并承诺进行全面的医疗改革。当年，香港特别行政区政府委聘哈佛大学公共卫生学院研究香港现行医疗体系并提出改革建议。1999年，评估完成，特区政府公布了专家小组提交的《香港医疗改革：为何要改？为谁而改？》的报告，报告指出了香港医疗体制中存在的主要问题，提出了医疗融资计划。2003年，香港公立医院启动调整原收费项目和引入其他医务服务新收费制。2008年，在多方咨询和研究的基础上，香港特别行政区政府发布题为《掌握健康 掌握人生》的医疗改革咨询文件。该医疗改革咨询文件明确提出了香港医疗保障制度改革的具体方向，其主旨是将医疗保障由过去特区政府包办投入，变为全社会一起办。香港的医疗保障改革在探索推进中。

3. 香港地区的工伤保险制度

进入21世纪之后，香港特别行政区政府对《雇员补偿条例》也进行了修订和完善，2000年7月，修订后的《雇员补偿条例》获得立法会通过。该条例明确规定了雇主对雇员进行工伤补偿的条件和具体金额，对不为工人购买劳保的违法雇主处以罚款。2003年，根据《雇员补偿条例》及《肺尘埃沉着病（补偿）条例》，特区政府提高了这两个条例下的医疗费水平。同时，《2003年职业性失聪（补偿）（修订）条例》开始实施，一系列改善职业性失聪的补偿计划措施得以推行。通过以上多个法律文件的出台及对《雇员补偿条例》的多次修订，法律对雇员的工伤保障日趋完善，香港的工伤保障法律制度也逐步成熟。

4. 香港地区的生育保险制度

2020年，香港特别行政区政府劳工处发布《2020年雇佣（修订）条例》，将产假由10周延长至14周，并提高了相关待遇。

二、中国澳门地区社会保险制度的产生与发展

（一）澳门回归前的社会保险状况

回归前的澳门作为葡萄牙管制的中国领土，在社会保障问题上一贯采取消极态度。澳葡政府始终认为，提供社会保障和社会福利会增加生产成本，削弱本地产品在国际上的竞争力，澳门有关社会保障方面的法令法规基本处于空白。20世纪80年代，澳门的经济发展为社会保障体系的建立奠定了一定的经济基础。同时，由于澳门人口的迅速增加，社会底层的劳动者工资收入低，基本生活难以保障，导致社会不稳定因素增加，民众对社会保障表现出极大的愿望。各社会团体积极致力于改善劳动者福利的社会保障工作。为了缓和社会矛盾，澳葡政府加快了建立社会保障制度的步伐。

1989年，澳葡政府在其施政报告中首次提出，在澳门制订一个关于社会保障的最起码的相关联的规定，以此逐步保障其居民免于疾病、失业、残废、老年和死亡的忧患。随后，澳葡政府颁布法令，正式设立"社会保障基金"。社会保障基金实质上是一种社会保险，它基本上符合国际劳工组织公约制定的基本社会保障的有关规定。社会保障基金的资金来源于政府、企业、雇员三方面，政府的财政收入、雇主的缴款和雇员的缴款共同构成社会保障基金。澳门社会保障基金规定缴费是受益的前提条件，严格体现了保障者权益与义务相结合的原则。社会保障基金涉及的保障包括养老金、疾病津贴、残疾恤金、失业津贴等多方面的内容。澳门社会保险主要由"社会保障基金"这一机构来承担。澳门社会保障基金是以劳动者为保障对象的一种强制性供款式制度，它奠立了澳门社会保险制度的基础。

（二）澳门回归后的社会保险制度

澳门回归祖国后，澳门特别行政区政府进一步加强了社会保障立法，完善民众的社会保险制度。

1. 澳门地区的养老保险制度

1989年，澳葡政府设立"社会保障基金"，并对澳门居民的养老金做出了具体规

定。根据规定，年满 65 周岁不符合领取养老金或残疾金条件的老年人及残疾人，可以领取社会救济金。2005 年 8 月，澳门特别行政区政府通过了敬老金制度行政法规，由社会工作局向年满 65 周岁的老年人发放敬老金。2008 年，澳门特别行政区政府公布了《社会保障和养老保障体系改革方案》，核心属性是构建双层式社会保障制度，第一层社会保障制度是让所有澳门居民都能获得基本的社会保障；退休后较宽裕的生活保障则由第二层非强制性中央公积金制度支付。2011 年 1 月 1 日，澳门特别行政区政府颁布的《社会保障制度》正式生效；2018 年，澳门的《非强制性中央公积金制度》开始实施。澳门双层式社会保障制度踏入正式运行阶段。

2. 澳门地区的医疗保险制度

澳门的医疗保险制度起始于 20 世纪 80 年代，在此之前，民间的慈善机构在提供医疗服务方面发挥着重要作用。1984 年，澳葡政府颁布法令，旨在建立一个综合的卫生医疗体系。后经过法令的修订、完善，确定了以税收为资金来源、政府部门直接提供的医疗保障方案。澳门建立起的覆盖全体居民的现代医疗保障制度基本框架属于混合型的，提供医疗服务的主体包括隶属政府卫生局的医疗机构，也包括非政府所属的私营医疗系统；在私营医疗系统中，又包括营利机构和非营利机构。1986 年的法令规定，孕妇、产妇、10 岁以下的儿童、中小学生、家境贫困人士、公职人员、患有某种疾病的人士可以享有免费的医疗服务，教师可以部分享有免费医疗服务，澳门居民满足相应条件可享受疾病津贴。

3. 澳门地区的工伤保险制度

1985 年，澳葡政府公布法令，规定雇主必须为雇员购买保险，当雇员因职业意外受伤或染上职业病时，由保险公司按规定赔偿。1989 年，澳葡政府颁布《核准事务所、服务场所及商业场所之工业安全及卫生总章程》；1995 年，颁布《工作意外及职业病保险法例》。同时，为落实安全生产和劳工保障的法律规定，澳门地区成立劳工事务局。按照《社会保障基金法》规定，凡因意外工伤事故而致伤、致残不能工作而被资方解雇的工人，由社会保障机构给予工伤赔偿；对于因患肺吸尘病而丧失工作能力或因职业病而死亡的工人，以及因患职业病不能工作而被资方解雇的工人，社会保障机构均给予一定的赔偿。

4. 澳门地区的失业保险制度

澳门没有专门的失业保险制度，依据《社会保障基金》的相关规定，对于满足相关条件的暂时处于非自愿性失业的人员发放失业救济金，对于满足相关条件的丧失工作能力的工作者发放丧失工作能力金。

5. 澳门地区的生育保险制度

1989 年，澳葡政府颁布的《社会保障制度》对澳门居民在结婚、出生津贴等方面做出了具体规定。1993年、1997年，澳葡政府相继颁布法规，对妇女生育权益保障分别提出发放出生津贴，但并没有做出具体、实质性的规定，直到1997年，才开始规定出生津贴的具体金额及发放次数。随着社会经济发展，生育津贴不断提高。无论是政府官办医疗机构、卫生司所属的各区卫生中心，还是小型的私人诊所、社团及公司开设的医疗所，对符合条件的孕产妇均免费提供医疗服务。

6. 澳门地区公务人员的社会福利自成体系

澳门地区公务人员长期享受高薪待遇，其薪酬水准近年来更是以高于通胀率的增幅攀升，在亚洲仅次于日本和香港特区。公务人员除了享受高薪待遇外，还享受退休金、抚恤金和种类繁多的津贴。一是公务人员的退休金。澳门公务人员分为公务员、公职人员和散位人员三类，在退休基金会注册且每月缴费的公务员和公职人员退休后可享受退休金待遇。二是公务人员的抚恤金（赡养费）。在退休基金会注册且按月缴费的公务员和公职人员可享受此待遇。三是公务人员的各类津贴，月津贴项目包括年资津贴、家庭津贴、房屋津贴。一次性津贴项目包括结婚津贴、生育津贴、丧葬津贴、身故津贴、运送遗体津贴、出席会议津贴、公干差旅津贴、公干启程津贴等。此外，还有假期津贴、圣诞津贴和工作津贴等。澳门公务人员享受的各种津贴收入占其全部收入的20%左右。①

三、中国台湾地区社会保险制度的产生与发展

台湾地区社会保险制度起始于20世纪50年代。在国民党入台之前，台湾的通货膨胀状况很严重，电力、化工等大工业和公用事业发展面临严重问题。1949年，国民党失利入台，从大陆带去台湾的居民有200多万人，人口的激增给本来就陷入困境的台湾经济社会带来了更大的挑战。国民党不得已实施社会保障措施，旨在恢复台湾地区的工业和公用事业运转。

从1951年开始，台湾当局尝试着针对不同职业人群建立社会保险制度。1958年，台湾当局将较早前实施的《台湾省职业工人保险办法》《台湾省劳工保险办法》与开办的渔民保险、蔗农保险等进行整合，通过了《劳工保险条例》。1960年，台湾当局成立了"台湾省劳工保险局"作为办理劳工保险的专业机构，同时也成立了"台湾省劳工保险监理会"作为劳工保险实施监管机构。《劳工保险条例》的颁布和劳工保险专业机构的成立，使得台湾地区的劳工保险迈入新的历史阶段，也标志着台湾的劳工社会保障制度开始形成。

---

① 吴传清. 澳门社会福利制度探析（上）[J]. 外国经济与管理，1999（07）：44.

(一) 台湾地区的养老保险制度

台湾地区没有单独的统一的社会养老保险制度，其养老保险制度具有明显的职业性特征，主要涉及劳工保险、公教人员保险、军人保险、国民年金制度等。

1. 劳工的养老保险制度

1958年，台湾当局颁布的《劳工保险条例》已历经14次修订，劳工保险项目已较为全面，雇主和雇员共同负担保险费，在享受资格、待遇水平上做了严格的界定和规范。劳工退休后，一次性发放退休金，企业若无法负担，报主管机关核定后可分期给付。

2. 公教人员的养老保险制度

1958年，台湾当局颁布的"公务人员保险法"，主要针对各类公务人员和公立学校的教职人员的退休金做出规范，行政当局和公务人员分担保险费用。公务人员的养老保险主要包括养老和死亡保险。1999年，在对"公务人员保险法"进行第三次修订时，将原来单独设置的私立学校教职人员的社会保险纳入，形成统一的公教人员保险，"公务人员保险法"也更名为"公教人员保险法"。该法规定，不同级别学校的教职人员的退休金支付机构是不同的。

3. 军人的养老保险制度

国民党入台之后，为了稳住从大陆败退的军队人员，紧急签发了《军人保险计划纲要》。1953年，台湾当局制定实施了《陆海空军军人保险条例》，1958年对《陆海空军军人保险条例》中规定的军人各项权利和保障范围进行了优化。军人保险对象包括军官、士官、士兵。军人保险费用有些全部由政府负担，有些由政府和被保险人按比例共同负担。1970年颁布的《军人保险条例》将军人保险的参与对象扩展到现役军官、士官、士兵，规定该保险项目由"国防部"主管，具体业务由"中央信托局"负责办理。

4. 退休人员的养老保险制度

1964年，台湾当局出台了《退休人员保险办法》，该保险办法只将公务人员纳入其中，并未给予劳工等群体进一步的退休保障。2008年，台湾当局通过的"国民年金法"正式实施，该法将居民满25岁未满65岁，且不具备劳保、公保、军保、农保者，全数纳入国民年金保险，达到全覆盖的目标。

(二) 台湾地区的医疗保险制度

医疗保险在台湾被称为"健康保险"。自国民党入主台湾后，伴随着台湾地区社会保障制度的建立，台湾的医疗保险制度也逐渐建立起来。在1995年之前，台湾的社会保险多以职业为标准进行区分，医疗保险散见于各职业保险的相关规定中，共有 10 余种之多，实行的是多种并行医疗保险制度，医疗保险覆盖率仅占台湾地区总人口的 40.6%。[①] 因医疗保险覆盖面过窄、保障水平参差不齐等弊端，1988 年，台湾地区行政管理机构成立专职规划小组，着手规划实施"全民健康保险法"。1994 年，台湾当局公布了"全民健康保险法"，同年 10 月公布了"'全民健康保险法'修正案"，12 月又公布了《健康保险局组织条例》。1995 年 3 月，"全民健康保险法"正式开始实施。同年，台湾当局成立了健康保险局，健康保险局作为保险人，承担全民健康保险所有相关业务，担负健康保险的规划、执行、监督等职能。"全面健康保险法"是台湾地区社会福利与卫生政策发展的重要基石，出台后历经多次的修订，成就了"低保费、高质量"这一制度特质。

台湾覆盖全体居民的医疗保险制度出台后历经多次修改，日臻完善，具有以下几个方面的特征和优点：第一，台湾的医疗保险制度是一种普及和强制参保的社会保险制度，台湾居民不分职业、民族、年龄都得参加该项保险；第二，台湾的医疗保险是财务自给自足、自负盈亏的社会保险，保费由被保险人、投保单位及政府共同分担，支付范围非常广泛；第三，台湾的医疗保险大大降低了民众就医的经济障碍，特别是老、弱、妇、孺等医疗照护需求高的民众，无须花费昂贵的医疗费就可以接受较好的医疗照护。

（三）台湾地区的失业保险制度

台湾当局最初出台的《劳工保险条例》里没有失业保险。1968 年，修订的《劳工保险条例》才增加失业给付，对失业保险的保险费率、实施地区、时间及办法做了相关规定，由"行政院"负责。由于当时岛内社会经济状况良好，失业率较低，在以后长达 30 多年的时间里，台湾地区一直没有建立失业保险制度。进入 20 世纪 80 年代中期，台湾地区失业问题开始凸显。1987 年，台湾当局成立"劳委会"等专门机构，将失业保险列为施政目标。进入 20 世纪 90 年代，台湾地区结构性失业严重，失业率不断升高。1993 年，"劳委会"开始对因企业倒闭失业的员工提供失业救济，但对申请资格限制过严，得到补助的人过少。1999 年，台湾地区正式实施《劳工保险失业认定暨失业给付审核准则》，标志着台湾地区的失业保险制度正式建立。

2002 年，台湾当局颁布了"就业保险法"，除了明确失业给付规定之外，重点对提升就业技能、促进再就业、保障劳工职业训练及失业期间的基本生活水平做出明确规定。此次修订进一步扩大了失业保险对象的覆盖范围，提高了失业者失业期间的保障水平，为失业者提升就业技能、提供职业训练以及促进再就业等方面都做出

[①] 刘鹏. 台湾地区全民健康保险制度浅析 [J]. 管理观察，2009（11）：262-263.

法律规范。

台湾地区的就业安全体制包括就业服务、职业培训和劳工保险。就业服务和职业培训是通过就业补助制度实现的。就业补助制度是失业保险制度的补充措施，主要包括就业服务、职业培训和创业辅导。

(四) 台湾地区的工伤保险制度

台湾地区的工伤保险立法起始于1950年颁布的《台湾省劳工保险办法》。该办法采取综合的立法模式，将工伤保险与养老保险等社会保险整合在一起进行立法。后经修订，将覆盖面由公营民营工厂、矿场、盐场暨公营交通、公用事业之工人，扩大到无一定雇主之职业工人、专业渔民和蔗农。1958年，台湾当局颁布《劳工保险条例》，确立了台湾地区现行工伤保险的基本内容和模式雏形，并在此后历经十四次修正，逐步扩大台湾地区工伤保险的覆盖范围。1984年，台湾地区通过"劳动基准法"，明确规定雇员在工作过程中发生的一些意外伤害，应由雇主一方负责补偿。台湾地区的工伤保险分为两类，一类是普通事故保险，另一类是职业灾害险。在工伤保险立法不断的修订过程中，享受工伤保险的年龄界限得到明确，1968年的修正案对被保险人设置了60岁的上限，1988年修正案将劳工最低参保年龄从14岁提高到15岁。1960年，台湾当局成立劳工保险局，专门负责劳工保险业务，将职业灾害保险纳入劳工保险之中，财务上单独核算，但无单独机构管理。

2002年，台湾当局正式通过了"职业灾害劳工保护法"。该法扩大了职业灾害补偿保障范围，增加了职业灾害劳工生活津贴，建立起整合预防、补偿、康复全过程的管理制度。

(五) 台湾地区的生育保险制度

台湾地区的生育保险制度属于强制性的社会保险制度，起始于1950年的《劳工保险办法》及实施细则。1958年出台的《劳工保险条例》和"公务人员保险法"，将生育保险的覆盖面限定在雇员、军人、公立学校教员、公务员等特定阶层。1980年，台湾当局将生育保险给付范围扩及私立学校教职员。20世纪80年代末90年代初，先后建立的"农民健康保险""基层干部健康险""低收入户健康险"的给付项目中均涉及生育给付和医疗给付。1992年修订的《农民健康保险条例》给予农村女性的生育保险权益，与女性劳工的保障大致相同。1995年，台湾当局实行健康保险制度，并将之前的各项社会保险中多数有关医疗给付的项目合并，其中包括生育医疗给付。台湾地区现行的生育保险制度的主要依据是1984年颁布，后经1996年、1998年两次修订的"劳动基准法"，以及1995年新修订的《劳工保险条例》中对产假与津贴、生育医疗给付的资格条件等相关规定。

第四节
社会保险起源的理论解释

一、资本主义的发展

资本主义在促进社会保险发展方面的作用体现在城市化和工业化。英、法、德、美等国在19世纪相继完成产业革命,机器化大生产带来工业化进程的加快,制造业与农业的劳动生产率差距不断拉大,大量农业劳动力流入制造业,农村人口流入城市,因而推动了城市化和工业化的进程。城市化社会面临的风险和艰苦程度都超过了农业社会,经济衰退的风险更大,收入不稳定性增加。除此之外,城市化社会中家庭规模较小,因此,对于社会保险的需求更大。1935年,美国罗斯福政府《社会保障法》的推出可以用这一观点来解释。该法对失业保险、儿童救助、老年保险(OAD)和老年救助(OAA)做了规定。其中,美国的老年救助采用德国模式,逐步演变为今天的老年生存和失能保险。

二、政治合法性

在历史上的一些国家,政府不是通过选举产生的,社会保障制度的推出有利于获得普通民众的支持,并且能够给予社会团体一些利益以获取他们的支持。社会保险将蓝领工人的利益和国家利益联系在一起。典型的例子是德国的俾斯麦政府。俾斯麦在任时,皇帝和大臣都不是经由选举产生,为了维护德国的新秩序,便推出社会保险政策以抚慰民心。19世纪的德国在工业化规模和社会保障的经验积累方面都无法与英国相比,之所以能够率先实行比较全面的国家保障制度,有其特殊的社会和政治背景。从政治和社会因素来看,1871年德意志帝国成立,但加入帝国的各诸侯国尤其是南方各邦对中央的向心力并不强,急需巩固政治上的统一。国际方面,德国虽然通过普法战争的胜利取得50亿法郎的赔款,但需时时防备法国的反击;尽管新生政权尚有不稳定因素,德国仍有进一步向外扩张的意图。俾斯麦在当时的讲话中声称,要使得国内外政策胜利实现,必须保证国内的稳定和发展。德国的无产阶级有马克思主义思想作为指导,形成了比较成熟的理论体系和战斗组织,因此德国的社会主义运动比较发达,国内的社会矛盾比较紧张,对当局产生巨大的政治压力。俾斯麦一方面推动通过了《反社会党人法》,希望扑灭社会主义运动;另一方面推动社会保障计划，巩固城市工人阶级对帝国的忠诚。另外，从社会习俗和文化背景来看，德国人显得比较保守和机械，习惯于官方控制，个人主义倾向不是很强烈，因此，当俾斯麦的社会保障政策出台时，并没有受到来自民间的抵制。

三、瓦格纳法则

社会保障规模的扩大与经济增长同步进行。社会保障可以看作奢侈品，当一国比较富裕时就会对社会保障提出要求。瓦格纳法则是瓦格纳在19世纪80年代提出的，揭示了政府规模和经济发展之间存在的正向关系。瓦格纳法则不仅涉及政府和市场的博弈，也涉及市场化进程中"大政府"和"小政府"的讨论。瓦格纳提出政府支出与经济发展的正向关系时，正是德国经济快速发展的时期。他认为经济发展需要一个"大政府"，尤其是市场化不健全、工业化快速发展的国家。经济发展会带来私人垄断、经济摩擦、公共服务需求增加等问题，这些问题的解决需要加强政府的职能，提供更多公共服务，政府规模也要随之扩大。由于经济发展和财政支出的关系是由瓦格纳最早集中、系统地展开论述的，因此，后来的学者将他的观点归纳为瓦格纳法则。虽然不同的学者对瓦格纳法则的定义不同，但已经形成了一个普遍认同的基本观点——随着经济发展，政府财政支出不断增加，这种增加既有绝对支出增加，也有相对支出增加。其中，绝对支出增加指政府财政支出总额不断提高，相对支出增加具体表现为政府财政支出占GDP的比重随人均GDP上升而提高。瓦格纳法则使用国民收入增长解释政府规模的增长速度，一个潜在的问题是，社会保障可能加大政府财政负担，从而制约经济增长。瓦格纳法则可以解释为什么美国、日本和瑞典在经济发展的过程中，人均GDP与社会保障支出占GDP比重呈明显的正相关关系。英国和澳大利亚社会保险的推出，也是由于财富的增加引起了再分配的需求。发展中国家较之发达国家，社会保障制度建立时间较晚，这可以从收入水平的角度加以解释。

四、利维坦理论及假说

政府为什么会扩张？公共选择理论将政府的扩张视为其制度化的倾向，在该理论看来，政府部门及官员个人作为利益最大化的理性主体，试图以各种方式夸大本机构存在的必要性，扩大所在部门的预算，雇用更多的人员，提高自己的待遇。从利益集团的角度看，社会分利集团的增多，可能分割经济成长的果实，使政府的分配政策趋于僵化，提高政府管制的复杂性，从而扩大政府规模。

同样，基于理性经济人视角，布伦南和布坎南将政府视为与垄断企业目标相似的组织,力图从经济发展中获取最大化的收入。他们用古典政治理论中被用以形容国家权力的神兽"利维坦"来为这一论断命名,从而提出了"利维坦理论"及其假说。在这一理论中,他们建议,如果试图遏制政府的扩张倾向,就需要事先建立起良好的财政税收体系,这一体系的核心要义是财政分权,原因主要有以下几点。第一,在理想情况下,公民和企业可以在地方间自由迁徙,地方政府为了争夺流动的资源,将会竞相削减税率、提高公共服务水平以吸引居民和企业迁入。这种"标尺竞争"的存在将促使民众在多个相似的地方政府间进行选择,那些高税率或低公共物品供给水平的地方就面临着资源流出的风险,从而限制政府收入的增长,遏制政府规模的扩张。第二,地方政府在行政层级上接近普通公民,对公民的偏好需要较为了解,相比中央等高层级政府有更少的信息缺失,能以更小的成本提供更符合地方居民偏好的政策组合选择;分权的财政体系也使地方居民能更好地监督地方政府的财政收支,促进其合理使用。第三,如果在财政上实行集权,中央通过税收共享和转移支付弥补地方财力,地方政府仅仅作为上级部门的代理,将导致向中央财力这一"公共池塘"资源过分索取的现象(如果地方的税收和支出不挂钩的话,那么,尽可能从中央获取转移支付收入,就成为地方政府的合理选择,这就刺激了地方向中央索取超过实际需要的转移支付和税收分享)。

这些观点都解释了分权有助于遏制地方政府扩张的理论,即"在其他条件不变的情况下,财政收入和支出越倾向分权,政府对经济的介入将越小"。假设地方政府和中央政府不会进行财政共谋,遏制效果将主要由两个因素决定:一是分权的水平;二是在给定领域内,相互竞争的同质性政府的数目。布伦南和布坎南认为,由于地方政府持续面对着地方间的激烈竞争,有意愿推动财政体制的重新安排以缓和竞争压力。这种重新安排将可能采取一种中央与地方进行财政共谋的方式。中央在所有地方统一征收税收,再将税收与地方共享。在极端情景下,如果只有中央政府征收税收,那么它可以将税收收入最大化,中央政府单独征税的收入将远超过有着充分竞争的地方政府的税收收入,中央政府只需通过转移支付手段就可以使地方获得超过分权竞争时的收入,可能诱发中央与地方的财政共谋行为。转移支付对公共部门规模的影响可以具体体现在这几个方面:第一,转移支付减少了地方政府依赖自有收入进行财政支出的限制,造成"软预算约束",破坏了财经纪律,驱动政府规模扩张;第二,如果由中央进行税收集权,中央政府将拥有更大的干预经济事务的权限范围,可以动员更大的征税能力;第三,粘蝇纸效应(flypaper effect),它指财政转移支付中无条件或非配套补助比等额的地方私人收入的增加更能刺激地方公共支出。综合以上的讨论可以得出,"利维坦"理论有两个核心假设:第一个假设是,财政分权将起到遏制政府扩张的效果;第二个假设由财政分权引申而出,认为转移支付将导致政府规模扩张。

基于利维坦理论，可以得出这样的结论：推出社会保障制度是为了增加政府的税收，尤其是在战争结束后，政府的征税能力下降，社会保障将在短期内拓展政府的收入渠道。英国的社保制度演变历程印证了这一观点。英国社会保障制度的发展和战争在时间上有紧密的联系，布尔战争、第一次世界大战、第二次世界大战分别在 1902 年、1918 年、1945 年结束，随后英国都迎来了社会保障的发展，1908 年推出养老保险，1925 年将领取养老金的年龄从 70 岁拓展到 65 岁以上，1948 年将收入测试制度改为全覆盖制度。

本章小结

本章介绍了具有代表性的英国、德国和美国社会保险制度的起源，以及社会保险制度在世界范围内普及的发展过程；介绍了中国内地的社会保险制度产生和发展的历史进程，分析不同阶段的社会保险制度及其特点；介绍了中国港澳台地区社会保险制度产生和发展的过程及其特点；介绍了社会保险起源的理论解释。

主要概念

政治合法性　利维坦理论

复习思考题

1. 简述改革开放后我国医疗保险制度的恢复与发展。
2. 试分析港澳台养老保险制度的不同。
3. 简述瓦格纳法则的基本内涵。
4. 简述利维坦理论的基本假设和理论内涵。

参考文献

[1] 陈信勇. 中国社会保险制度研究 [M]. 杭州：浙江大学出版社，2010.

[2] 邓大松. 社会保险 [M]. 北京：中国劳动社会保障出版社，2002.

[3] 丁建定. 社会福利思想 [M]. 武汉：华中科技大学出版社，2005.

[4] 国家统计局. 中华人民共和国 2021 年国民经济和社会发展统计公报 [R/OL]. （2022-02-28）[2022-04-15]. http：//www.gov.cn/xinwen/2022/02/28/content_5676015.htm.

［5］国家医疗保障局.2018年全国基本医疗保障事业发展统计公报［R/OL］.（2019-06-30）［2022-04-15］.http：//www.nhsa.gov.cn/art/2019/6/30/art_7_1477.html?from＝groupmessage&isappinstalled＝0.

［6］国家医疗保障局.2021年医疗保障事业发展统计快报［R/OL］.（2022-03-04）［2022-04-15］.http：//www.nhsa.gov.cn/art/2022/3/4/art_7_7927.html.

［7］李珍，孙永勇，张昭华.中国社会养老保险基金管理体制选择：以国际比较为基础［M］.北京：人民出版社，2005.

［8］刘金章，王岩.现代社会保险学教程［M］.北京：清华大学出版社，北京交通大学出版社，2019.

［9］姜琳.全国基本养老保险参保人数达10.25亿人［EB/OL］.（2022-02-01）［2022-03-15］.http：//www.gov.cn/xinwen/2022-02-01/content_5671601.htm.

［10］毛翠英.新型农村合作医疗研究：基于财政的视角［M］.北京：中国物资出版社，2011.

［11］钱宁.现代社会福利思想［M］.北京：高等教育出版社，2006.

［12］王云昌，张茂松.社会保险理论与实务［M］.郑州：黄河水利出版社，2001.

［13］伍凤兰.农村合作医疗制度变迁研究［M］.杭州：浙江大学出版社，2009.

［14］香港卫生福利局."综合社会保障援助"计划［N］.香港文汇报，1998-08-24（10）.

［15］杨祖功.西欧的社会保障制度［M］.北京：劳动人事出版社，1986.

［16］高中华.中国共产党的社会保障观：发展与演变［J］.学术前沿，2017（01）：81-94.

［17］何超，任耀飞，尹增奎.20世纪我国农村合作医疗制度的历史思考及启示［J］.陕西农业科学，2006（06）：128-131.

［18］刘鹏.台湾地区全民健康保险制度浅析［J］.管理观察，2009（11）：262-263.

［19］刘钧.西方福利经济学发展浅探［J］.中央财经大学学报，2001（03）：6-11.

［20］人力资源和社会保障部.2020年度人力资源和社会保障事业发展统计公报［R/OL］.（2021-06-03）［2022-03-15］.http：//www.mohrss.gov.cn/SYrlzyhshbzb/zwgk/szrs/tjgb/202106/t20210604_415837.html.

［21］上海长宁.当你退休时，除了养老金，还可拿"这几笔钱"［EB/OL］.（2020-01-13）［2022-03-15］.https：//m.gmw.cn/baijia/2020-01-13/1300873189.html.

[22] 王建民. 台湾养老保险制度现状、改革方向及启示 [J]. 北京联合大学学报（人文社会科学版），2015，13（03）：32-42.

[23] 吴传清. 澳门社会福利制度探析（上）[J]. 外国经济与管理，1999（07）：42-45.

[24] 杨伟国，雷珂，张慧云. 中国香港社会保障政策的变迁及启示 [J]. 北京航空航天大学学报（社会科学版），2016，29（04）：1-7.

[25] 张德元. 中国农村医疗卫生事业发展历程回顾与分析 [J]. 湖南科技学院学报，2005（09）：90-95.

[26] 张栋，刘涵，巫艳思. 我国农村合作医疗发展历程及展望 [J]. 经济研究导刊，2010（23）：50-52.

[27] 中国社会科学院中国社会保险制度研究课题组. 中国社会保险制度研究 [J]. 中国社会科学，1999（04）：72-86.

第三章

养老保险

本章导言

由于社会养老保险（endowment insurance）的受保人享受保险待遇的时间较长，保险待遇给付的标准较高，所需要的经费十分庞大，占据社会保障基金的最大部分，养老保险由此成为社会保障的核心组成部分，是社会保险五大险种（包括养老保险、医疗保险、失业保险、工伤保险和生育保险）中最重要的险种之一，并成为目前世界上绝大多数国家普遍实行的一项重要的社会保障制度。

重点问题

- 养老保险的基本概念
- 养老保险的基本特征
- 养老保险的基本原则
- 养老保险的主要内容
- 贝弗里奇报告
- 世界银行"三支柱""五支柱"模式
- 中国内地养老保险制度的建立健全和发展方向
- 中国港澳台地区的养老保险制度
- 美国、德国、韩国的老年年金制度

第一节
养老保险概述

一、养老保险的概念

养老是几乎每个人都必须面对的问题。养老保险制度是世界各国社会保障制度体系的核心内容，在一定程度上决定着一国社会保障制度建设的成败。养老保险制度发轫于1881年德国有"大宪章"之称的《黄金诏书》，其声称：工人因疾病、工伤（残）和年老丧失劳动能力时，"有权要求救济"，以保障最基本经济生活的安全。1889年，德国颁布的《老年和残疾保险法》确立了政府主导强制执行，非营利性，保险费由政府、雇主、雇员三方负责，劳动与福利相结合（先交费后受益）等现代社会保障基本原则。1935年，美国罗斯福总统颁布的《社会保障法》第一次以法律形式将社会养老保险作为社会保障内容明确下来。此后的贝弗里奇《社会保险及相关服务》研究报告、英国《国民保险法》、世界银行"三支柱"和"五支柱"模式等都将社会养老保险作为社会保障的重要内容。

一般认为，养老保险制度是指工作一定时间后的受雇者，因年老、健康或者其他原因退出劳动年龄以后，政府通过立法手段，运用社会力量，给予一次性或者定期性给付的养老费用，以保障其基本生活需要的一项社会制度。完善的社会养老保险制度在起到收入再分配调节功能的同时，还能够为劳动者建立养老风险保障措施，帮助他们因年老、伤病等原因退出劳动年龄后，避免由于生活缺乏基本保障而引发一系列的矛盾，维护社会的稳定。因此，该制度被称为人民生活的"安全阀"、社会运行的"稳定器"和收入分配的"调节器"。[①] 其主要包含以下几层含义：

（1）养老保险制度是国家为了维持社会秩序和促进经济发展而进行的一种制度选择，具有法律法规的强制性；

（2）享受养老保险待遇者必须是满足一定的年龄条件和缴费年限的劳动者；

（3）养老保险待遇只能保障其基本生活需要，这一标准低于原有的工资收入水

---

① 邹东涛，李欣欣，等.社会保障：体系完善与制度创新［M］.北京：社会科学文献出版社，2011：1.

平，但高于社会救济水平，其养老金替代率①约为70%左右。

养老保险制度的核心内容主要有两个方面：养老保险基金的筹资方式；养老保险金待遇的给付方式。

二、养老保险的特征

养老保险除了具有类似于医疗保险、失业保险、工伤保险和生育保险等其他社会保险项目的强制性、互济性和社会性等共性特征外，同时又具备普遍性、积累性等个性特征。其共性特征具体表现为：

（1）强制性。根据国家法律法规的相关规定，养老保险要求符合一定条件的劳动者必须无条件参加。

（2）互济性。参保者需按照相关规定缴纳一定的保险费用作为养老保险基金，实行风险分担、互济共济。

（3）社会性。因各种原因退出劳动年龄后，劳动者的养老保险待遇通过社会层面发放。

其个性特征具体表现为：

（1）普遍性。每个人都会经历生老病死的历程，年老是不可避免的，因此，相对于失业保险、工伤保险来说，老年保险涵盖全体国民，具有普遍性的特征，并由此成为世界上绝大多数国家普遍实行的一项重要的制度。

（2）积累性。养老保险参保人缴纳的养老保险费用，一般都会有15年及以上的较长缴纳时间，直至参保人退出劳动年龄后才可以领取，这一过程基本上涵盖了从参加工作到退出劳动年限的大半个人生，而对于养老保险制度来说，涉及至少两代人的社会财富的分配和再分配。

三、养老保险的基本原则

养老保险是社会保险体系的核心内容。由于世界各国社会经济和文化背景不同，养老保险制度类型有较大的差别，但是各国社会养老保险遵循的基本原则大致上是一致的。

---

① 养老金替代率是指劳动者退休时的养老金领取水平与退休前工资收入水平之间的比率，其计算公式为：养老金替代率＝某年度新退休人员的平均养老金/同一年度在职职工的平均工资收入×100%。它是衡量劳动者退休前后生活保障水平差异的基本指标之一。经验数据显示，退休后养老金替代率大于70%，即可维持退休前的生活水平；如果达到60%～70%，即可维持基本生活水平；如果低于50%，则生活水平较退休前会有大幅下降。

第一,享受社会养老保险待遇的同时解除劳动义务的原则。因健康或年老退出劳动年龄以后的劳动者所享受的社会养老保险待遇,是劳动者依法所享有的权利,与此同时,他们不再承担社会劳动的义务。

第二,保障劳动者退出劳动后享受最基本生活水平的原则。养老保险待遇是绝大多数退出劳动的劳动者重要甚至唯一的生活来源。因此,养老保险待遇应能够满足退休人员的基本生活需要。

第三,分享社会经济发展成果的原则。退出劳动年龄后的劳动者所享受的社会养老保险待遇有着一定的标准。随着经济社会的发展,通货膨胀在所难免。为保障退休人员的实际生活水平与整个社会的消费水平相适应,国家应根据物价指数或者通货膨胀率的变动情况,适时提高养老保险待遇,使退出劳动年龄后的劳动者能够分享社会经济发展成果。

四、养老保险的功能

养老保险的功能可归纳为赏金、人力折旧、递延工资、永久收入假说、商业权宜、激励、适当生活维持、人事机能、社会保险、依赖、生命周期及劳资合作等十二个方面(见表3-1)。不同项目强调的侧重点差别较大。例如,"赏金"项目侧重点为雇主"自主性的施恩措施,本质上只是一种赏金的合约";而"商业权宜"项目则侧重于"基于马斯洛的需求五层次理论,养老保险金可以达成员工生理需求及安全需求保障,企业承诺员工于一定服务年资或年老力衰退休离开工作时即有养老保险金,可以激励员工提升生产力"。

表3-1 养老保险的功能

项目	主要内容
赏金	雇主对于养老保险金的发放系其自主性的施恩措施,本质上只是一种赏金的合约
人力折旧	企业雇主必须像厂房及机器设备逐年提列折旧准备一样,每年为劳工缴纳养老保险金,将养老保险金视为营业费用的一部分,以保障劳工退休生活
递延工资	企业对养老保险金的给付可以视为员工实际工资的一部分,企业在给付工资时,保留一部分逐渐累积而于劳工退休时给付
永久收入假说	只有永久的收入来源,才能维持人们的消费,以保障人们的生活
商业权宜	基于马斯洛的需求五层次理论,养老保险金可以达成员工生理需求及安全需求保障,企业承诺员工于一定服务年资或年老力衰退休离开工作时即有养老保险金,可以激励员工提升生产力
激励	企业对养老保险金给予的水平,完全视员工对企业贡献经济利益多寡而定
适当生活维持	劳工必须在其劳动期间提供适度的必需储蓄率,以保障劳工退休后的晚年生活

续表

项目	主要内容
人事机能	企业基于道义责任，对于年老体衰之员工，因退休后赚取所得的能力减弱，故给予相当的养老保险金，以维持其老年生活
社会保险	基于互助与保险原理，养老保险金制度应与社会安全制度相互结合，采取社会保险的方式，以加强社会安全保障之功能
依赖	社会制度与规定形成老人依赖的条件所制造的问题
生命周期	个人所得随其生涯变动，青少年及老年阶段所得较低，中壮年阶段所得则较高，但一生的消费却相当平均，即在不同生命阶段的消费大致相同
劳资合作	企业雇主与员工共同按期缴付作为养老保险金，并共同参与管理运用及分担风险

资料来源：朱顺和. 澳门公共退休金制度经济安全问题之探讨 [J]. "一国两制"研究, 2012 (10): 176-183.

第二节 养老保险的理论基础

社会养老保险制度是社会化大生产、市场经济发展到一定阶段的客观需要，这些客观需要必然以思想理论的形态表现出来。这些思想理论促进了社会养老保险制度的建立和发展。

一、马克思的社会保障思想

马克思的社会保障思想是19世纪资本主义社会经济、政治等因素综合作用的结果。随着工业化、城市化进程的加快，越来越多的农村人口涌入城市，使工人们失业威胁增多，劳动者收入、生活、医疗、养老等社会保障问题受到越来越大的影响。这些问题的解决，靠个人力量是无能为力的，必须有政府或社会的帮助，即要求在生产社会化的前提下建立与之相适应的社会化的社会保障制度。通过对这一时期资本主义经济活动、生产方式运行规律的研究，马克思发现，无论是经济运行还是社会发展，都需要建立程度不同的以保证全体或者部分社会成员基本经济生活安全的社会保障。因此，在《共产党宣言》《资本论》《哥达纲领批判》等经典著作中，马克思在对资本主义制度批判和未来社会主义制度设想中详细阐述了自己关于社会保障的思想，具体可以归纳为如下几点。

第一，社会保障对于社会再生产有着重要意义。社会再生产理论是马克思社会保障思想的重要基石。社会化大生产提高了劳动者遭遇工伤、疾病、失业等意外风险的概率，影响社会再生产的正常进行和劳动者生活水平的提高。"大工业在瓦解旧家庭制度的经济基础以及与之相适应的家庭劳动的同时，也瓦解了旧的家庭关系本身。"① 由于社会化大生产带来的社会风险在自由资本主义生产方式下不可能得到根本解决，必须通过社会保障形式降低社会风险。

第二，社会保障是实现社会公平和社会安全的重要途径。社会保障具有"分摊风险"和"补偿损失"两项主要功能。社会保障就是把个人的风险或损失分摊到整个社会，由全社会共同来承担。因此，社会保障"分摊风险"和"补偿损失"这两项基本功能，可以促进社会生产和再生产的顺利进行，实现社会公平和社会安全。

第三，社会保障是社会可持续发展的重要保证。社会保障具有与生俱来的追求公平的价值取向。要最大限度地削弱在按劳分配过程中存在着的事实上的不平等现象，最大限度地实现社会公平，这就要求"每一个生产者，在作了各项扣除以后，从社会领回的，正好是他给予社会的。他给予社会的，就是他个人的劳动量"②。它是社会可持续发展的重要保证。

二、福利国家理论

针对在社会发展过程中个体利益与社会福利相互排斥的观点，英国古典经济学家亚当·斯密认为，个体利益与社会福利之间并不像表面看上去的那样相互排斥。他在《国民财富的性质及其原因的研究》中强调，通过市场（即"看不见的手"）推动个体利益和社会福利的共同增长，可以达到社会整体福利水平提高的目的。英国福利经济学家庇古从边际效用这一角度论证了个体利益与社会福利的共容性。他认为，个体利益越丰厚，其收入的边际效用就会越小，也就是说，随着个体利益的增加，其边际效用是递减的；但从整个社会的福利角度来看，在不改变国民总收入的情况下，提高贫困个体的福利收入将提高整个社会的福利水平。③

庇古的这一观点得到了后世经济学者的支持。美国学者 Laurence Kotlikoff 认为，人们为了躲避生活中的各种风险和不确定性，提高自身经济福利，可能会导致"逆向选择"和"道德风险"。这就需要政府提供切实可行的社会保障，提升整体的社会福利。④ 尼古拉斯·巴尔认为，在社会保障制度建设过程中，政府在政策方面的持续支持特别是在财政支持上的可持续性，是非常重要的，且这一制度建设要求与经济

---

① 马克思. 资本论（第1卷）[M]. 北京：人民出版社，2004：562.
② 马克思恩格斯全集（第25卷）[M]. 北京：人民出版社，2001：18.
③ 庇古. 福利经济学[M]. 金镝，译. 北京：华夏出版社，2007：13-14.
④ Kotlikoff, L. J. A. The effect of annuity insurance on savings and inequality [J]. Journal of labor economics，1986：183-207.

增长保持一致性。[①] 在此基础上，Alan Auerbach、Laurence Kotlikoff 的模拟世代交叠动态 CGE 模型（即 A-K 模型）定量地验证了政府在社会保障中发挥作用的效应的强弱。以美国现行的 OASDI（Old-Age，Survivors and Disability Insurance，即"老年、遗属及残疾保险"）制度为模拟对象，A-K 模型发现，如果将社会保障税由 12.4% 提高至 14.6%，则美国的养老保险赤字将在 75 年内达到平衡。[②] 第二次世界大战后，福利国家理论开始把国家看作为全体国民谋求福利的工具。在此之前，英国著名经济学家约翰·梅纳德·凯恩斯就在《就业、利息和货币通论》中提出，政府要建立"普惠型"的社会保障制度。

三、贝弗里奇报告

在现代社会养老保险理论的发展史上，由英国著名学者威廉·亨利·贝弗里奇主持的研究报告《社会保险及相关服务》（一般称为"贝弗里奇报告"）具有划时代的意义。该研究报告总结了英国数百年以来社会保障制度的成就和弊端，将社会保障概括为当公民疾病、伤残、年老、失业以及家庭收入减少、生活窘困时予以其基本生活保障的制度，在强调"社会公平"和"社会安全"的基础上，以达到消除贫困、保证公民基本社会生活来源安全的目的。该研究报告规定了社会保险补助必须满足充分、全面和普遍（即社会保障应覆盖全体居民并包括他们不同的保障的需要）、管理责任统一、区别对待、基本生活资料补贴标准一致、保险费一致等六项基本原则，建议社会保障计划包括社会保险（满足居民的基本需要）、社会救济（满足居民在特殊情况下的需要）、自愿保险（满足那些收入较多居民的较高需要）等项目，设计了儿童补助、养老金、残疾补助、丧葬补助、丧失生活来源补助、妇女福利和失业救济等七个方面的内容。可以说，贝弗里奇报告构建了二战后社会保障和社会福利制度的基本框架，从而奠定了战后英国以及整个西欧"福利国家"制度的蓝图，甚至对包括美国在内的经济发达国家和包括墨西哥在内的发展中国家的社会养老保险制度的建立和完善都产生了重要影响。二战结束后不久，西欧、北欧国家社会经济得到了快速发展，同时，这些国家的社会保障也快速建立健全起来，基本上实现了贝弗里奇报告的基本构想。1948 年，英国首相艾德礼率先宣布建成"从摇篮到坟墓"的福利国家。20 世纪 70 年代，欧洲和北美大多数发达国家普遍建立了以"高福利"为内涵的社会保障制度。

---

① 尼古拉斯·巴尔，彼得·戴蒙德. 养老金改革：理论精要 [M]. 郑秉文，等，译. 北京：中国劳动社会保障出版社，2013：8-9.
② 陈平路，陈遥根. 养老保险体系中的 Auerbach-Kotlikoff 模型 [J]. 统计与决策，2007（22）：157-159.

四、世界银行"三支柱""五支柱"模式

针对贝弗里奇报告制度设计中高福利、高支出和政府财政负担沉重等问题，1994年10月，世界银行发布《防止老龄危机——保护老年人及促进增长的政策》（Averting the old age crisis——policies to protect the old and promote growth），从"储蓄、再次分配以及保险"三个方面着手，提出建立保障老年经济安全的三个支柱的养老保险模式：第一支柱（the first pillar）为政府财政支付的养老保险金待遇，以实现对不适用任何法定职业养老保险制度的老年公民的社会养老保险，从而达到降低老年者贫困程度的目的；第二支柱（the second pillar）为企业及个人缴费的强制性民营支柱，通过将企业及个人在工作期间缴纳的养老保险金移转到年老者（或者丧失工作能力者），从而能够使其享受到养老保险待遇；第三支柱（the third pillar）为个人通过商业投资和理财而建立的自愿性参加支柱，以达到年老（或者丧失工作能力）后享受更好的生活质量的目的。[1] 对此，经济合作与发展组织（OECD）认为，世界银行"三支柱"养老保险模式具有理论上的开创价值，因为一个更为分散化的退休收入保障模式是非常必要的，它也有助于降低未来收入损失的风险。在实践方面，世界银行"三支柱"养老保险模式成为众多发达国家以及不少发展中国家建立和完善养老保险制度的重要参考。

在实践过程中，"三支柱"模式也存在着诸如社会养老金待遇给予在财政上的不可持续性以及忽略非在职人员养老保险等问题。在此基础上，2005年12月，世界银行发布了《21世纪老年所得资助——养老金制度改革的国际比较》（Old-age income support in the 21st century——an international perspective on pension systems and reform）的研究报告。该研究报告强调，世界各国、各地区的老年经济安全应建立在养老保险缴费来源多样化、多层次的基础上，以期减轻政府的财政压力，实现社会养老保险制度运行的可持续性。该研究报告提出了保障老年经济安全的"五支柱"模式。其主要内容包括如下几个方面。

（1）非缴费型的"零支柱"或者基础支柱（the basic pillar），主要为终身贫困者以及不适用任何社会养老保险制度的非正式部门和正式部门的老年人或者丧失劳动能力的人提供社会养老保险，以实现社会养老保险制度的"兜底"作用。该支柱是任何完备的社会养老保险制度的重要组成部分。

（2）缴费型的"第一支柱"或第一层支柱（the first pillar），该支柱为强制性的社会保障年金制度，主要通过社会财富的再次分配，为年老（或者丧失工作能力）者

---

[1] The World Bank. Averting the old age crisis——policies to protect the old and promote growth [R]. New York：Oxford University Press，1994.

提供最低生活水平的终身保障。该支柱和基础支柱的费用主要来自社会保险缴费，按照现收现付式的确定给付制进行操作。

（3）强制性的"第二支柱"或第二层支柱（the second pillar），通过个人和用人单位在职期间缴纳一定费用建立职业年金制度。

（4）自愿性的"第三支柱"或第三层支柱（the third pillar），主要通过个人的商业保险和理财，达到年老（或者丧失工作能力）后提高生活质量的目的。

（5）非正规保障的"第四支柱"或第四层支柱（the forth pillar），其经费主要来自其子女供养、亲戚资金资助以及家庭间的资金移转，以弥补前四个支柱人群覆盖面的不足。①

与"三支柱"模式相比较，"五支柱"模式进一步关注基本养老保险制度对于弱势老年群体以及没有正式工作群体的保障作用，由此将被保障对象从"三支柱"模式所确定的有正式工作单位的员工扩大到非正式工作单位的员工、终身贫穷者以及年老（或者丧失工作能力）者。② 世界银行"五支柱"模式提出后，许多国家和地区进行了有效的实践。例如，美国在原有的"三支柱"养老保险体系的基础上，逐渐形成分别由国家财政、用人单位及个人缴费和不同商业方式筹资的"五支柱"养老保险模式。

第三节
养老保险的基本内容

一、养老保险基金的筹集

根据养老保险互济性、社会性的特征，养老保险基金的筹集一般由雇主、雇员、政府等双方或多方共同承担，主要有以下几种方式。

第一，由雇主、雇员和政府三方共同承担。该模式体现了劳动者权利和义务相统一的原则以及养老保险责任风险共担的理念，有利于养老保险的可持续发展。不同国家、不同职业的参保对象，在三方共同分担比例的大小方面有着较为明显的差异。德国、英国和意大利等国家采用这一方式。

---

① Holzmann R., R. Hinz. Old-age income support in the 21st century: an international perspective on pension systems and reform [R]. Washington D. C.: The World Bank, 2005.

② Holzmann R., E. Joseph, F. Louise, et al. New ideas about old age security: toward sustainable pension systems in the 21st century [R]. Washington D. C.: The World Bank, 2001: 216-220.

第二,由雇主、雇员双方共同承担。这是一种较为广泛的筹资方式,法国、荷兰、新加坡等国家采用这一模式。在这一模式下,雇主、雇员双方分担比例的大小,不同国家相差甚大。法国规定,雇主要承担较大比例的费用;而新加坡规定,雇主、雇员各承担50%的费用。

第三,由雇主、政府双方共同承担。在一些福利国家,由于实施高税收、高福利的社会保障模式,其养老保险基金的筹集由雇主和政府双方共同承担,政府承担的部分包括在个人缴纳的高税收之中。如瑞典的个人所得税一般在30%左右,甚至更高,并实施累进税,社会保险基金由税收部门统一征收,个人不再缴纳养老保险费用。

二、养老保险金的待遇

(一)养老保险金待遇的给付方式

一般来说,实行现收现付养老保险制度的国家,其养老金待遇给付方式多采用确定给付制(defined benefit,简称DB)。在此制度框架下,符合一定条件的退休者,其养老金待遇给付方式通过财务精算事前确定,即依照其退休前若干年平均收入或终生平均所得,乘以其服务年资等条件。而实行储金社会养老保险制度的国家,其养老金待遇给付方式多采用确定缴费制(defined contribution,简称DC)。在此制度框架下,退休者退休金的给付标准与其缴费多少有直接关联,即缴费基数乘以缴费率再乘以缴费年限,外加储金的投资报酬率。也就是说,其缴费越多,时间越长,投资报酬率越高,其退休后领取的退休金就越多。基于目前以及将来日益严重的人口老龄化问题,世界银行建议各国的社会养老保险金制度尽可能地采取储金制,养老金待遇给付方式尽可能实行确定缴费制,以减轻政府财政负担,保证养老保险基金的可持续发展。

(二)养老保险金待遇的给付条件

无论是哪一种给付方式,领取养老保险待遇者的年龄都是一个前置条件。目前,各国对领取养老保险待遇的年龄的规定并不一致,这与各国规定的退休年龄相关。1952年和1967年国际劳工大会通过的有关公约规定,开始领取养老保险待遇的年龄不得超过65周岁,或由有关国家具体规定。一般来说,影响退休年龄的确定的因素主要有以下六个方面:① 人口的平均预期寿命;② 经济活动人口的老龄化程度;③ 劳动适龄人口的就业状况;④ 劳动者平均受教育程度;⑤ 职业的性质;⑥ 民族文化传统等其他因素。[①] 由于各国社会经济和人口因素差别较大，不同国家规定的退休年龄有一些差别（见表3-2）。

表3-2 主要年份世界主要国家的退休年龄

国家	1961 男	1961 女	1975 男	1975 女	1995 男	1995 女	1999 男	1999 女	2002 男	2002 女	2004 男	2004 女	2005 男	2005 女	2015 男	2015 女
澳大利亚	65	60	65	60	65	60	65	63	65	62.5	65	62	65	63	65	65
比利时	65	60	65	60	65	60	65	65	65	62	65	62	65	62	65	65
加拿大	70	70	65	65	65	65	65	65	65	65	65	65	65	65	65	65
法国	65	65	65	65	60	60	60	60	60	60	60	60	60	60	61.17	61.17
希腊	65	60	62	57	62	57	65	60	65	65	58	58	65	65	67	67
爱尔兰	70	70	68	68	66	66	66	66	66	66	66	66	—	—	—	—
意大利	60	55	60	55	62	57	65	60	65	60	65	60	65	60	65	62.25
新西兰	65	65	65	65	62	62	65	65	65	65	65	65	65	65	65	65
挪威	70	70	67	67	67	67	67	67	67	67	67	67	67	67	67	67
西班牙	—	—	65	65	65	65	—	—	65	65	—	—	65	65	65.17	65.17
葡萄牙	65	65	65	62	65	62.5	65	65	65	65	65	65	65	65	66	66
瑞典	67	67	67	67	65	65	65	65	65	65	65	65	65	65	65	65
瑞士	65	63	65	62	65	62	—	—	65	63	65	63	65	63	65	64
芬兰	—	—	65	65	65	65	—	—	65	65	—	—	65	65	65	65
德国	—	—	65	65	65	65	65	65	65	65	—	—	65	65	65.25	65.25
日本	—	—	60	55	60	58	65	65	65	65	—	—	65	65	65	65
韩国	—	—	—	—	—	—	60	60	60	60	—	—	61	61	61	61
英国	—	—	65	62	65	62	65	60	65	60	—	—	65	63	65	64
美国	—	—	65	65	65	65	65	65	65	65	—	—	66	66	66	66
中国	—	—	—	—	—	—	60	50/55	—	—	—	—	—	—	60	50/55
泰国	—	—	—	—	—	—	55	55	55	55	—	—	—	—	—	—
印度	—	—	—	—	—	—	55	55	55	55	—	—	—	—	—	—
新加坡	—	—	—	—	—	—	55	55	55	55	—	—	62	62	55	55
马来西亚	—	—	—	—	—	—	55	55	55	55	—	—	—	—	—	—

---

① 任正臣. 社会保险学 [M]. 北京：社会科学文献出版社，2001：120.

续表

国家	1961 男	1961 女	1975 男	1975 女	1995 男	1995 女	1999 男	1999 女	2002 男	2002 女	2004 男	2004 女	2005 男	2005 女	2015 男	2015 女
埃及	—	—	—	—	—	—	60	60	60	60	—	—	—	—	—	—
巴基斯坦	—	—	—	—	—	—	60	55	60	55	—	—	—	—	—	—
越南	—	—	—	—	—	—	60	55	60	55	—	—	—	—	—	—
波兰	—	—	—	—	—	—	65	60	65	60	—	—	—	—	—	—
秘鲁	—	—	—	—	—	—	65	65	65	65	—	—	—	—	—	—
荷兰	—	—	65	65	65	65	65	65	65	65	—	—	65	65	65.17	65.17
哥伦比亚	—	—	—	—	—	—	60	55	60	55	—	—	—	—	—	—
智利	—	—	—	—	—	—	65	60	65	60	—	—	—	—	—	—
土耳其	—	—	—	—	—	—	55	50	55	50	—	—	—	—	—	—

数据来源：高庆波．关于中国法定退休年龄的探讨［J］．北京社会科学，2009（04）：11-16；于长永．延迟退休年龄：基于退休源头视角的争议透视［J］．经济社会体制比较，2021（01）：11-21；陈友华，张子彧．延迟退休对老年人口福利水平的影响研究［J］．现代经济探讨，2020（12）：24-32；潘锦棠．世界各国男女退休年龄概览［J］．中国社会保障，2001（06）：52；刘铮，潘锦棠．世界各国退休年龄现状分析比较［J］．甘肃社会科学，2005（05）：93-98；曹艳春，李琦．延迟退休国际比较与经验借鉴［J］．中国劳动关系学院学报，2017，31（01）：106-112．

退休年龄的确定非常重要。退休年龄过低，可能迫使一部分尚有劳动能力者过早退出劳动领域，从而失去大批有劳动能力的劳动者，同时还要为这些并非真正丧失劳动能力的人提供养老保险待遇，从而增加社会负担；退休年龄过高，有可能使相当数量的劳动者在丧失劳动能力后还要参加社会经济活动，同时还会影响新增劳动力的正常就业，不利于劳动队伍的正常更新。

（三）养老保险待遇的给付标准

目前，世界各国养老保险待遇的给付标准主要有以下两大类。

一是以工资为基础，按照一定比例计算，称为"薪资比例制"。这种方式强调工资的作用，即强调工龄或者服务年限的长短、交纳保险费工资的多少，实际上强调参保人对社会的贡献。

二是以生活费为基础来计算养老保险待遇。这种类型称为"均一制"，一般通行于实行普遍社会保险的国家和地区，主要有两种算定方式：① 全国居民按照统一数额给付，主要有澳大利亚、新西兰、荷兰等国家；② 在统一给付数额的基础上，附加报酬比例，主要有加拿大、法国、英国、日本和瑞典等国家。

薪资比例制和均一制两种养老保险待遇的给付标准，在多数国家和地区是同时存在的，不同性质的保险项目采用不同的方式，甚至同一项目也可分别采用两种方式，以取长补短，满足不同的保障需求。

(四) 养老保险待遇给付的调整机制

养老保险的目的在于保障老年人的基本生活，使老年人同时分享社会经济发展的成果。而社会经济发展是动态的，在经济发展过程中，物价上涨和收入波动不可避免。因此，为了在动态的经济发展过程中保证老年人的实际生活水平不降低，这就要求对养老保险待遇给付进行调整，并形成经常性的动态调整机制。

1922年，丹麦首先引入养老保险待遇给付的调整机制。但现代养老保险待遇调整机制的典型国家是1957年的德意志联邦共和国，它首创了一种动态的、与劳动生产率挂钩的养老金结构。20世纪70年代以来，世界各国普遍建立起养老保险待遇给付的动态调整机制。总体上来说，世界各国调整待遇给付时考虑的主要因素有：物价指数、工资指数、物价指数与工资指数的结合、生活费用指数。各国根据本国的国情和政策实施情况，分别选择其中一项或者几项，对养老保险待遇给付进行动态调整。通常来说，只有变动指数达到一定的幅度以上时，才对养老金数量予以调整。

三、养老保险制度的类型

(一) 按养老保险基金筹资模式划分

按养老保险基金筹资模式划分，养老保险制度主要分为现收现付制、完全积累制、部分积累制三种类型。

1. 现收现付制

现收现付制（pay-as-you-go，简称PAYG）又称赋课制，是一种以近期横向收支平衡为指导原则的基金筹资方式，一般由社会保险经办机构按所需支付的待遇总额进行筹资，用人单位和劳动者个人（或全部由用人单位）按工资总额的一定比例缴纳社会保险税（费）。这种筹资模式要求先做出当年或近几年内养老金制度所需支付的费用预算，然后按照一定比例分摊到参加养老保险的用人单位和个人，保证精算期内收支平衡。维系这种模式运转的前置条件是长期稳定的人口结构，劳动者代际收入转移与再分配是其经济内涵。这一模式是通过代际收入转移的方式来进行的，一代人的受益需要下一代人的缴费来支付。在人口老龄化日益严重的背景下，它将难以适应经济和人口结构发生较大波动的情况，并对下一代人造成较大的经济压力和负担；一旦经济出现衰退，或者人口结构发生剧烈变动，社会可能会出现支付危机。

2. 完全积累制

完全积累制（full-funded）又称储金制、预筹积累制、十足准备制、提存准备制和公积金制。这是以远期纵向收支平衡为指导原则的筹资模式。在该模式下，参保对象及供职单位根据其收入、任职以及工资总额等基本情况缴纳相应的养老保险费用，参保对象的养老金多少和其在职期间所缴纳的养老保险费用直接相关。

3. 部分积累制

部分积累制是部分现收现付制加部分储金制的混合制。这种模式是介于现收现付制和完全积累制之间的混合模式，是一种养老保险费用筹资的创新模式。这种模式在维持社会统筹现收现付制框架的基础上引进了个人账户制的形式，具有激励机制和监督机制的作用，同时又保持了社会统筹机制的互济作用，集中了现收现付制和完全积累制的长处，防止和克服了它们的弱点和可能出现的问题。

现收现付制和完全积累制各有优劣，主要表现为：现收现付制有代内及代际所得重新分配功能，无庞大基金管理运用风险，其给付多少由事前精算确定；而完全积累制下退休所得与个人账户储蓄以及通货膨胀、货币贬值等外在因素有直接关联。因此，各国在建立养老保险金制度之时，都会考虑自身的具体情况，并适时进行调整。比如，德国老年年金制度最初采用完全积累制；二战前后由于通货膨胀导致马克贬值，改为现收现付制；20世纪90年代以来，因人口老龄化使政府财政不堪重负，又实行部分现收现付制加部分储金制的混合制，即部分积累制。

专栏 3-1：现收现付制和完全积累制的收益率比较

（二）按养老金待遇给付方式划分

按养老金待遇给付方式划分，养老保险制度可以分为确定给付制和确定缴费制两种类型，两者的差异如表 3-3 所示。

表 3-3　养老保险确定给付制和确定缴费制的比较

项目	确定给付制	确定缴费制
特色	由雇主承诺在劳工退休时，保证给付一定养老保险金	由雇主定期缴纳确定金额到劳工养老保险金账户以筹措养老保险金
投资风险	由雇主承担，投资方式通常由雇主主导	由劳工承担
给付风险	雇主负担全部给付风险	雇主不负担全部给付风险，没有给付不足问题
违约风险	有届时雇主不能或不愿给付之风险	无
缴费责任	给付不足或有剩余时应调整缴费率	属于完全或足额缴费

续表

项目	确定给付制	确定缴费制
给付金额	有明确给付计算公式	有明确缴费公式,但无法预知退休后所得水平,养老保险金多寡视该基金投资绩效而定
优点	退休给付没有保障;劳工没有投资风险;由专职投资人经营投资	携带性佳;劳工有机会得到较高的投资报酬
缺点	平均退休给付之投资报酬率偏低;携带性不佳	养老保险金额不确定;劳工有投资风险

资料来源:陈听安.国民年金制度[M].台北:三民书局,2009:5-9.

(三) 按养老保险资金征集渠道划分

按养老保险资金征集渠道来划分,养老保险制度主要分为投保资助型、国家统筹型、普遍保障型、强制储蓄型四种类型。

1. 投保资助型

投保资助型养老保险制度规定,个人领取养老金的权利与缴费义务联系在一起,即个人缴费是领取养老金的前提,养老金水平与个人收入挂钩,基本养老金按退休前雇员历年指数化月平均工资和不同档次的替代率来计算,并定期自动调整。

2. 国家统筹型

国家统筹型养老保险制度实行完全的现收现付模式,并按确定给付制的方式来确定养老金水平;养老保险费全部来源于政府税收,个人不需缴费。

3. 普遍保障型

在普遍保障型养老保险制度模式下,劳动者无须缴纳任何费用,只要满足一定条件就可以在达到一定退休年龄后获得一定数额的养老金,资金主要来源于国家一般税收,由国家和雇主承担,按照同一水平支付而与个人收入状况无关。

4. 强制储蓄型

强制储蓄型养老保险制度的主要特点是强调自我保障,建立个人公积金账户,由劳动者于在职期间与其雇主共同缴纳养老保险费,劳动者在退休后完全从个人账户领取养老金,国家不再以任何形式支付养老金。强制储蓄型强调的是自我保障的实现,在社会成员之间没有互济性,其运行效果如何很大程度上取决于个人账户上的存款基金能否有效地实现保值增值。

以上四种养老保险类型的比较见表3-4。

表 3-4 按养老保险资金征集渠道划分的四种养老保险类型比较

养老保险类型	基本特征	基金来源	责任归属	典型国家
投保资助型	权利、义务对等，保基本	雇员、雇主和政府	三方	德国、美国、日本等国家
国家统筹型	政府包揽全体国民的养老	政府	政府	苏联、计划经济时期的中国
普遍保障型	高税收，保障全民养老	政府、雇主	政府	英国、瑞典等西欧、北欧国家
强制储蓄型	强制劳资缴费予以养老	雇员、雇主	个人	新加坡、智利等国家

资料来源：刘同芗，王志忠．社会保险学［M］．北京：科学出版社，2016：90-91．

第四节 中国内地的养老保险制度

一、中国内地养老保险制度的建立健全

新中国成立以来，我国养老保险制度的建设可以分为三个时期，即 1949—1991 年的"国家—企业"养老保险制度建设时期、1991—2009 年的"国家—社会"养老保险制度建设时期以及 2009 年以来的统筹城乡发展的养老保险制度建设时期。在不同的历史发展时期，我国都对养老保险制度进行了不懈探索和锐意改革。经过数十年的努力，我国目前基本上建立起了与社会主义市场经济发展相适应的、具有中国特色的养老保险制度。

（一）"国家—企业"养老保险制度建设时期（1949—1991）

这一时期，我国从无到有，初步建立了适应当时生产力发展水平的城镇企业职工和国家机关、事业单位人员的社会养老保险制度，奠定了我国社会养老保险制度的基本框架。

1. 城镇企业职工养老保险制度的创立

以新政协会议《共同纲领》关于在企业中"逐步实行劳动保险制度"的规定为立法前提，1951 年 2 月，政务院转发劳动部和中华全国总工会制定的《劳动保险条例》，标志着我国城镇企业职工养老保险制度的初步建立。该条例对劳动保险基

金的征集和管理、职员和工人的退休条件、养老金待遇等问题做了具体规定,主要有:

(1) 劳动保险基金的征集和管理:劳动保险基金全部由各企业行政方面或资方负担,比例为工人和职员工资总额的 3.0%,由中华全国总工会委托中国人民银行保管;

(2) 职员和工人的退休条件:一般工人与职员男女分别年满 60、50 周岁,工龄分别年满 25、20 年,本企业工龄满 10 年,由劳动保险基金按其本企业工龄的长短,付给养老保险金;

(3) 养老金待遇:养老金待遇数额为本人工资的 35.0%~60.0%。

2. 国家机关、事业单位人员养老保险制度的创立

1955 年 12 月,国务院发布《国家机关工作人员退休处理暂行办法》《国家机关工作人员退职处理暂行办法》以及《关于处理国家机关工作人员退休、退职时计算工作年限的暂行规定》,对退休、退职的国家机关工作人员(这些规定同时适用于各民主党派、各人民团体和国家机关所属事业费开支单位的工作人员)的退休条件和养老金待遇做了具体规定:

(1) 退休年龄:男女分别年满 60、55 周岁且工龄满 5 年;

(2) 养老金待遇:根据年龄、工龄以及身体健康状况,养老金待遇有所不同,从总体上来说,退休、退职国家机关工作人员养老保险金替代率在 50.0%~80.0% 的范围内,远高于一般职工 30.0%~60.0% 的养老保险金替代率。

"文革"十年给我国养老保险制度建设带来了负面影响:一是取消养老保险管理机构,使符合退休条件的城镇企业职工以及国家机关、事业单位工作人员不能按时退休、退职;二是退休费用社会统筹被取消了,变成了"企业养老保险"或者"单位养老保险"。"文革"结束后,国务院及时颁布了一系列关于安置老干部的规章制度,把老干部的离休作为退休的一种形式规定下来,并规定:老干部离休后的政治待遇不变,生活待遇略为从优,养老保险金替代率为 100.0%。与此同时,在总结一段时期以来实施的职工和国家机关工作人员退休、退职暂行办法的基础上,并结合新的历史条件下的实际情况,1978 年 6 月,国务院颁布了《关于安置老弱病残干部的暂行办法》和《关于工人退休、退职的暂行办法》。这两个暂行办法对工人和干部的退休、退职分别做了规定,对他们的退休条件进行了较大修改,较大幅度地提高了养老金待遇。

3. 对这一时期我国养老保险制度的评价

这一时期,国家公职人员、城镇企业员工都实行低工资、高福利制度,退休后的养老金待遇都是由国家和供职单位统包。相应地,这一时期养老保险制度运行的主要特征有:实行由政府筹资的现收现付制模式,由各单位和企业负责组织实施;退

休金待遇由政府统一规定并按受益基准制方式发放,从而形成了"就业—福利—保障"三位一体的制度结构。在这种模式下,国家承担所有风险,同时将计划经济体制下特有的隐性社会契约隐含起来:个人获得低工资并将应得的养老金受益权转化为国有或集体资产的一部分,政府为职工收入和退休养老提供保障。[①] 这种养老保险制度虽然在维护劳动者最基本的经济权益和免除劳动者养老后顾之忧等方面取得了一定的成绩,但因其存在着严重的内在缺陷而不具有可持续性,难以为继。

必须注意到,我国当时覆盖人口比例最多的城乡居民养老保险制度没有得到应有的重视。1954年宪法规定"劳动者在年老、疾病或者丧失劳动能力的时候,有获得物质帮助的权利",我国农村、城镇地区建立了具有社会救济性质的较低级的家庭养老制度,但是,它属于社会救助制度的一部分,不属于养老保险的范畴。

(二)"国家—社会"养老保险制度建设时期(1991—2009)

改革开放以来,为了解决经济改革过程中城镇职工基本养老保险制度出现的诸多难题,国家对养老保险制度进行了进一步的改革和探索。

1. 城镇企业职工养老保险制度的改革和探索

为妥善解决养老保险制度的养老保险缴费、养老金待遇发放这两个核心问题,1991年6月,国务院发布《关于企业职工养老保险制度改革的决定》,对企业职工基本养老保险费的缴费办法进行了全面改革,标志着我国养老保险制度开始从"国家—企业"养老保险时期向"国家—社会"养老保险时期过渡。文件提出:随着经济的发展,逐步建立起基本养老保险与企业补充养老保险和职工个人储蓄性养老保险相结合的多层次的养老保险制度;基本养老保险费实行国家、企业、个人三方共同负担,并逐渐实行社会统筹。经过一段时期的实践,我国城镇职工社会养老保险制度得到了快速发展。

1995年3月,国务院发布《关于深化企业职工养老保险制度改革的通知》,提出了社会统筹与个人账户相结合的模式,并拟定了两个具体实施办法,供各地选择实施。[②] 此后,各地根据实际情况选择适合自己的实施办法。经过两年多的试点,各有所得。为了将各地区的养老保险制度统一起来,1997年,国务院颁布了《关于建立

[①] 邓大松,刘昌平,等. 改革开放30年:中国社会保障制度改革回顾、评估与展望[M]. 北京:中国社会科学出版社,2009:1-2.

[②] 这两个具体实施办法的基本原则是一致的,一是都明确规定基本养老保险费由单位和个人共同缴纳;二是都要求建立基本养老保险个人账户;三是都规定缴费满一定年限,可以按月领取基本养老金。区别在于:实施办法一记入个人账户多一点,在兼顾公平的同时,强调自我保障多一点;实施办法二记入个人账户少一点,在强调效率的同时,比较注重保障水平的稳定与工资水平的对应关系。具体内容可以参见:胡晓义. 走向和谐:中国社会保障发展60年[M]. 北京:中国劳动社会保障出版社,2009:87.

统一的企业职工基本养老保险制度的决定》，其核心内容主要有以下几个方面。

（1）统一规范了企业和职工个人缴纳基本养老保险费的比例。企业缴纳养老保险费不超过本企业工资总额的20.0%，个人缴纳比例逐年提高，最终到本人缴费工资的8.0%。

（2）统一企业职工的个人账户规模。按照职工本人缴费工资额的11.0%（2000年调整为8.0%，企业缴费不再向个人账户划拨）为职工建立基本养老保险个人账户，个人缴费部分全部记入个人账户，其余部分从企业缴费中划入。

（3）统一基本养老金的计发办法。个人缴费年限累计满15年的，退休后按月发放基本养老金，基本养老金包括基础养老金（标准为上年度职工月平均工资的20.0%）和个人账户养老金（个人账户储蓄存额的1/120）。

（4）提出"老人老办法、新人新办法、中间人逐渐过渡"的过渡方案。[①]

但是，这一时期的养老保险个人账户出现了不同程度的"空账运行"现象（学术界称为"名义账户"），其原因在于养老保险个人账户刚建立不久，却要支付为数庞大的此前退休职工的养老金；同时，还有为数不少的城镇个体工商户和灵活就业人员没有纳入养老保险制度中来。为了解决这些问题，2005年12月，国务院发布《关于完善企业职工基本养老保险制度的决定》，对这些问题进行了进一步的改革和完善。主要有：

（1）统一城镇个体工商户和灵活就业人员参保缴费政策，以非公有制企业、城镇个体工商户和灵活就业人员参保为重点，扩大基本养老保险覆盖率；

（2）逐步做实个人账户，完善社会统筹与个人账户相结合的基本养老保险制度，实现由现收现付制向部分积累制的转变；

（3）改革基本养老保险金计发办法，将缴费时间长短和数额多少与待遇水平相挂钩，建立参保缴费的激励约束机制。

至此，经过自1991年开始的长达十多年的改革和探索，具有中国特色的城镇职工养老保险制度终于建立起来。以"社会统筹＋个人账户"的养老保险模式、"基础养老金＋个人账户养老金"的养老金待遇发放方式以及"老人老办法、新人新办法、中间人逐渐过渡"的过渡方案为主要内容和主要特征的养老保险制度，成为与当时国际上三种主要养老保险模式并列的另一种模式，在理论上和实践上具有极强的创新性，极大地丰富了养老保险制度的内涵。

[①] 即以1997年作为分界年，此前离退休人员为"老人"，仍实行退休金制度，同时执行养老金调整办法；此后参加工作且缴费年限累计满15年的人员为"新人"，退休后按月发给基本养老金；此前参加工作、此后退休且个人缴费年限累计满15年的人员为"中人"，在发给基础养老金和个人账户养老金的基础上再确定过渡性养老金。

2. 国家机关、事业单位人员养老金制度的改革和探索

针对新中国成立初期创立的国家公职人员养老金制度存在的问题，1992年1月，人事部发布《关于机关、事业单位养老保险制度改革有关问题的通知》，明确了机关、事业单位养老保险制度改革的发展方向，即按照国家、集体、个人共同合理负担的原则，逐步改变退休金实行现收现付、全部由国家包下来的做法，本着既要保证经济的发展，也要有适当积累的思想，统筹安排养老保险基金，建立国家统一的、具有中国特色的机关、事业单位社会养老保险制度。这一改革思路、方向和城镇职工养老保险制度的改革是一致的。此后，国家在一些地区开展试点工作，取得了一定的成效。2008年3月，国务院转发了劳动保障部、财政部、人事部制订的《事业单位工作人员养老保险制度改革试点方案》（以下简称《试点方案》）。[①] 《试点方案》对养老保险核心内容的设计，与城镇职工养老保险制度的内容、方向基本上是相同的。改革的主要内容有：

（1）实行社会统筹与个人账户相结合的基本养老保险制度：基本养老保险费由单位和个人共同负担，单位缴纳不超过单位工资总额20%的部分，实行社会统筹；个人缴纳本人缴费工资8%的部分，建立个人账户；

（2）基本养老金的计发办法：以该方案实施时间作为分界年，视其情况，养老保险金待遇实行"老人老办法、新人新办法、中间人逐渐过渡"的过渡方案；

（3）根据职工工资增长和物价变动等情况，建立基本养老金正常调整机制。

3. 农村居民养老保险制度的改革和探索

1991年6月，民政部颁发《县级农村社会养老保险基本方案（试行）》（该方案简称"老农保"），该方案确定了农村养老保险制度的一些基本原则：

（1）个人、集体、国家三方共同付费，由社会统筹解决农村养老问题；

（2）以县为单位，根据农民自愿原则，在政府组织引导下，从农村和农民的实际出发，建立养老保险基金；

（3）保险基金以农民个人交纳为主（月交费标准设有2、4、6、8、10、12、14、16、18、20元十个档次），集体补助为辅（集体补助主要从乡镇企业利润和集体积累中支付，其具体补助比例一般不超过50.0%），国家予以政策扶持，实行储备积累的形式，并根据积累的资金总额和预期的平均领取年限领取养老金；农民个人交纳的保险费和集体补助全部记在个人名下。

---

① 在此之后，党和政府对机关事业单位养老保险制度改革提出了新的要求，出台了新的政策文件。例如，2013年，党的十八届三中全会通过的《中共中央关于全面深化改革若干重大问题的决定》强调，要"推进机关事业单位养老保险制度改革"。2014年5月15日，国务院公布《事业单位人事管理条例》，规定"事业单位及其工作人员依法参加社会保险，工作人员依法享受社会保险待遇"，该规定从2014年7月1日起正式实施。

根据这些基本原则，山东、湖北、江苏等省开展了大范围的农村养老保险试点。但在实际运作过程中，大多数集体经济企业无力或者不愿对农村养老保险给予补助，而国家政策支持主要体现在对农民参加社保所给予的政策优惠上，由于存在着资金方面难以兑现的问题，农村养老保险实际上变成了农民个人储蓄。最后，该制度不了了之。

4. 对这一时期我国养老保险制度的评价

这一时期在前一时期创立的城镇企业职工、国家公职人员养老保险制度的基础上进行了改革和完善，尤其是对农村居民养老保险进行了一定的探索，积累了一定的经验。

（三）统筹城乡发展的养老保险制度建设时期（2009年以来）

经过数十年的艰苦努力，我国养老保险制度建设取得了很大成绩。党的十八大将其概括为"社会保障体系建设成效显著，城乡基本养老保险制度全面建立"。在此基础上，十八届三中全会提出"建立更加公平可持续的社会保障制度"的目标和任务。按照中央的统一部署，我国养老保险制度覆盖面迅速向农村居民、城镇居民延伸，在相继建立健全新型农村社会养老保险制度、城镇居民社会养老保险制度的基础上，又对这两种制度进行了整合，在全国范围内建立起统一的城乡居民基本养老保险制度。

1. 农村居民养老保险制度的改革与探索

2009年9月，国务院发布《关于开展新型农村社会养老保险试点的指导意见》。该指导意见规定了新型农村社会养老保险（简称"新农保"）的制度框架。

（1）基本原则：保基本、广覆盖、有弹性、可持续。

（2）基金筹集：由个人缴费、集体补助、政府补贴构成；个人缴费等费用记入个人账户。

（3）养老金待遇构成：由基础养老金（当时标准为每人每月55元）和个人账户养老金构成。

（4）领取条件：只要年满60周岁的参保农村居民，就可以按月领取养老金。

由于新农保制度克服了"老农保"中参保对象缴费水平低、无政府补贴等缺陷，受到了广大农村居民的欢迎，实施进度远超预期。[①]

[①] 新农保制度在推出时的进程安排为，"2009年试点覆盖面为全国10%的县（市、区、旗），以后逐步扩大试点，在全国普遍实施，2020年之前基本实现对农村适龄居民的全覆盖"。但到2010年底，新农保试点覆盖面已经达到23%。由于试点工作进展比较顺利，2011年6月20日，国务院决定加快新农保试点进度，并提出了在2013年内基本实现新农保制度在全国全覆盖的目标。

2. 城镇居民养老保险制度的建立

为了将城镇居民群体纳入养老保险制度之中，2011年6月，国务院发布《关于开展城镇居民社会养老保险试点的指导意见》，城镇居民社会养老保险（简称"城居保"）的基本原则、基金筹集、养老金待遇构成和发放等与农村居民基本上一致。试点进度安排为：2011年7月1日启动试点工作，实施范围与新农保试点基本一致，到2012年基本实现城居保的全覆盖。

3. 城乡居民养老保险制度的合并实施

2013年底，新农保及城居保都按照预定计划完成了覆盖面任务。2014年2月，国务院发布《关于建立统一的城乡居民基本养老保险制度的意见》，将新农保和城居保两项制度合并实施，在全国范围内建立统一的城乡居民基本养老保险（简称"城乡居民养老保险"）制度。城乡居民养老保险制度在基金筹集、个人账户、养老金待遇及调整、领取条件等方面，与新农保、城居保的规定基本上一致。

4. 对这一时期我国养老保险制度的评价

这一时期，在国家财力许可的背景下，我国养老保险制度实现了对包括农村居民、城镇居民在内的全体国民的全覆盖，使我国养老保险制度建设达到了前所未有的高度。

二、我国养老保险制度的发展方向

党的十九大报告强调，按照兜底线、织密网、建机制的要求，全面建成覆盖全民、城乡统筹、权责清晰、保障适度、可持续的多层次社会保障体系；十九届五中全会要求，发展多层次、多支柱养老保险体系。这些重要论述为我国养老保险制度的发展指明了方向。

借鉴世界银行养老保险"五支柱"模式，我国多层次、多支柱养老保险体系可以从以下几个方面进行建构。

第一，进一步建立健全非缴费型"零支柱"，为终身贫困者以及不适用任何形式的养老保险制度的非正式部门和正式部门的老年人或者丧失劳动能力的人提供养老保险，以发挥养老保险的"兜底"作用。其养老保险费可以通过国家财政（国家财政每年拨出一定数量的专款）或者征收专门税款（征收社会年金保险费或者一般形式的税收）等多种形式，采用现收现付制的模式，为适合以上几种情况的公民提供最基本生活保障，从而实现社会保障"兜底"民生的作用。在与现有民生制度整合方面，养老保险年金制度可以与城乡居民最低生活保障制度、农村五保供养制度、特殊人群的社会救助制度以及社会帮扶制度等合并实施。

第二，进一步健全缴费型"第一支柱"，成立有效保障有正式工作公民退休后待遇的养老保险年金制度。该支柱养老保险费的征收借助于国家保险体系，以非积累的现收现付模式为缴纳基础，通过国家、供职单位以及参保个人（包括国家公职人员、城镇企业职工、有固定工作的进城务工人员以及各类灵活就业人员）三方按照一定的比例共同缴费，按照现收现付式的确定给付制进行操作，以体现养老保险责任共同分担的原则。在具体实施过程中，由国家颁布相关法律法规，对以上各类人员强制性征收养老保险费，和国家以及供职单位征集的相关费用一道，共同成立养老保险基金。至于国家、用人单位以及参保个人三方的征集比例，可以改变现有的固定比例征集方式，按照参保个人的实际收入水平的一定比例进行征收。由于本支柱养老保险费的征收与参保个人的实际收入挂钩，因此，其养老保险金待遇在一定程度上与缴纳费用成正比。也就是说，非缴费型的"零支柱"注重公平，保障全体公民的基本生存权利；而健全缴费型的"第一支柱"注重效率，体现多劳多得的原则。

第三，进一步健全强制性"第二支柱"，建立健全有正式工作公民的职业养老金制度。该支柱是在"第一支柱"的基础上，对职工养老保险年金制度的有效补充和完善。具体操作过程为：根据职工工作单位的实际情况，由其供职单位按照单位的经济效益、个人按照其实际收入的一定比例缴纳一定的职业年金费，建立职业年金基金。

第四，进一步健全自愿性"第三支柱"。第三支柱的养老保险金主要通过个人和企业以自愿性的方式进行商业性保险储蓄，建立商业保险储蓄基金，如购买商业性人寿保险、进行商业性保险储蓄，以应对其他支柱设计缺陷所带来的制度风险。为进一步促进该支柱的良性有效发展，政府相关部门可以根据有关法律法规，推出支持性政策，鼓励公民投资于商业性人寿保险、商业性保险储蓄，提高老年者的生活水平。

第五，进一步健全非正规社会保障"第四支柱"。通过子女供养、亲戚资金资助以及家庭间的资金移转等方式，健全伦理性的家庭保险养老制度，提高老年者的生活水平。

按照以上设想，未来一段时期内，我国建立的个人和用人单位共同缴费、实行"个人账户+社会统筹"形式的多层次、多支柱养老保险体系，在主要内容、目标、财务以及涵盖人群等方面的规定如表3-5所示。

表3-5 我国多层次、多支柱养老保险体系

	主要内容	目标	财务	涵盖人群
第零层	基本养老金	消除贫穷	确定给付制	非正式部门和正式部门的老年人或者丧失劳动能力的人
第一层	社会养老金	所得重新分配	确定给付制	有正式工作的人群

续表

	主要内容	目标	财务	涵盖人群
第二层	职业养老金（个人养老金）	强制储蓄	确定给付制	有正式工作且经济能力允许的人群
第三层	商业保险、银行理财	自愿储蓄	确定缴费制	所有人群
第四层	家庭供养、亲属接济	互助互济	灵活形式	所有人群

从表3-5还可以看出，我国多层次、多支柱养老保险体系的第零层、第一层分别为基本养老金制度和社会养老保险金制度，覆盖全社会的所有公民，实行现收现付制的模式，以达到消除贫穷和对国民收入重新分配的目的；第二层为职业养老金，覆盖所有拥有正式工作的公民，主要包括城乡居民养老保险、城镇企业职工养老保险以及国家公职人员（包括公务员和事业单位人员）养老保险，实行个人和用人单位共同缴费的"个人账户+社会统筹"形式；第三层为自愿性的商业社会保险；第四层通过子女供养、亲戚资金资助以及家庭间的资金移转等方式，健全伦理性的家庭保险养老制度，提高老年者的生活水平。

专栏3-2：
个人养老金制度的意义

第五节
中国港澳台地区的养老保险制度

一、香港地区的强制性公积金制度

（一）香港地区的强制性公积金制度框架

由于特殊历史背景，香港地区一直倡导"小政府大市场"、低税率和自由贸易的发展模式。回归前的港英政府对养老保险制度重视不够，除政府公务员和少数大公司雇员有退休金外，绝大多数退休员工因为没有退休金而面临着生计方面的问题。在强制性公积金制度实施之前，香港只有约1/3的人享有退休保障。鉴于此，1995年，香港开始建立强制性的公积金制度，并于回归后的第二年（1998年）成立强制性公积金计划管理局（MPFA），负责公积金的监管工作；1999年正式通过《强制性公积金计划条例》，并于2000年12月1日开始实施。2011年5月4日、2016年5月26日，香港特区分别通过修订完善后的《2011年强制性公积金计划（修订）条例》和《2016年强制性公积金计划（修订）条例》，并形成以下制度框架。

1. 涵盖对象

所有年龄在 18~65 周岁的在职人员（受雇于同一雇主满 60 日及以上的全职或兼职人员）及 65 周岁以下的自雇人员。

2. 财源取得

香港强制性公积金基金的收入有三个来源，分别为政府拨款、劳资双方每月缴费（雇员和雇主各缴纳雇员月收入的 5.0%，个体工商户和自由职业者缴纳本人收入的 5.0%）及幸运博彩承批公司的"发展城市建设、推动旅游及提供社会保障"拨款。香港强制性公积金条例具体规定了在职人员、自雇人士的几种情况。

（1）按月领取低于 7 100 港币薪酬的雇员无须缴纳，但雇主必须缴纳；高于 30 000 港币的雇员与雇主各缴纳 1 500 港币/月。

（2）非按月领取低于 280 港币薪酬的雇员无须缴纳，雇主必须缴纳；高于 30 000 港币薪酬的，雇员与雇主各缴纳 1 500 港币/月。

（3）自雇人士缴纳 5.0%，但月收入低于 7 100 港币的，无须供款；超过 30 000 港币的，缴纳 1 250 港币/月。

3. 给付条件

香港强制性公积金条例规定：须达到 65 周岁的法定退休年龄，才能够一次性全额领取雇员个人账户中积累的养老金。提前领取的须满足以下四个条件之一：

（1）年满 60 周岁且永久地停止工作；

（2）因移民永久性地离开香港；

（3）受雇人员死亡、残疾或完全丧失行业能力的；

（4）个人账户资金不足 5 000 港币的小额结余。

4. 给付标准

按照香港强制性公积金条例的规定，满足相关要求的香港退职人员，可以一次性领取规定的酬金以及每个月领取相当于退休前月薪 60.0%~80.0% 的退休金。

（二）香港地区强制性公积金存在的问题

1. 较低的公积金给付待遇无法保障老年人的生活

按照香港地区强制性公积金条例的规定，其较低的给付待遇和一次性全额领取方式，无法保障退休雇员的生计。例如，2021 年香港职员工资月收入中位数为 20 000 港币，高龄津贴不足其收入的 8.0%，较低的给付待遇难以解决老年贫困问题。

2. 强制性公积金管理费用过高，影响制度的可持续发展

数据显示，香港地区强制性公积金行政管理费率（基金开支比率）介于 0.17%~4.32%，平均比率为 1.74%，远高于其他国家和地区养老保险的管理费用，

对于制度的可持续发展产生一定的负面影响。

(三) 香港地区强制性公积金制度的改革

1. 降低缴费水平，减轻雇员、雇主负担

按照香港强制性公积金条例的规定，雇员和雇主各缴纳雇员月收入的 5.0%。2008、2012、2021 年，香港地区连续降低缴费水平，分别降至雇员和雇主各缴纳雇员月收入的 2.1%、1.74% 和 1.43%。

2. 推出灵活参缴方式，提高制度覆盖面

2012、2017、2019 年，香港地区分别推行"半自由行"雇员自选安排、预设投资策略（DIS）以及可扣税自愿性供款（TVC）模式，取得了较好的成效。

二、中国澳门地区的养老金制度

(一) 澳门地区的养老金制度框架

1989 年，回归前的澳葡政府颁布《社会保险制度》（第 84/89/M 号），养老保险制度是其中一个重要方面。澳门回归后，进一步健全社会保险制度。2002 年，澳门特区政府通过了修改后的私人退休金计划。私人退休金计划作为一种雇员福利的补充，为澳门工作人员退休后维持较高生活水准提供保障，其制度框架主要包括以下几个方面。

1. 涵盖对象

养老保险涵盖本地雇员、自雇劳工、公共行政工作人员（按照澳门特区《公共行政工作人员通则》第二条第一款规定，公共行政工作人员包括公务员、服务人员及散位人员）及非本地雇员，分为以下六种类型：① 各机关的领导和主管人员；② 高级、专业和一般的各类技术人员；③ 教学人员；④ 行政人员；⑤ 杂务人员；⑥ 保安人员。

2. 财源取得

养老保险基金的收入有三个来源，分别为：① 政府拨款（政府总预算经常性收入的 1.0%）；② 劳资双方（包括雇员、雇主、任意性制度缴费人员）的每月缴纳费用；③ 幸运博彩承批公司的"发展城市建设、推动旅游及提供社会保障"拨款。

3. 给付条件

年满 65 周岁或者出现身体健康状况不能继续工作至 65 周岁的人员，且持有澳门合法身份证明文件最少 7 年，并已向社会保障基金缴费至少 60 个月。

4. 给付标准

加入养老金计划缴费年满36年或者因伤病等原因退出劳动的就业人员，其养老金待遇以退休时的基本薪酬为基础值计算；不同工作年限、缴费年限的退休人员，其养老金待遇有着一定的差距。

2007年，澳门特区政府"社会保障和养老保险体系重整咨询方案"提出了"双层式社会保障制度"，即第一层为养老保险，第二层为非强制性中央公积金提供的养老保险。

(二) 澳门地区老年年金存在的问题

澳门地区经历了先急后缓的人口老龄化进程。根据估计，2026年，澳门地区将进入老龄社会（65岁以上老年人口占比超过17.0%）；2036年，将进入超高龄社会（65岁以上老年人口占比超过20.0%）。届时，劳动力的不足将会对以劳工为供款基础的非强制性中央公积金制度产生不小的冲击。也是由于人口老龄化等原因，澳门地区老年年金还存在以下问题：老年年金入不敷出，制度覆盖范围不足，年金收入过度依赖政府，雇主承担责任少，等等。特别地，澳门地区过低的缴费比率，使养老保险基金面临着结构性失衡问题。统计数据显示，2021年，澳门人均可领取养老金9 618澳币，但养老金缴费为90澳币/月（1 080澳币/年），这对收支平衡造成重大压力。

(三) 澳门地区老年年金制度的改革

1. 提高养老金给付待遇，降低退休年龄

澳门特区养老金待遇先后做了9次调整，从2020年1月1日起，澳门特区养老金及残疾金由每月3 630澳元（约为3 151元人民币）调整至每月3 740澳元（约为3 246元人民币）。2008年9月，澳门特区将领取养老金年龄从65岁下调至60岁，以减额方式领取养老金。

2. 做实私人退休金计划

私人退休金是由政府鼓励私人企业设立的，类似于内地的企业年金。私人退休金从2002年开始设立以来发展很快，总资产不断扩大。私人退休金制度作为澳门养老保障制度的重要补充，有助于分担风险，减轻政府财政压力，弥补社会保障制度的不足。

三、中国台湾地区的老年年金制度

(一) 台湾地区的老年年金框架

台湾地区公职人员与劳工的老年年金制度建立较早。公职人员老年年金制度于

1958 年公布实施，劳工老年年金制度于 1958 年完成立法，1960 年付诸实施。两者都采用确定给付制、现收现付的财务处理方式，以退休前的薪资所得计算退休金金额。由于经费主要来源于各级政府的财政收入，一般将其归入第一层老年经济安全保障的范围（即世界银行所指的强制性公营支柱的部分）。由于政府财力负担日益沉重，公职人员与劳工的老年年金制度分别从 1986 年、1995 年起，改为由政府和劳工、公职人员共同提拨的退抚新制。2002 年，台湾"内政部"公布"国民年金法草案"。该法案规定：政府办理国民年金保险，保障国民老年及其发生身心障碍时的基本经济安全，并谋求其遗属生活的安定。其主要制度框架包括以下几个方面。

1. 涵盖对象

介于 25～65 岁、拥有台湾户籍、且没有参加相关养老保险以及已领取相关社会保险的老年给付者。

2. 财源取得

老年基金的个人缴费提拨率为 8.0%～12.0%，实施初期实收 8.0%，其中政府负担 65.0%，公务人员负担 35.0%。

3. 给付条件

领取老年年金给付者涵盖年资 25～30 年者、年龄不得低于 65 岁，或者年资 30 年以上、年龄不得低于 60 岁。

4. 给付标准

按个人账户累积金额以及投资累积收益总额，计算月退休金额后按季分次给付或者一次性给付；服务 35 年的公务人员月退休金替代率为 70.0%。

(二) 台湾地区老年年金存在的问题

台湾地区老年年金制度存在着以下几个问题：

(1) 自愿提前退休公务员的人数比例偏大、年龄偏低以及退休收入替代率偏高，这违背了制度设计的初衷，也加重了各级政府的财政负担；

(2) 公务员退抚金优惠存款业务在给台湾银行体系造成负担的同时，也加重了各级政府由于利息支出而日益增加的财政压力；

(3) 缴费提拨率不足以反映退抚基金正常的运营成本，以致退抚基金的亏空日渐扩大。

(三) 台湾地区老年年金制度的改革

1. 改革公职人员老年年金制度

台湾地区对公职人员的老年年金制度实行分层、分类改革，逐步建立确定提拨制（多层次年金），以实现政府和参保对象的责任共担。这主要有：

（1）对新进人员建构强制性公营支柱（政府年金）、强制性民营支柱（职业年金）、自愿参加支柱（商业年金）等三层的老年年金制度；

（2）对现职人员，延后其退休年金起支年龄，并逐步降低退休所得的替代率，使其替代率低于80.0%的水平；

（3）在已退人员方面，调整退休金基数内涵，逐步取消原有的一些优惠措施，如退抚金最低不得低于年息18%的优惠存款制度。

2. 重视老年年金的管理和运营工作

台湾地区非常重视对老年年金的管理和运营工作。一段时期以来，台湾老年年金通过多种方式进行投资，除个别年份外，都实现了正向收益。以2012年9月为例，老年年金的投资形式及比例分别为：台币存款8.87%，外币存款5.06%，上市（上柜）公司股票16.16%，短期票券及库券12.51%，债券13.17%，开放型受益凭证3.21%，委托经营39.86%。1997年收益率及收益额分别为12.420%、34.66亿元，2011年分别为1.445%、68.73亿元。[1]

第六节 典型国家的老年年金制度

一、德国的老年年金制度

（一）德国老年年金制度框架

于1889年完成立法的德国老年年金制度（即养老保险制度），是俾斯麦时期的三大社会保障立法之一，称为《老年和残疾保险法》或《帝国劳工障碍与老年保险法》（Reichsgesetz betreffend die Invaliditaets-und Alterversicherung vom 22.6, 1889）。它是世界上第一部以强制性立法保证劳动者在年老、身心障碍和死亡时获得经济权益保障的社会保险法，开启了近代国家由政府提供老年年金之先河。此后经过几次重要的改革，形成了成熟的制度框架。

1. 涵盖范围

包含受雇人员（包括学徒）、部分自营作业者、3岁以下儿童的照护人员、领取

---

[1] 台湾公务人员退休抚恤基金管理委员会. 公务人员退休抚恤基金简讯[J]. 公务人员月刊, 2012 (197).

社会津贴（如失业给付）者和义工。所有年龄在 60 岁以上的居住在外国的德国公民以及居住在德国的外国公民，不纳入强制保险，但可以以自愿方式加入。

2. 财源取得

以雇主、雇员各缴所支薪资（月收入）10.15％的保险费以及政府补助作为综合财源，实行提存准备制。

3. 给付条件

领取老年年金一般要年满 63 岁且需缴费 35 年，或年满 65 岁且需缴费 15 年。

4. 给付标准

以雇员的薪资差异分为四个等级收缴保险费，年金给付则依四个平均薪资级距、纳费投保年数以及相对低的费率计算给付。[①]

5. 提供残疾事故补助以及老年年金（70 岁以上）

相对来说，德国老年年金收入的替代率是比较高的，大概维持在 70.0％～80.0％的水平。1990 年 7 月，德国平均老年年金月额为 1 781 马克，替代率为 70.0％左右。为保障老年年金的实际价值以维持一定的购买力，自 1978 年起，德国老年年金实施自动调整给付办法，调整方式几经改变，从 1984 年 7 月起，每年 7 月以上一年平均工资上升率为基础自动调整（1990 年 7 月，老年年金收入增加 3.16％）。[②]

（二）德国老年年金存在的问题

从 20 世纪 80 年代开始，德国老年年金制度面临着人口老龄化、少子化以及政府财政负担过重等问题。2010 年，德国 65 岁以上的人口占比为 22.7％，平均预期寿命也越来越长。1949—1951 年间，德国男性人均寿命为 64.6 岁，到 2009 年已提升到 77.3 岁，女性人均寿命则从 68.5 岁提升至 82.5 岁。人口出生率持续下降，2009 年

---

① 具体计算公式为：总收入点数（the total of earnings point）乘以年金因子（pension factor）与年金值（pension value）。总收入点数依照个人年收入除以全体提拨者的平均收入计算，无工作时期、失业及 17 岁以后接受教育时间也进行权衡（"无工作时期"与"失业"没有区别）；年金因子等于 1.0（pension factor is one）；年金值是以个人平均收入计算月年金值的给付数额，并按照年金值工资变动加以调整。例如，65 岁退休且参加保险 35 年者，给付因子为 1.0，每月再加 0.005；如果其所得年金低于平均所得，在此基础上，可按平均收入加 1.5 倍，最高可加至全部被保险人平均收入的 75％。

② Rueckert Joachim. Entstehung und Vorlaeufer der gesetzlichen Rentenversicherung [M] // Ruland, Franz（Hg.）Handbuch der gesetzlichen Rentenversicherung. Hermann Luchterhand Verlag, Neuwied and Frankfurt/Main. 1990：1-50.

出生率达历史新低,新出生人口规模为66.5万,较60年前减少了一半。① 人口结构老化、平均预期寿命持续延长、老年人口总量以及老年年金给付人数持续增加等因素都对德国老年年金制度产生了巨大影响,并由此出现了严重的年金财务失衡的危机。为了维持老年年金的正常运转,政府不得不投入大量的财政资金予以补贴。一段时期以来,政府财政补贴占老年给付支出的比重已由1/4上升到1/3,还有继续提升的趋势。虽然德国政府积极地通过多种方式改善年金财务问题,但精算结果显示,到2050年,年金受领人与保费缴纳者之比将由现行的42/100,增加为84/100。届时如果要维持正常给付水平,年金保险费必须增加一倍,或者必须降低1/2的给付水平。

二、美国的老年年金制度

(一) 美国老年年金制度框架

美国的老年年金制度源于1935年罗斯福总统签署的《社会保障法》。该法规定:年满65岁的老人每月可获得200美元的老年年金,其资金来源于下一代工作者所缴纳的税款。此后经过多次修改完善,形成目前的制度框架。

专栏3-3
美国养老保险体系

1. 涵盖范围

包括自我雇佣者(自营作业者)与有收入的职业人员;临时性农业与国内雇用人员;净所得收入低于400美元的自营作业者。

2. 财源取得

按照雇主、受雇者各缴所支薪资(月收入)6.2%的形式缴纳保险费,政府按不同条件予以补助。

3. 给付条件

原则上只要年满65周岁(目前提高至67周岁)就可以领取,小于65周岁的酌情减少。

4. 给付标准

依照1950年后参保的平均收入计算,至62岁按工资上升幅度做指数化调整,同时扣除最低收入的5年;年满62岁可获得养老给付,但给付标准适时降低,至65岁

---

① 余美慧. 德国老龄人口居世界第二, 仅次于日本 [EB/OL]. (2011-10-06) [2022-04-15]. http://www.moneydj.com/kmdj/news/NewsViewer.aspx?a=5f430fcf-ac20-4c01-87da-b43115febd5d#ixzz2PS7RnMAK.

恢复至正常水平；老年所得替代率约为平均工资的 40.0%。

(二) 美国老年年金存在的问题

自 20 世纪 50 年代初期开始，美国社会养老年金主要来自劳雇双方所缴纳的保险费、自雇者所缴纳的保险费以及信托基金的投资收益。但是，随着人口老龄化加剧、少子化、提早退休、医疗支出持续增长以及公共年金支出的日益增多，自 20 世纪 80 年代初期开始，美国老年年金财务平衡难以维系。据精算估计，美国老年年金余额会在 2041 年用完，届时只能给付 70.0% 的金额。[①]

三、韩国的老年年金制度

(一) 韩国老年年金制度框架

韩国的老年年金制度源于 1960 年开始实施的公务员年金方案。1973 年，韩国通过《国民福利年金法》(National Welfare Pension Act)；1986 年 12 月，通过《国民年金法》(National Pension Act)。该制度实施初期，仅涵盖雇用 10 个员工以上企业的受雇者，之后陆续将雇用 5 个员工以上企业的受雇者、农民、渔民、自雇者等都纳入保障。此后又经过几次重要修正，形成了目前的制度框架。

1. 涵盖对象

居住于韩国且年龄在 18~60 岁的国民（含外国籍）。

2. 财源取得

养老保费率为 9.0%，劳雇各半，但农、渔业民以及自营者的养老保费率为 5.0%，并采用每 5 年增加 3.0% 的调整方案。

3. 给付条件

年龄在 60 岁以上，加保年资达 20 年，且未从事有酬工作者。

4. 给付标准

2008 年以前，被保险人的老年年金依其所属的"标准月所得额分级表"乘以保险费率来计算；2008 年以后，按被保险人的实际收入计算保费，不再区分级距。自愿加保者或事业单位以外之自愿继续加保者，按前一年度全体事业单位加保者与个人加保者之标准月所得额的中位数申报。

---

① Karczmar, Mieczyslaw. Reform of the US pension system: political controversies defeat demographic and financial realities [J]. Current Issues: Demography Special, July 19, Deutsche Bank Research: 2005.

（二）韩国老年年金存在的问题

为提高民众参保率，韩国老年年金在创办初期实施低保费与高给付的政策，保险费率为3.0%，而退休所得替代率高达70.0%以上。2003年，韩国进行精算时发现，2036年老年年金支出将会超过其收入，2047年基金将会耗尽。国民年金管理公团（National Pension Corporation）发布的数据也显示，2005年度有175.7万人领取35 849亿韩元的给付，平均每人给予204万韩元，其中老年年金受领者有135万人（受领金额达2.5万亿韩元），相当于韩国60岁以上人口（613万人）的22.0%。① 除了老年年金财务问题外，如何扩大老年年金涵盖面也面临着重大挑战，这主要表现为：一些应该列为老年年金的加保对象却没有纳入，这在非典型就业者中表现得更为明显。韩国卫生与社会部的统计数据显示，2003年，韩国有548万非典型就业者，参保率仅为36.0%；5人以下的小型企业中，参保率只有7.8%。② 非典型就业人口在韩国占有相当比例，这一部分人口在老年年金制度中的缺失，对韩国老年年金制度产生了不小的冲击。

四、德、美、韩老年年金制度的改革

面对人口老龄化、老年年金基金可持续运作等问题，德、美、韩等国主要从以下几个方面对老年年金制度进行完善。

（一）持续提高老年年金的保险费率

1. 德国的举措

为了解决老年年金消耗过快问题，德国政府持续提高老年年金的保险费率。1957年，德国老年年金保险费率为14%，1992、1997、2010年持续提高到19.2%、20.3%、23.0%，计划到2040年提高到28.7%；③ 另外，从2004年1月起，冻结老年年金给付自动调整的方案。

2. 美国的举措

1983年，美国国会通过决议，提升养老金的缴税率和缴税上限，改现收现付制

---

① そーる朝鮮日報．国民年金の給付総額、史上初の3兆ウォンを突破～1年間で1人当たり平均204万ウォン［EB/OL］．（2006）［2022-03-15］．http：//news18.2ch.net/test/read.cgi/news4plus/1138166140/．

② Hwang，G-J. The rules of the game：the politics of National Pensions in Korea［J］．Social Policy & Administration，2007，41（2）：132-147．

③ Monik Queisser. Pensions in Germany：financial sector development［R］．Washington D.C.：The World Bank，1995．

为部分积累制,即保险计划内的缴税水平应能保证留出一定的储备基金,这部分基金能够满足一定时期内养老保险计划的增支所需。储备基金系以社会安全基金方式储存,用于购买美国特别公债,即借给财政部,利率约6.0%。① 此后,美国历任政府在此问题上都提出了若干新的改革或修正方案,在保留现有的强制性养老保障体系的基础上,建议将部分比例改为个人账户式的管理、提高请领年龄、提高税率、调降给付金额、缩减行政人力等,以弥补未来愈见紧迫的财务问题。②

3. 韩国的举措

为了解决老年年金消耗过快问题,韩国政府决定提高老年年金的保险费率,实行每5年增加3.0%的阶段式调整方案,由开办初期的3.0%费率逐步提高到6.0%、9.0%(劳雇各付一半),被保险人所适用的费率也实现统一。具体调整年段为:1988—1992年费率为3.0%,1993—1997年费率为6.0%,1998—2009年费率为9.0%。由于9.0%的保险费率也不能彻底解决长期的年金财务问题,因此,韩国政府动议将保险费率逐渐提至15.0%以上。2005年,世界银行的一份报告指出,韩国老年年金保险费率应该达到20.0%,否则15~20年以内会急速增加潜在的债务。③

(二) 提高退休年龄,严格界定老年年金给付资格,降低退休所得的替代率

1. 德国的举措

目前德国男、女性退休年龄分别为65、60岁。为了缓解老年年金压力,从2001年起,德国逐渐提高强制退休年龄。具体规定为:女性于2001—2004年间每隔4个月延后1个月,2004年起每隔2个月延后1个月;男性则一律每隔4个月延后1个月。过渡期结束后,不分性别,自65岁开始才可以领取全额退休年金。在老年年金给付资格方面,申领一般老年年金的给付要件为年满65岁以上且投保年资满5年以上;申领长期纳保被保险人老年年金的给付要件为年满63足岁以上且投保年资满35年以上。如果62岁退休,请领的提前退休金每提前1个月扣除0.38%(最高可扣减10.8%)。

基于世代契约思想建立起来的德国老年年金制度,非常强调退休所得的保障力度,以维持一定的年金实质购买力。因此,德国老年退休所得的替代率比较高,20世纪90年代大约保持在70.0%~80.0%的水平上。因为财务等方面的压力,从2001

---

① National Academy of Social Insurance. Social Security Sourcebook [R/OL]. (2005) [2022-03-15]. http://seniorjournal.com.

② 郭冠甫. 由美国经验谈国民年金制度的危机与转机 [J]. 新闻深度分析简讯(台湾静宜大学通识教育中心编印),1999(65).

③ 年金基础研究会Bグループ. 韩国の公的年金制度の概要 [EB/OL]. (2006) [2022-03-15]. http://www.actuaries.jp/comm/nenkin_kiso/H18-4-B-kr.pdf.

年起,德国开始降低老年退休所得的替代率,设定到 2030 年降到 67.0% 以下。与此同时,对年金现值参数的计算方式进行多次修正,使给付额不致持续上涨。从 20 世纪 90 年代起,德国进行延后退休年龄的时间规划,调整有关公式与组成参数以保证年金给付与现值计算更加精确。决定年金给付水平的参数包括个人薪点、申领年金年龄、申领年金类别、年金现值等。①

2. 美国的举措

从 1983 年开始,美国将申领全额老年年金退休支付的年龄从 65 岁阶段性地提高到 67 岁,并规划逐步提高到最终的 70 岁。在实际运作过程中,2005 年申领全额老年年金退休支付的年龄为 65.5 岁,预计到 2027 年要提高到 67 岁。未满 70 岁且同时有其他工作收入的被保险人,所领取的老年年金给付依照同样规定递减。以 2005 年为例,未达到老年年金支付规定的年龄(65.5 岁)者,其年所得超过 12 000 美元的年金给付时,每超过 2 美元所得,必减少 1 美元的给付;而达年金支付规定年龄(65.5 岁)者,年所得超过 31 800 美元的年金给付时,每超过 3 美元所得,需要减少 1 美元的给付。②

3. 韩国的举措

1998 年,韩国政府推动修正《国民年金法》,将老年年金给付的平均所得替代率近期由 70.0% 降为 60.0%,远期降为 50.0% 以下;同时计划将申领老年年金的年龄由当时的 60 岁逐年提高到 2033 年的 65 岁。在此基础上,2005 年又推出以准备金方式累积资产的退休年金制度;2008 年更是计划在未来 5 年内导入确定提拨制的国民年金制度,修正现行国民年金由于确定给付制所产生的年金财务危机。③

(三) 大力培植私人年金,以弥补老年年金的不足

1. 德国的举措

2002 年,德国政府推出 Reister 年金方案,鼓励个人在参加社会保险的同时参加私人年金保险计划。Reister 年金方案规定:现在就业者每投保一种附加养老金,政府就给予其一定数额的补助或税收上的优惠。目前,德国政府每年拿出 700 亿欧元补贴,做实私人养老基金。在该计划的激励下,德国私人老年保险占整个老年保险金的比例将从目前的 15.0% 增至 30.0%。

---

① Borsch-Supan, Axel. Aging in Germany and the United States: international comparison [J]. David A (Hrsg), Wisc: 2004.

② US Social Security Administration. Social security programs throughout the world: the Americas, 2007 [R]. Washington D.C.: 2008.

③ 来自韩国政府的 "DC 型国民年金" 提案,详情可参见 2008 年朝鲜日报日本语版,网址为 http://www.chosunonline.com/article/20080624000001。

2. 美国的举措

美国政府以不同的税制来鼓励各种企业退休金或个人年金的设置，以补充老年年金的不足。政府从现有 6.2% 的社会保险税中抽出 2.0%，转移到企业年金中，同时，企业和员工也增加相应的比例，从而使企业年金得到了快速发展，并成为美国人老年生活费用来源中最主要的组成部分。① 401K 计划可以说是美国老年年金制度企业年金改革的一个非常成功的案例。② 20 世纪 80 年代，401K 计划得到法律认可并制定了实施规则；90 年代后发展迅速，逐渐取代传统的社会保障体系，成为美国诸多雇主首选的社会保障计划。

（四）强化对老年年金的管控，以确保年金的安全性、受益性以及公共性

按照韩国立法规定，国民年金管理公团接受保健社会部委托，办理老年年金的保费征收、给付等行政事务与被保险人投保数据维护管理等工作。保健社会部下设国民年金局进行业务监督。同时，为保障基金运用的安全性、受益性及公共性，保健社会部还设有国民年金审议委员会，主要对国民年金制度、保险给付、保险费、国民年金基金等相关事项进行咨询。保健社会部每年拟定基金运用计划，应提请基金运用委员会及国务会议审议通过，并获大统领认可；每年应将基金运用情形在本部的特种新闻报经济版至少刊登 1 个月，以示公信。

本章小结

养老保险制度发轫于 1881 年德国有"大宪章"之称的《黄金诏书》。养老保险制度是指工作一定时间后的受雇者，因年老、健康或者其他原因退出劳动年龄以后，政府通过立法手段，运用社会力量，给予一次性或者定期性给付的养老费用，以保障其基本生活需要的一项社会制度，具有赏金、激励、适当生活维持、依赖、生命周期及劳资合作等方面的功能，被称为人民生活的"安全阀"、社会运行的"稳定器"和收入分配的"调节器"。养老保险基金的筹资方式和养老保险金待遇的给付方式是其核心内容。在现代养老保险发展过程中，贝弗里奇报告、世界银行"三支柱""五支柱"模式具有里程碑式的意义。在长期实践中形成的"社会统筹＋个人账户"的中国养老保险模式，成为与国际上三种主要养老保险模式并列的另一种模式，在理论和实践方面具有极强的创新性。我国港澳台地区以及国外的老年年

---

① 郭冠甫. 由美国经验谈国民年金制度的危机与转机 [J]. 新闻深度分析简讯（台湾静宜大学通识教育中心编印），1999（65）.

② 401K 计划是指美国于 1978 年在《国内税收法》基础上新增的第 401 条 K 项条款的规定，它是一种由雇员、雇主共同缴费建立起来的完全基金式的养老保险制度。

金制度在实施过程中的成就、问题,对于进一步完善我国内地养老保险制度具有重要的借鉴意义。

主要概念

养老保险　三支柱　五支柱　贝弗里奇报告　养老保险金待遇　确定给付制　确定缴费制　现收现付制　完全积累制　投保资助型　国家统筹型　普遍保障型　强制储蓄型　名义账户

复习思考题

1. 简述养老保险对于人口老龄化的重要意义。
2. 为什么说"社会统筹＋个人账户"模式是适合中国国情、具有理论创新的养老保险模式?
3. 为什么说发展多层次、多支柱养老保险体系是我国养老保险制度的发展方向?
4. 简述发达国家老年年金制度实施现状对我国的借鉴意义。

参考文献

[1] 曹艳春,李琦. 延迟退休国际比较与经验借鉴 [J]. 中国劳动关系学院学报,2017,31(01):106-112.

[2] 陈平路,陈遥根. 养老保险体系中的 Auerbach-Kotlikoff 模型 [J]. 统计与决策,2007(22):157-159.

[3] 陈听安. 国民年金制度 [M]. 台北:三民书局,2009.

[4] 陈信勇. 中国社会保险制度研究 [M]. 杭州:浙江大学出版社,2010.

[5] 陈友华,张子彧. 延迟退休对老年人口福利水平的影响研究 [J]. 现代经济探讨,2020(12):24-32.

[6] 邓大松,刘昌平,等. 改革开放30年:中国社会保障制度改革回顾、评估与展望 [M]. 北京:中国社会科学出版社,2009.

[7] 高庆波. 关于中国法定退休年龄的探讨 [J]. 北京社会科学,2009(04):11-16.

[8] 郭冠甫. 由美国经验谈国民年金制度的危机与转机 [J]. 新闻深度分析简讯(台湾静宜大学通识教育中心编印),1999(65).

［9］胡晓义．走向和谐：中国社会保障发展60年［M］．北京：中国劳动社会保障出版社，2009．

［10］刘金章，王岩．现代社会保险学教程［M］．北京：清华大学出版社，北京交通大学出版社，2019．

［11］刘同芳，王志忠．社会保险学［M］．北京：科学出版社，2016．

［12］刘铮，潘锦棠．世界各国退休年龄现状分析比较［J］．甘肃社会科学，2005（05）：93-98．

［13］潘锦棠．世界各国男女退休年龄概览［J］．中国社会保障，2001（06）：52．

［14］任正臣．社会保险学［M］．北京：社会科学文献出版社，2001．

［15］史潮．社会保险学［M］．北京：科学出版社，2007．

［16］宋士云．社会保障学［M］．北京：对外经济贸易大学出版社，2010．

［17］孙光德，董克用．社会保障概论［M］．北京：中国人民大学出版社，2012．

［18］孙健夫．社会保障概论［M］．北京：经济管理出版社，2007．

［19］孙树菡，朱丽敏．社会保险学［M］．北京：中国人民大学出版社，2019．

［20］台湾公务人员退休抚恤基金管理委员会．公务人员退休抚恤基金简讯［J］．公务人员月刊，2012（197）．

［21］汤兆云．城乡统筹发展中的社会养老保险制度建设研究［M］．北京：经济日报出版社，2016．

［22］汤兆云．新中国农村人口政策及其演变［M］．北京：社会科学文献出版社，2019．

［23］汤兆云，覃平．社会保障调节收入再分配效应及其政策体系完善研究——以社会养老保险为分析视角［M］．北京：经济日报出版社，2020．

［24］于长永．延迟退休年龄：基于退休源头视角的争议透视［J］．经济社会体制比较，2021（01）：11-21．

［25］余美慧．德国老龄人口居世界第二，仅次于日本［EB/OL］．（2011-10-06）［2022-04-15］．http：//www.moneydj.com/kmdj/news/NewsViewer.aspx？a＝5f430fcf-ac20-4c01-87da-b43115febd5d＃ixzz2PS7RnMAK．

［26］郑功成．从企业保障到社会保障——中国社会保障制度变迁与发展［M］．北京：中国劳动社会保障出版社，2009．

［27］朱顺和．澳门公共退休金制度经济安全问题之探讨［J］．"一国两制"研究，2012（10）：176-183．

[28] 邹东涛，李欣欣，等. 社会保障：体系完善与制度创新 [M]. 北京：社会科学文献出版社，2011.

[29] 庇古. 福利经济学 [M]. 金镝，译. 北京：华夏出版社，2007.

[30] 马克思. 资本论（第1卷）[M]. 北京：人民出版社，2004.

[31] 马克思恩格斯全集（第25卷）[M]. 北京：人民出版社，2001.

[32] 尼古拉斯·巴尔，彼得·戴蒙德. 养老金改革：理论精要 [M]. 郑秉文，等，译. 北京：中国劳动社会保障出版社，2013.

[33] 年金基础研究会Bグループ. 韩国の公的年金制度の概要 [EB/OL].（2006）[2022-03-15]. http：//www. actuaries. jp/comm/nenkin_kiso/H18-4-B-kr. pdf.

[34] そーる朝鲜日报. 国民年金の給付総額，史上初の3兆ウォンを突破～1年間で1人当たり平均204万ウォン [EB/OL].（2006）[2022-03-15]. http：//news18. 2ch. net/test/read. cgi/news4plus/1138166140/.

[35] Borsch-Supan, Axel. Aging in Germany and the United States：international comparison [J]. David A（Hrsg），Wisc：2004.

[36] Hwang, G-J. The rules of the game：the politics of National Pensions in Korea [J]. Social Policy & Administration，2007，41（2）：132-147.

[37] Holzmann R., E. Joseph, F. Louise, et al. New ideas about old age security：toward sustainable pension systems in the 21st century [R]. Washington D. C.：The World Bank，2001：216-220.

[38] Holzmann R., R. Hinz. Old-age income support in the 21st century：an international perspective on pension systems and reform [R]. Washington D. C.：The World Bank，2005.

[39] Karczmar, Mieczyslaw. Reform of the US pension system：political controversies defeat demographic and financial realities [J]. Current Issues：Demography Special，July 19，Deutsche Bank Research：2005.

[40] Kotlikoff, L. J. A. The effect of annuity insurance on savings and inequality [J]. Journal of labor economics，1986：183-207.

[41] Monik Queisser. Pensions in Germany：financial sector development [R]. Washington D. C.：The World Bank，1995.

[42] National Academy of Social Insurance. Social Security Sourcebook [R/OL].（2005）[2022-03-15]. http：//seniorjournal. com.

[43] Rueckert Joachim. Entstehung und Vorlaeufer der gesetzlichen Rentenversicherung [M] //Ruland, Franz（Hg.）Handbuch der gesetzlichen Rentenversicherung. Hermann Luchterhand Verlag，Neuwied and Frankfurt/Main. 1990：1-50.

［44］The World Bank. Averting the old age crisis——policies to protect the old and promote growth［R］. New York：Oxford University Press，1994.

［45］US Social Security Administration. Social security programs throughout the world：the Americas，2007［R］. Washington D. C. ：2008.

第四章

医疗保险

本章导言

医疗保险旨在解决防病治病的关键问题,以保障人的生存权与发展权为核心诉求。其保障对象不针对特定人群,涉及主体众多,是社会保障的主要组成部分,更是社会保险五大险种(养老保险、医疗保险、失业保险、工伤保险和生育保险)之一。医疗保险因其重要且复杂的地位与作用,成为目前世界上绝大多数国家普遍实行的一项重要的社会保障制度。

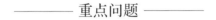
重点问题

- 医疗保险的概念
- 医疗保险的特征
- 医疗保险的原则
- 医疗保险的地位
- 医疗保险的需求理论
- 医疗保险的市场失灵理论
- 典型国家的医疗保险模式
- 中国内地的医疗保险制度
- 中国港澳台地区的医疗保险制度

第一节
医疗保险的基本概念

一、医疗保险的概念

医疗保险一般简称"医保",是为了补偿劳动者因疾病风险造成的经济损失而建立的一项社会保险制度。医疗保险包括广义医疗保险和狭义医疗保险。广义医疗保险指健康保险(health insurance),是保障人的生存权和发展权、减少甚至免除居民因疾病而产生的后顾之忧的重要手段。狭义医疗保险指社会医疗保险(medical insurance),即国家通过立法的形式建立起的补偿个人因疾病或伤害带来的医疗费用和经济损失的保险制度。

医疗保险制度是指一个国家或地区按照保险原则为解决居民防病治病问题而筹集、分配和使用医疗保险基金的制度。该制度通常由国家立法强制实施。医疗保险制度能够促进社会公平,这体现在政府、用人单位和社会成员集中经济力量给予患病的社会成员物质帮助,减轻他们的医疗费用负担,防止他们"因病致贫"。目前,我国已形成以基本医疗保险为主体、商业健康险为补充、医疗救助为底线的医疗保障体系。

基本医疗保险是为补偿劳动者因疾病风险造成的经济损失而建立的一项社会保险制度,与基本养老保险、工伤保险、失业保险、生育保险一样,为社会保险制度的组成部分。从制度方面来看,我国的基本医疗保险包括三种类型,即城镇职工医疗保险、城镇居民医疗保险和新型农村合作医疗保险。在制度运行过程中,由用人单位和职工按照国家规定共同缴纳基本医疗保险费,建立医疗保险基金,参保人员因疾病或意外就诊发生医疗费用后,由医疗保险经办机构给予一定的经济补偿,以避免或减轻劳动者因患病、治疗等所带来的经济风险。

商业医疗保险是医疗保障体系的组成部分,是指由保险公司经营的具有营利性质的医疗保障。商业医疗保险由单位和个人自愿参加,国家一般鼓励用人单位和个人参加。在商业医疗保险中,消费者依一定数额交纳保险金,遇到各类疾病时,可以从保险公司获得一定数额的医疗费用。

医疗救助是指国家和社会针对那些因为贫困而没有经济能力治病的公民实施专门的帮助和支持。医疗救助作为医疗保障体系的底线,通常是在政府有关部门的主导下,社会广泛参与,通过医疗机构针对贫困人口中的患病者实施救治行为,以恢复其健康,维持其基本生存能力。

二、医疗保险的特征

(一) 普遍性

医疗保险具有一定的普遍性,不针对特定的人群。每个人都可能会患上疾病,生老病死是每个人必然都会经历的,任何年龄段的人都有患病的可能和治疗的诉求。

(二) 社会性

医疗保险是社会保险的一种。国家建立医疗保险基金,基金的运作覆盖整个社会,筹集的资金由政府有关部门集中管理,基金的支出、来源都有明确的规定,还有法定的运行程序和严格的监督机制。

(三) 非营利性

医疗保险制度由国家建立,医疗保险基金支出全部用于支付参保的社会成员的医疗费,可以说是"取之于民,用之于民",不以营利为目的。常见的医疗保险主要以解决门诊、住院、手术费用为主,保费便宜。

(四) 分层性

医疗保险体系具有分层、分工的天然属性,需要板块(就是一个个大小系统)间纵向、横向的接续、互补,实现既兼顾普惠公平、又凸显个性多样的整体保障目标。

(五) 协同性

协同性是医疗保险的内在要求。虽然基本医保制度覆盖范围广,发挥着医疗保障的主体作用,但面对广大参保人员的多样化、个性化需求,仍有无法满足或保障不到位的地方,需要保障制度体系内各板块协同配合。

(六) 发展性

医疗保险一要改革发展,二要优化发展,三要规范发展,四要互动发展。确保基本保障均衡、补充保障多样、兜底保障牢固,明确政府、社会、市场的责任边界,尽力而为、量力而行,不越位或缺位。

三、医疗保险的运行原则

（一）与经济发展水平相适应原则

我国目前社会主要矛盾是人民日益增长的美好生活需要和不平衡不充分的发展之间的矛盾。医疗需求作为人民群众生活需求中的重要一环，其保障水平、封顶线、自付比例等标准的制定应随着经济发展水平的不断提高而逐渐调整完善。

（二）权利与义务相对应原则

作为补偿参保人员因疾病造成家庭财产损失而建立的一项社会保险制度，医疗保险的顺利开展需要各方主体坚持其权利与义务相对应，共担因突发意外、疾病带来的风险。

（三）公平与效率兼顾原则

公平与效率的矛盾同样存在于医疗保险领域当中，需要在公平与效率间寻找平衡点。在公平方面，应努力实现基本公共服务均等化；在效率方面，又应根据地区经济发展水平、群众接受能力，逐步提高医疗保险服务质量。

（四）个人责任与社会责任相统一原则

具体来看，在老龄化愈演愈烈的当下，参保者可以通过在年轻时杜绝医疗资源浪费，节约并纵向累积个人医疗资源额度来保障年老后的医疗卫生服务需求。

（五）机会平等原则

我们不应该忽视包括老年人在内的弱势群体的利益保护，医疗保险作为社会民生领域无法逃避的课题，必须正视挑战，找出破解问题的答案。因此，在医疗卫生体制改革的过程中，应通过政策上的倾斜，适当赋予弱势群体优先权，以弥补机会不平等的缺陷，维护社会和谐与稳定。

四、医疗保险在经济社会发展中的地位

第一，医疗保险是一项重要且复杂的社会保险。医疗保险关乎公民的生命健康权和医疗保障权实现，关系着国家社会保障事业的发展和社会的长治久安。医疗保险涉及医、药、患、保等多个主体。出于各自利益考虑，加上信息不对称等因素，始

终存在道德风险、利益博弈。与养老保险、失业保险等其他社会保险相比，医疗保险关系更为复杂，需要通过专门立法，对各主体的责任和权利加以明晰，保障制度的公平和可持续发展。随着我国经济社会飞速发展，社会保险制度改革不断深入以及人民生活水平日益提高，提高医疗保险服务体系的服务水平与能力，已成为现阶段社会保障工作中一项十分迫切的需求。

第二，医疗保险是人类生存和发展的重要安全网。医疗保险与社会稳定及国家发展息息相关，对于人们的日常生活产生重要影响。建立健全医疗保险制度是当前我国社会发展的重要任务之一，在医保改革步伐不断推进的环境下，更加需要提高医疗保障的水平和能力，来进一步推动社会和谐稳定发展。因此，我国必须重视国民健康水平，加快医疗保险体系的建设，以较快的速度实现医疗全覆盖，切实为人们提供优质的医疗服务。

第三，医疗保险有助于实现全民医疗权益的机会公平。任何一个公民都不应以各种理由在基本医疗保险权利问题上被边缘化，卫生正义和社会公平有助于提高公民的健康水平，促进社会和谐。医疗保险以全部覆盖为目标，但是政府始终坚持自愿参保的原则。此外，基本的医疗保险费用主要是由参保人承担，其余部分受到政府支持，对于一些经济实力较弱的群体来说，参保是有一定难度的，这就需要国家提供补贴来支持医疗保险制度。随着社会的发展，新医改也在持续推进，商业保险在我国的地位也有了明显提升，商业保险的发展为实现全民医疗权益的机会公平提供了条件。

第四，医疗保险的组成部分涉及方方面面内容。根据社会健康保险的金字塔模式，医疗保险也具有金字塔结构，由社会、国家、保险组织、保险资金四部分组成。医疗保险的第一级基础融合了国家的文化和与历史紧密相关的价值观。第二级是依赖于社会但又独立发挥作用的国家层面，它构成了医疗保险体系的立法、规章制度和司法调停方面。医疗保险的第三级是医疗保险体系的组织和行政管理。最后一级，也是金字塔图中与下面三级相比最灵活最独立的一级，主要关乎医疗保险的筹资问题。

第二节 医疗保险的理论基础

一、医疗保险需求理论

（一）大数定律与风险分担

"大数定律"是一个数学概念，又名"平均法则"。大数定律可以用于描述大量重复独立试验的稳定性。这一概念的提出源于人们在生活中发现的一个现象,即无论少数个体特征如何,大量随机个体的平均水平与其中每个个体的特征无关,且随机事件发生的频率不再随机,而是逐渐趋向于某个概率值。大数定律适用于重复随机事件,该定律研究了这类现象出现的规律性和稳定性,某一事件在发生次数较少时,其试验结果较不稳定,可以将其看作是个别随机事件;在试验次数较多时,试验结果则趋于稳定。简言之,大数定律表明,当试验进行足够多次时,事件的频率将无限接近于事件的概率。这就像是生活中常见的掷硬币事件。如果你扔 3 个硬币,你可能会发现正面向上的有 2 个硬币。但随着硬币数量的增加,正面向上硬币的比重将接近 50%。

根据大数定律,可以将个别风险单位遭遇损失的不确定性,转化为风险单位集合损失的确定性。保险主要从事对损失的理赔,其经营机制是将分散的不确定性集中起来,转变为大致的确定性以分摊损失,其最关心的是实际损失与预期损失概率的偏差。在开展新的业务前,必须通过大量的损失统计资料对风险损失概率进行精确的估算。根据大数定律,承保的风险单位越多,实际损失与预期损失概率的偏差就越小;承保的风险单位越少,实际损失与预期损失概率的偏差就越大。而实际损失与预期损失概率的偏差又影响到保险服务的稳定性与经营的效益性。由于与损失金额的预测具有相关性,大数定律的运用直接关系到补偿或给付的实现程度与保险的稳定性。因此,就医疗保险来说,在根据大量的损失统计资料精算出预期损失概率并制定出合理的保险费率的基础上,医疗保险能够覆盖大量的承保风险单位,也就可能有足够的资金赔付保险期内发生的所有索赔,从而使医疗保险运营更加平稳,也就越有利于投保人或被保险人。

公共部门和私人部门在确定风险分配原则之后,需要不断协商和讨论确定下一步风险分担,通过反复沟通签订风险分担协议。各主体之间进行协商达成对风险分担内容的态度和意愿的一致性十分重要,主体间的风险责任承担主要取决于本身对风险发生及后果估计的主观认知水平,同时还包括经济实力、融资能力和风险技术管理水平等承担风险的能力。

(二) 风险规避与保险效用

风险从形式上表现为外显的风险和潜在的风险。所谓外显的风险,是指理论上做出决策时能够预见到的结果,即在做出决策后,依据储备的知识、经验和专业素养可以预见的结果。所谓潜在的风险,即可能发生的风险是不可预见的。风险本身是指存在某类危险及遭受某种伤害和损失的可能性,规避是指通过采取措施和策略,避免或转移某种情况的发生。当面临多个同等收益预期值的不确定性选择方案时,风险规避者将选择更加保险的方案,情愿接受一个变动幅度较低的预期回报率。风险规避策略是指，当行为主体意识到某项活动可能会存在风险时，采取一种或多种手段和方法，例如放弃或者是改变当前状态，以避免或转移和该活动相关的风险的策略。风险规避策略的目的在于降低风险发生的可能性，减少风险带来的伤害和损失。

风险社会理论最初由德国社会学家乌尔里希·贝克于 1986 年提出。该理论从社会学的观点出发，认为风险作为一种文化现象（risk culture），具有二重性以及普遍性的特征，并从客观认识风险、抓住风险机遇、共同应对风险的维度进行风险规避策略探讨。从理论上讲，风险规避策略包括以下几种：第一，在风险未来临之前，通过直接主动放弃某种行为或活动的方式，彻底将风险消除在发生之前，这是一种完全规避风险的方式；第二，风险已经存在或发生时，无法消除风险的存在，可以通过降低风险损失的方式来规避风险，控制风险带来的伤害也是一种风险规避策略；第三，通过风险转移的方式，将风险可能导致的结果转移给第三方，从而减少对风险的承受，降低损失和伤害；第四，采取风险自留的方式，有时候完全规避风险是不利或者不可能的，这时，有计划地进行风险自留，也是一种有效的风险规避方式。

不同行为主体对风险有不同的偏好，人们对医疗保险的需求量是在不同的医疗保险价格（保险金）水平下，自愿购买的医疗保险范围。如果保险金下降，那么购买保险的范围就会增加。从经济学上讲，当某人所增加的保险范围的边际效用与购买保险费用的边际效用相等时，就会终止继续购买，所购买的保险范围就是"恰如其分"的。

二、医疗保险市场失灵理论

（一）逆向选择

所谓"逆向选择"（adverse selection），是指事前隐藏信息的行为。阿克洛夫（1970）对旧车市场模型的研究开创了逆向选择理论的先河。在完全竞争市场中，买卖（或者说供需）双方对于所交易产品的质量有着对称的信息认识；而在旧车市场中，买卖双方对于所交易旧车的信息是不对称的，卖者知道旧车的真实质量，而买者不知道，只知道市场上所有旧车的平均质量。假设买者是风险中性的，因此，买者只愿意支付根据平均质量而确定的价格。这样一来，质量高于平均质量的旧车就不会进入旧车市场，只有质量低于平均质量的旧车才会进入旧车市场交易。进而，市场上出售的旧车的平均质量会下降，买者愿意支付的价格进一步下降。如此发展下去，最后只有低质量的旧车才会成交，极端情况下，旧车市场根本不会存在，交易的效率改进也不能实现。总之，由于信息不对称，市场最终出现劣质产品淘汰优质产品的结果,这与经典理论不相符,所以称之为"逆向选择"。

保险市场上的逆向选择,是指投保人总是比保险人更清楚自己的风险状况,更清楚自己的风险大小,于是,投保人往往会利用这种信息优势通过隐藏风险信息的方式伪装成低于自身真实风险的投保人,以低于公平保费的价格取得保险。投保人的这种倾向和行为会导致保险市场偏离有效率的市场均衡状态,导致社会福利损失。保险人签约前不知道投保人的风险程度,当按照市场上投保人的平均风险程度确定保费时,较高风险类型的投保人参加保险是合算的,更愿意参加保险;而较低风险类型的投保人参加保险是不合算的,可能会退出保险市场,从而使投保人群的平均风险程度提高,保险人因信息劣势处于不利的地位。根据不完全信息博弈的逻辑可知,保险人对此的理性反应是提高保费,结果是使更多的人退出保险市场。显然,逆向选择的存在不仅会抑制保险需求,而且还会导致保险市场的低效率和保险质量的低下,使保险机制难以发挥其分散风险的作用,不利于保险业的健康发展。

在现实中,身体健康状况或者说疾病风险的损失概率是投保人的私人信息,在医疗保险市场上,特别是社会医疗保险市场,保险人很难通过正常渠道了解被保险人健康的真实情况。如果按照平均的疾病风险损失概率和预期损失制定保险价格,那么高风险的人群倾向于购买足额的医疗保险,而低风险的人群不愿意购买医疗保险,这样就形成了经济学上的"劣币驱逐良币"现象,对医疗保险市场产生巨大的冲击。

(二)道德风险

道德风险(moral hazard)是 20 世纪 80 年代西方经济学家提出的一个经济哲学范畴的概念,即"从事经济活动的人在最大限度地增进自身效用的同时做出不利于他人的行动"。道德风险是指签约时各方都了解有关信息,但签约后有一方利用信息优势,采取机会主义行为给其他签约方造成损失的情形。在委托代理理论中,道德风险主要指由于信息的不对称和监督的不完全,代理人所付出的努力小于他所得到的报酬。因为委托人和代理人之间在组织的效用函数、风险态度和初始禀赋上的差异,二者之间或多或少存在利益冲突。道德风险可分为两类:单向道德风险和双向道德风险。

道德风险属于经济学范畴而非伦理学范畴,保险活动中的道德风险有多种表现形式,可以根据保险关系当事人的不同分为三个方面:保险公司的道德风险、投保人的道德风险以及保险经纪人的道德风险。无论是保险关系当事人哪一方的行为不能完全被另外两方理解和掌握,都有可能导致道德风险问题的出现。道德风险事件不同于保险风险事件,保险风险事件的发生是偶然的,难以被人所控制,道德风险事件的发生则源自当事人的机会主义行为。

在医疗保险领域,道德风险是指医疗保险参保人员参保前后的行为变化,这种变化导致风险发生概率提高或者风险发生之后造成的后果更加严重。医疗保险是为被保险者补偿医疗费用的一种保险,医疗卫生服务的高度专业性,导致保险者和被保险者之间的信息不对称,加上医生与患者的利益不完全一致,容易诱发道德风险问题。在医疗领域,道德风险的存在比较特殊,出于对自身身体健康的关注,参保者在参保之后,一般不会放松对健康的保护,更不会做出可能提高患病概率的事情,也不会有意增加疾病的严重性,故意把小病拖成大病。参保者的道德风险主要表现在小病大养、使用昂贵的医疗设备和医疗检查、住豪华病房等。

道德风险严重扰乱了保险功能的正常发挥,妨碍了医疗卫生资源的有效配置。在医疗保险中存在事前道德风险和事后道德风险两大类,其中事后道德风险对医疗保险的冲击最大。医疗保险道德风险是干扰我国医疗保险健康稳定运行的重要因素。"不以规矩不能成方圆",有必要完善医疗保险的道德风险防范制度,厘清保险活动中道德风险对保险市场的危害,督促相关责任人积极采取防控措施,加强对保险活动中道德风险问题的治理,积极防范医疗保险中的道德风险问题。

专栏 4-1:
国家医疗保障局
2021 年度医保
基金飞行检查
情况公告

第三节 典型国家的医疗保险

国际上现行的医疗保险模式主要分为四种类型:国家医疗保险模式、社会医疗保险模式、商业医疗保险模式、储蓄医疗保险模式。

一、国家医疗保险模式

(一)英国的国家医疗保险模式

英国实行的由政府主导的公民健康服务体系(national health service,NHS),属于国家医疗保险模式,主要由政府提供医疗保险,所有拥有英国国籍的公民以及在英国有居住权的人都可以享受基本的免费医疗,覆盖率达到 99%。英国大多数医院都接受了国有化改革,医生和护士也被收编为国家工作人员,为公民提供免费医疗。只有少部分的商业医疗保险机构存在,为少数人群提供个性化的医疗保障服务,这些私人的商业医疗保险规模较小,在国家医疗保障体系中仅充当补充作用,主要为有需要的富人提供服务。

NHS 在结构上主要分为三个部分：第一部分是医院服务，包括各种规模的综合性医院及专科医院；第二部分是全科医生服务，主要承担医疗保险职能，人们患病时必须先到全科医生诊所就医，只有通过全科医生的转诊才能到地区综合医院或专科医院继续诊治；第三部分是社区医疗卫生服务，它由地方政府提供，旨在为公民提供包括医疗保险服务、学校卫生服务、健康教育、计划生育等在内的公共卫生服务。同时，英国的 NHS 实行分级保健制，呈金字塔形分布。初级卫生保健服务由全科诊所提供，每个居民都要从居住地周围的全科诊所中指定 1 位全科医师为自己的家庭医师，负责日常的卫生保健；二级医疗服务的提供者是医院，主要接收全科医师转诊过来的患者；三级医疗服务的提供者是专科医院，主要解决临床某专业内的特殊疑难复杂问题。

英国的国家医疗保险模式由政府主导运作，资金主要来源于中央财政收入，少部分来自国民保险费、处方费以及患者自付。公民按照个人收入水平的确定比例缴纳相应的"公民保险金"后便无须购买其他医疗保险，可免费享受国家所提供的医疗服务，患者仅需自费承担少部分不在免费计划中的医疗项目，如处方费用、配眼镜费用、牙科费用等。英国用于医疗领域的支出相较于同时期其他发达国家及地区都要低，由于每个公民都享有同等的公共医疗服务待遇，所以大体上英国人的平均寿命和健康程度相对较高。

此外，英国卫生部为资助低收入人士和其他弱势群体，设有一些豁免政策，如预付处方证书、低收入计划、医疗豁免计划、孕妇豁免计划和税收抵免等。通过这些豁免计划，产妇、哺乳期妇女、儿童、退休者、医疗事故的受害者、战争或因公伤残津贴领取者及低收入家庭，可以免收处方费。此外，英国也有一些私人商业保险作为补充，以满足一些特殊医疗需求和高层次的医疗需求。

（二）加拿大的国家医疗保险模式

加拿大的国家医疗保险模式源远流长，早在 20 世纪初期就出现了现代医疗保险的雏形。1972 年，加拿大各省和地区均已将私人医生门诊费用纳入公费医疗计划，至此，加拿大初步实现了全国范围内实行全面公费医疗保险的目标。1984 年，加拿大政府在合并 1957 年和 1966 年两个联邦医疗保险立法的基础上，颁布了《加拿大卫生法》（Canada Health Act），该法案对国家医疗保险的指导思想、运行原则等进行了全面规范和完善，形成了今天的加拿大国家医疗保险模式。

加拿大的国家医疗保险制度是以全体国民能够得到必需的医疗卫生保险为基本目的的社会保险制度，被称为世界上最好的医保制度之一，保障的对象是全国所有公民。政府直接出资兴办医疗保险事业，一般通过征收所得税来筹资，不同类型企业按不同的企业所得税率征收,个人则按其所得实行累进税率征缴。大多数省份的保费来自联邦与省的公司与个人所得税,有些省份还通过附加征收工资税或提取部分彩票收入来补充保费,其中两个省(Albert 和 British Columbia)还附加征收个人健康保险费。政府通过税收筹措医疗保险基金,采取预算拨款给公立医疗机构的形式,向本国居民直接提供免费或低收费的医疗服务。通常情况下,医保计划的保障范围比较广泛,主要包括维持健康所必要的医生服务、医院服务以及在医院的常规牙科服务等。其中,医生服务为医务人员认定的、必需的医疗服务(包括疾病预防);医院服务的保障范围涵盖社区门诊、住院服务产生的费用;牙科服务一般是指在医院按照正确流程就医的牙科诊疗服务。

加拿大采用的医疗保险支付方式是基于医疗活动的融资系统(activity-based financing,ABF)。此政策还鼓励医院产生盈余(或利润),用于招聘员工或购买设备,以扩大市场份额。居民看病时只需出示医保卡(一般只要在省区内居住满 3 个月即可申请),其产生的各诊疗项目费用,凡在医保服务范围内,均由联邦或省区政府与医疗机构或医生之间进行结算。一般情况下,联邦政府只通过转移支付的方式为各省区的医保体系付费,省区政府则为居民医保付费的责任主体。省区政府卫生部门一般采取年度预算拨款的方式直接支付给医院,一部分则按项目付费的方式支付给医生作为其提供医疗服务的报酬(也有按固定工资或人头支付费用的方式)。如果是跨省就医,一般根据便携性原则由各省区之间签订一系列医院和医生服务的双边互惠账单协议来完成支付。当然,如果居民在外省区就医出现当地诊所不接受本省医保卡的情况时,患者则要先垫付费用,之后再凭就医收据到本省区医保部门报销。

二、社会医疗保险模式

(一)德国的社会医疗保险模式

德国的社会医疗保险模式历史悠久,20 世纪 70 年代开始实行总额预算制度,医院间由于监督和竞争机制不健全而效率低下,不同医院的服务质量也参差不齐。虽然如此,德国却是世界上第一个按照福利国家理论建立起社会保障制度的国家,自"铁血首相"俾斯麦 1883 年首创法定社会医疗保险制度以来,德国医疗保险制度已有近 140 年的历史。

德国是世界上最早建立社会保障制度的国家,实行的是一种强制性的、以社会健康保险为主、辅之以商业保险的社会医疗保险模式。作为社会保险的一个极其重要的组成部分,德国的社会医疗保险模式主要由法定医疗保险和私人医疗保险两部分组成。从法定保险转为私人保险时,申请人必须达到一定的年收入。与法定保险相比较，私人保险主要有预约快、住院享受单间等优待条件。国家以强制性的方式要求职工购买法定医疗保险，这部分人与法定保险机构签订合同；至于私人保险机构，则由居民根据自身意愿来进行选择。因此，在此双轨制的基础上，低收入人群能够获得最基本的医疗保障，收入相对较高者则可获得自身所需要的个性化医疗保险。此外，德国具有高度发达的长期护理保险制度。该保险采取"护理保险跟随医疗保险"的模式和强制参加的原则，要求购买商业保险的人至少参加一项护理保险，护理保险费与医疗保险费一同征收。

同时，法定医疗保险和私人医疗保险的缴费方式也有所不同：法定医疗保险缴费基数设封顶线和保底线，由政府每年予以调整，收入高于封顶线以上部分不再征缴，收入低于保底线的人群可免除缴费义务，由政府予以代缴；私人医疗保险则是缴一人，保一人。经济收入是决定参保人缴纳保险费多少的唯一因素，任何按照工资的一定比例缴纳了医疗保险费的参保人员都有享受同等医疗待遇的权利，这使得健康人与病患者之间、高风险者与低风险者之间、单身者与有家庭者之间、高收入者与低收入者之间彼此共济互助，充分体现了社会医疗保险的公平性质。德国医疗保险基金组织实施的是多元竞争和自我管理，鼓励在自主经营、自我管理和自负盈亏的基础上开展竞争，且德国基层医疗资源分布均衡，医疗条件优越，家庭医生制度发达。

（二）日本的社会医疗保险模式

日本实行全民社会医疗保险制度，法律要求中央和地方政府确保国民能够享受有效且高质量的医疗服务。医疗费用方面，视参保者的年龄不同，个人需自付10%~30%的医疗费用。多数参保者需要自付30%的医疗费，学龄前儿童和75岁以下老年人通常自付20%的医疗费，75岁以上老年人自付10%的医疗费，其余全部由医疗保险支付。日本的全民社会医疗保险制度具有强制性，主要分为三类：健康保险、国民健康保险以及老人保健。健康保险的投保对象为企业雇员，其又分为政府主管和工会主管；国民健康保险的投保对象是农民和自营个体户。由此可以得出，日本是通过按就业形态、年龄等划分面向不同类型参保者的多项制度实现对全民的覆盖，多项制度虽然分立，但各项制度之间却有互助共济、资金调节机制，不同群体的医疗保险待遇相差不大，是一种追求实质公平的统一性制度安排。

日本的医疗保险主管机构是劳动厚生省，其负责政策的制定、监督及管理。医疗保险管理实行行会管理，由投保人、企业单位代表组成，具有独立性，负责日常的保险业务，其按照劳动厚生省制定的费用标准向医疗服务提供者支付费用，受到基金会和团体联合会的监管。医保基金主要由投保人缴纳的保险费和税收组成，日本还通过社会力量的参与和医疗信息系统的建设推动医保支付体系的完善。日本的一些非营利组织致力于促进公众参与，倡导患者权益。每个地方政府都建立了一个健康护理委员会对当地的医疗保险计划进行讨论，根据医疗法律，这些委员会必须有代表病人的成员。

日本的社会医疗保险主要实施基于疾病诊断相关组的支付方式——依据诊断群分类（diagnosis procedure combination，DPC），即根据患者的疾病名称、年龄、体重、意识障碍水平、住院原因、手术的严重程度和处置情况、有无并发症和合并症等情况进行不同的分组，并参考已订立的给付价格。日本目前主要采取复合式的医保支付体系：门诊部分仍然实行按服务项目付费的支付方式；住院部分则实行混合的支付方式；针对特定机能医院和试点医院的一般住院患者，实行按服务项目付费和按 DPC-PPS 付费相结合的支付方式。

（三）韩国的社会医疗保险模式

韩国经过对原碎片化制度的整合，医疗保险从原有的分散经办发展为集中垄断经办模式，目前的医疗保险业务由法定的单一保险人依法统一组织实施，并由保健福利部担负监督之责。韩国的社会医疗保险模式是一种强制社会保险，其对象是全体国民。医疗津贴由韩国政府主导，一方面保障未被社会医疗保险覆盖的低收入群体（3%）的最低生活并提供医疗服务，以帮助其自立；另一方面为国家医疗保险基金提供15%的政府补贴。为了满足罹患长期老年性疾病、难以自理的老年人群的需求，政府采用了长期疗养保险制度。与此同时，韩国医疗保险在缴费率不高（6%左右）的情况下，具有明显的以"保大病"和"治未病"为重点的特征，即侧重于对花费昂贵的疾病的保障以及疾病预防和早期诊断，从而将有限的资源用于最需要的参保者。

韩国的社会医疗保险服务机构也可称为国家医疗保险公团（National Health Insurance System，NHIS），是非营利机构，也是韩国向全体国民提供医疗保险的唯一保险公司。公团负责整个医疗保险事业的日常运作，要求除低收入群体以外，所有韩国人必须加入医疗保险。国家卫生与福利部（Ministry of Health and Welfare，MO-HW）下设医疗保险审核与评估机构，负责审核医疗机构提交的医疗费用、医疗质量、疗养机构品质评估，医疗服务合理性评估，药物经济学评价等相关活动。这应归功于医疗保险审核与评估机构（Health Insurance Review and Assessment，HIRA）先进的基于价值支付的医疗保险系统，即韩国国家医疗保险支付数据库。该数据库中包含了所有医疗和处方药支付记录，并几乎覆盖全部韩国人口。韩国运营的强制性全民社会医疗保险制度与集中的医疗支付数据库，是有关卫生资源利用信息的唯一全国性来源。HIRA 作为医疗保险体系的核心部门，通过规则制定、基础架构管理、监测和反馈程序产生协同效应，最终实现医保控费。韩国的医疗保险审核和评估机构作为医疗保险支付体系的枢纽，享有核实医疗费用与决定评估结果的权力，但其权力的行使同时受到医疗机构和国民医疗保险服务机构的制约，三者达成权力制衡，最终维持医疗保险费用的合理与透明。

三、商业医疗保险模式

（一）美国的商业医疗保险背景

从美国医疗体系发展历程可知，其自发形成的私人医疗服务及商业医疗保险模式有着深刻的历史文化根源。虽然随着社会经济环境的变化进行过一些调整，如增加个性化，但这种模式在整个医疗体系中的主导地位并没有改变。相较而言，由政府通过法律规定强制推行的制度安排呈现出一定的间断性和割裂性，如民主党的一些改革举措因共和党的破坏而无法持续推进。美国两党截然不同的政策方向等因素制约了美国医疗改革的效果。美国在尖端医疗技术方面具有世界领先优势，但国内却有高达 25% 的成年人因无力承担昂贵的医疗费而被迫放弃必要治疗。

美国不同于其他发达国家，受到联邦制的国家结构形式与一直以来崇尚的自由文化的影响，并未在全国范围内建立起统一的医疗保险制度，而是遵从自然导向的法则，大规模实行由私人主导的商业医疗保险。其商业保险制度的种类复杂多样、五花八门，自其在本国萌芽与兴起，一直到 20 世纪 60 年代中期以前，美国政府几乎从未干预医疗保险领域的发展。仅从 1965 年起，在《社会保障修正案》通过后，国家层面才开始有限介入有关穷人和老人的医疗计划。

（二）美国的商业医疗保险模式

作为发达国家中唯一没有推行"全民医保"的国家，美国一直保持着私人医保（尤其是基于雇主的医保）为主、公共医保为辅的特色。在这种商业医疗保险模式下，私人和公共医疗保险计划同时存在，医疗保险大多由私人医院和医生提供。公共医疗保险包括老年和残障健康保险（Medicare）、医疗援助（Medicaid）、儿童健康保险（CHIP）、军人医疗保险和印第安人健康保险等。其中，老年和残障健康保险是美国公共医疗保险制度中最重要的组成部分，由作为政府机构的联邦医疗保险和医疗补助计划服务中心（CMS）监管，其服务对象为年满 65 岁的老年人和不足 65 岁的残疾人士或患有终末期肾病患者。美国的医疗保险制度是一个以商业医疗保险为主，以政府医疗救助、非营利性商业健康保险、营利性商业健康保险为辅的多元化的体系，其主要建立在以雇佣关系为基础的私人医疗保险关系之上，政府医疗项目仅作为补充，其重点是力图以商业化、市场化模式解决国民的医疗保险问题。

美国的商业医疗保险模式是自发形成的私人医保体系，灵活而富有弹性，程序简单，操作容易，医疗服务市场化程度非常高。但是，美国医疗系统有一定的脆弱性，主要表现在以下几个方面：医疗体系的碎片化及医保制度的不健全；医疗服务供给结构的畸形发展；医疗服务的高成本与低效率。美国医保制度以私人医疗保险为基础，充分体现市场经济的自由色彩，总体上实行市场化运营，国家在这个过程中充分体现其作为公权力的管理和服务的职责。政府虽然以公立形式为社会弱势群体提供医疗保障，并辅以立法和管理的形式，规范高度市场化的医疗体系，但政府的职责相当有限，市场仍然是医疗资源配置中的主导力量，美国的健康产出并不容乐观，医疗资源分配不合理，医疗方面花费可以被称为世界之最。在医疗保险费用支付方式上，美国从按数量付费走向按质量和价值付费，从单一的支付方式向以诊断相关组分类法（diagnosis related groups、DRGs）为主的复合型支付方式转变。美国也是最先建立起 DRGs 支付方式的国家。

四、储蓄医疗保险模式

（一）新加坡的储蓄医疗保险模式

新加坡政府在福利性社会开支方面一直是保守派，可以说政府除了在公共房屋（也称公屋、组屋）建设方面深度介入外，其他方面都是强调个人责任——个人要在社会中做出贡献才有回报，这种意识形态也体现在医疗保险系统的建设中。新加坡在医疗保险方面倡导"自我积累、自我保障"的核心理念，主张每一代人对自己负责。新加坡的储蓄医疗保险模式是一项全国性的、强制性的计划，包括多层次的医疗保障体系，其主要特征包括：医疗卫生机构分工明确，定位清晰，建立起有效的转诊系统；建立责任共担的筹资机制，实现个人负担与政府支持的平衡，个人、社会和政府共同分担医疗保障费用，实现卫生筹资的可持续性。新加坡医疗保险制度推行的是"渐进式"改革，为满足现实需求，根据经济发展、医疗支出增长、老龄化等外部环境的变化，不断推陈出新，调整和完善其制度架构，并根据形势的变化进行适时调整，实现制度的高效、可持续发展。

新加坡卫生保健分为三个层次：基层医疗（主要是私立医疗机构）、医院治疗（主要是公立医疗机构）和中长期护理（主要是民间团体医疗机构）。新加坡的基层医疗机构市场化和社会化水平都很高，政府也给予了很大的财政和政策支持，基层医疗承担了大多数的诊疗量。在医疗保险管理体制方面，新加坡中央公积金局负责个人保健储蓄账户的公积金收缴和支付，财政部门负责补贴医院开支。政府的两大医疗集团——国立健保集团（NHG）和新加坡保健集团（SH）负责管理医院，政府负责药品谈判和统一定价,这样就避免了医药代表和医院赚取差价。在医疗保险筹资方式方面,新加坡实行的是"政府津贴、个人储蓄、健保双全、保健基金"四位一体的医疗保险体系,每个居民都有自己的医疗保险账户,筹集医疗资金主要体现为利用公积金进行保健储蓄。在医疗保险基金管理模式上,新加坡的基金管理是在中央公积金制度下对整个基金进行运作,并建立多种管理体制,以吸引更多的民间和商业机构参与公积金的运营和管理。在医疗保险支付方式上,新加坡采用"放门诊、保住院"的方式控制费用支出。大病保险制定可扣额和最高补偿额,即只有在医疗费用超过某个基数时才给予支付。

(二)马来西亚的储蓄医疗保险模式

马来西亚医疗保险体系继承英国的国家卫生服务制度,面向居民实施基本免费的医疗服务,经过多年努力,政府在全国建立起了相对完善的医疗保险服务体系。但最近 20 余年来,随着经济领域私有化程度的加深和政府卫生预算的限制,马来西亚政府在卫生领域采取了一系列私有化改革举措,使私立医疗机构和私立医疗保险得到了快速发展。总体而言,目前马来西亚的医疗保险体系是公立和私立并存的体制。马来西亚的公立卫生服务体系是全球最为公平的卫生服务体系之一,主要由卫生诊所和社区卫生中心、二级医院、三级医院三个层次的机构组成。马来西亚医疗保险体系实行严格的转诊制度,除急诊服务外,患者必须经转诊才能到上级医院治疗。

马来西亚的储蓄医疗保险筹资方式有三种。一是卫生部直接编制预算。按预算一次性支付公共医疗体系的开支,其中包括运营预算和发展预算两大部分。运营预算主要支付管理、公共卫生、医疗照护、支持服务等各项支出,发展预算则主要用于培训、设备采购及医院的设立和扩建方面。二是员工社会安全基金。凡月薪 1 000 元(随国民收入水平而调整)以下的雇员必须参加保险,保费则由雇主全额负担。三是私人保险公司。政府大力推动国民健康保险,被保险人可以在特约的医院接受医疗服务,并直接由保险公司支付医疗费用。由于大部分资金都由政府筹集,给国家带来了沉重负担,目前,政府大力推动私人医疗机构和私人保险公司发展,以缓解政府压力。

在马来西亚,无论是公立医疗机构还是私立医疗机构都实施医保基金专款专用。各级公立医疗机构的设置、发展均由国家控制,各级卫生事业机构的支出均按国家预算安排支付,由卫生部监管;私立医疗机构的管理体制一般为董事会和管理委员会两级管理体制,医学专家与行政人员组成的管理委员会由经理负责,并同时向董事会负责。为了调动私立医疗机构员工的积极性,允许员工持有单位的股份,可

专栏 4-2:
代表性国家"免费医疗"制度的总体概况

以分红。马来西亚对卫生事业的财务实行统一管理,各级医疗卫生机构的费用根据国家预算安排支付。卫生部门的卫生管理人员和医护人员均属国家公务员,国家对公务员及其家属实行公费医疗;卫生防疫、妇幼事业的支出均由国家负担;居民就医实行低收费;私立医疗机构由保险公司支付参保人的费用,没有参保的人员自费。

第四节 中国内地的医疗保险

新中国成立初期,机关事业单位的公费医疗、城镇国有企业和集体企业的劳保医疗以及农村合作医疗等医疗保险制度构成了我国的医疗保障体系。改革开放之后,政府分步骤推行医疗保险改革,基本建立了以城镇职工基本医疗保险为主体,城乡居民大病医疗保险、企业补充医疗保险等为补充的多层次医疗保险体系。城乡居民基本医疗保险的推出填补了我国医疗保障制度的最后一块空白,至此我国初步建立起了保基本、广覆盖、多层次的医疗保险体系。

一、城镇职工基本医疗保险

(一)城镇职工基本医疗保险的建立背景

20世纪50年代初,我国医疗体系最主要的构成部分是面向城镇机关事业单位的公费医疗和面向国有企业、集体企业的城镇劳保医疗,而实行社会统筹和个人账户相结合的城镇职工基本医疗保险制度则开始于1993年。1993年10月8日,劳动部发布《关于职工医疗保险制度改革试点意见的通知》,首次提出"建立职工个人医疗保险专户金……为职工个人所有"。同年11月14日,十四届三中全会通过的《中共中央关于建立社会主义市场经济体制若干问题的决定》要求:"城镇职工养老和医疗保险金由单位和个人共同负担,实行社会统筹和个人账户相结合。"十四届三中全会以后,国务院经过认真研究,决定在江苏省镇江市、江西省九江市开展以社会统筹与个人账户相结合为主要模式的社会医疗保险制度的改革试点,以此作为全国医疗保险制度的改革探索。

1994年"两江试点"起付线为城镇职工本人年工资收入的5%,医疗支出越高,个人自付比例越低,且不设最高限额。1994年4月,国家体改委等四部门发布《关于职工医疗制度改革的试点意见》(以下简称《试点意见》)指出:"职工供养的直系亲属……凡符合规定的医疗费用的40%,都由社会统筹医疗基金支付。"1994年国务院在《关于江苏省镇江市、江西省九江市职工医疗保障制度改革试点方案的批复》中指出："关于职工供养的直系亲属的医疗保障问题……暂不纳入职工医疗保障制度改革试点范围。各企、事业单位可按现行办法执行。"职工供养的直系亲属不再纳入职工医疗保险的保障范围,运行了 40 多年的职工家属享受半费医疗的政策就此终结。1996 年 4 月,国务院办公厅召开全国职工医疗保障制度改革扩大试点工作会议,会上批准了国家体改委等部门《关于职工医疗保障制度改革扩大试点的意见》(以下简称《扩大试点意见》)。同时,我国开始扩大城镇职工基本医疗保险改革试点范围,有 20 多个省份的 40 多个城市被批准作为城镇职工基本医疗保险改革方案的试点城市。1996 年的《扩大试点意见》允许各试点城市确定最高限额,为降低高额医疗支出,政府在早期鼓励发展职工医疗互助保险和商业性医疗保险等作为补充。1994 年的《试点意见》以及 1996 年的《扩大试点意见》均要求,低收入家庭和生活困难的职工因医疗费用开支过多而影响基本生活时,由职工所在单位从福利费中适当给予补助。

1998 年,国务院颁布《关于建立城镇职工基本医疗保险制度的决定》,正式确立了我国城镇职工基本医疗保险制度。城镇职工基本医疗保险制度是我国基本医疗保险制度中建立最早、发展最为成熟的一种保险制度。概括而言,这份文件的核心内容就是要在全国范围内建立与社会主义初级阶段生产力发展水平相适应、覆盖全体城镇职工、社会统筹和个人账户相结合的基本医疗保险制度。这份文件从此确定了我国医疗保险制度改革的基本目标、根本原则和政策框架。自此,我国城镇职工基本医疗保险制度正式确立,我国的医疗保险事业也开始进入全面发展的阶段。经过不断发展,城镇职工基本医疗保险覆盖人群不断扩大,保障水平不断提高。2017 年,我国参加城镇职工基本医疗保险的人数为 30 323 万人,基金总收入达 12 134.65 亿元,总支出达 9 298.36 亿元。城镇职工基本医疗保险在保障城镇职工享受基本医疗卫生服务、提高人民群众的健康水平方面发挥了不可磨灭的作用,过去被普遍关注的"因病致贫"和"因病返贫"的情况得到一定的缓解,其发展对于推进健康中国建设具有重要的意义。

(二) 城镇职工基本医疗保险的主要内容

城镇职工基本医疗保险简称职工医疗保险,是我国医疗保险体系的重要组成部分。通过单位与个人缴费,建立医疗保险基金,参保人员患病就诊发生医疗费用后,由医疗保险机构对其给予一定的经济补偿,以避免或减轻劳动者因患病、治疗等承受的经济损失和风险。医疗保险基金由用人单位和职工共同负担缴费,其中用人单位缴费水平按照当地工资总额的 6% 左右确定,个人缴费从本人工资的 2% 起步。同时,明确划分统筹基金和个人账户的支付范围、支付办法。职工医疗保险与养老保险、工伤保险、失业保险、生育保险共同构成当下我国的保险制度,再加上住房公积金即为人们所熟悉的"五险一金"。目前的城镇职工基本医疗保险报销范围侧重于临床必需、安全有效、价格合理、使用方便、市场能够保证供应的药品，临床诊疗必备、安全有效、费用适宜、属于定点医疗机构提供的定点医疗服务范围的诊疗项目，以及临床必需的医疗服务设施。部分临床必需但价格高昂的医疗服务正在逐步纳入保障范围。

现阶段，我国医疗保障体系的基础是覆盖城镇所有企业、机关、事业单位、社会团体、民办非企业单位及其职工的城镇职工基本医疗保险制度。城镇职工基本医疗保险主要保障对象是劳动者，包括城镇职工、社会性参保人员、农民工等。城镇职工基本医疗保险具有自身独特的特点，主要表现在如下几个方面：一是强制性，它是政府主办的，保险金的费用由国家、单位和个人三方共同承担；二是差别性，其支付比例和其他保险形式存在较大的差别；三是保障性、福利性和普遍性等。

我国各地的城镇职工基本医疗保险制度在运行过程中各具特色。例如，北京市城镇职工基本医疗保险基金遵循用人单位和职工个人双方负担、共同缴纳、全市统筹的筹资原则，归属北京市人力资源和社会保障部门管理，城镇职工基本医疗保险的参保人均有个人账户，实行统筹基金和个人账户相结合的方式。而浙江省苍南县的城镇职工基本医疗保险基金监管形成了自上而下的政策体系，以国家相关政策为指导，以省市政策为参照标准，然后结合地方实际制定了详细的实施办法。苍南县城镇职工医保基金监管在相关政策体系下形成了系统的监管框架，包括行政监管、内部监管、司法监督、审计监督、财政监督、社会监督。福建省泉州市城镇职工基本医疗保险基金的管理工作由泉州市财政局的下属事业单位泉州市医疗保障管理局负责，并对医疗保险体制的"药品、价格、医保"三元素进行深度整合。总体来看，地方政府、医疗保险经办机构、医疗服务提供者与被保险人作为城镇职工基本医疗保险制度的多方参与主体，相互之间的关系见图4-1。

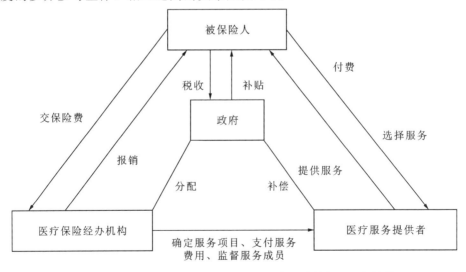

图4-1 我国城镇职工基本医疗保险制度各参与主体相互之间的关系

二、城乡居民基本医疗保险

（一）城乡居民基本医疗保险的建立背景

我国的社会医疗保障体系主要由城镇职工基本医疗保险、城镇居民基本医疗保险以及新型农村合作医疗制度三大块构成，该体系覆盖了包含城镇从业居民、城镇非从业居民及农村居民在内的全体人员，在制度上实现了"全民医保"，在一定程度上减少了城乡居民"因病致贫、因病返贫"的现象，提高了城乡居民的整体健康水平，使我国稳步迈向"人人享有基本医疗保障"的目标。其中，涉及城镇非从业居民及农村居民的城乡居民基本医疗保险，经历了一系列的演变过程。

我国农村居民医疗保险制度的发展历程大致可以分为以下五个阶段：第一，农村医疗保险的探索阶段（1938—1955）；第二，农村医疗保险的初创阶段（1955—1966）；第三，农村医疗保险的发展阶段（1966—1978）；第四，农村医疗保险的衰退阶段（1978年至80年代末）；第五，农村医疗保险的重建阶段（1990年至今）。新农合制度从2003年开始建立，参保对象为具有农业户口的农村居民，一开始就建立了由个人、集体和政府共同出资的多元筹资机制，是以大病统筹为主的互助共济制度，其归口主管部门是卫生部。在政府的指导和各地的积极配合下，目前新农合已实现制度全覆盖目标，填补了我国农村居民在医疗保障史上的空白，充分维护了7亿多农民的切身利益。

在医疗保险制度改革过程中，针对城镇居民及少年儿童缺乏基本医疗保险的问题，城镇居民基本医疗保险制度应运而生。2007年，温家宝总理在《政府工作报告》中提出"启动以大病统筹为主的城镇居民基本医疗保险试点，政府对困难群众给予必要的资助"。2007年7月10日，国务院发布《关于开展城镇居民基本医疗保险试点的指导意见》，决定开展城镇居民基本医疗保险试点，探索建立以大病统筹为主的城镇居民基本医疗保险制度。城镇居民基本医疗保险制度主要解决的是城镇非从业人员的看病就医问题，部分地区也将失地农民纳入此体系。城镇居民基本医疗保险由人力资源和社会保障部主管，其基金主要来源于个人缴费，财政适度提供补贴。与新农合一样，以大病统筹为主。2009年，试点城市达到80%以上，截至2009年底，全国参加城镇居民基本医疗保险的人数为40 061万人，比上年底增加8 239万人，完成国务院确定的3.9亿人的目标。2010年后，城镇居民基本医疗保险在全国范围内全面推开，并逐步覆盖全体城镇非从业居民。至此，我国基本实现了医疗保障体系覆盖全民的目标，建立了以农村居民、城镇职工、城镇非从业居民为主要对象的医疗保险制度，实现了责任分担、互助共济的社会保障基本功能。

随着城乡分割、地区分割、多元体制等问题不断出现,城乡差距的扩大与医疗保险的刚性需求增加,不断限制着我国医疗保障制度功能的发挥。国家实施了一系列政策试图逐步建立起城乡一体化、区域统筹的医疗保险制度。为了对现有的医疗保险制度进行有机整合,建立起人人充分享有的国民健康保险制度,2016年,国务院颁发了《关于整合城乡居民基本医疗保险制度的意见》,提出从完善政策入手,整合城镇居民基本医疗保险和新农合制度,逐步在全国范围内建立起统一的城乡居民医保制度。由于不同地区城镇化进程的非同步性,制度整合并不意味着"一刀切",而需要采取科学统筹和适时并轨相结合的策略,把握好城乡统筹的方向、力度与节奏,找准时机,逐步推进,寻求符合不同地区经济发展和人民生活特点的制度整合模式。

(二) 城乡居民基本医疗保险的主要内容

自我国城乡各项医保制度开始创立以来,诸多省份已经开展了整合城乡医疗保险制度的试点,在实践中不断摸索适应本地经济社会发展水平、城乡居民负担能力和基金承受能力的制度整合形式。目前,全国已有多个省份完成了城镇居民基本医疗保险和新型农村合作医疗保险制度的整合,建立了统一的城乡一体的居民基本医疗保险制度。

从现有的整合模式来看,第一种是以广东东莞为代表的"三制合一"模式,直接将职工医保、城镇居民医保与新农合高度整合;第二种是将城镇居民医保与新农合整合为统一的城乡居民医保制度,具体又分设为"一制一档""一制两档""一制三档"等多种模式,城乡居民可在各标准间自主选择,不同的筹资水平对应不同的待遇保障标准。其中,"一制两档"或"一制三档"模式是为了解决原有城乡制度之间缴费差异较大的过渡模式,最终目标都是逐渐形成城乡居民统一缴费标准和统一保障待遇的"一制一档"模式。在城乡医保一体化进程中,上海作为城镇化发展较快、城乡经济发展差距较小、医疗水平较高的发达城市,其医保整合模式相对于中、低城镇化水平的省市速度更快、效率更高、改革更彻底,在我国目前医疗保险水平非均衡发展的现状下,将为其他省市的改革提供参照方向。

在整合项目方面,各地均以"六统一"作为基本指导,即统一覆盖范围、统一筹资政策、统一保障待遇、统一医保目录、统一定点管理、统一基金管理。个别省份在"六统一"之外又提出"七统一""八统一""九统一"等,包括统一管理体制、经办管理、医保监管、统筹层次、信息系统和大病保障机制等内容。在管理部门层面,黑龙江、山东、重庆、上海、天津、河北等22个省份和新疆生产建设兵团在将城乡居民基本医疗保险整合后,交由当地人社部门统一管理;陕西省将城乡居民医保管理归口为卫生部门;部分地区如福建省在人社与卫生部门之外成立医保办来统筹管理;

部分省份在文件中没有明确提出具体的管理归属,规定设置城乡居民医保统筹协调小组等机构推进实施,或在各地市的实践中自行探索。

关于基本医疗保险的筹资方式,除上海采用比例缴费外,各地根据自身实际情况提出"一制一档""一制两档"或"一制三档"等定额筹资方式,或是在省级文件中没有规定具体的缴费档次,允许各地级市自行设置差别档次,用两到三年的过渡期最终实现缴费的统一。同时,各地在不同程度上提出要提高个人缴费比例,或是明确个人缴费占筹资总额的比例下限,如福建省提出个人缴费部分原则上不低于总筹资水平的25%。

在待遇给付方面,各地普遍采取"待遇就高不就低、目录就宽不就窄"的原则,强调待遇与整合前相比不降低。从整体上看,在城乡居民医保整合后,住院费用支付比例保持在75%左右,门诊统筹支付比例保持在50%左右,尽可能缩小与实际报销比例的差距。具体的支付比例依就诊医疗机构的级别设置不同标准,原则上向基层医疗卫生机构倾斜,部分省份还规定了不同医疗机构支付比例的级差。

综上所述,我国全民基本医疗保险的实现步骤可以归纳为"三步走"的框架,如图 4-2 所示。

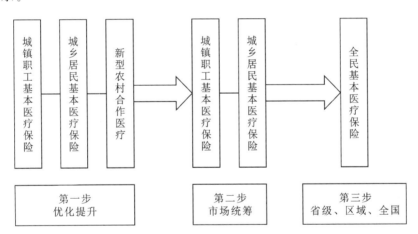

图 4-2 我国全民基本医疗保险"三步走"框架

三、城乡居民大病保险

(一)城乡居民大病保险的建立背景

对于大病保险的研究源于家庭灾难性医疗支出理论,世界卫生组织将家庭灾难性医疗支出定义为:家庭中的医疗开销占家庭可支付能力的比重大于或等于40%。由此,我国依据地方建立大病补贴机制的实践经验,针对"因病致贫、因病返贫"问题提出了大病保险体系构想,将其作为我国重大疾病保障体系的创新性制度安排。

大病保险作为我国多层次医疗保障体系中的重要一环，在政府主导下，从试点起步，利用3~4年的时间实现了全面覆盖，其运行和实施主要基于2012年和2015年先后下发的《关于开展城乡居民大病保险工作的指导意见》（发改社会〔2012〕2605号，以下简称"2605号文件"）和《关于全面实施城乡居民大病保险的意见》（国办发〔2015〕57号，以下简称"57号文件"）。可以说，2605号文件指导了试点的运行，57号文件则在总结试点经验和问题的基础上，构建了大病保险政策的基本制度框架，两个文件间的衔接、调整和完善反映了大病保险政策逐步走向制度化的过程。城乡居民大病保险作为基本医疗保障制度的拓展和延伸，是对大病患者发生的高额医疗费用给予进一步保障的一项新的制度性安排，是推进医改向纵深发展的重要举措。在党的十八大召开后砥砺奋进的五年中，大病保险从2012年开始试点，2015年全面推开，2017年提升保障精准性，有效发挥了服务脱贫攻坚战略、减轻群众看病负担、保障群众健康的重要作用。2019年，李克强总理在《政府工作报告》中强调，要继续提高城乡居民基本医保和大病保险保障水平，做好常见慢性病防治工作。2020年2月14日，习近平总书记在中央全面深化改革委员会第十二次会议上指出，要健全重大疾病医疗保险和救助制度，完善应急医疗救助机制。

我国现阶段推行的大病医疗保险体制涉及的内容相对丰富一些，主要包含新农合大病医疗保障、城乡居民大病医疗保险、商业大病补充医疗保险三种项目。首先，新农合大病医疗保障要求不同乡镇区域的卫生、民政、财政等机构，在积极落实新农合体制要求的前提下，通过按病种付费、提升报销水平等途径，来辅助参合个体处理特定重特大疾病的治疗问题，属于基础性的医疗保障机制。其次，城乡居民大病医疗保险强调配合新农合、城镇居民医保等基金向商业保险部门购置大病保险服务，一旦参保的城镇职工、居民等出现需大额支付医疗费用的状况，便针对他们提供一定数量的医保补偿，使得一些需要患者方承担的合规医疗费用就此得以保障。最后，商业大病补充医疗保险可以看作大病保险的重要补充。所谓商业大病补充医疗保险，即刨除基础性医疗保险之后，借助于所在单位，任凭个人意愿参与的一类保险模式。其要求基于个体患病的风险状况进行保费缴纳，一旦参保人员突发大病之后，就能够通过保险公司获得特定数额的医疗费用。在此期间，为了稳固部分行业职工既有的医疗消费水准，亦有必要考虑在基本医疗保险之上创建企业补充医疗保险制度，这样一来，超出最高支付限额的医疗费用，就能够利用商业医疗保险等途径及时加以补充。城乡居民大病保险引入商业保险公司承办，不仅是基本医保在经办形式上的创新，也是进一步理顺政府与市场关系、建立有效公共管理体系的创新。

（二）城乡居民大病保险的主要内容

在保障范围方面，我国大病医疗保险覆盖城镇及农村参加城镇医保及新农合保险的居民，相较于基本医疗保障，范围更加全面，在运行过程中坚持四项原则：一是坚持以保障人民权益为根本目的，充分做好各项统筹安排的原则；二是坚持由政府牵头、各相关专业机构紧密配合的原则；三是坚持以互助共济、责任共担、收支平衡为主线的可持续发展原则；四是坚持以国家顶层设计为总纲领、全国各地因地制宜创新开展工作的原则。2012年2605号文件和2015年57号文件均提出了四条政策实施原则，其中最大的变化是由试点阶段的"政府主导、专业运作"，转变为全面实施后的"政府主导、专业承办"。

在政策目标方面，试点阶段2605号文件将大病保险制度定位于"基本医疗保障的有益补充"和"以力争避免城乡居民发生家庭灾难性医疗支出为目标"；57号文件提出的政策目标更为具体，即建立起比较完善的大病保险制度，与医疗救助等制度紧密衔接，共同发挥托底保障功能，有效防止发生家庭灾难性医疗支出，城乡居民医疗保障的公平性得到显著提升。

在筹资来源和待遇保障方面，各地区综合考量经济发展水平、大病医疗支出、基本医保补偿标准等因素，结合配套资金的筹措能力，在已有大病保险保障水平的基础上进行科学测算，从而确定了较为合理的筹集资金标准。57号文件肯定了试点时期2605号文件的做法，明确提出从城乡居民基本医保基金中划出一定比例或额度作为大病保险资金，同时也强调要完善城乡居民基本医保的多渠道筹资机制；保障对象定位于城乡居民基本医保参保人；保障范围与城乡居民基本医保相衔接，参保人患大病发生高额医疗费用，由大病保险对经城乡居民基本医保按规定支付后个人负担的合规医疗费用给予保障。

在待遇设计方面，不断细化起付线、封顶线、报销比例等表述。高额医疗费用的口径定义不变，即以个人年度累计负担的合规医疗费用超过当地统计部门公布的上一年度城镇居民、农村居民年人均可支配收入作为主要测算依据；支付比例应达到50％以上，且按照医疗费用高低分段制定大病保险支付比例，医疗费用越高支付比例越高；对封顶线不做具体规定等。在起付线、报销比例方面的更新之处有：提出要根据城乡居民收入变化情况，建立动态调整机制，研究细化大病的科学界定标准，具体由地方政府根据实际情况确定；鼓励地方探索向困难群体适当倾斜的具体办法，努力提高大病保险制度托底保障的精准性。

关于经办形式，大病医保由政府和商业保险公司共同承办，其中政府负责筹资，发挥主导作用；商业保险公司在政府的统一领导下承揽和开展相关保险业务。大病保险政策推行的一个重要特征是通过公共服务外包的形式，由商业保险公司经办大病保险，这是我国在社会治理领域的一次积极探索，因此在经办的形式、流程、各方责任等方面存在许多争议和讨论。从基金运行情况来说，政府以招标的形式确定大病保险承保机构，商保机构以"收支平衡，保本微利"为原则运营，政府则需要对其盈亏率进行控制。

表 4-1 总结了城乡居民大病保险的参保对象、保障范围与保障水平，具体内容如下所示。

表 4-1 城乡居民大病保险的参保对象、保障范围与保障水平

参保对象	城乡居民基本医疗保险的参保人
保障范围	与城乡居民基本医疗保险相衔接，在大病保险参保人患大病发生高额医疗费用时，在通过城乡居民基本医疗保险报销后，对患者需负担的合规医疗费用予以补偿
保障水平	城乡居民大病保险补偿实际支付率不得低于50%；按医疗费用高低分段制定支付比例，支付比例和医疗费用成正比

四、企业补充医疗保险

(一) 企业补充医疗保险的建立背景

计划经济时期，我国企业主要以劳保医疗的方式承担了员工的生命健康保障责任。到 20 世纪 90 年代，我国实行了企业制度的市场化改革，多种所有制经济共同发展，企业不同所有制形式并存，国有企业开始剥离原先承担的养老、医疗等社会责任，逐步成为独立的市场经营主体。与此相适应，我国建立了专业化管理的统一的城镇职工基本医疗保险制度。为了既减轻企业的负担，又尽可能不减少员工的个人福利，1995 年 1 月开始施行的《中华人民共和国劳动法》第七十五条规定："国家鼓励用人单位根据本单位实际情况为劳动者建立补充保险。"此后的 20 余年里，国家又多次出台文件鼓励企业、员工、保险公司、工会等各方积极参与补充医疗保险的建设。例如，1998 年国务院颁布的《关于建立城镇职工基本医疗保险制度的决定》（国发〔1998〕44 号），2002 年财政部、劳动保障部下发的《关于企业补充医疗保险有关问题的通知》（财社〔2002〕18 号）及财政部、国家税务总局下发的《关于补充养老保险费、补充医疗保险费有关企业所得税政策问题的通知》（财税〔2009〕27 号）等。经过多年发展，我国已形成了以政府为主导的多元发展模式的企业补充医疗保险制度。

企业补充医疗保险将一部分医疗保障责任交由企业来承担，能够缓解由于覆盖人群扩大和医疗服务价格上升而导致的国家财政负担加重的情况。同时，企业补充医疗保险的建立，可以作为吸引人才、留住人才的手段之一，调动职工的工作积极性，增强企业的凝聚力、吸引力和竞争力。企业补充医疗保险具有灵活性、多样性的特点，可以根据广大职工的实际情况提供不同的保障，以此来满足不同人员的需求，有效弥补基本医疗保险制度的不足。

（二）企业补充医疗保险的主要内容

企业补充医疗保险有广义和狭义之分。从广义上来说，它是指除城镇职工基本医疗保险之外的其他所有医疗保险形式；从狭义上来说，它是指企业在参加城镇职工基本医疗保险的基础上，在国家政策的支持和鼓励下，由企业自愿建立或参加的用于满足城镇职工较高医疗需求的一种补充性医疗保险形式。具体说来，企业补充医疗保险是指具有一定资质的企业（按规定参加各项社会保险并按时足额缴纳社会保险费的企业），根据国家相关部门的管理规定，出于减轻参保职工医药费负担的目的，对城镇职工基本医疗保险支付以外由职工个人负担的医药费用进行适当补助而建立的企业员工福利保障计划。

企业补充医疗保险制度表明企业在参加国家统一经办的以保基本为目标的城镇职工基本医疗保险的基础上，自愿为员工提供大额医疗费用的补充报销及健康管理服务，目的是进一步减轻职工个人看病负担，并发挥有效的人力资源管理效应。企业补充医疗保险费在工资总额4%以内的部分，企业可直接从成本中列支，不再经同级财政部门审批。参加基本医疗保险的企业和事业单位可以建立补充医疗保险。企业补充医疗保险办法应与当地基本医疗保险制度相衔接。企业补充医疗保险资金由企业或行业集中使用和管理，单独建账，单独管理，用于本企业个人负担较重的职工和退休人员的医疗费补助，不得划入基本医疗保险个人账户，也不得另行建立个人账户或变相用于职工其他方面的开支。财政部门和劳动保障部门要加强对企业补充医疗保险资金管理的监督和财务监管，防止挪用资金等违规行为。

在企业补充医疗保险制度下，企业可以自主选择投保险种以及保险服务供应商。企业补充医疗保险所涵盖的保险险种有：门急诊医疗保险、住院医疗保险、重大疾病保险、疾病身故或全残保险、女性特定疾病保险等，广义上还应包括意外伤害保险、意外伤害医疗保险、交通工具意外伤害保险等。保险期限一般为1年，保险责任可以分为三部分：第一，基本医疗保险统筹基金起付线以下完全由个人支付的部分；第二，基本医疗保险统筹基金起付线以上、最高支付限额以下个人按比例支付的部分；第三，基本医疗保险统筹基金最高支付限额以上、大额医疗费用补助保险最高支付限额以下个人按比例支付的部分。以上三部分保险责任均由企业补充医疗保险根据企业筹资能力按不同比例赔付。

企业补充医疗保险方案设计一般遵循三项原则：一是依法依规原则，企业补充医疗保险作为多层次医疗保障制度的重要组成部分，具有很强的政策性，在设计补充医疗保险方案时，应与国家医疗保险政策相吻合；二是量力而行原则，企业补充医疗保险缴费水平应与企业经济状况和经济承受能力相适应，企业可根据经济状况的变化适时调

专栏 4-3：
当前我国社会医疗保险治理

整缴费水平和待遇水平；三是合理侧重原则，企业补充医疗保险应覆盖全体职工和退休人员，体现公平性，同时，应重点向重症患者、核心人才、高龄人员倾斜，充分发挥补充医疗保险的效能。

企业补充医疗保险作为国家多层次医疗保障制度的重要组成部分，要促进其可持续发展，必须探索创新发展路径，重构企业发展补充医疗保险的动力机制。这就必须推动企业补充医疗保险发展路径由政府主导向企业自主建立转变，采取政府放手、市场主导的方式，实现保障方式由经济补偿向兼顾健康管理转变。我国应当在企业补充医疗保险领域鼓励企业按照"补充医疗保险＋健康管理"的模式发展，优化调整扶持政策体系，通过构建针对性扶持鼓励政策，促进不同类型企业职工群体的积极参与，并不断优化企业员工福利政策，降低无效福利。

专栏 4-4：
药品集中采购

专栏 4-5：
国家医保谈判

第五节 中国港澳台地区的医疗保险

一、中国香港地区的医疗保险

（一）中国香港地区医疗保险的内容

中国香港地区的医疗卫生体系由两大部分组成，常被简单描述为"双轨安排"，其一条轨为公立体系，致力于满足市民基本医疗需求，实现全面覆盖；另一条轨为私立体系，由市场主导，使用者自掏腰包享受服务。

香港的公立医疗保险体系深受英国"公民健康服务体系"的影响，每位香港居民都能享受到特别行政区政府高度补贴且一视同仁的公共医疗服务。医院管理局体制是香港医疗体系的又一大特点，医院管理局[①]通过其上级机构食物及卫生局向政府负责，食物及卫生局只提供政策指导，并不干预运作。医院管理局属于法定的非政府机构，通过医院联网，可确保病人在同一个地区内，由发病、疗养以至康复和出院后的社区护理等获取全程优质的持续治疗；私立医疗机构则由食物及卫生局下设的卫生署监管，卫生署负责私立医疗机构注册、验收、检查，接受私立医疗机构

---

① 详见香港特别行政区医院管理局网站：https://www.ha.org.hk/visitor/ha_index.asp.

的投诉并做出调查。医院管理局具有极强的财政杠杆管理和引导医院和医生的行为，以达到政府的医疗卫生政策目标，因此，在政府高度补贴的条件下，香港市民接受公立医院服务时所要缴纳的费用极为低廉。香港医院管理局的组织构架如图 4-3 所示。

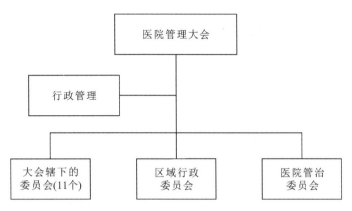

图 4-3　香港医院管理局的组织构架

香港拥有一个与患者收入水平相关联的卫生筹资体系，同时，香港特区政府在保证医疗服务的个人可负担性方面也做了很多努力。一方面，特区政府通过公立医院提供医疗服务，所有香港市民都可以享受到收费低廉的公共医疗资源；另一方面，在医疗保险层次方面，香港目前只有 30% 左右的人参加了私人医疗保险计划以及雇主提供的各种医疗保险计划，为了鼓励社会中的中高收入阶层使用私人医疗服务，从而使更多的公共医疗资源流向低收入阶层，特区政府在原有医保体系的基础上推出"自愿医保计划"（VHIS），该计划兼具自愿购买和政府监管的双重特性。

（二）中国香港地区医疗保险的特点

中国香港地区的医疗保险以公立医院为主，以覆盖全体居民的医疗服务和私人医疗服务作为公立医院的有益补充。主要特点包括：

（1）由政府主导，香港的医疗保障模式属于国家医疗保险模式，政府作为香港医疗服务的供给者，在医疗资源配置方面发挥主导作用；

（2）公平性原则，香港的医疗保障覆盖全体居民，政府为公民提供高福利水平的均等化的医疗服务；

（3）互济性原则，由于医疗保障的主要资金来自财政，财政资金又以税收为主，税收调节贫富差距的作用也通过政府对医疗保障的投入再度彰显；

（4）低价提供医疗服务，医疗服务易被滥用，因此香港地区医疗服务的供给不足成为常态，并导致拥挤成本；

（5）管理科学化，香港地区将负责医疗保障管理的决策部门和具体执行部门分开，将公立医院和私立医院的管理分开，管理部门具有层次少、效率高的特点；

(6) 有制度保障，医院管理局具有良好的治理结构，药品治理有制度保障并在财务、薪酬方面统一管理。

二、中国澳门地区的医疗保险

（一）中国澳门地区医疗保险的内容

中国澳门地区的社会保险制度伴随着经济发展而逐步建立起来。1989年，在澳门地区政府、劳方和资方的共同努力下，社会保险基金得以设立，主要用于对处于疾病、失业、年老和残疾等状况的劳工给予救济和援助，改变了以往仅以政府社会工作司为主负责提供公共援助和社会服务的模式，形成了由社会工作司、社会保险基金以及民间的社会福利机构为主体组成的社会保险体系。澳门现行的医疗保险制度可以被概括为由公共机构提供的面向全体居民的免费初级保健、部分人士免费且其他人群低付费的专科以及住院医疗。澳门社会保险体制的建构理念包括：经济发展是第一位的，社会保险需要有良好的经济作为基础；社会政策应以个人及家庭为中心，政府只扮演规划及鼓励的角色；保障条件不宜太高。澳门特区政府对符合条件的人士发放养老金、残疾津贴、社会接济金、失业津贴、疾病津贴、丧葬津贴、出生津贴和结婚津贴等，同时增加对非营利民间机构的资助，加强与这些机构的合作，在一定程度上扩大了澳门的社会保险覆盖面。

澳门社会保险基金来源于政府的拨款和雇主以及雇员的供款，而基金支出包括最基本的五大类：养老保险、医疗保险、失业保险、工伤保险和生育保险。澳门地区医疗保险资金的筹集方式有四种：① 澳门特区政府的财政预算；② 团体或个人的慈善捐助；③ 商业医疗保险费；④ 居民个人现金支出。其资金的偿付方式根据资金种类的不同而有所不同，具体如下所示。

(1) 澳门特区政府的医疗保险资金采用集体支付的方法，主要有三类渠道：对医疗机构的支付，包括公立医疗机构和私营医疗机构；对公立医疗机构所属的医护人员的支付；对私人药房的支付。

(2) 澳门商业医疗保险资金的偿付采用的是报销制的方法，即个人先垫付医疗费用，然后到医疗保险机构报销。该办法缺乏对医疗机构的费用控制，亦不方便患者就医，因此，越来越多的商业医疗保险开始采用"第三方支付"的办法。该办法最大的特点是参保病人接受医疗机构的服务并按规定支付个人负担的医疗费用后，所发生的其他费用由医疗保险经办机构与医疗机构结算。

（二）中国澳门地区医疗保险的特点

中国澳门地区的医疗保险以政府提供的医疗服务为主导，在市场经济体制下建立起来，具有广泛的社会覆盖面。医疗保险制度建立和实施的主体是政府，医疗保险制度在法治化轨道上运作。医疗机构具有分工明确的全科、专科两级服务，配合以全科医生培养体系。此外，澳门地区的医疗保险理念深受独立自主、自力更生、万事不求人的中国内地传统价值观的影响。在儒家思想及文化的熏陶下，澳门地区的医疗保险体制尤其注重弘扬敬老美德。

三、中国台湾地区的医疗保险

（一）中国台湾地区医疗保险的内容

1995年，中国台湾地区在整合当时覆盖约50％民众的劳保、农保、公保三大职业医疗保险体系的基础之上，颁布了所谓"全民健康保险法"，建立了台湾地区"全民健康保险"（以下简称"健保"）制度。其核心做法在于采用社会保险形式强制参保，通过社会互助分担参保人患病带来的财务风险。虽然这一制度在深化支付方式改革、健保财务的永续性、健康照护的效率与效果、医疗照护的品质等方面，与全球其他地区面临同样的问题，但是，它以"全民"参保、保证就医公平、较低的医疗费用、合理的医疗品质等特征获得了较高的民众满意度和社会评价。我国台湾地区实行的健保制度属于强制性社会保险，在政府主导下运行，覆盖99％的台湾地区人口。投保人均享有公平的基本卫生服务，可使用健康保险IC卡到任意一家特约医疗院享受医疗服务，就诊时根据投保人职业身份缴纳挂号费及部分需负担的费用，而不以所患疾病区别缴纳费用；持有"新希望卡"的弱势群体则只需缴纳挂号费，部分费用可全免或适当减少。

2013年1月1日，中国台湾地区二代"全民健康保险"（以下简称"二代健保"）正式实施，相较20世纪50年代的多种健保与1995年的一代健保，二代健保是由一般保险与补充保险相结合的强制性社会保险，即"全民健康保险"和商业健康保险的结合。台湾地区的"全民健康保险"要求所有台湾人民和在台湾居住6个月以上的外地人必须参加，具有强制性和统一性，其服务范围很广泛。除此之外，台湾地区的医疗保险制度还采取了商业保险互补措施，以满足不同层次人群对医保的需求。

台湾地区健保的主管机构是卫生署，下设四个平行组织，分别为"中央健康保险局"（以下简称"健保局"）、监理委员会、费用协定委员会、争议审议委员会。健保局负责日常的医保基金的运作以及其他日常业务，它受监理委员会的监管。投保人统一将保费交至健保局，费用协定委员会与医疗服务提供者根据其费用申报情况与其协商并支付、分配医保基金。医疗服务提供一方根据患者就诊记录向健保局申请给付费用，健保局则根据服务方申请费用与事先划定的费用总额进行对比，如果申请费用低于划定的费用则全额支付，否则按比例给付。争议审议委员会负责解决健保局与投保人、医疗服务提供者之间出现的争议。由此可知，我国台湾地区医保管理分工明确，权责划分清晰，能更好地规范管理内容和管理机构，各个机构也能互相制约、互相监督。同时，台湾地区私立医院已经成为医疗市场的主体，其能够提供与公立医疗机构同等质量的服务，部分私立医疗机构的服务质量甚至高于公立医疗机构。

(二) 中国台湾地区医疗保险的特点

中国台湾地区的医疗保险以"全民健康保险"为核心，辅以商业健康保险，是一种高福利、高保障、低消费的医疗保险制度。中国台湾地区的医疗保险在收费上采取现收现付制，以支定收、分层收费，同时采取以疗效、财务协议为基础的多元支付方式，具有覆盖人群全面、缴费率较低、保障水平较高以及医疗服务品质相对合理等特点。

本章小结

本章主要围绕社会保险五大险种之一的医疗保险展开，介绍了医疗保险的基本概念、主要特征、运行原则以及在经济社会发展中的地位等情况。通过大数定律与风险分担、风险规避与保险效用的讲解，介绍了医疗保险需求理论；通过逆向选择与道德风险的讲解，介绍了医疗保险市场失灵理论。通过对国家医疗保险模式、社会医疗保险模式、商业医疗保险模式、储蓄医疗保险模式的探讨，分别介绍了典型国家的医疗保险情况。关于中国内地的医疗保险，主要介绍了城镇职工基本医疗保险、城乡居民基本医疗保险、城乡居民大病医疗保险以及企业补充医疗保险。另外，简述了中国港澳台地区医疗保险的内容与特点等情况。

主要概念

医疗保险　大数定律　城镇职工基本医疗保险　城乡居民基本医疗保险　城乡居民大病保险　企业补充医疗保险

复习思考题

1. 医疗保险具有何种特征？在经济社会发展中的地位如何？

2. 如何理解医疗保险的市场失灵？
3. 试比较国际上现行的四种医疗保险模式的特点。
4. 试论述我国的多层次医疗保险体系。
5. 试论述我国港澳台地区医疗保险的特点。

参考文献

[1] 胡苏云. 医疗保险中的道德风险分析 [J]. 中国卫生资源，2000（03）：128-129.

[2] 王浩存. 关于国外医疗保险模式比较与借鉴研究 [J]. 世界最新医学信息文摘，2015，15（69）：44-45.

[3] 勇素华. 台湾地区全民健康保险制度研究 [M]. 北京：九州出版社，2015.

[4] 郑功成. 多层次社会保障体系建设：现状评估与政策思路 [J]. 社会保障评论，2019，3（01）：3-29.

[5] 乌尔里希·贝克. 风险社会 [M]. 何博闻，译. 南京：译林出版社，2004.

[6] Fang Hai, Eggleston Karen, Hanson Kara, et al. Enhancing financial protection under China's social health insurance to achieve universal health coverage [J]. BMJ (Clinical research ed.), 2019 (365): 1-4.

[7] Zhou Qin, He Qing, Eggleston Karen, et al. Urban-rural health insurance integration in China: impact on health care utilization, financial risk protection, and health status [J]. Applied Economics, 2022, 54 (22): 2492-2508.

第五章

失业保险

本章导言

　　失业是市场经济运行过程中必然产生的社会现象,实质是劳动力与生产资料的分离,劳动力资源的浪费。失业保险制度是基于失业问题而建立的一种社会保障制度安排,有利于保障失业者基本生活,维护正常社会秩序,促进人力资本再优化配置。本章首先介绍了失业保险的基本概念、类型和特征,阐明失业保险制度设计的理论基础和主要内容,而后阐述了中国内地失业保险制度的变革及其发展趋势,总结了中国内地失业保险制度的运行现状和主要问题;其次,介绍了中国港澳台地区的失业保险制度;最后,以国别对比的视角,梳理了美国、德国和日本三国的失业保险制度的运行模式。

重点问题

- 失业的概念和类型
- 失业保险的概念和类型
- 失业保险制度的理论基础
- 失业保险制度的内容
- 中国内地失业保险制度的变革
- 中国港澳台地区的失业保险制度
- 失业保险制度的国际比较

第一节 失业保险概述

一、失业概述

（一）失业的概念

从狭义上讲，失业是指劳动过程的中断。从广义上讲，失业是指达到劳动年龄的社会成员未能找到工作。1988年，第75届国际劳工大会通过了168号文件《促进就业和失业保险公约》，其中对失业人员的界定是：能够工作，可以工作，确实在寻找工作，但得不到适当职业，致使没有报酬收入的人。[①] 因此，国际劳工局将失业定义为：有劳动能力并愿意就业的劳动者找不到工作。也就是说，失业主体必须具备以下条件：第一，没有工作，即在调查期间内没有从事有报酬或有利润的劳动；第二，有劳动能力，即当前如果有就业机会，则可以工作；第三，有就业意愿，即个体有寻找工作的意愿和相应的行为，如参与就业培训、到公共或私人就业服务机构进行失业登记或职位搜寻等。[②]

依据2003年劳动和社会保障部出台的失业标准，在我国，失业是指在国家规定的劳动年龄（男性16～60岁，女性16～55岁）内，劳动者具有工作能力、可以工作且在寻找工作的情况下，得不到适宜职业，失去收入的状况。此外，个体虽然从事一定的社会劳动，但劳动报酬低于当地城市居民最低生活保障标准的，视同"失业"。[③]

（二）失业类型

依据不同的标准，可以将失业划分为不同的类型。

1. 按照失业的原因划分

按照造成失业的原因是主观还是客观来划分，可分为自愿性失业和非自愿性失

[①] 转引自吴文俊. 上海失业问题及其治理研究（1949—1957）[D/OL]. 苏州：苏州大学，2017：4 [2022-04-15]. https：//kns.cnki.net/kcms2/article/abstract? v＝3uoqIhG8C447WN1SO36whLpCgh0R0Z-iTEMuTidDzndci_h58Y6ouRKJYo0b8gLLfAOp-0FrTcAiQYMMsmz8PFt2cc8EzcAc&uniplatform＝NZKPT.

[②] 史潮. 社会保险学 [M]. 北京：科学出版社，2018：146.

[③] 李珍. 社会保障理论 [M]. 北京：中国劳动社会保障出版社，2020：256.

业。自愿性失业是指劳动者不愿意在现行的市场工资率下工作,自动放弃就业机会。非自愿性失业是指在市场经济条件下,劳动者愿意接受现行的工资率而找不到工作,由于经济社会方面的客观原因而造成的失业。

2. 按照失业的表现形式划分

按照失业的表现形式,可分为显性失业和隐性失业。显性失业又称公开失业,是指有劳动能力和劳动意愿的适龄劳动者处于无工作从而没有工资收入的状态,在我国一般指登记失业。隐性失业又称潜在失业或在职失业,一方面,隐性失业者一般都有自己的工作单位或劳动岗位,被政府或企业视为就业者;另一方面,他们的劳动能力并没有得到充分发挥,劳动愿望没有得到最大的满足,从而经常处于失业或半失业的闲置状态,造成实际生产率低于潜在的生产率,是劳动力资源未被充分利用的表现,一般将这些多余的劳动者称为"冗员"。

3. 按照失业的形成机制划分

按照失业的形成机制,可分为摩擦性失业、季节性失业、技术性失业、结构性失业、周期性失业。

摩擦性失业是指由于劳动力市场的动态属性、不完善的信息流动、失业者与潜在雇主之间相互匹配的时间滞差、匹配存在搜寻成本而导致的失业。[1]

季节性失业是指由于受季节变化和消费者季节购买的习惯等原因的影响,生产对劳动力的需要出现季节性的波动而形成的失业。季节性失业具有规律性、行业性和失业持续期的可预测性等特点。[2]

技术性失业是指由于使用新机器设备和材料,采用新的生产工艺和新的生产管理方式,局部社会生产节省劳动力而形成的失业,即所谓的"机器换人"[3]现象。李嘉图在《政治经济学及赋税原理》第三版增加了"论机器"的一章内容,他认为,如果机器占用了流动资本,则会出现严重的就业问题。[4]

结构性失业是指工人的工作技能和工作要求不匹配或工作的地点和需要就业的人未能匹配,拥有技术的工人无法找到工作,由此造成的失业。[5]结构性失业的原因包括国际竞争、市场消费习惯的变化、政府宏观经济政策的调整、人工智能等新技术发展的影响、经济结构不平衡等。例如,新冠疫情期间,社会线下消费减少而线上消费快速增长,这种结构变化带来了线下行业的劳动力供给相对过剩和线上行业的

---

[1] 孙树菡,朱丽敏. 社会保险学 [M]. 北京:中国人民大学出版社,2019:166.
[2] 转引自史㴋. 社会保险学 [M]. 北京:科学出版社,2018:147.
[3] 史㴋. 社会保险学 [M]. 北京:科学出版社,2018:147.
[4] 程永宏. 技术性失业:虚构还是现实 [J]. 经济学家,2003 (05):11-20.
[5] 史㴋. 社会保险学 [M]. 北京:科学出版社,2018:148.

劳动力供给相对不足并存的现象，形成了行业之间的结构性失业。①

周期性失业是指经济衰退或萧条时，因总需求下降而造成的失业。经济运行往往呈现周期性的波动，经历繁荣、衰退、萧条和复苏四个阶段。在经济衰退和萧条阶段，失业问题突出，即产生周期性失业。②

4. 按照失业的其他特征划分

按照失业持续时间，可分为长期失业和短期失业；按照失业的次数，可分为初次失业、二次失业和多次失业；按照失业的程度大小，可分为完全失业和部分失业。完全失业是指完全没有工作及工资收入的状态；部分失业是指有劳动能力的人，虽然有工作，但工作报酬达不到法定最低工资标准，工作时间达不到正常工作时间的1/3，一般用就业的不稳定性、不连续性、临时性和低效率性来描述。

（三）失业程度的衡量

失业程度的衡量指标通常包括失业率和失业持续期。

1. 失业率

失业率是衡量失业状况的重要指标，是对未充分利用的劳动力供给状况的衡量，是失业人数在全国劳动力总人数中所占的比重。总人口存量的划分如图5-1所示。

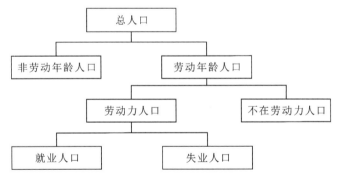

图5-1　总人口存量的划分

失业率的计算公式如下：

$$失业率 = 失业人口 / 全国劳动力人口 \times 100\%$$③

---

① 陆旸. 共享员工常态化之路怎么走 [J]. 人民论坛, 2020 (26): 52-55.
② 史潮. 社会保险学 [M]. 北京: 科学出版社, 2018: 147.
③ 吴芹. 欧盟失业问题研究——高失业率持久化的市场障碍分析 [D/OL]. 上海: 复旦大学, 2017: 24 [2022-04-15]. https://kns.cnki.net/kcms2/article/abstract? v = 3uoqIhG8C447WN1SO36whBaOoOkzJ23ELn _ -3AAgJ5enmUaXDTPHrKGBZTQeEsKIzVnp _ S _ gdCYXZxCEm-NYjMuWCtN7fRcHv&uniplatform=NZKPT.

在我国，更为常见的是用城镇登记失业率来反映失业总体情况。城镇登记失业率是指城镇劳动保障部门登记的失业人数占期末就业人员与期末实有登记失业人数之和的比例。2018年召开的十三届全国人大一次会议首次将城镇调查失业率纳入预期目标。调查失业率是指调查失业人数占调查从业人数与调查失业人数之和的比例。与城镇登记失业率统计不同，城镇调查失业率统计的是常住人口，没有户籍等限制，较为真实地反映了城镇失业情况。

2. 失业持续期

失业持续期是指失业者处在失业状态的持续时间，一般以周（星期）为时间单位。失业持续期反映了失业的程度、解决失业问题的难易程度、劳动力流动情况等。平均失业持续期的计算公式为：

$$平均失业持续期 = \frac{\sum（失业者 \times 周期）}{失业人数}$$

失业持续期的长短受到以下因素的影响：第一，劳动市场组织、职业介绍所的数量；第二，劳动力构成人员分布情况；第三，失业者寻找工作的要求和能力；第四，职业的种类和提供就业的机会。[①]

二、失业保险概述

(一) 失业保险的概念

失业保险制度是社会保险制度的重要组成部分，它是指劳动者非本人原因失去工作、收入中断时，由国家和社会依法保证其基本生活需要的一种社会保险制度。[②] 失业保险制度有利于保障劳工职业训练及失业期间的基本生活，分散失业风险，并通过转业培训、职业介绍提升劳动者就业技能，积极促进再就业。

(二) 失业保险的类型

按照不同的划分方法，可以将失业保险划分为不同的类型。

---

① 吴芹. 欧盟失业问题研究——高失业率持久化的市场障碍分析 [D/OL]. 上海：复旦大学，2017：25 [2022-04-15]. https://kns.cnki.net/kcms2/article/abstract?v=3uoqIhG8C447WN1SO36whBaOoOkzJ23ELn_-3AAgJ5enmUaXDTPHrKGBZTQeEsKIzVnp_S_gdCYXZxCEmN-YjMuWCtN7fRcHv&uniplatform=NZKPT.

② 孙树菡，朱丽敏. 社会保险学 [M]. 北京：中国人民大学出版社，2019：167.

1. 按照参加失业保险的意愿划分

按照参加失业保险的意愿是否具有强制性，可将失业保险分为强制性失业保险和非强制性失业保险。强制性失业保险是指由国家立法或政府制定规章来强制实施的制度安排，符合规定条件的劳动者或用人单位必须参加，双方必须依据法规规定履行各自的缴费义务。强制性失业保险是目前世界各国采用最多的失业保险制度。非强制性失业保险又称为自愿性失业保险，通常是由工会组织实施的，用人单位和劳动者自愿参加，政府不参与管理，而是由工会建立的失业基金会进行管理，政府提供一定的资金支持。① 例如，丹麦实行自愿性失业保险制度。丹麦的失业保险制度由就业部和劳动部共同进行宏观指导和监管，由得到授权的失业保险基金会负责失业保险税征收和失业保险待遇发放等日常工作。②

2. 按照失业者获得失业保险金的依据划分

按照失业者获得失业保险金的依据不同，可将失业保险分为权利型失业保险和调查型失业保险。权利型失业保险是指失业者只要符合规定的缴费年限、非自愿失业等条件，就可以领取失业保险金，而不用考虑失业者的家庭收入情况。在这种情况下，领取失业保险金是失业者合法的权利，强制性失业保险和非强制性失业保险都属于此类。调查型失业保险也是由政府组织实施，是一种以收入调查结果为依据的保险类型，对那些"确认"无法生存的失业者提供资助。这种类型的失业保险也被称为失业救济，并不是严格意义上的社会保险。

3. 按照失业保险制度层次上的安排划分

按照失业保险制度层次上的安排不同，可将失业保险分为单层次失业保险和双重失业保险。单层次失业保险是指仅有一个层次的失业保险制度，如只有强制性失业保险或非强制性失业保险，只有权利型失业保险或调查型失业保险。双重失业保险制度主要是由以上模式组合派生出的混合形式，可以分为三类：一类是强制性失业保险制度与失业救济制度并存，既有强制性的失业保险制度，也有由政府提供资金、以经济情况调查为依据的失业救济制度；一类是自愿性的失业保险制度与失业

---

① 王静敏. 当代中国失业保险问题研究 [D/OL]. 长春：东北师范大学，2008：14 [2022-04-15]. https：//kns. cnki. net/kcms2/article/abstract? v = 3uoqIhG8C447WN1SO36whBaOoOkzJ23ELn _ -3AAgJ5enmUaXDTPHrCqrxRHEP8OCdlrwOhQaszj _ jFPS9ZjbioyWrRzlipSR&uniplatform=NZKPT.

② 陈天红. 基金管理视角下失业保险制度优化设计研究 [D/OL]. 武汉：武汉大学，2015：25 [2022-04-15]. https：//kns. cnki. net/kcms2/article/abstract? v = 3uoqIhG8C447WN1SO36whLpCgh0R0Z-iTEMuTidDzndci _ h58Y6ouQ84BTVd0kL5gqWW _ oeL _ dAVfmBtwBstEafvAov47sZu&uniplatform=NZKPT.

救济制度并存；还有一类是强制性失业保险和自愿失业保险相结合。[①]

(三) 失业保险的特征

失业保险作为社会保险制度的重要组成部分，同时具备了社会保险的一般特点，如强制性、互济性、社会性和福利性等。此外，失业保险制度还具有以下特征。

1. 失业保险对象的特定性

失业保险制度保障的对象是有劳动能力和劳动意愿，在寻找工作，但是目前没有工作的劳动者。也就是说，失业保险与其他保险的最大不同点是保障没有丧失劳动能力的人。丧失劳动能力而失去工作机会的情况不包括在失业保险之内。

2. 失业保险应对的是失业风险

失业保险项目针对的是由社会经济因素造成的失业，比如产业结构调整、就业政策变动、技术转型发展等带来的非自愿性失业。

3. 失业保险金给付期限相对有限

失业保险规定了失业者享受失业保险的期限，就是为了防范"失业陷阱"，促进劳动者积极再就业。[②] 个体如果超过一定期限还没有找到新工作，就将纳入社会救济体系，按社会救济制度给予生活补助，不再属于失业保险的覆盖范围。

4. 失业保险目的具有多元性

失业保险不仅为失业者及其家庭提供基本生活保障，其更为重要的目的是通过职业介绍、就业培训和引导等方式促进失业者再就业。

三、失业保险制度的理论基础

失业保险制度既遵循社会保障体系的一般原则，又具有自身特殊的理论背景。

[①] 陈天红. 基金管理视角下失业保险制度优化设计研究 [D/OL]. 武汉：武汉大学，2015：26 [2022-04-15]. https://kns.cnki.net/kcms2/article/abstract? v＝3uoqIhG8C447WN1SO36whLpCgh0R0Z-iTEMuTidDzndci_h58Y6ouQ84BTVd0kL5gqWW_oeL_dAVfmBtwBstEafvAov 47sZu&uniplatform＝NZKPT.

[②] 陈天红. 基金管理视角下失业保险制度优化设计研究 [D/OL]. 武汉：武汉大学，2015：27 [2022-04-15]. https://kns.cnki.net/kcms2/article/abstract? v＝3uoqIhG8C447WN1SO36whLpCgh0R0Z-iTEMuTidDzndci_h58Y6ouQ84BTVd0kL5gqWW_oeL_dAVfmBtwBstEafv Aov47sZu&uniplatform＝NZKPT.

经济学和社会学共同为失业保险制度的发展提供了主要的理论基石。[①]

(一) 经济学理论基础

现代失业保险制度的思想基础源自以庇古为代表人物的福利经济学与以凯恩斯为代表人物的宏观经济理论。他们主张政府进行宏观调控，用税收和补贴的方式维持市场运转，为社会创造就业机会和有效劳动。政府不但要帮助没有能力的人，而且要帮助有劳动能力但不能有效劳动的人，从而使社会福利最大化。

1. 福利经济学

庇古是福利经济学派的代表人物，他认为，以福利的观点评论一种经济制度的作用时，先要看这种制度是否能最大限度地增加绝大多数人的福利，而不是增加某个人的福利或某个厂商的利润。福利经济学强调通过国民收入的增加和国民收入的再分配来增进普遍福利。而增加国民收入，关键是合理分配生产要素，其中最核心的是劳动力要素。要合理分配劳动力，就必须改善劳动者的生活条件和福利状况，对劳动者在遭遇患病、伤残、生育、失业、年老、死亡时给予适当的物质帮助和生活服务。关于通过国民收入重新分配以增进普遍福利，福利经济学认为，应当向收入高的富人征收累进所得税和遗产税，然后通过举办社会保障事业补贴穷人，向穷人提供失业津贴、社会救济等，实现收入分配"公平化"。

2. 凯恩斯学派的失业理论

古典经济学认为，资本主义市场经济总是能够达到充分就业状态，因此，不可能存在大规模的失业现象。古典失业理论虽然承认失业的客观存在，但认为只要在完全竞争的条件下，失业只是局部的和暂时的，因为劳动力市场上的工资率（或称实际工资水平）的自由变动可以调节劳动力市场的供求，最终实现充分就业。也就是说，只要工人愿意按现行工资率受雇于雇主，都会有工作，不存在"非自愿性"的失业。这种理论观点是以生产资料私有制为前提，以完全竞争为假设条件的。但是，在 20 世纪 30 年代资本主义世界经济大危机中，出现了持续性的大规模失业现象。面对这一严峻的事实，古典失业理论的解释失灵，凯恩斯主义应运而生。

凯恩斯认为，资本主义制度下存在着的生产过剩和失业是"有效需求"不足造成的，为解决此问题，他主张在确定经济政策的目标时要刺激有效需求，以达到"充分就业"。他认为，政府必须采取措施干预经济，除了通过税收政策鼓励投资外，政

---

① 王静敏. 当代中国失业保险问题研究 [D/OL]. 长春：东北师范大学，2008：19-24 [2022-04-15]. https：//kns. cnki. net/kcms2/article/abstract? v=3uoqIhG8C447WN1SO36 whBaOoOkzJ23ELn_-3AAgJ5enmUaXDTPHrCqrxRHEP8OCdlrwOhQaszj_jFPS9ZjbioyWrRzlip SR&uniplatform=NZKPT.

府要直接兴办公共工程，扩大社会福利设施，增加消费倾向，达到足够的总需求和充分就业。同时，他还提出了社会保障、消除贫民窟、累进税制、最低工资法等主张。在凯恩斯看来，可以采取转移支付形式，实行社会保障，增加社会福利设施，刺激有效需求，带动劳动力市场发展，实现充分就业。

3. 新自由主义经济思想

从 20 世纪 70 年代中期至今，各西方福利国家对包括失业保险制度在内的社会保障制度开始新一轮的改革，无论是里根主义还是撒切尔主义，无不以崇尚自由主义的经济思想为蓝本。被称为新右派的自由主义经济学家对保障制度体系的影响，表现在他们对制度化的现代社会保障体制强烈的否定，他们认为，基于高税收的现代福利制度导致经济上的低效率，"充分就业"政策减少了企业尤其是私营部门的劳动力需求，使得经济发展缺乏弹性，因而应该发挥市场和职业福利的作用。自由主义经济学家的这些主张，成为 20 世纪 70 年代以后西方国家对其社会保障制度进行改革的理论旗帜，也引导了失业保险制度的进展和演变方向。

4. "第三条道路"思想

20 世纪 90 年代以来，西方兴起了"第三条道路"思想。"第三条道路"是吸取新自由主义和凯恩斯主义之长所创造的一种思想。该思想认为，一方面，自由市场会导致贫困等许多社会问题和阶级矛盾，需要国家进行干预；另一方面，国家提供过多的社会保障与过多地干预和参与社会保障领域也会产生许多负面影响，最终会对社会经济的发展带来消极作用。因此，"第三条道路"既不采取完全市场形式，也不采取国家包揽方式，而是将效率与公平、自由市场与国家干预有机结合起来，在经济发展和社会公平之间实现均衡。在就业导向上，"第三条道路"强调要以更多的协调、更多的改革来创造更多的就业，推行积极的劳动力市场政策，鼓励人们工作自立、放弃对社会的依赖，为人们创造更大的经济活动空间，使每个公民既愿意行使劳动的权利，又有发展的机会。解决就业问题的重点是为有劳动能力者提供工作条件，让他们自食其力，变社会支出为社会投资，变被动的恩惠式福利为主动的进取式福利，变事后补救性福利为事前预防性福利，而不再是简单发放救济金、增加失业补贴。

(二) 社会学理论基础

社会政策理论研究的基本问题和出发点是国家与公民福利之间的关系，这一视角为我们考察失业保险制度提供了有效的理论框架。

1. 新历史主义理论

新历史主义理论又称德国新历史学派，其代表人物有古斯塔夫·施穆勒、阿道夫·瓦格纳、路德维希·布伦坦。该学派盛行于 19 世纪 70 年代至一战爆发前的德国乃至整个欧洲。该学派认为，当时年轻的德意志帝国面临的最危险的社会问题是劳工问题，为此，他们主张：第一，国家的职能不仅在于安定社会秩序和发展军事实力，还在于直接干预和控制经济生活，即经济管理的职能，以负起促进文明和福利的责任；第二，国家的法令、法规、法律决定经济发展的进程；第三，劳工问题是德意志帝国面临的最严峻的问题；第四，国家应通过立法，实行包括社会保险、孤寡救济、劳资合作在内的一系列社会政策措施，自上而下地实行经济和社会改革。他们的理论观点连同他们的社会保险主张，在德国获得了实现。1884 年，德国率先出台了世界上第一部社会保险法案，即《劳工伤害保险法》，随后又出台了《老年与残疾保险法》，开创了建立社会保险制度的先河。一战以后建立的失业保险制度也是新历史主义主张的延续。

2. 马歇尔的公民权利学说

马歇尔提出，现代社会公民权包括三个部分，即公民的契约权利、政治权利和社会权利。从社会政策的视角看，劳动者非因本人意愿中断就业后，享受物质帮助和再就业服务，是实现其社会权利的具体形式。劳动者的社会权利主要体现在两个方面：一是劳动者中断就业时，享有获得经济补偿的权利；二是劳动者中断就业后，重新回到就业岗位上，参与社会活动，承担社会责任，防止"社会排斥"的权利。实现劳动者的社会权利，最好的社会政策是就业，最好的失业保险制度是能促进失业人员尽快再就业的制度。对失业者而言，行使自己的社会权利，不仅仅指单纯地从社会保障体系中获得经济补偿和救济，更重要的是要融入社会，不能与社会脱节，不能由于失业而被排除于主要的社会生活和工作环境，离群索居。公民必须积极地参与社会活动，承担自己的社会角色和责任。社会政策理论关于公民社会权利行使的这一界定，为各国失业保险制度改革、加强促进就业的功能提供了充分的理论依据。

四、失业保险制度的内容

不同国家的失业保险制度的类型不尽相同，但其基本内容是大致相同的，主要包括失业保险制度的覆盖范围、失业保险金的领取资格、失业保险金的给付标准、失业保险金的领取期限、失业保险基金的筹集、失业保险的管理体制等等。[①]

---

① 王静敏. 当代中国失业保险问题研究［D/OL］. 长春：东北师范大学，2008：15-19［2022-04-15］. https://kns.cnki.net/kcms2/article/abstract? v = 3uoqIhG8C447WN1SO36 wh-BaOoOkzJ23ELn _-3AAgJ5enmUaXDTPHrCqrxRHEP8OCdlrwOhQaszj _ jFPS9ZjbioyWrRzlipSR &uniplatform=NZKPT.

(一) 失业保险制度的覆盖范围

失业保险制度设计的根本问题之一是向谁提供保障以及保障范围的宽窄，体现了一国社会保险政策目标的选择。从理论上说，它的覆盖范围应包括社会经济活动中的所有劳动者，因为每一个劳动者都有可能成为失业者。失业保险覆盖范围最宽的是对所有劳动年龄的人口提供保障。但实际上，并非所有国家和地区的失业保险制度都覆盖了全部劳动年龄人口，有些国家和地区限定从业人员范围或是限定雇员范围。一般来说，高收入国家覆盖范围比较大，而绝大多数中低收入国家由于经济发展水平较低，失业保险制度的覆盖范围比较小，还处于失业保险发展的初级阶段。

(二) 失业保险金的领取资格

即使失业者属于失业保险制度的覆盖范围，他也要符合一定的资格条件才能领取失业保险金。通常情况下主要包括：其一，失业者属于劳动者的范畴，有工作能力并正在积极寻找工作；其二，失业者必须是非自愿性失业（有些国家自愿性失业也可享受），对于那些无正当理由自动辞职，或是由于不正当行为等自身原因被辞退的劳动者，都不能享受失业保险金；其三，失业者必须在失业管理机构登记并且提出享受失业保险待遇的申请；其四，失业者必须愿意接受失业管理机构的培训指导和介绍的合适工作。

此外，一些国家还规定了享受失业保险金的额外要求：失业者必须在失业前的一定时间内从事了某项工作，并履行了相关的缴纳失业保险费用的义务。各国都对享受失业保险的资格做出了详细的规定，通过一套恰当和完整的标准对失业者进行审核和监督，努力防止或减弱骗取失业保险金的道德风险。

(三) 失业保险金的给付标准

失业保险金的给付标准受到国家和地区的社会经济发展水平，人们的生活水平，失业者的就业期和参加保险期的长短、失业之前的工资收入水平、年龄以及家庭情况等因素的影响，在不同国家和地区存在差异。给付标准应当有最高额和最低额的限制，明确失业保险金保障的是失业者的基本生活并对失业与就业做出区分。失业保险金或失业津贴来源于失业保险基金，而失业保险基金主要来源于企业及其雇员按照工资收入的一定比例缴纳的失业保险费（税），雇员的工资收入越高，缴纳的失业保险费（税）也就越高。

(四) 失业保险金的领取期限

失业保险金的领取期限大多有明确限制，且相对较短。符合资格的失业者并不能永久性地获得失业保险金,超过了一定享受期限的失业者不再具有领取失业保险金的资格。只有少数国家例外,在丹麦、比利时,国家对失业保险给付期限没有进行任何限制,失业保险金领取的有效期是永久的。在失业救济制度作为补充制度的国家里,继续失业的失业者将转而领取失业救济。失业保险金领取期限的长短与失业者缴纳失业保险费(税)的年限、失业者的年龄和就业年限等因素有关。各个国家和地区的给付期存在很大的差别,如我国台湾地区规定的失业保险金的领取期限是6个月,但是,如果申请人已满45岁或是社政主管机关核发的身心障碍证明者,可延发至9个月。

(五)失业保险基金的筹集

失业保险基金的来源主体是企业、劳动者缴纳的失业保险费(税)以及政府的财政支出,失业救济则单独由政府财政承担。目前各国失业保险费(税)的负担方式可以划分为以下几种模式。

(1)"三方"负担的模式,失业保险基金由企业、劳动者和政府共同承担。其中,政府参与积累基金的方式有所不同,在有的国家,政府仅仅是在失业保险基金入不敷出的时候给予相应的财政补贴,有的则按照一定的比例承担失业保险费用或是负责失业保险的某一方面的费用。

(2)由企业和劳动者共同分担的模式,政府不给予任何补贴。

(3)由劳动者和政府分担的模式。

(4)企业独自承担的模式,政府向雇主征收失业保险费(税)来支付失业保险金,如美国。

(5)完全由政府承担的模式,这种情况大多存在于只有失业救助制度的国家。

(六)失业保险的管理体制

失业保险的管理工作主要包括征收失业保险费用和发放失业保险金、对失业人员进行登记和资格审核、提供就业咨询和帮助失业者介绍工作以及对其进行再就业培训等等。

主流的管理体制有三种:

(1)国家设立专门的社会保险机构负责管理,即由政府直接参与管理,这是大部分国家都采取的方式;

(2)三方共同管理,这是由政府、雇主和雇员三方共同组成自治机构进行合作性质的管理;

(3)工会管理,这是在政府的监督下,依靠工会等部门进行管理,这一方式主要存在于工会力量强大的北欧国家。

第二节
中国内地的失业保险制度

一、中国内地失业保险制度的历史沿革[①]

新中国成立初期,为了解决严重的失业问题,政务院于1950年6月发布《关于救济失业工人的指示》,劳动部同时发布了《救济失业工人暂行办法》。该办法对失业救济的目的、范围、标准和方法以及救济金的来源等都做了具体的规定,确定了新中国成立初期的失业救济制度。20世纪80年代,在经济体制改革过程中,一些企业因经营不善、缺乏竞争力而难以维持生存,甚至破产或濒临破产,职工失业成为不可避免的现象。为了适应改革的需要,保障职工失业后的基本生活,中国于1986年起开始建立失业保险制度,1993年颁布了《国有企业职工待业保险规定》(国务院令第110号),1999年出台实施了《失业保险条例》(国务院令第258号),逐渐形成了较为完善的失业保险制度体系。

(一)失业保险制度的初创

1986年7月,为配合国有企业改革,实行劳动合同制,促进劳动力的合理流动,国务院发布了《国营企业职工待业保险暂行规定》(以下简称《暂行规定》)。《暂行规定》确定保险覆盖的范围包括宣告破产企业的职工,濒临破产企业法定整顿期间被精减的职工,企业终止、解除劳动合同的工人和企业辞退的职工。《暂行规定》还规定了保险基金的筹集和管理模式及领取救济金的资格条件限制和待遇水平。这标志着中国失业保险制度的正式建立,也是改革开放后中国失业保险制度建设的开端。

(二)失业保险制度的发展

《暂行规定》带有明显的过渡性质,是一定历史阶段发展的产物,随着经济体制改革的深入进行,其滞后性逐渐显现出来。为此,国务院于1993年4月发布了《国有企业职工待业保险规定》(以下简称《规定》)。《规定》进一步扩大了保障的对象,同时

---

① 王静敏.当代中国失业保险问题研究[D/OL].长春:东北师范大学,2008:40-43[2022-04-15]. https://kns.cnki.net/kcms2/article/abstract? v = 3uoqIhG8C447WN1SO36 wh-BaOoOkzJ23ELn _ -3AAgJ5enmUaXDTPHrCqrxRHEP8OCdlrwOhQaszj _ jFPS9ZjbioyWrRzlipSR &uniplatform=NZKPT.

对待业救济金的发放标准做了调整。《规定》具有如下特点：一是以解决在职职工暂时失去工作待业期间的生活保障为基本目的；二是不仅通过单纯的经济手段使待业职工在待业期间能获得物质帮助，也通过转业培训和职业介绍帮助劳动者重新就业；三是以国家立法强制实施。《规定》标志着中国失业保险制度进入了常态化运行时期。

必须注意到，《规定》是从失业救济的角度来设计失业保险制度的，不要求个人缴费，不要求失业者履行相应的义务，而作为失业保险基金的主要来源，企业缴纳的失业保险费总额最多也不得超过职工工资总额的1%，因此，失业保险的保障功能十分脆弱。20世纪90年代末，国有企业改革进入了攻坚阶段，深化劳动用工制度改革已成为国企改革的关键，但作为配套措施的失业保险制度又不够健全，所以再就业工程便成为中国经济转轨时期一项过渡性的社会保障制度。

1998年6月，根据中共中央、国务院颁发的《关于切实做好国有企业下岗职工基本生活保障和再就业工作的通知》，中国建立了下岗职工基本生活保障制度。国有企业普遍建立再就业服务中心负责向下岗职工发放基本生活费，并组织和安排下岗职工进行转岗培训和参加其他形式的职业训练，提供就业指导和职业介绍，帮助下岗职工尽快实现再就业。到2003年底，这种过渡性的"双轨制"保护机制宣告结束，从国有企业下岗的富余人员依国际惯例直接表现为失业，其在失业期间的保障相应地改由失业保险承担。

（三）失业保险制度的改革与完善

1999年1月，国务院颁布的《失业保险条例》和《社会保险费征缴暂行条例》把失业保险制度建设推进到一个新的发展阶段。《社会保险费征缴暂行条例》以行政法规的形式进一步明确规定了失业保险的覆盖范围和缴费义务人，建立了失业保险登记制度和缴费申报制度，规范了失业保险费的征收程序。《失业保险条例》实质性地扩大了失业保险的覆盖范围，调整了失业保险的缴费比例，提高了失业保险基金的统筹层次，并完善了对基金的监督管理机制。这是中华人民共和国历史上首次以"失业保险条例"冠名的有关失业保险的行政法规。《失业保险条例》的颁布，标志着中国失业保险制度的初步完善，标志着中国失业保险工作在法治化的轨道上大大迈进了一步。

（四）失业保险制度的深化发展

2011年，我国第一部《社会保险法》正式实施，作为五大社保项目之一的失业保险制度，不断拓展自身功能，全方位参与社会治理，开始进入深化发展阶段。其一，阶段性降低失业保险费用，贯彻落实中央"降成本"要求。为进一步减轻企业负担，稳定就业，自2015年以来，失业保险总费率连续四次降低，由3%普降至1%。失业保险降费在保证制度可持续的前提下，切实减轻了企业和个人负担。

其二，推进失业保险，发挥其预防失业和促进就业的作用。从 2015 年开始，国家实施"稳岗补贴"政策，面向不裁员、少裁员、稳定就业岗位的企业（主要适用于实施兼并重组的企业、化解产能严重过剩的企业、淘汰落后产能的企业），按不少于企业上年失业保险缴费总额的 50% 给予稳岗补贴，从失业保险基金中列支。2018 年，人力资源和社会保障部启动失业保险援企稳岗"护航行动"和失业保险支持技能提升的"展翅行动"，发挥失业保险预防失业、促进就业的功能。其三，发挥失业保险制度的政策优势，助力脱贫攻坚战略。2018 年 6 月，人力资源和社会保障部、财政部联合发出《关于使用失业保险基金支持脱贫攻坚的通知》（人社部发〔2018〕35 号），通过提高深度贫困地区失业保险金标准、提高深度贫困地区企业稳岗补贴标准和放宽深度贫困地区参保职工技能提升补贴申领条件三种方式，参与到脱贫攻坚工作中。[①]

二、中国内地失业保险制度的主要内容

2011 年，我国第一部《社会保险法》正式实施。《社会保险法》对我国失业保险的有关内容做出了较为明确的规定。

（一）失业保险的对象

依照《社会保险法》规定，职工应当参加失业保险，由用人单位和职工按照国家规定共同缴纳失业保险费。职工跨统筹地区就业的，其失业保险关系随本人转移，缴费年限累计计算。

（二）失业保险基金的来源

失业保险所需资金来源于四个部分：用人单位和职工缴纳的失业保险费，这是基金的主要来源；财政补贴，这是政府负担的一部分；失业保险基金的利息，这是基金存入银行和购买国债的收益部分；其他资金，主要是指对不按期缴纳失业保险费的单位征收的滞纳金等。

（三）失业保险待遇

失业保险待遇包括按月领取的失业保险金。失业人员在领取失业保险金期间，参加职工基本医疗保险，享受基本医疗保险待遇，失业人员应当缴纳的基本医疗保险费从失业保险基金中支付，个人不缴纳基本医疗保险费。失业人员在领取失业保险金期

---

① 张盈华，张占力，郑秉文. 新中国失业保险 70 年：历史变迁、问题分析与完善建议 [J]. 社会保障研究，2019（06）：3-15.

间死亡的,参照当地对在职职工死亡的规定,向其遗属发给一次丧葬补助金和抚恤金,所需资金从失业保险基金中支付。个人死亡同时符合领取基本养老保险丧葬补助金、工伤保险丧葬补助金和失业保险丧葬补助金条件的,其遗属只能选择其中的一项。

(四)享受待遇的条件

具备下列条件的失业人员,可以领取失业保险金:按照规定参加失业保险,所在单位和本人已按照规定履行缴费义务满1年;非因本人意愿中断就业;已办理失业登记,并有求职要求。失业人员只有同时具备这三个条件才有申请资格。

(五)失业保险金的给付标准

失业保险金的标准,由省、自治区、直辖市人民政府确定,不得低于城市居民最低生活保障标准。《社会保险法》并没有给出一个确定的失业保险金金额,而是给出一个给付标准的范围,这样规定能够使得各地根据自身的经济发展水平来确定相关的具体数额。按照该标准支付给失业者的失业保险金与失业之前的工资水平没有任何关系,也不与失业持续时间的长短相关。

(六)失业保险金的给付期限

失业保险金的给付期限最长为24个月,最短为12个月。其中,累计缴费时间满1年不足5年的,给付期限最长为12个月;满5年不足10年的,给付期限最长为18个月;满10年以上的,给付期限最长为24个月。重新就业后,再次失业的,缴费时间重新计算,领取失业保险金的期限与前次失业应当领取而尚未领取的失业保险金的期限合并计算,最长不超过24个月。失业人员在领取失业保险金期间重新就业、应征服兵役、移居境外、享受基本养老保险待遇、无正当理由拒不接受当地人民政府指定的部门或者机构介绍的工作或者提供的培训的,以及有法律、行政法规规定的其他情形的,应停止领取失业保险金,并同时停止享受其他失业保险待遇。

(七)失业保险管理体制

国务院社会保险行政部门负责全国的社会保险管理工作,国务院其他有关部门在各自的职责范围内负责有关的社会保险工作。县级以上地方人民政府社会保险行政部门负责本行政区域的社会保险管理工作,县级以上地方人民政府其他有关部门在各自的职责范围内负责有关的社会保险工作。我国设置专门的社会保险经办机构,社会保险经办机构提供社会保险服务,负责社会保险登记、个人权益记录、社会保险待遇支付等工作。工会依法维护职工的合法权益,有权参与社会保险重大事项的研究,参加社会保险监督委员会,对与职业社会保险权益有关的事项进行监督。

三、中国内地失业保险的运行现状和主要问题[①]

自中华人民共和国成立以来,我国内地的失业保险制度从无到有,从有到全。尤其是《社会保险法》颁布和实施以来,失业保险制度功能日趋完善,在配合国企改革、促进经济发展、提升社会治理水平方面发挥了巨大作用。根据《2018 年度人力资源和社会保障事业发展统计公报》,2018 年末,我国失业保险参保人数已达到 19 643 万人,全年失业保险金为平均每人每月 1 266 元,发放的稳岗补贴惠及 6 445 万职工,发放的技能提升补贴惠及 60 万职工。失业保险制度"保障生活、预防失业、促进就业"的功能得到显著提升。但是,这项制度仍存在一些问题,需要不断改进和完善。

(一)覆盖面不断扩大,但仍有较大提升空间

我国失业保险参保人数不断增加,2018 年末已达到 19 643 万人。失业保险覆盖面方面,从 1986 年《国营企业职工待业保险暂行规定》覆盖的"四种人",到 1993 年《国有企业职工待业保险规定》的七类九种人员,再到 1999 年《失业保险条例》将城镇企业事业单位、城镇企业事业单位职工纳入覆盖范围,失业保险覆盖群体不断增加。各地也采取了许多有效措施,进一步加大了失业保险扩面工作力度,在国有和城镇集体单位从业人员应保尽保的情况下,重点做好外资企业、私营企业以及个体工商户的参保工作,灵活就业人员参保也有了初步进展,这些因素都促使参保人数持续上升。2018 年末,参保人数达到 19 643 万人,是 1988 年(6 074 万人)的 3 倍多,比 1999 年(9 852 万人)增加了 9 790 万人。但是,相对于城镇就业人数来说,失业保险参保人数占比仍较低,2018 年城镇就业人口中参加失业保险的只占 25.3%,尤其是近 2.9 亿农民工的失业保险参保率只有 17%。这说明,失业保险还有很大的扩面空间。

(二)失业保险金替代率偏低,待遇充足性有待提升

根据《社会保险法》的规定,我国失业保险金的标准由省、自治区、直辖市人民政府确定,不得低于城市居民最低生活保障标准。与国外通常按照社会平均工资一定比例确定失业保险金的做法相比,很显然,该做法的待遇标准较低。从全国平均水平看,2018 年,我国失业保险金人均 1 266 元/月,当年度城镇单位就业人员平均工资为 6 872 元/月,失业保险金替代率(失业保险金/就业人员平均工资)为 18.4%。由于失业保险金替代水平偏低,不断提升失业保险金水平成为完善失业保险

[①] 张盈华,张占力,郑秉文. 新中国失业保险 70 年:历史变迁、问题分析与完善建议[J]. 社会保障研究,2019(06):3-15.

制度的一个重要方向。2017年，人力资源和社会保障部会同财政部共同制定了《关于调整失业保险金标准的指导意见》（人社部发〔2017〕71号），指导各地在现有基础上，进一步适当上调失业保险金标准，形成增长机制，并提出逐步将失业保险金标准提高至最低工资标准的90%。不过，即使如此，失业保险金替代率也处于较低的水平。

（三）备付能力高，同时也面临收支失衡的困境

截至2018年底，我国失业保险基金累计结余已达5 817亿元。失业保险基金是实施失业保险制度的物质基础，对失业保险制度发挥功能起着至关重要的作用。我国失业保险基金持续快速增长，2000年基金累计结余为196亿元，2018年为5 817亿元，后者比前者增加了近28倍多。失业保险基金的趋势性增长使失业保险基金难以达到"收支平衡"的目标。失业保险基金并非结余越多越好，作为体现大数法则最为典型的制度之一，失业保险基金收入与支出的平衡应该与经济周期密切关联，发挥"自动稳定器"功能：在经济稳定增长时期，失业保险金得到积累；在经济衰退时期，失业保险金大量支出以增加消费。

第三节
中国港澳台地区的失业保险制度

一、香港地区失业保险制度

长久以来，香港地区并没有法定失业保险制度。香港以经济发展为最高目标，在宏观经济及劳动市场管理方面，政府实行"低干预、高支持"策略，扮演"有限但积极"的角色（行政长官董建华，2005）。在特区政府看来，经济的振兴和公共项目的建设，是增加工作机会的最佳途径；机会平等比再分配平等更加重要；市民能够通过个人和家庭的努力来应对生命过程中的风险，政府的福利角色只限于提供一个最后的安全网。因此，特区政府不会制定一些加重雇主负担、影响投资环境的社会政策，如提高税率、制定最低工资、实行失业保险等。政府会对失业者提供遣散费、长期服务金，并实施综合社会保障援助（简称"综援"）计划。依靠综援与政府在医疗、教育和公共住房方面广泛的补贴，香港失业者的基本生活问题可以得到解决。

（一）遣散费、长期服务金和综援计划

遣散费在以下几种情况下由雇主支付：雇员根据连续性合约受雇不少于24个月，

因裁员而遭解雇；雇员有固定期限的雇佣合约，在期限届满后，因裁员没有续订合约；雇员遭遇停工。

长期服务金在以下几种情况下由雇主支付：雇员根据连续性合约受雇不少于5年，并非基于因犯严重过失而遭实时解雇，或因裁员而遭解雇；雇员有固定期限的雇佣合约，在合约期满后不获续约；雇员在职期间死亡；雇员因健康理由而辞职；65岁或以上的雇员因年老而辞职。①

综援计划的目的，是以入息补助的方法，为那些在经济上无法自给的人士提供安全网，使他们的入息达到一定水平，以应付生活上的基本需要。② 申请人及其家人的月收入必须低于综援计划认可的每月需要总额，资产总值不得超过福利署所定的限额。综援标准金额根据一篮子的基本生活需要和开支而制定。除标准金额外，受助者亦可根据需要获得长期个案补助金、单亲补助金及特别津贴（如租金和教育费用等）。2004年，特区政府为了进一步推动综援受助者就业，制定了更为严格的长期个案补助金申请条件，减少身体健康受助者可以申请的特别津贴类别；针对较大家庭的综援收入比低收入劳动者的工资还要高的问题，将有3名身体健康成员的家庭的综援标准下调10%，而将有超过3名身体健康成员的家庭的综援标准下调20%。根据规定，有劳动能力的综援领取者必须参加自力更生支持计划，并签署一份求职人士承诺书。若综援申领者符合参加计划条件，但拒绝签署求职人士承诺书或未能履行该承诺书内所列明的任何责任，将不再具有申请和领取综援金的资格。

（二）香港的就业福利计划

香港为不同类型的失业者提供就业福利计划，主要包括"中高龄就业计划""工作试验计划""就业展才计划"和"展翅青见计划"。③

"中高龄就业计划"旨在通过向雇主发放在职培训津贴，以鼓励聘用年满40岁或以上的失业求职人士担任全职或兼职（兼职即每星期工作18～30小时）长工，并为他们提供在职培训，让他们尽快适应新的工作环境，掌握工作所需的技能，从而获得一份稳定的工作。"中高龄就业计划"于2020年9月1日推出优化措施，合资格雇员在完成计划的在职培训后，聘用60岁或以上失业者或已离开职场的年长求职人士的雇主，可就每名雇员申请每月最高达5 000元的在职培训津贴，为期6～12个月；

---

① 梁祖彬，肖萌. 香港的失业问题与对策——"工利"视角［J］. 中国公共政策评论，2009，3（00）：145-161.
② 详见"社会保障如何协助市民大众"，网址：https://www.gov.hk/sc/residents/housing/securityassistance/socialsecurity/socialsecurity.htm.
③ 详见香港特别行政区政府劳工处官网，网址：https://www.labour.gov.hk/chs/plan/tu.htm.

聘用 40 岁至 59 岁失业求职人士的雇主，则可就每名雇员申请每月最高达 4 000 元的在职培训津贴，为期 3~6 个月。①

"工作试验计划"旨在通过为期 1 个月（30 天）的全职或兼职工作试验，协助在寻找工作方面有困难的求职人士，以提升其就业竞争力。计划的参加者会被安排在参与机构内担任正式的工作，为期 1 个月（30 天）。参加者与参与机构并无雇佣关系。在试工期间，参与机构须为参加者提供在职培训，并且委派一位富有经验的员工担任指导员。每位参加者在完成 1 个月（30 天）的工作试验后，可获试工津贴，其中部分金额由参与机构支付。②

2002 年，特区政府推出了"就业展才计划"，开始资助雇主聘用残障人士，目的是通过向雇主提供诱因，鼓励雇主提供职位空缺及工作适应期予残疾人士，以加深雇主对残疾人士工作能力的认识，从而协助他们公开就业。"就业展才计划"于 2020 年 9 月 1 日实施加强措施，合资格雇主在此日期后每聘用一名有就业困难的残疾人士（包括难以觅得与其资历及/或求职意愿相符的工作的残疾人士、持续就业有困难的残疾人士），最高可在 9 个月津贴期内共获发 60 000 元津贴。③

"展翅青见计划"针对"双失青年"（失业和失学的青年）群体，通过劳工处、雇主和服务机构的通力合作，为 15~24 岁、学历在副学位或以下的离校青年人提供全面的求职平台，配合一站式和多元化的职前和在职培训，帮助青年人认识自我、明确职业志向，丰富他们的工作技能及经验，以提升就业竞争力。④ 从 2020 年 9 月 1 日起，劳工处以试点方式向在该计划下获聘的青年人发放留任津贴，鼓励他们接受及完成在职培训，从而稳定就业。试点计划为期 3 年，其间学员于全职在职培训职位留任满 3 个月，可获发留任津贴 3 000 元；其后留任每满 1 个月，可获发额外 1 000 元留任津贴，直至完成为期 6~12 个月的在职培训为止。兼职职位的留任津贴金额为全职职位的一半。另外，为进一步鼓励雇主聘用青年人，从 2020 年 9 月 1 日起，雇主聘用在职培训学员可获发放的津贴，由每月最高 4 000 元增加至 5 000 元，为期 6~12 个月。⑤

---

① 详见香港特别行政区政府劳工处互动就业服务平台，网址：https：//www1.jobs.gov.hk/0/cn/information/epem/.

② 详见香港特别行政区政府劳工处互动就业服务平台，网址：https：//www1.jobs.gov.hk/0/cn/information/wts/.

③ 详见香港特别行政区政府劳工处展能就业科官网，网址：https：//www1.jobs.gov.hk/isps/WebForm/WOPS/Introduction/.

④ "展翅青见计划"目标及详情可参考 https：//www.yes.labour.gov.hk/aboutus/Objective.

⑤ "展翅青见计划"优化措施可参考 https：//www.yes.labour.gov.hk/Yetp/Other/Enhancement.

二、澳门地区失业保险制度

(一) 失业津贴的申领对象

依据澳门 2010 号法律《社会保障制度》第三十九条的规定,属于强制性制度的受益人,如同时具备下列要件,通过申请可获发失业津贴:处于非自愿失业状况;已在劳工事务局就业拓展处做出登记;随时接受劳工事务局提供的工作配对安排及与其专业相符的工作;在劳工事务局就业拓展处做出登记的季度前 12 个月中,至少有 9 个月以强制性制度的受益人身份向社会保障制度供款。其中,因下列原因终止劳动合同且未从事任何有报酬活动者,视为处于非自愿失业状况:雇主解除劳动合同;雇员以合理理由解除劳动合同;劳动合同失效;因企业重组而引致在职人员或部门裁减的情况下废止劳动合同;雇主在试用期内终止合同。①

(二) 失业津贴标准和给付期限

澳门《社会保障法》第四十条规定了失业津贴给付的开始和终止时间。失业津贴为一项按日计算的金钱给付,目前规定是向合格申请者每日发放 150 澳元的失业津贴金额②;失业津贴的发放以每 12 个月为一期,自受益人在劳工事务局就业拓展处登记之日起计算,每期最多可发放 90 日的津贴;自于劳工事务局就业拓展处做出登记之日起至少 15 日内仍处于失业状况者,可获发放失业津贴;倘于 12 个月内已收取 90 日津贴,则自最后给付津贴日起 12 个月后,重新符合有关条件才可再次申请。③此外,非自愿性失业状况一旦终止,享有失业津贴的权利即告结束。需要注意的是,养老金、残疾金、失业津贴及疾病津贴之给付不得互相重叠。如受益人同时具备要件申领多于一项给付,则社会保障基金应将较有利的给付告知该受益人,并按其选择做出支付。

此外,失业者参加培训亦可获得培训津贴。根据第 6/2004 号经济财政局长批示订定的《就业辅助及培训规章》,由社会保障基金通过发放津贴,帮助本地失业人士参加就业辅助和培训,藉以配合劳工事务局针对失业人士提供的职业培训、就业转

---

① 详见澳门特别行政区印务局官网,网址:https://bo.io.gov.mo/bo/i/2010/34/lei04_cn.asp.
② 详见"社会福利 失业津贴之申请",网址:https://www.gov.mo/zh-hant/services/ps-1749/.
③ 详见澳门特别行政区印务局官网,网址:https://bo.io.gov.mo/bo/i/2010/34/lei04_cn.asp.

介等就业支援措施,促进本地失业人士重返劳动市场。符合下列条件的失业人士均可提出申请:已在劳工事务局做出求职登记;在最近 15 日内并未拒绝由劳工事务局介绍符合其职业能力的工作;参加任何经社会保障基金行政管理委员会预先通过并由公共机构、行政公益机构或经行政长官以批示确认的合资格的私人培训机构所推行的职业培训活动;全部完成上述所指的培训活动,或每月具有至少 80% 的课堂出席率以及缺课必须为合理者。①

2020 年,受疫情影响,特区政府为本地雇员及失业人士分别提供了"雇员援助款项计划"和"带津培训"。通过"雇员援助款项计划",对向澳门财政局申报职业税且符合资格的本地雇员,发放一次性 3 个月的援助款项。通过"带津培训"课程,为失业人士发放津贴,学员完成培训后,将获安排就业转介对接工作。②

三、台湾地区失业保险制度

1968 年,台湾第一次修订《劳工保险条例》,其中增列了"失业给付"的条款,但从未付诸实施。1987 年,台湾"行政院"成立"劳工委员会",首次将失业保险列为重要施政目标。1993 年,台湾"劳委会"正式公布《关于歇业失业劳工就业促进措施》,因对申请资格限制过严,该措施未能达到预期成效。1996 年,台湾"劳委会"再次提出《失业保险实施办法立案要点草案》,但遭到工商界人士的反对,失业保险制度的构建再度搁浅。③ 2002 年,"就业保险法"获得通过,于 2003 年正式实施,标志着台湾失业保险制度的正式建立。④ 该法案历经多次修正,最新版本修正于 2022 年 1 月 12 日。

(一) 失业保险制度的适用对象

失业保险制度的适用对象包括 15 岁以上 65 岁以下的受雇劳工,2009 年修正时,增列外籍配偶、大陆及港澳地区配偶在台工作者,将其纳入就业保险适用对象。⑤

---

① 详见"社会福利 失业者参加培训津贴之申请",网址:https://www.gov.mo/zh-hant/services/ps-1757/.

② 详见"已办理税务入职手续的失业人士可获发援助",网址:https://www.gov.mo/zh-hant/news/327014/.

③ 陈少晖. 台湾失业保险制度的构建与缺陷 [J]. 福建理论学习,2002 (02):24-25.

④ 谢棋楠. 台湾 2009 年"就业保险法"修正之分析——美国与加拿大法观点 [J]. 社会法评论,2011,5 (00):309-336.

⑤ 谢棋楠. 台湾 2009 年"就业保险法"修正之分析——美国与加拿大法观点 [J]. 社会法评论,2011,5 (00):309-336.

(二) 失业保险的费率

失业保险的费率，由主管机关按被保险人当月之月投保薪资的1%～2%拟订，报请"行政院"核定。主管机关遇到以下三种情况时，也将调整保险费率：精算之保险费率，其前三年度之平均值与当年度保险费率相差幅度超过正负5%；保险累存的基金余额低于前一年度保险给付平均月给付金额的6倍或高于前一年度保险给付平均月给付金额的9倍；保险增减给付项目、给付内容、给付标准或给付期限，以致影响保险财务。

(三) 失业保险给付项目及申领条件

失业保险给付项目及申领条件包括五种：第一种是失业给付，被保险人于非自愿离职办理退保当日前3年内，保险年资合计满1年以上，具有工作能力及继续工作意愿，向公立就业服务机构办理求职登记，自求职登记之日起14日内仍无法推介就业或安排职业训练；第二种是提早就业奖励助津贴，符合失业给付请领条件，于失业给付请领期限届满前受雇工作，并参加本保险3个月以上；第三种是职业训练生活津贴，被保险人非自愿离职，向公立就业服务机构办理求职登记，经公立就业服务机构安排参加全日制就业训练；第四种是失业之被保险人及随同被保险人办理加保之眷属全民健康保险保险费补助。此外，申请人对公立就业服务机构推介的工作，因工资低于每月请领之失业给付数额，或者工作地点距离申请人日常居住住所30公里以上，申请人不接受工作的，仍可以领取失业给付。

2009年，新增加第五种，即育婴留职停薪津贴的给付项目。劳工参加就业保险年资累计满1年，育有3岁以下子女，依"性别工作平等法"规定，办理育婴留职停薪者，不论父或母都可申请津贴。给付标准则按被保险人平均月投保薪资的60%计算，每一子女父母各得请领最长6个月。[①]

此外，2009年增加规定，失业劳工依扶养眷属人数加给给付或津贴，最高可为平均月投保薪资的80%。其考虑失业劳工面临工作收入来源中断，将连带影响其家庭生计，增列有扶养无工作收入的配偶、未成年子女或身心障碍子女，每一人可加发平均月投保薪资的10%，最多可加计20%。[②]

[①] 谢棋楠. 台湾2009年"就业保险法"修正之分析——美国与加拿大法观点[J]. 社会法评论，2011，5 (00)：309-336.

[②] 谢棋楠. 台湾2009年"就业保险法"修正之分析——美国与加拿大法观点[J]. 社会法评论，2011，5 (00)：309-336.

(四) 失业保险给付期限

失业给付每月按申请人离职办理失业保险退保之当月起前6个月平均月投保薪资的60%发给，最长发6个月。领满6个月失业给付者，保险年资应重新起算。2009年对这一条款做了修正，新规将中高龄（45岁以上）及身心障碍失业劳工的失业给付期限延长至9个月。

主管机关于经济不景气致大量失业或其他紧急事情时，于审酌失业率及其他情形后，得延长给付期间最长至9个月，必要时再延长，但最长不得超过12个月。延长失业给付期间之认定标准、请领对象、请领条件、实施时间、延长时间及其他相关事项之办法，由主管机关拟订，报请"行政院"核定。

(五) 失业保险基金及行政经费

保险基金来源如下：主管机关自劳工保险基金提拨的专款；保险费与其利息收入及保险给付支出的结余；保险费滞纳金；基金运用的收益；其他有关收入。

失业保险的主管机关包括"劳动部"、各"直辖市市政府"以及各县政府。

第四节 典型国家失业保险制度的运行模式

因社会经济发展水平、社会保险发展阶段和文化价值观念等方面的差异，各国的失业保险制度也不尽相同。本节将对美国、德国、日本等典型国家的失业保险制度的运行模式进行简要介绍。

一、美国失业保险制度[①]

美国失业保险制度包括四个层次：第一层是由联邦政府指导、各州具体管理运营的常规失业保险计划（regular unemployment insurance program，RUI）；第二层是由联邦政府和州政府共同出资的具有永久性质的延长津贴计划（extended benefits program，EB）；第三层是联邦政府管理的具有临时性质的紧急失业补偿计划（emergency unemployment compensation program，EUC）；第四层是联邦政府管理的失业救助计划。因此，美国失业保险制度具有典型的四维双重体制：联邦政府和州政府

[①] 孙守纪，杨一. 美国失业保险逆周期调节机制研究 [J]. 经济社会体制比较，2020 (03): 18-27.

双重管理、常规性和应急性双重待遇支付、永久性和临时性双重逆周期调节、失业保险和失业救助双重失业保障（参见图 5-2）。

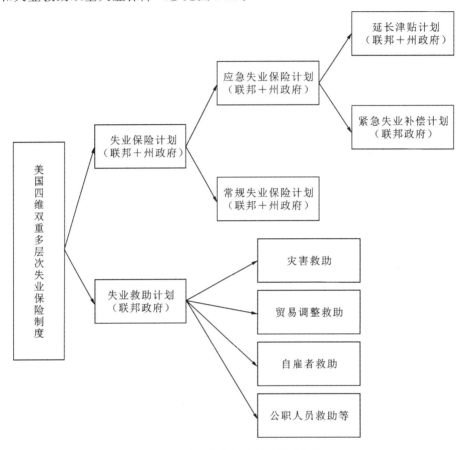

图 5-2　美国失业保险制度层次概览

（一）联邦政府和州政府双重管理体制

美国现行的常规的失业保险采取联邦政府和州政府共同合作的制度。联邦制定失业保险的总体纲要，各州制定和实施失业保险的法律和细则。[①] 例如，各州负责制定失业保险津贴的资格标准、待遇水平和领取期限。美国失业保险资格标准一般包括非自愿失业、"非个人过错"造成的失业、个人努力寻找工作、失业前必须满足最低收入要求等。2018 年，美国失业保险待遇平均值为 359 美元/周，各州略有差异。关于失业保险金领取期限，普遍的最长领取期限是 26 周，有九个州小于 26 周，还有两个州超过该标准，分别为 28 周和 30 周（Chodorow-Reich and Coglianese，2019）。美国失业保险资金是以税收形式进行筹集的，此外，还有一大特色，就是实行浮动税率。除少数几个州对雇主、雇员同时征收失业保险税外，多数州只对雇主征收。失

---

① 劳动和社会保障部考察团. 美国的失业保险制度 [J]. 中国就业，2005（11）：33-35.

业保险税包括联邦税和州税两部分,州税比联邦税税率通常要高。联邦税由各州征收,然后向联邦缴纳,形成联邦失业保险基金。向雇主征收州税的税率是浮动的,税率与雇佣记录挂钩,即根据被解雇的雇员中享受失业保险待遇人数的多少而上下浮动。一些有良好雇佣记录的雇主往往得到很大的税收优惠,可全部或部分免除应向州缴纳的失业保险税(不包括联邦失业保险税)。

（二）常规性和应急性双重待遇支付体制

除了常规制度外,美国政府还建立了应急性失业保险制度,具体包括延长津贴计划和紧急失业补偿计划。在正常情况下,常规失业保险在稳定失业人员收入和消费等方面发挥着基础性作用,但是,当出现严重的经济衰退、失业率大幅上升时,美国政府会相应地启动应急机制,延长失业金领取期限,这些应急计划在失业保障中发挥着关键作用。

（三）永久性和临时性双重逆周期调节体制

根据立法程序和法律地位不同,美国应急失业保险制度分为具有永久性质的延长津贴计划和具有临时性质的紧急失业补偿计划。当州失业率超过一定标准后,失业者可以领取更长期限的失业保险金,即延长津贴计划。启动延长津贴计划取决于两个失业率标准。一个是参保者失业率（IUR）,另一个是总失业率（TUR）。参保者失业率是指过去13周中失业保险金领取人数除以参加失业保险人数,总失业率是指所有积极寻找工作的失业者总人数除以劳动力市场总人数。总失业率所代表的人口样本量更大,衡量宏观经济状况的准确度更高。延长津贴计划的待遇支付分为两个层次,第一层提供13周的失业保险金,第二层提供7周的失业保险金,这两层津贴的具体触发标准不同。此外,美国国会还可以通过临时性立法来延长失业保险金期限,建立具有临时性质的紧急失业补偿计划。2008年,美国联邦政府签署了《紧急失业补偿法案》,就启动过该计划。

（四）失业保险和失业救济双重失业保障体制

除了失业保险津贴外,美国联邦政府还针对不同的人群和行业提供多项特殊的失业救助津贴,构成了失业保险和失业救助双重失业保障体制。这些失业救助计划包括灾害失业救助（DUA）、贸易调整救助（TAA）、自雇者失业救助（SEAP）等。

灾害失业救助是指当美国总统宣布某一地区发生灾害时,任何在灾区居住、工作或者计划去工作的失业者或者自雇人员都可以申请灾害失业救助,灾害救助计划除了包括飓风、地震等自然灾害外,还包括因恐怖袭击导致的失业;美国贸易调整救助计划主要面向因贸易调整导致失业的制造业工人,向他们提供失业保险金和再就业服务；自雇者失业救助指对于那些具有一技之长而且渴望创业的失业者而言，如果他们符合常规失业保险领取标准，并且符合自雇者救助计划标准，他们无须寻找工作就可以获得一定的津贴来开始他们的创业活动，截至2016年，已经有10个州启动了自雇者救助计划（Isaacs，2016）。

二、德国失业保险制度

德国是世界上最早实行社会保障制度的国家，也是目前社会保障体系较为完善的国家之一。德国于1927年建立起失业保险制度，并在改革中不断完善。[1] 德国现行的失业保险制度总体上沿用2002年施罗德政府采取的哈茨方案。[2]

（一）失业保险覆盖范围

德国的失业保险覆盖范围很广，除了临时工、每周工作不足18小时的短时工、自营人员、国家公务员以及领取养老金者之外，它包含了所有在职人员、农民及家庭用工。

（二）失业保险资金的筹集和管理

失业保险基金由雇主和雇员共同缴纳，并各自承担一半，雇员缴费费率为净工资收入的一定比例（费率可根据劳动力市场需求和失业状况进行适当调整，全国实行统一的失业保险费率）。雇员缴费部分由雇主代缴，每月由雇主将自己和雇员应缴的失业保险费一并上缴给医疗保险机构，再由医疗保险机构在每月的15日前转移支付给负责经办失业保险业务的劳动局。失业保险基金收入全部归到联邦劳动总局，实行全国统筹。失业保险基金收支在原则上要求自负盈亏，但事实上每当支出大于收入时，政府都会给予一定的失业补贴。失业保险基金主要用于失业保险金发放和促进就业。[3][4]

---

[1] 杨文忠.德国的失业保险和促进就业［J］.中国劳动保障，2009（04）：61-62.

[2] 费伟，孙守纪，刘明婉.德国失业保险逆周期调节机制的经验及启示［J］.中国劳动，2021（06）：84-96.

[3] 王川.德国社会保障制度的经济学分析［D/OL］.长春：吉林大学，2008：80-98［2022-05-15］. https：//kns.cnki.net/kcms2/article/abstract？v＝3uoqIhG8C447WN1SO36 whNHQvLE-hcOy4v9J5uF5OhrkGID6XhvjmsLgtwBTP2IuP8KYXvDCiQjBwzhO6 ＿ 4V9Z2CMB0MjJzls&uniplatform＝NZKPT.

[4] 杨文忠.德国的失业保险和促进就业［J］.中国劳动保障，2009（04）：61-62.

（三）失业保险待遇的申领条件

德国的失业者如果满足以下的条件就可以申请得到失业保险金：其一，失业者必须属于享受失业保险范围的人群；其二，失业者在失业前必须在规定时间内工作过，如失业者在失业前3年需连续工作不少于360天（季节工不少于180天）；其三，失业者必须在失业前交纳了一定阶段的保险费用，即在失业前3年内，累计投保时间不少于36周或3个月；其四，失业者不能拒绝接受各社会组织提供的"适宜的就业机会"。此类"就业机会"是指提供的职业与失业者的能力、愿望、所受过的教育和培训以及过去的工作经验没有过大的出入。其目的是促使失业者能够积极地寻找工作，返回工作岗位。如果失业者多次恶意拒绝这种"就业机会"，就等于放弃了领取全额失业保险金的资格。如果失业者在失业后4个月还找不到适当的职业，就必须接受一些"不适当的就业机会"，即技术要求较低、工资较低的职业。

（四）失业保险的待遇标准

德国确定失业保险金的标准主要基于两个因素，即就业者的净收入（总工资减去工资税和各种保险税）和有无抚养子女。有子女的失业人员可以获得相当于失业前净收入67%的失业保险金，而单身者为60%。此外，失业保险金的待遇标准还与失业者的年龄及其缴纳失业保险的时间长短有关。失业者在享受失业保险金的同时，还可获得医疗和互利保险待遇，前提是失业者在失业前必须缴纳一定时间的养老保险费用，在失业期间其养老保险费用将由劳动局缴纳。

（五）失业保险享受期限

失业者享受失业保险待遇的期限在一般情况下最长可达12个月，但对于年龄较大者，可适当延长期限。领取失业保险金的期限主要根据失业者投保时间的长短、年龄以及工作时间来决定。投保时间越长，可享受的失业保险待遇时间越长，但不能超过最高期限。例如，投保时间为26周，可领取失业保险金的期限为78天；投保时间为39周，可领取失业保险金的期限为120天；投保时间为104周，可领取失业保险金的期限为321天。

（六）再就业培训

劳动部门负责促进失业者再就业的工作，通过给予补贴等方式鼓励雇主雇用失业者，从失业保险基金中列支继续培训费用、见习费用、照料子女费用等，对失业者发放培训券，统一安排失业者参加培训等，使失业人员得到良好的智力开发。为了促进失业者重新就业，德国于2003年成立员工服务代理机构（PSA），该机构将短期雇用失业人员，并为其安排临时工作。[1] 德国将失业保险统一规定在就业促进法中，从失业保险基金中安排一定数额的资金转移到就业服务和职业培训当中，失业人员和其他人员一并按照就业服务和职业培训法律的规定，获得相应的服务。

三、日本失业保险制度

日本于1974年颁布了《雇佣失业保险法》，对具备一定资格的失业者提供失业保险给付；2010年3月，完成了对该法的修订；2011年10月，日本出台《求职者支援制度》，对不适用失业保险的失业者提供就业支援。由此，日本形成了一个以失业保险为主体、求职者支援制度和生活保护制度为辅助的失业保险体系。[2]

（一）失业保险覆盖范围

日本的失业保险原则上适用于所有行业的所有企事业单位。农业、林业和渔业的雇员可自愿参加保险，但农林产业中职工在5人以下的单位需满足一定条件并经批准才能参保。短期季节性劳动者、船员保险的受保者、公务员及65岁以上且不是受雇于同一雇主者不适用失业保险。被保险者分为四类，即一般劳动者、65岁以上高龄劳动者、合同期不满一年的短期工和合同期不满30天的临时工（日雇佣劳动被保险者）。[3]

（二）失业保险资金筹集

失业保险费分为失业津贴部分和促进就业工程部分，费用由用人单位、个人和国家三方负担。值得注意的是，日本在收缴失业保险费的时候，直接由企业缴纳一部分费用用于促进就业工程，体现出企业在促进就业工作中担负着更多的社会责任。

（三）失业保险的申领条件

日本失业保险的申领条件是：最近12个月内参加保险满6个月且在公立职业介绍所登记并接受相关的失业认定，有工作能力并愿意工作，每隔4周向职业介绍所报

---

[1] 费伟，孙守纪，刘明婉. 德国失业保险逆周期调节机制的经验及启示[J]. 中国劳动，2021（06）：84-96.

[2] 施锦芳. 日本失业保障体系建设及其启示[J]. 东北财经大学学报，2011（06）：65-70.

[3] 杨文俊. 美德日社会保险制度比较研究[D/OL]. 长春：吉林大学，2007：131-153[2022-05-15]. https://kns.cnki.net/kcms2/article/abstract?v=3uoqIhG8C447WN1SO36whBaOoOkzJ23ELn_-3AAgJ5enmUaXDTPHrJQPyl5RioE-l5pXvY5WySMARoRDJgO955S33vvRmCts&uniplatform=NZKPT.

告一次；短期工受保人在失业前2年内至少有1年的投保记录；临时工受保人在失业前2个月内至少投保28天；工人被解雇7天后可申请失业救济，工人主动辞职的，需3个月后才能申请失业救济，本人辞职而有正当理由的，可以不受3个月的限制。日本在2007年统一了各类人员的参保时间的限制，要求短期就业人员在失业前需要参保12个月，如果是因企业破产而失业的需要参保6个月。自动离职或犯有严重错误的失业者、拒绝接受工作或培训的失业者，将被取消1~3个月的失业保险金申领资格。[1]

（四）失业保险待遇

日本失业津贴包括求职者津贴、早期再就业奖励金、培训津贴和继续雇用津贴。求职者津贴按一般劳动者、就业困难者、高龄劳动者、短期工、临时工等类别发放。继续雇用津贴包括高龄者雇用津贴、产休津贴、家属护理休业津贴等。促进就业工程包括稳定就业工程、能力开发工程、被雇用者福利工程三种。失业津贴的发放标准受到失业者的年龄和参保年限的影响。例如，求职者津贴按工人失业前6个月的平均日工资（不包含奖金）的一定比例发放。此外，不同类型的失业者享受失业保险金的时限不同，如就业困难者为150天到360天不等。随着经济社会情况的变化，失业保险待遇也相应进行调整。如日本在2007年提高生育休假的补贴，将给付率由工资的40%提高到50%，其中的20%需要在重新工作6个月后发放。教育培训的补助限额由40%（上限20万日元）统一调整为20%（上限10万日元）。

（五）求职者支援制度

日本国会于2011年制定并通过了《求职者支援制度》，以增强对有再就业愿望的失业人员的保障。求职者支援制度的支援对象为失业但未加入失业保险的人员，且具备以下四个条件：其一，正常情况下找不到工作的；其二，家庭收入达不到一定标准的；其三，家庭财产在一定额度以下的；其四，能够坚持参加再就业培训的。求职者支援制度为失业群体提供如下的支援内容：扩充职业培训，特别是针对日本具有较大雇佣需求的行业开展职业培训；向受援者提供培训期间的生活保障，具体包括生活费及参加培训期间的交通费。援助期限最长为2年。[2]

除了前述的美国、德国、日本之外，世界上各个国家和地区有着各种各样的失业保护计划，详情可参见表5-1。

---

[1] 崔万有. 日本社会保障研究 [D/OL]. 大连：东北财经大学，2007：104-113 [2022-05-15]. https://kns.cnki.net/kcms2/article/abstract? v = 3uoqIhG8C447WN1SO36whBaOoOkzJ23ELn_-3AAgJ5enmUaXDTPHrDqw3PkgUaNsjT2D3P-73QTufO2uG4wyn6HAJ7UjBxRs&uniplatform=NZKPT.

[2] 施锦芳. 日本失业保障体系建设及其启示 [J]. 东北财经大学学报，2011（06）：65-70.

表 5-1　世界各地失业保护计划概述①

类型	描述	典型国家和地区
失业保险 (unemployment insurance)	相关部门向符合一定资格标准的失业人员支付失业保险金。资格条件通常要求工人必须有最低水平的过往就业期限和/或失业前工资水平。失业保险金的支付是周期性的,但潜在的持续时间有限[a]	奥地利、比利时、加拿大、丹麦、芬兰、法国、德国、希腊、爱尔兰、意大利、荷兰、挪威、葡萄牙、西班牙、瑞典、瑞士、英国、美国、阿尔巴尼亚、波黑、保加利亚、克罗地亚、捷克、匈牙利、马其顿、波兰、罗马尼亚、塞尔维亚、斯洛伐克、斯洛文尼亚、亚美尼亚、阿塞拜疆、白俄罗斯、格鲁吉亚、吉尔吉斯斯坦、拉脱维亚、立陶宛、摩尔多瓦、蒙古、俄罗斯、土库曼斯坦、乌克兰、乌兹别克斯坦、孟加拉国、中国、中国台湾、日本、韩国、阿尔及利亚、埃及、伊朗、以色列、南非、阿根廷、巴西、智利、厄瓜多尔、乌拉圭、委内瑞拉
失业补助 (unemployment assistance)	失业补助是在收入调查的附加限制下支付给失业者的。申领人的收入和资产必须低于指定的阈值,才能领取福利金。永久领取福利金的期限可能受限制,也可能不受限制,支付水平通常因家庭人数和组成而异	澳大利亚、奥地利、芬兰、法国、德国、爱尔兰、荷兰、新西兰、葡萄牙、西班牙、瑞典、英国、罗马尼亚、爱沙尼亚、伊拉克、突尼斯、毛里求斯、巴西、中国香港[b]
社会救助 (social assistance)	失业人员可以根据社会救助计划得到补偿,该计划为家庭和个人提供有保障的最低收入水平。失业的社会救助受助人通常被要求在公共劳工交易所登记为求职者,并能够工作。社会救助受益人享受更广泛的服务,如儿童保育	法国、德国

---

① Hwei-Lin Chuang, Min-Teh Yu. Pricing unemployment insurance——an unemployment-duration-adjusted approach [J]. ASTIN Bulletin, 2010 (40): 519-545.

续表

类型	描述	典型国家和地区
临时就业（temporary employment）	有些国家为失业者提供临时就业的优惠权利。就业措施包括公共工程、临时公共服务岗位、社会投资基金项目和就业福利。这些工作通常是临时性的，工资处在或接近最低工资水平	在拉丁美洲和撒哈拉以南非洲很常见
因过去就业而得的应计权利（accrued rights from past employment）	在少数国家，失业救助是由雇主和工人向个人账户缴款、支持基金的应急措施。虽然个人账户余额的一部分可以提供给失业者，但潜在的支付受到总余额的严格限制	印度[c]

注：a. 支付设计有一些例外。例如，在厄瓜多尔，失业救济计划向符合条件的失业者一次性支付一笔款项。

b. 许多经济合作与发展组织国家为失业人员同时提供失业保险和失业补助。资料来源于 Vroman 和 Brusentsev 在 2005 年发布的《世界失业补偿比较分析》。

c. 提供国家信息的来源为 Deepti Bhaskaran 在 2008 年发表的文章《你让你的基金发挥作用了吗?》，网址为 http://www.livemint.com/2008/08/03234020/Are-you-letting-your-provident。

本章小结

在我国，失业是指在国家规定的劳动年龄（男性 16～60 岁，女性 16～55 岁）内，劳动者具有工作能力、可以工作且在寻找工作的情况下，得不到适宜职业，失去收入的状况。此外，个体虽然从事一定的社会劳动，但劳动报酬低于当地城市居民最低生活保障标准的，视同"失业"。失业是市场经济运行过程中必然产生的社会现象，实质是劳动力与生产资料的分离，劳动力资源的浪费。失业保险制度是指劳动者非本人原因失去工作、收入中断时，由国家和社会依法保证其基本生活需要的一种社会保险制度。失业保险制度是基于失业问题而建立的一种社会保障制度安排，是社会保障系统的重要组成部分。失业保险制度有利于保障劳工职业训练及失业期间的基本生活，分散失业风险，并通过转业培训、职业介绍提升劳动者就业技能，积极促进再就业。

失业保险制度既遵循社会保障体系的一般原则，又具有自身特殊的理论背景。经济学和社会学共同为失业保险制度的发展提供了主要的理论基石。来自经济学的理论基础主要有：福利经济学；凯恩斯学派的失业理论；新自由主义经济思想；"第三条道路"思想。来自社会学的理论基础主要有新历史主义理论和马歇尔的公民权利学说。不同国家的失业保险制度的类型不尽相同，但其基本内容是大致相同的，主要包括失业保险制度的覆盖范围、失业保险金的领取资格、失业保险金的给付标准、失业保险金的领取期限、失业保险基金的筹集、失业保险的管理体制等等。

自中华人民共和国成立以来，我国内地的失业保险制度从无到有，从有到全。尤其是《社会保险法》颁布和实施以来，失业保险制度功能日趋完善，在配合国企改革、促进经济发展、提升社会治理水平方面发挥了巨大作用，其"保障生活、预防失业、促进就业"的功能得到显著提升。但是，这项制度仍存在一些问题，需要不断改进和完善，比如覆盖面不断扩大，但仍有较大提升空间；失业保险金替代率偏低，待遇充足性有待提升；备付能力高，同时也面临收支失衡的困境。

主要概念

失业　失业程度　失业保险　强制性失业保险　非强制性失业保险　权利型失业保险　调查型失业保险　单层次失业保险　双重失业保险

复习思考题

1. 失业的类型有哪些？
2. 失业程度通常使用哪些指标进行衡量？
3. 失业保险的类型有哪些？
4. 失业保险具有哪些特征？
5. 简述失业保险的理论基础。
6. 简述失业保险制度的基本内容。
7. 简述中国内地失业保险制度的历史沿革和主要内容。
8. 试论述中国港澳台地区失业保险制度的特点。
9. 如何看待美国、德国、日本等典型国家的失业保险制度？

参考文献

[1] 陈少晖. 台湾失业保险制度的构建与缺陷 [J]. 福建理论学习，2002（02）：24-25.

[2] 陈天红. 基金管理视角下失业保险制度优化设计研究 [D/OL]. 武汉：武汉大学，2015：25 [2022-04-15]. https：//kns.cnki.net/kcms2/article/abstract？v＝3uoqIhG8C447WN1SO36whLpCgh0R0Z-iTEMuTidDzndci＿h58Y6ouQ84BTVd0kL5gqWW＿oeL＿dAVfmBtwBstEafvAov47sZu＆uniplatform＝NZKPT.

［3］程永宏．技术性失业：虚构还是现实［J］．经济学家，2003（05）：11-20．

［4］崔万有．日本社会保障研究［D/OL］．大连：东北财经大学，2007：104-113［2022-05-15］．https：//kns.cnki.net/kcms2/article/abstract？v＝3uoqIhG8C447WN1SO36whBaOoOkzJ23ELn_-3AAgJ5enmUaXDTPHrDqw3PkgUaNsjT2D3P-73QTufO2uG4wyn6HAJ7UjBxRs&uniplatform＝NZKPT．

［5］费伟，孙守纪，刘明婉．德国失业保险逆周期调节机制的经验及启示［J］．中国劳动，2021（06）：84-96．

［6］劳动和社会保障部考察团．美国的失业保险制度［J］．中国就业，2005（11）：33-35．

［7］李珍．社会保障理论［M］．北京：中国劳动社会保障出版社，2020．

［8］李珍，王怡欢，张楚．中国失业保险制度改革方向：纳入社会救助——基于历史背景与功能定位的分析［J］．社会保障研究，2020（02）：68-75．

［9］梁祖彬，肖萌．香港的失业问题与对策——"工利"视角［J］．中国公共政策评论，2009，3（00）：145-161．

［10］陆旸．共享员工常态化之路怎么走［J］．人民论坛，2020（26）：52-55．

［11］施锦芳．日本失业保障体系建设及其启示［J］．东北财经大学学报，2011（06）：65-70．

［12］史潮．社会保险学［M］．北京：科学出版社，2018．

［13］孙守纪，杨一．美国失业保险逆周期调节机制研究［J］．经济社会体制比较，2020（03）：18-27．

［14］孙树菡，朱丽敏．社会保险学［M］．北京：中国人民大学出版社，2019．

［15］王川．德国社会保障制度的经济学分析［D/OL］．长春：吉林大学，2008：80-98［2022-05-15］．https：//kns.cnki.net/kcms2/article/abstract？v＝3uoqIhG8C447WN1SO36whNHQvLEhcOy4v9J5uF5OhrkGID6XhvjmsLgtwBTP2IuP8KYXvDCiQjBwzhO6_4V9Z2CMB0MjJzls&uniplatform＝NZKPT．

［16］王静敏．当代中国失业保险问题研究［D/OL］．长春：东北师范大学，2008：14［2022-04-15］．https：//kns.cnki.net/kcms2/article/abstract？v＝3uoqIhG8C447WN1SO36whBaOoOkzJ23ELn_-3AAgJ5enmUaXDTPHrCqrxRHEP8OCdlr-wOhQaszj_jFPS9ZjbioyWrRzlipSR&uniplatform＝NZKPT．

［17］吴芹．欧盟失业问题研究——高失业率持久化的市场障碍分析［D/OL］．上海：复旦大学，2017：24［2022-04-15］．https：//kns.cnki.net/kcms2/article/abstract？v＝3uoqIhG8C447WN1SO36whBaOoOkzJ23ELn_-3AAgJ5enmUaXDTPHr KGBZTQeEs-KI zVnp_S_gdCYXZxCEmNYjMuWCtN7fRcHv&uniplatform＝NZKPT．

[18] 吴文俊. 上海失业问题及其治理研究（1949—1957）[D/OL]. 苏州：苏州大学，2017：4 [2022-04-15]. https：//kns. cnki. net/kcms2/article/abstract？ v＝3uoqIhG8C447WN1SO36whLpCgh0R0Z-iTEMuTidDzndci ＿ h58Y6ouRKJYo0b8gLLfAOp-0FrTcAiQYMMsmz8PFt2cc8EzcAc＆uniplatform＝NZKPT.

[19] 谢棋楠. 台湾2009年"就业保险法"修正之分析——美国与加拿大法观点[J]. 社会法评论，2011，5（00）：309-336.

[20] 杨文俊. 美德日社会保险制度比较研究[D/OL]. 长春：吉林大学，2007：131-153 [2022-05-15]. https：//kns. cnki. net/kcms2/article/abstract？ v＝3uoqIhG8C447WN1SO36whBaOoOkzJ23ELn ＿ -3AAgJ5enmUaXDTPHrJQPyl5RioE-l5pXvY5WySMARoRDJgO955S33vvRmCts＆uniplatform＝NZKPT.

[21] 杨文忠. 德国的失业保险和促进就业[J]. 中国劳动保障，2009（04）：61-62.

[22] 张盈华，张占力，郑秉文. 新中国失业保险70年：历史变迁、问题分析与完善建议[J]. 社会保障研究，2019（06）：3-15.

[23] Hwei-Lin Chuang, Min-Teh Yu. Pricing unemployment insurance——an unemployment-duration-adjusted approach [J]. ASTIN Bulletin，2010（40）：519-545.

第六章

工 伤 保 险

―――― 本章导言 ――――

本章首先介绍了工伤、工伤保险的概念，梳理了工伤保险制度的模式、特征，阐明了工伤保险制度的设计原则以及制度设计的理论基础；其次阐述了中国内地工伤保险制度的产生、改革及发展，总结了中国内地工伤保险制度的法律体系建设情况和管理实践现状，并介绍了中国港澳台地区工伤保险制度的实施状况；最后梳理了世界工伤保险制度的建立过程与发展趋势，并考察了美国、德国的工伤保险制度的运行模式及实施情况。

―――― 重点问题 ――――

- 工伤与工伤保险的概念
- 工伤保险制度的模式、特征和设计原则
- 中国内地工伤保险制度的产生、改革与发展
- 中国港澳台地区工伤保险制度的实施状况
- 国外工伤保险制度的发展状况

第一节 工伤保险概述

一、工伤与工伤保险的概念

（一）工伤的概念

工伤亦称职业伤害、工作伤害，是指在劳动的过程中，由于劳动者与劳动工具或劳动对象的接触，或者是置身于条件不良的劳动环境中，劳动者发生伤残或死亡的情况。随着经济发展和社会文明不断进步，"工伤"概念的定义范围不断得到拓展。"工伤"一词比较规范的说法是在1921年国际劳工大会上通过的公约中提及的，最初工伤主要指工伤事故伤害，并不包含职业病。工业的发展致使人们生产环境的有害因素不断增加，职业性疾病越来越多，各国逐步把职业病纳入了工伤的范畴。1964年，第48届国际劳工大会规定工伤补偿应将职业病和上下班交通事故包括在内。目前，工伤概念主要包括由工作引起的并在工作过程中发生的事故伤害和职业病伤害。这些伤害会使得劳动者负伤、致残、患病甚至死亡。

1. 工伤事故

工伤事故是工业化生产的负效应。工伤事故伤害是指在职业活动所涉及的区域内，由于工作环境恶劣、条件不良、任务过重或突发性事故所导致的对劳动者身体的伤害。在工伤事故的范围中，有些是直接由工作活动或工作环境引起的事故伤害，有些是劳动者在上下班途中或因公外出期间所发生的间接意外事故伤害。无论是直接或间接引起的事故，都必须与工作的时间和地点相关。

2. 职业病

职业病是一种人为的疾病，具体指劳动者在职业活动中，因接触粉尘、放射性物质或其他有毒有害物质等因素引起的疾病。工伤保险中所称的"职业病"是指通过国家法律做出规定的各种法定职业病类型。凡属法定职业病的患者，在治疗和休息期间及在确定为伤残或死亡时，应按照工伤保险制度规定给予相应经济补偿。最早把职业病纳入职业伤害补偿范围的是1906年英国的《职业补偿法律（修正案）》。

因为职业危害因素种类很多，职业病范围很广，所以不同国家因经济发展状况、医疗水平、社会保险制度的差异，法定职业病的涵盖范围也有所不同。2001年，我国颁布了《中华人民共和国职业病防治法》（以下简称《职业病防治法》），从2011

年到 2018 年，全国人大常委会陆续对该法进行了四次修正，逐渐放宽认定条件，完善认定程序，加强监督管理。2013 年，我国颁布了《职业病分类和目录》，涵盖职业性尘肺病及其他呼吸系统疾病、职业性皮肤病、职业性眼病、职业性耳鼻喉口腔疾病、职业性化学中毒、物理因素所致职业病、职业性放射性疾病、职业性传染病、职业性肿瘤及其他职业病等 10 类 132 个病种。

(二) 工伤保险的概念

工伤保险也称为工业伤害保险、因公伤害保险、工作伤害补偿保险，是社会保险制度的重要组成部分。工伤保险制度是世界上出现最早的社会保险制度之一，从 1884 年德国率先颁布《劳工伤害保险法》至今，已有 100 多年的历史。

工伤保险指劳动者在生产经营活动中或在规定的某些特殊情况下遭受直接或间接事故伤害、职业病以及因这两种情况造成死亡、暂时或永久丧失劳动能力时，劳动者及其供养亲属（遗属）能从国家、社会得到必要物质帮助的一种社会保障制度。这种物质帮助包括医疗、康复所需的救治费用，也包括生活保障所需的经济补偿。

随着社会的发展，现代意义上的工伤保险的功能不断拓展和完善，形成了工伤预防、工伤补偿、工伤康复三位一体的制度体系。工伤保险的内容不仅包括对因工伤而伤、残、病、亡者的经济补偿，而且包括促进企业安全生产、降低事故率及职业病发生率，并通过现代康复手段，使受伤害者尽快恢复劳动能力，促进其与社会的融合。因此，实行工伤保险制度是人类文明和社会发展的标志，一方面有效保障了劳动者的安全健康和受伤害职工的合法权益，另一方面能够促进安全生产，分散企业风险，有利于经济发展与社会和谐。

二、工伤保险制度的模式、特征和设计原则

(一) 工伤保险制度的模式

目前，世界上实行工伤保险的国家大致可以分为三种类型：雇主责任保险类型、使用集中公共基金的社会保险类型以及上述两种制度并存的混合类型。全球大约有 2/3 的国家实行使用集中公共基金的社会保险类型，从雇主责任保险向社会保险模式转型已成为国际趋势。[1]

1. 雇主责任保险类型

实行雇主责任保险制度的国家可以分为以下三种类型。

---

[1] 胡晓义. 工伤保险 [M]. 北京：中国劳动社会保障出版社，2012：11-12.

第一,没有明文规定要求雇主有义务实行保险的国家。这些国家的立法只做简单的原则性规定,一旦出现工伤事故,由雇主自行支付赔偿,如阿根廷、印度、巴基斯坦、斯里兰卡和缅甸等。

第二,规定对某些危险性较大的职业,雇主必须向商业保险公司投保的国家,如马来西亚、乌拉圭、萨尔瓦多和哥斯达黎加等。

第三,明文规定所有雇主必须缴纳保险费的国家,如澳大利亚、芬兰和新加坡等。

2. 使用集中公共基金的社会保险类型

实行使用集中公共基金的社会保险制度的国家大致分为以下三种类型。

第一,工伤保险作为一项独立的社会保险制度,在管理和基金方面有自主权,如比利时、意大利、德国、日本和泰国等。这些国家在管理上亦有所不同。例如,在意大利,由工伤保险总局实施工伤保险法律法规;在日本,由劳动省的劳动基准局施行工伤保险补偿法;在加拿大,由各省制定劳工赔偿法,省级劳工部实施监督管理,另设劳工赔偿局经办业务。

第二,工伤保险虽然在基金方面是独立的,但在行政管理方面与其他社会保险项目由同一机构负责,如奥地利、法国和菲律宾等。

第三,工伤及其他意外事故保险包括在整个社会保险制度中,如阿尔及利亚、巴拿马、哥伦比亚和英国等。

3. 混合类型

实行两种制度兼而有之的混合类型的国家数量较少。如美国,工伤保险不由社会保障总署经管,而是由各州政府的劳工部门组织实施;在有些州,不是施行工伤社会保险,而是雇主责任保险,法律规定雇主必须缴纳保险费。

(二) 工伤保险的特征

在实行工伤保险的国家,雇主必须按照法律规定向社会保险机构缴纳工伤保险费,社会保险机构建立工伤保险基金,向受到职业伤害的劳动者及其家属支付补偿费用。强制性、社会性、互济性、福利性是工伤保险与其他社会保险项目相同的特征,工伤保险不同于其他社会保险项目的特殊性体现在补偿性和保障全面性方面。

1. 强制性

工伤事故具有突发性和不可预测性,多属于意外事故。职业病与一般事故伤残有所区别,具有迟发性。工伤事故、职业病造成的器官或生理功能的损伤往往具有不可逆转性,可能是暂时地、部分地丧失劳动能力,也可能无法复原致使永久性丧失劳动能力。由于工伤会给个体和家庭带来痛苦,因此,各国政府往往以立法形式强制实施工伤保险,规定雇主必须为雇员的工伤负责。

2. 社会性

工伤保险是历史上最悠久、实施范围最广泛的社会保障制度之一。从1884年德国颁布世界上第一部工伤保险法以来，到21世纪初，全球大多数国家建立了工伤保险制度。根据国际社会保障协会的统计，凡是实施了社会保险制度的国家，大约有95%以上实行了工伤保险。

工伤保险的对象范围是在生产劳动过程中的所有劳动者。任何劳动者发生工伤事故或遭受职业疾病，都应毫无例外地获得工伤保险待遇，没有工作年限、年龄、性别等条件的限制。

3. 互济性

工伤保险通过统筹基金在发生职业风险与非发生职业风险之间进行收入再分配，在较大范围内分散职业风险，以缓解企业之间、行业之间、地区之间因职业风险不同而承受的不同压力，为劳动者和企业双方建立保护机制。

4. 福利性

在现有的社会保险体系中，工伤保险是给付待遇最为优厚、给付条件最为宽泛、保障项目最为完备的社会保险制度。工伤保险基金属于劳动者所有，国家不征税，并由国家财政提供担保，由隶属于政府部门的非营利事业单位经办，为受保人服务。

5. 补偿性

在工作过程中，劳动者的生命健康权、生存权和劳动权可能受到损害甚至被剥夺，因此，工伤保险是基于对工伤职工的赔偿责任而设立的一种社会保险制度。实施无过失补偿原则是工伤保险不同于其他社会保险的显著特征。在绝大多数国家中，工伤保险费用不实施分担方式，全部费用由用人单位缴纳，劳动者个人不缴纳费用。

6. 保障全面性

与其他社会保险项目相比，工伤保险的保障性最强，保障内容丰富全面。工伤保险不仅包括对工伤职工给予的经济补偿和收入保障，而且涵盖职业康复和工伤预防服务，比如提供免费医疗救治、护理津贴、死亡者丧葬、伤残者重建、生活辅助器具、伤残人员的转岗培训等。这些都是其他社会保险项目所不能比拟的，在维护劳动者权益和社会稳定、保护和促进生产力发展方面起到积极作用。

（三）工伤保险制度的设计原则

大多数国家在实行工伤保险制度时，普遍遵循的主要原则可以归纳如下。

1. 风险分担、互助救济原则

风险分担、互助救济原则是工伤保险与社会保险其他项目相同的基本原则，即通过法律强制征收保险费，建立工伤保险基金，采取互助救济的方法以分担风险。

在待遇分配上，国家责成社会保险机构对已征集费用实行人员、地区、行业间的再分配。这种基金的分配使用，可缓解部分企业、行业因工伤问题所产生的负担，从而确保国民经济的可持续发展和社会的和谐安定。

2. 无过失补偿原则

无过失补偿原则指的是劳动者在生产和工作过程中一旦遭遇工作伤害，无论过失责任属于雇主、相关第三方还是本人，都应依法按照规定的标准享受工伤保险待遇，待遇的给付与责任的追究并没有关系。该原则在很大程度上保障了劳动者因职业病或工伤事故遭受人身伤害而应享有的合法权利。但这一原则并不妨碍对有关事故责任的追究或处罚。

3. 个人不缴费原则

工伤保险费由企业或雇主按照国家规定的费率缴纳，劳动者个人不缴纳任何费用，这是工伤保险与养老、医疗等其他社会保险项目的区别之处。原因在于，劳动者在为雇主创造财富的过程中付出了健康乃至生命的代价，工伤保险待遇具有明显的"劳动力修复与再生产投入"性质，属于企业生产成本的特殊组成部分，所以由雇主来承担全部的保险费是完全必要和合理的。这一原则在世界各国已经达成了共识。

4. 保障与赔偿相结合原则

保障原则是指当劳动者暂时或永久地丧失劳动能力时，对其给予物质上的充分保证，使他们能够继续享有基本的生活水平，以保证劳动力扩大再生产的运行和社会的稳定。此外，工伤保险还具有补偿（赔偿）的原则，这是工伤保险与其他社会保险的显著区别。劳动力是有价值的，在生产或工作过程中，劳动力受到损害，理应对由于人身伤害引起的直接经济损失进行赔偿。

5. 补偿与预防、康复相结合的原则

工伤保险的目标是保障劳动者的生活和健康，促进社会安定和生产力发展。通过经济补偿来保障伤残职工或其遗属的基本生活是工伤保险首要的、直接的任务，但不是唯一的任务。现代工伤保险的发展趋势是将工伤补偿、工伤预防与工伤康复紧密结合起来。任何生产活动都应以安全第一、积极预防为主，加强安全生产，尽量减少事故的发生，防患于未然。在工伤事故发生后，除了给予经济补偿之外，更重要的是采取有力举措及时地对伤残职工进行医学康复及职业康复，帮助他们尽可能恢复健康、恢复劳动能力，重新走上工作岗位。

6. 其他技术性原则

与其他社会保险项目相比，工伤保险在实施手段上还具有其独特的技术性原则，主要体现在以下方面。

第一，区别因工和非因工原则。在工伤保险制度中，对于界定"因工"与"非因工"所致伤害有明确规定。工伤与工作环境、工作条件、工艺流程等有直接关系，因而医疗救治、医疗康复、伤残补偿、死亡抚恤待遇等均高于其他保险项目。只要是"因工"受到伤害，待遇上不受年龄、性别、缴费期限的限制。相较之下，"因病"或"非因工"伤亡，以及与劳动者本人职业因素无关的事故补偿，许多国家规定的待遇比工伤待遇低得多。

第二，一次性补偿与长期性补偿相结合的原则。对"因工"而丧失劳动能力或死亡的劳动者及其家属，工伤保险管理机构应一次性支付补偿金，作为劳动者因工伤残或死亡的经济补偿。此外，对一些伤残者及工亡者所供养的遗属，要支付长期抚恤金，直到其失去供养条件为止。

第三，确定伤残和职业病等级原则。工伤保险待遇是根据伤残和职业病等级而分类确定的。各国的工伤保险制度中都制定了伤残和职业病等级，并通过专门的鉴定机构和人员，对遭受工伤的劳动者的受伤害程度予以鉴定，依据不同伤残和职业病状况给予不同标准的待遇。

第四，补偿直接经济损失的原则。工伤保险补偿的金额应以对被伤害者所造成的直接经济损失为最高限额。直接经济损失是指劳动者遭受工伤事故或职业病而造成的与其第一职业标准工资收入相关的损失，以及为消除伤害后果所需的必要开支。直接经济收入直接影响到本人及其供养亲属的生活，也直接影响到劳动力的再生产，因此必须给予及时、优厚的补偿。间接经济损失是指受伤害的劳动者直接收入以外的其他经济收入的损失，如兼职收入、稿费收入及其他形式的收入等。这一部分不固定的收入并不列入工伤保险的经济补偿范畴。

三、工伤保险的理论基础

工伤保险制度的建立与发展蕴含深厚的理论基础，这些理论为工伤保险原则的确立以及制度的设计提供了依据。

（一）风险相关理论

1. 风险承担理论

在欧洲工业化早期，工伤事故时有发生却未引起足够重视。英国著名经济学家亚当·斯密提出风险承担理论，该理论认为，在给工人规定的工资标准中已经包含了对工作岗位危险性的补偿，工人既然自愿和雇主签订合同，那就意味着他们自愿接受了风险，接受了补偿这种风险的收入，因此工人理应负担其在工作过程中因发生工伤事故而遭受的一切损失。这一理论风行于早期资本主义时代，其强调的工作伤害由劳动者责任自负成为雇主推卸责任的依据。

2. 职业风险理论

由于很多工伤事故并不是劳动者或者雇主的过失导致，难以归咎于任何人的过失，在这样的背景下，职业风险理论得到许多国家的认同。19世纪末，职业风险理论在法国、德国、英国得到认可。20世纪初，几乎所有的工业化国家都将该理论运用到了本国的劳动法律中。职业风险理论基于这样一个前提：每个行业都应该以生产成本的形式承担各自的职业伤害带来的损失，并在产品价格上反映出工伤和职业病所造成的损失。该理论认为，凡是使用机器或雇员体力从事的经济活动，都有可能造成雇员在职业方面的伤害。这种伤害的造成不论是否由雇主或劳动者的过失导致，雇主都应进行赔偿，赔偿金应该是企业所承担的一部分管理费用。这一观点奠定了工伤赔偿不论过错、重在关注职业风险本身的理论转向。[①]

3. 风险管理理论

风险管理是研究风险发生规律和风险控制技术的一门新兴管理科学，是指风险管理单位通过风险识别、风险衡量、风险评估和风险决策管理等方式，对风险实施有效控制和妥善处理损失的过程，期望以最小的经济成本获得最大的安全保障。风险管理的目标包括损前目标和损后目标。前者是避免和减少风险事故形成的机会，后者是在损失发生后尽可能减少其所造成的不利影响，尽快恢复至损失发生前的生产服务状态，以此保持企业经营的连续性。

风险管理技术分为控制型和财务型。控制型风险管理技术是一种事前措施，是为了避免风险、防范风险、减少或控制风险的损失频率和损失程度所使用的技术、工具和程序，如加强安全生产管理、提升企业员工风险意识、降低工伤事故的发生率。财务型风险管理技术是一种反应性的措施，是通过事故发生前所做的财务安排，来消化事故发生后的损失成本，如组织预先提留部分资金来弥补风险发生带来的损失，通过向商业保险公司缴纳保险费或参加社会化工伤保险等转移风险的方式来支付损失的赔偿金。

4. 最低社会成本理论

20世纪20年代，著名的社会保险学者埃德温·E.威特提出了最低社会成本理论。该理论认为，工伤保险制度可以把工伤事故给企业造成的经济损失减少到最低限度，从而成为社会成本的一部分。因为企业如不参加保险而单独处理工伤赔偿，其费用支出会大于事故工伤保险的投保成本，所以企业有动力参与社会化工伤保险。

5. 社会折中理论

社会折中理论认为，工伤保险制度体现了雇主和雇员之间的利益妥协和得失均

---

① 孙树菡，朱丽敏. 社会保险学 [M]. 北京：中国人民大学出版社，2019：200.

衡。受伤的雇员愿意放弃法律诉讼索赔权,以潜在的更大但未必实现的获赔来换取较少但切实可靠的伤残给付;企业也愿意在无过错责任的情况下支付数额较少的保险费,以免在伤残雇员赢得诉讼后而不得不支付大量诉讼费用和更多的赔偿。[①]

(二)法学相关理论

随着社会政治、经济文明的进步,工伤赔偿的法律适用经历了从契约法到侵权法再到社会保障法的漫长过程,其责任体系也经历了从"自己责任"到"雇主责任"再到"社会责任"的转变。在工伤赔偿的法域调整和归责原则的变化过程中,有不少著名案例和理论对工伤保险制度的发展产生了重要影响。

1. 三大抗辩

随着资本主义的发展,机器化大生产过程中的各种危险因素不断增加,导致工伤事故数量也急剧增多,开始出现了雇员因工伤索赔而起诉雇主的案件。其中非常著名的是"普里斯特利诉福勒"案。按照当时英国普通法的规定,从事危险活动给他人造成伤害,由雇主承担赔偿责任。但即使能够证明雇主存在过失,雇主还可以提出各种免责抗辩。1837年,英国普通法院在审理"普里斯特利诉福勒"案及其他有关案例时,创设了"工友过失、共同过失、自甘风险"三大规则,雇主可以提出这些抗辩来推卸工伤事故的责任。

根据工友过失原则,雇主一般不对其雇用的从事具体操作事务的雇员的过失所导致的事故而对其他雇员造成的损害承担责任。如果该有过失的雇员部分地负有代雇主提供安全生产条件的义务,那么雇主应对该雇员在执行该任务时的过失承担责任。如果该有过失的雇员不负有代雇主提供安全生产条件的义务,或者只是在从事具体的操作性事务,那么雇主就不用对该雇员的过失给同事造成的损害承担责任。根据共同过失规则,如果受害人自己有过失,即使雇主存在过失,受害人也无权获得赔偿。根据自甘风险原则,雇员在一个危险的工作条件下受到了伤害,他们将被认为是自愿承担被雇用所潜在的风险,因为雇员在与雇主达成雇佣协议时就已经知道其工作是有风险的,甚至包括因其雇主的过失所造成的风险。

这些抗辩的理由都是以过失责任为基础的,劳动过程的复杂化使雇员要证明雇主有过失行为相当困难,因此雇员在绝大多数情况下得不到赔偿。后来,各国对过失侵权赔偿形式的工伤赔偿制度进行了改革,废除了有关抗辩事由。[②]

2. 对劳工赔偿法律制度的法理分析

劳工损害侵权赔偿经历了过错责任主义向无过错责任主义的演进,体现出对弱

---

① 罗莹. 美国工伤保险立法及其理论基础[J]. 中国社会保险, 1997 (11): 43.
② 郭莉. 工伤赔偿的法域调整与原则演进[J]. 法制与社会, 2013 (04): 14-15, 25.

者倾斜保护理论、损失补偿论和利益负担危险原则的影响。

1）对弱者倾斜保护理论

法国政治思想家拉科泰指出，强者和弱者之间的契约容易使弱者遭受奴役，而法律规定他们享有自由。在劳工赔偿方面，雇主无过错的制度设计体现了对弱者倾斜保护的理念，即只要证明损害是由工作引起的，无须证明雇主有过错就可以得到赔偿。

2）损失补偿论

依照实证主义法学派的观点，侵权行为法的关注点在于损失和赔偿，而不是对人的道德判断。侵权行为法应当以填补受害者损失为基点，而无须考虑其在主观或客观方面对损害的发生是否负有过错责任。因此，在劳动赔偿中应由雇主承担赔偿责任，雇主相比雇员更有能力承担这种损害赔偿。

3）利益负担危险原则

雇主无过错责任原则是基于利益负担危险原则，即一个从自己支配下的某活动中获益的人，应当对该活动所致的损害承担责任，也就是说"获得利益者应承担责任是正义的要求"。因此，劳工受到伤害，理应从雇主那里得到补偿。

3. 社会连带理论

社会连带概念由社会学家孔德提出，法国知名法学家利昂·狄骥进一步发展了这一哲学思想，提出了一种带有浓厚社会色彩的自然法理论。他认为，工伤不是单个雇主所面临的风险，更不应是劳工自己承担的风险，而是整个近现代工业社会所面临的风险，它对社会成员的安全构成了潜在的威胁，传统的侵权行为法不适于分散工伤这一社会风险。因此在观念上要以"社会责任"取代"个人责任"，侵权行为法要由以过错为基础转向以社会保险为基础。工作伤害应由社会成员互相帮助，共同分担社会风险。[①]

第二节
中国内地的工伤保险制度

一、中国内地工伤保险制度的历史沿革

中国内地的工伤保险制度最初建立于20世纪50年代，在新中国成立初期及全面

---

① 孙树菡，朱丽敏. 社会保险学 [M]. 北京：中国人民大学出版社，2019：202-203.

建设社会主义时期发挥了保障劳动者合法权益、维护社会安定、促进生产发展的重要作用。随着改革开放的不断深入，20世纪80年代以后，工伤保险制度逐步实行改革。在各地多年试点的基础上，1996年，劳动部颁布了《企业职工工伤保险试行办法》，进一步明确了工伤保险制度的任务和框架。2003年，国务院颁布《工伤保险条例》，标志着中国内地工伤保险制度步入了规范化、法治化的发展道路。

(一) 计划经济时期的职工工伤待遇

中华人民共和国成立后，党和政府在恢复和发展国民经济的同时，正式开始创建全国统一的社会保障制度。1950年12月11日，内务部公布了《革命工作人员伤亡褒恤暂行条例》，规定了伤残死亡待遇，随后又多次对此条例进行修改，提高了待遇水平。1951年2月26日，政务院颁布了《劳动保险条例》，规定了职工在遇到生、老、病、死、伤、残等困难时，有获得各项保险待遇的权利，将我国工伤补偿法律制度模式确定为社会保险加单位（雇主）责任制，这是新中国成立后首部全国统一的社会保险法规。1953年1月2日，政务院又通过了《关于中华人民共和国劳动保险条例若干修正的决定》，进一步扩大了社会保险的实施范围，提高了若干劳动保险的待遇标准，例如，疾病、生育津贴和丧葬费等都有所增加。

随着我国工业生产的发展，职业病伤害问题逐步凸显。为了加强对职工职业病伤害的保障，1957年2月28日，卫生部颁发了《职业病范围和职业病患者处理办法的规定》，首次将职业病列入工伤保险的保障范畴，确定了严重危害职工健康、严重影响生产的职业中毒、尘肺、职业性皮肤病等14种与职业活动有关的疾病，将其正式引入法定职业病范围。

1966—1976年的"文化大革命"期间，整个社会保险体系遭到严重破坏，原有工伤保险的统筹调剂职能彻底丧失，由"国家保险"退化为"企业保险"。1978年12月，中国共产党召开十一届三中全会，中国迈入以经济建设为中心的新发展阶段，社会保险制度的重建工作也被提上日程。在此期间，党和政府颁布了一系列规定：一是将社会保险的实施范围扩大到一些非国有企业；二是整顿与加强劳动保险工作；三是进一步明确因公负伤治疗与疗养期间的费用问题；四是规定了工伤补助及抚恤问题；五是增加职业病种类及调整职业病待遇。

(二) 经济体制转变过程中的工伤保险制度改革

随着改革开放的不断深入，《劳动保险条例》规定的企业职工工伤补偿制度已经不适应新形势的需要，主要表现为以下几个方面：第一，保障覆盖范围过窄，只限于国有企业和城镇集体企业；第二，缺乏抗风险能力，我国在新中国成立初期建立的劳动保险基金制度没有进一步发展完善，变成了没有基金保障的"企业保险"，

"企业保险"方式缺乏社会共济，面临的工伤风险难以分散；第三，工伤待遇项目不完整、标准低，随着职工收入的提高，工伤待遇占工资收入的比例逐年下降，难以保障工伤职工的日常生活水平；第四，政策和管理不规范，缺乏科学的评残等级标准和健全的劳动能力鉴定制度，多数地区劳动能力鉴定工作标准不统一，破坏了政策的公平性；第五，未建立工伤预防机制，不利于降低工伤事故率和促进安全生产。

我国工伤保险制度改革始于20世纪80年代中期以后，社会主义市场经济改革的深化和社会保障体系的完善迫切要求国家建立统一筹集资金、覆盖范围广泛、分散企业风险、评残标准规范的工伤社会保险制度。1988年，劳动部主持制定了社会保险制度改革方案，初步形成了工伤保险制度改革框架。这次改革的主要内容包括：一是建立工伤保险基金，逐步实施社会化管理，遵循"以支定收，留有储备"的原则，根据不同行业的不同事故率确定企业缴费率；二是调整和完善工伤保险待遇项目和标准，适当提高丧葬费、抚恤费并建议采取一次性抚恤制度；三是加强和规范工伤保险管理，进一步规范工伤认定条件、劳动能力鉴定标准及工伤待遇支付等环节。1988年底，劳动部召开全国劳动厅局长会议，要求选择有条件的地区进行工伤保险制度的改革试点。之后，海南省海口市，辽宁省铁岭市、锦州市、东沟县，广东省东莞市、深圳市，福建省将乐县、霞浦县，吉林省延吉市等10多个市、县先后开展了试点工作，由政府组织工伤保险事业，逐步变"企业保险"为"社会保险"。

随着改革试点地区的逐步扩大、推广，全国性工伤保险改革的时机已然成熟。1996年，劳动部颁布了《企业职工工伤保险试行办法》，其主要内容包括如下几点。第一，建立工伤保险基金制度。确立了"以支定收，收支基本平衡"的工伤保险基金筹集原则，并在一个统筹地区范围内实行基金统一调剂，大大分散了企业的工伤风险。第二，扩大工伤保险的覆盖范围。突破了以往工伤保险"全民企业执行、集体企业参照"的局限，把覆盖面扩大到各种所有制的各类企业和劳动者，进一步保障了广大劳动者的合法权益。第三，建立工伤保险差别费率机制。所谓差别费率，即根据各行业的工伤事故风险和职业危害程度的类别，规定不同的费率标准。在行业差别费率基础上，根据不同企业工伤事故发生率和职业安全情况，单个企业实行浮动费率。实施差别费率，其目的是利用经济杠杆的作用，促进企业建立健全安全生产的自我约束和激励机制。第四，规范工伤保险待遇项目和待遇标准。调整提高了工伤人员基本生活的定期待遇，对被鉴定为一到四级的工伤人员增加了一次性补偿。第五，统一工伤认定和劳动能力鉴定的标准和程序，首次提出建立工伤预防、工伤补偿和工伤康复相结合的工伤保险制度体系的要求。

各地在《企业职工工伤保险试行办法》的指导下，先后出台本地的工伤保险条例或实施细则，为工伤保险事业的发展注入了新的活力。截至 2002 年底，全国有 28 个省、自治区、直辖市和新疆生产建设兵团实施了工伤保险社会统筹，全国参加工伤保险的城镇职工已有 4 406 万人，共有 34.9 万人享受工伤保险待遇，工伤保险基金收支也由 1995 年的 10 亿元增加到 52 亿元。从整体来看，《企业职工工伤保险试行办法》实施以来，我国工伤保险事业取得了明显的改革实效，获得工伤保险保护的职工总量扩大，待遇水平也有显著提高。同时，初步建立起工伤保险预防机制，成立统筹基金，提高了社会共济能力，提升了抵御工伤风险的能力。

(三) 工伤保险法律体系的建设

由于《企业职工工伤保险试行办法》只是一个部颁文件，缺乏一定的权威性，并没有形成完整的政策体系，原则性较强，可操作性较弱。直至 2001 年，工伤保险立法列入了国家的立法计划。2001 年 10 月，全国人大常委会通过了《职业病防治法》，这部法律的立法目的是"为了预防、控制和消除职业病危害，防治职业病，保护劳动者健康及其相关权益，促进经济社会发展"。该法规定了职业病防治工作采取预防为主、防治结合的方针，实行分类管理、综合治理，进一步明确了劳动者享有的职业卫生保护权利。对已被诊断为职业病病人的诊疗、康复费用，伤残以及丧失劳动能力的职业病病人的社会保障，均按照国家有关工伤保险的规定执行。2011 年、2016 年和 2017 年，全国人大常委会陆续对《职业病防治法》进行了三次修订，逐渐放宽认定条件，完善认定程序，加强监督管理。2013 年 12 月，国家卫生和计划生育委员会、人力资源和社会保障部、国家安全监管总局、全国总工会联合发布《职业病分类和目录》，将职业病拓展至 10 类 132 个病种。

在经过十几年的改革及立法实践后，我国首部工伤保险行政法规——《工伤保险条例》于 2003 年颁布，2004 年 1 月 1 日起正式施行，意味着适应我国社会主义市场经济的新型工伤保险制度初步形成。这对于推进工伤保险改革，规范工伤保险制度，解决工伤保险争议，加快我国社会保障法治化建设具有重要意义。该条例明确了我国工伤保险制度的发展目标，即建立统一的、健全的工伤保险体系，将工伤预防、康复与补偿并列为我国工伤保险制度的三大职能。

与《企业职工工伤保险试行办法》相比，《工伤保险条例》在以下几个方面有所超越。

第一，对"职工"概念做出明确界定，扩大了工伤保险的权利主体范围。《工伤保险条例》明确将与用人单位存在劳动关系的各种用工形式、各种用工期限的劳动者都涵盖其中。

第二，扩大工伤认定范围。《工伤保险条例》将"在工作时间和工作场所内，因工作原因受到事故伤害"的情况延伸到"工作时间前后在工作场所内，从事与工作有关的预备性或者收尾性工作受到事故伤害"的情况。

第三，举证责任倒置，明确了企业责任。《工伤保险条例》规定，用人单位未在规定时限内提交工伤认定申请，在此期间发生的工伤待遇等有关费用，由该用人单位负担。若出现工伤争议，将由用人单位承担举证责任。这些规定有力维护了工伤职工的合法权益，有利于提升争议处理的效率。

第四，明确了赔偿责任。《工伤保险条例》规定了用人单位发生分立、合并、转让、实行承包经营或职工被借调等情况下的工伤保险责任。同时，充分考虑了弱势劳动者群体的权益，规定了当无营业执照或者撤销登记、备案的单位的职工以及非法使用的童工发生事故后的工伤保险责任。

第五，规范了劳动能力鉴定的程序，提高了鉴定的透明度和权威性。《工伤保险条例》改变了过去单一由行政部门成立劳动能力鉴定委员会的做法，鉴定委员会还包括经办机构代表以及用人单位等方面的代表，同时建立了劳动能力鉴定专家库。

第六，规定了严格的法律责任。《工伤保险条例》规定，经办机构应当定期公布工伤保险基金的收支情况。任何组织和个人对有关工伤保险的违法行为，有权举报。对于用人单位、工伤职工或者其直系亲属的骗保行为，也规定了相应的法律责任。

在此之后，劳动和社会保障部又先后颁布了《工伤认定办法》《因公死亡职工供养亲属范围规定》和《非法用工单位伤亡人员一次性赔偿办法》等一系列与《工伤保险条例》相配套的规章及规范性文件。《工伤保险条例》明确了劳动法赋予劳动者的享受工伤保险待遇的权利，与安全生产法、职业病防治法一道，共同筑起维护职业安全和保障伤残者权益的屏障。

2004年3月，劳动和社会保障部工伤保险司正式成立，这是工伤保险的专门管理机构。各地劳动和社会保障部门也随之设置专门的工伤保险管理机构和社会保险经办机构，承办工伤保险事务。2008年，人力资源和社会保障部成立后，仍继续由工伤保险司负责工伤保险事务的管理。

2010年10月，《社会保险法》正式颁布，其中对工伤保险做出了专章规定。《社会保险法》明确：工伤保险制度覆盖范围为中华人民共和国境内的各类企事业、国家机关、社会团体和有雇工的个体工商户；用人单位缴纳工伤保险费，职工不缴纳工伤保险费；工伤保险基金在直辖市和设区的市实行全市统筹，逐步实现省级统筹；工伤保险基金负责支付工伤医疗待遇、伤残待遇和工亡待遇；对于用人单位不支付职工工伤保险待遇的情形，由工伤保险基金先行支付。

考虑到与《社会保险法》的衔接，2010 年 12 月，国务院通过了《关于修改〈工伤保险条例〉的决定》，对《工伤保险条例》进行了修订完善。新《工伤保险条例》主要修订内容包括如下几点。

第一，扩大了工伤保险适用范围。在原条例规定适用于各类企业和有雇工个体工商户的基础上，新《工伤保险条例》适用范围扩大到除参公管理的事业单位以外的所有事业单位，以及社会团体、民办非企业单位、基金会、会计师事务所、律师事务所。

第二，调整扩大了工伤认定范围。将原规定的上下班途中机动车事故伤害认定为工伤，调整扩大到非本人主要责任的所有交通事故。

第三，简化了工伤认定程序。新《工伤保险条例》设置了工伤认定的建议处理程序，对于事实清楚、双方无争议的工伤认定申请的时限，由原来规定的 60 天缩短为 15 天，并取消了工伤认定争议处理中行政复议前置的规定。

第四，大幅度提高了工伤保险待遇。提升因工死亡职工的一次性工亡补助金标准，从原来的 48～60 个月的统筹地区上年度职工月平均工资，上调至按上年度全国城镇居民可支配收入的 20 倍发放。同时调整了伤残职工的一次性伤残补助金，将一至四级、五至六级和七至十级伤残职工的一次性伤残补助金标准分别增加了 3 个月、2 个月和 1 个月的本人工资。

第五，增加了基金支出项目。明确将工伤预防的宣传、培训等费用纳入基金支付，这为开展工伤预防工作提供了经费保障。同时，将原用人单位支付的"住院伙食补助费""统筹地区以外就医的交通食宿费"以及"终止或解除劳动关系时的一次性医疗补助金"，改由工伤保险基金统一支付，减轻了参保用人单位的负担。

第六，提高了工伤保险的强制性。增加了行政复议和行政诉讼期间不停止支付职工治疗工伤的医疗费用的新规定，以及对不参加工伤保险和拒不协助工伤认定调查核实的用人单位的行政处罚规定，有利于更好地保护广大职工的权益。

二、中国内地工伤保险制度的主要内容

《工伤保险条例》对我国工伤保险的有关内容做出了较为明确、全面的规定，该条例由国务院于 2003 年颁布，2010 年修订完善。

（一）工伤的定义和分类

工伤认定是劳动行政部门依据法律的授权对职工因事故伤害或职业病是否属于工伤（或者视同工伤）给予定性的行政确认行为。根据 2010 年新修订的《工伤保险条例》第十四条规定，职工有下列情形之一的，应当认定为工伤：

（1）在工作时间和工作场所内，因工作原因受到事故伤害的；

（2）工作时间前后在工作场所内，从事与工作有关的预备性或者收尾性工作受到事故伤害的；

（3）在工作时间和工作场所内，因履行工作职责受到暴力等意外伤害的；

（4）患职业病的；

（5）因工外出期间，由于工作原因受到伤害或者发生事故下落不明的；

（6）在上下班途中，受到非本人主要责任的交通事故或者城市轨道交通、客运轮渡、火车事故伤害的；

（7）法律、行政法规规定应当认定为工伤的其他情形。

《工伤保险条例》第十五条规定，职工有下列情形之一的，视同工伤：

（1）在工作时间和工作岗位，突发疾病死亡或者在48小时之内经抢救无效死亡的；

（2）在抢险救灾等维护国家利益、公共利益活动中受到伤害的；

（3）职工原在军队服役，因战、因公负伤致残，已取得革命伤残军人证，到用人单位后旧伤复发的。

《工伤保险条例》第十六条规定，有下列情形之一的，不得认定为工伤或者视同工伤：

（1）故意犯罪的；

（2）醉酒或者吸毒的；

（3）自残或者自杀的。

（二）工伤保险的覆盖范围

根据《工伤保险条例》的规定，工伤保险的覆盖范围包括中华人民共和国境内的企业、事业单位、社会团体、民办非企业单位、基金会、律师事务所、会计师事务所等组织和有雇工的个体工商户。

（三）工伤保险基金的筹集

要发挥工伤保险制度的作用，保证制度的顺利实施，必须有一个稳定的基金制度作为保障。我国工伤保险基金的筹集遵循以下几项原则。

第一，用人单位缴纳原则。工伤保险基金来自用人单位缴纳的工伤保险费，职工个人不缴纳工伤保险费。用人单位缴纳工伤保险费的数额为本单位职工工资总额乘以单位缴费费率之积。工资总额是指用人单位直接支付给本单位全部职工的劳动报酬总额，根据职工上年度月平均工资收入来确定。

第二，以支定收、收支基本平衡、适当留有储备的原则。由于工伤事故的发生带有突发性、偶然性，所以在工伤保险基金的使用上应当留有一定比例的储备金，用于统筹地区重大事故的工伤保险待遇支付。储备金不足支付的，由统筹地区的人民政府垫付。储备金占基金总额的具体比例和储备金的使用办法，由省、自治区、直辖市人民政府规定。

第三，实行差别费率和浮动费率相结合的征收原则。国家根据不同行业的工伤风险程度确定行业的差别费率，并根据工伤保险费使用、工伤发生率等情况在每个行业内确定若干费率档次。差别费率往往每隔一定时期需要调整一次，国务院社会保险行政部门应当定期了解全国各统筹地区工伤保险基金收支情况，及时提出调整行业差别费率及行业内费率档次的方案，报国务院批准后公布施行。

(四) 劳动能力鉴定

职工发生工伤，经治疗伤情相对稳定后存在残疾、影响劳动能力的，应当进行劳动能力鉴定。劳动能力鉴定是指劳动功能障碍程度和生活自理障碍程度的等级鉴定，它是给予受伤害职工工伤保险待遇的基础和前提条件。根据《劳动能力鉴定职工工伤与职业病致残等级》规定，劳动功能障碍分为十个伤残等级，最重的为一级，最轻的为十级。生活自理障碍分为三个等级：生活完全不能自理、生活大部分不能自理和生活部分不能自理。

(五) 工伤保险待遇

工伤保险待遇是指对职工因工发生暂时或永久人身健康或生命损害的一种补救和补偿，其作用是使伤残者的医疗、生活有保障，使工亡者的遗属的基本生活得到保障。工伤保险待遇的主要内容包括医疗费、康复治疗费、住院伙食补助费以及到统筹地区以外就医的交通和食宿费用、辅助器具费、护理费、停工留薪、伤残待遇、工亡待遇，具体标准如下所示。

1. 医疗费

职工治疗工伤应当在签订服务协议的医疗机构就医，情况紧急时可以先到就近的医疗机构急救。治疗工伤所需费用符合工伤保险诊疗项目目录、工伤保险药品目录、工伤保险住院服务标准的，从工伤保险基金支付。工伤保险诊疗项目目录、工伤保险药品目录、工伤保险住院服务标准，由国务院社会保险行政部门会同国务院卫生行政部门、食品药品监督管理部门等部门规定。医疗费具体计算方法为：医疗赔偿额＝诊疗金额＋药品金额＋住院服务金额。

2. 康复治疗费

工伤职工到签订服务协议的医疗机构进行工伤康复的费用，符合规定的项目可以从工伤保险基金支付。康复治疗费用需要符合工伤保险诊疗项目目录、工伤保险药品目录、工伤保险住院服务标准。具体费用标准需依地方规定，康复治疗需经办机构组织专家评定。

3. 住院伙食补助费以及到统筹地区以外就医的交通和食宿费用

职工住院治疗工伤的伙食补助费，以及经医疗机构出具证明，报经办机构同意，工伤职工到统筹地区以外就医所需的交通、食宿费用从工伤保险基金支付，基金支付的具体标准由统筹地区人民政府规定。

4. 辅助器具费

工伤职工因日常生活或者就业需要，经劳动能力鉴定委员会确认，可以安装假肢、矫形器、假眼、假牙和配置轮椅等辅助器具，所需费用按照国家规定的标准从工伤保险基金支付。

5. 护理费

生活不能自理的工伤职工在停工留薪期需要护理的，由所在单位负责。工伤职工已经评定伤残等级并经劳动能力鉴定委员会确认需要生活护理的，从工伤保险基金按月支付生活护理费。生活护理费按照生活完全不能自理、生活大部分不能自理或者生活部分不能自理三个不同等级支付，其标准分别为统筹地区上年度职工月平均工资的50％、40％或者30％。

6. 停工留薪

职工因工作遭受事故伤害或者患职业病需要暂停工作接受工伤医疗的，在停工留薪期内，原工资福利待遇不变，由所在单位按月支付。

停工留薪期一般不超过12个月。伤情严重或者情况特殊，经设区的市级劳动能力鉴定委员会确认，可以适当延长，但延长不得超过12个月。工伤职工评定伤残等级后，停发原待遇，按照《工伤保险条例》第五章的有关规定享受伤残待遇。工伤职工在停工留薪期满后仍需治疗的，继续享受工伤医疗待遇。停工留薪期根据医疗机构的诊断证明和各地的停工留薪期分类目录确定，但确定的部门和程序依地方规定。

7. 伤残待遇

《工伤保险条例》第三十五条规定，职工因工致残被鉴定为一级至四级伤残的，保留劳动关系，退出工作岗位，享受以下待遇。第一，从工伤保险基金按伤残等级支付一次性伤残补助金，标准为：一级伤残为27个月的本人工资，二级伤残为25个月的本人工资，三级伤残为23个月的本人工资，四级伤残为21个月的本人工资。第二，从工伤保险基金按月支付伤残津贴，标准为：一级伤残为本人工资的90％，二级伤残为本人工资的85％，三级伤残为本人工资的80％，四级伤残为本人工资的75％。伤残津贴实际金额低于当地最低工资标准的，由工伤保险基金补足差额。第三,工伤职工达到退休年龄并办理退休手续后,停发伤残津贴,按照国家有关规定享受基本养老保险待遇。基本养老保险待遇低于伤残津贴的,由工伤保险基金补足差额。职工因工致残被鉴定为一级至四级伤残的,由用人单位和职工个人以伤残津贴为基数,缴纳基本医疗保险费。

《工伤保险条例》第三十六条规定,职工因工致残被鉴定为五级、六级伤残的,享受以下待遇。第一,从工伤保险基金按伤残等级支付一次性伤残补助金,标准为:五级伤残为18个月的本人工资,六级伤残为16个月的本人工资。第二,保留与用人单位的劳动关系,由用人单位安排适当工作。难以安排工作的,由用人单位按月发给伤残津贴,标准为:五级伤残为本人工资的70%,六级伤残为本人工资的60%,并由用人单位按照规定为其缴纳应缴纳的各项社会保险费。伤残津贴实际金额低于当地最低工资标准的,由用人单位补足差额。经工伤职工本人提出,该职工可以与用人单位解除或者终止劳动关系,由工伤保险基金支付一次性工伤医疗补助金,由用人单位支付一次性伤残就业补助金。一次性工伤医疗补助金和一次性伤残就业补助金的具体标准由省、自治区、直辖市人民政府规定。

《工伤保险条例》第三十七条规定,职工因工致残被鉴定为七级至十级伤残的,享受以下待遇。第一,从工伤保险基金按伤残等级支付一次性伤残补助金,标准为:七级伤残为13个月的本人工资,八级伤残为11个月的本人工资,九级伤残为9个月的本人工资,十级伤残为7个月的本人工资。第二,劳动、聘用合同期满终止,或者职工本人提出解除劳动、聘用合同的,由工伤保险基金支付一次性工伤医疗补助金,由用人单位支付一次性伤残就业补助金。一次性工伤医疗补助金和一次性伤残就业补助金的具体标准由省、自治区、直辖市人民政府规定。

8. 工亡待遇

职工因工死亡,其近亲属按照下列规定从工伤保险基金领取丧葬补助金、供养亲属抚恤金和一次性工亡补助金。第一,丧葬补助金为6个月的统筹地区上年度职工月平均工资。第二,供养亲属抚恤金按照职工本人工资的一定比例发给由因工死亡职工生前提供主要生活来源、无劳动能力的亲属。标准为:配偶每月40%,其他亲属每人每月30%,孤寡老人或者孤儿每人每月在上述标准的基础上增加10%。核定的各供养亲属的抚恤金之和不应高于因工死亡职工生前的工资。供养亲属的具体范围由国务院社会保险行政部门规定。第三,一次性工亡补助金标准为上一年度全国城镇居民人均可支配收入的20倍。伤残职工在停工留薪期内因工伤导致死亡的,其近亲属享受前述丧葬补助金的待遇。一级至四级伤残职工在停工留薪期满后死亡的,其近亲属可以享受前述丧葬补助金及供养家属抚恤金的待遇。

三、中国内地工伤保险事业的发展成就和未来展望

(一) 改革开放以来工伤保险事业的发展成就

改革开放以来,我国工伤保险事业成绩斐然。工伤保险制度覆盖范围进一步扩大,统筹层次进一步提高,逐步实现省级统筹,"三位一体"制度体系进一步健全,一张保障职工安全的"防护网"已经形成。我国内地工伤保险事业发展的主要成就体现在以下几个方面。

1. 覆盖范围不断扩大,参保人数大幅增加

我国工伤保险制度在《企业职工工伤保险试行办法》实施前,参保对象主要是国有企业及其职工,1995年底,参保人数仅为2 615万人。在《企业职工工伤保险试行办法》实施之后,参保对象拓展到各类企业及其职工,2003年底,参保人数达到4 575万人。在2003年《工伤保险条例》颁布实施后,参保人数始终保持高速增长态势。2006年底,工伤保险参保人数历史性地突破1亿人,达到10 268万人。2010年底,工伤保险参保人数已达16 161万人。2017年以来,全国新开工建筑项目参保率保持在97.7%以上。截至2021年底,全国工伤保险参保人数达到2.83亿人,更多的劳动者获得了职业伤害保障。

我国工伤保险制度的覆盖面已由各类企业拓展到事业单位、社会团体、民办非企业单位、基金会、律师事务所、会计师事务所等组织和有雇工的个体工商户。针对农民工、灵活就业人群等部分特殊群体的参保难题,2004年,劳动和社会保障部颁发了《关于农民工参加工伤保险有关问题的通知》,将农民工群体也纳入工伤保险覆盖范围。2006年5月,劳动和社会保障部发布了《关于实施农民工"平安计划"加快推进农民工参加工伤保险工作的通知》,开始在全国组织实施农民工"平安计划",计划用三年时间将高风险企业的农民工基本覆盖到工伤保险制度之内。2014年,人社部等四部门印发《关于进一步做好建筑业工伤保险工作的意见》,明确将建设项目用工依法纳入工伤保险保障范围,有针对性地做出了工伤优先、项目参保、概算提取、一次参保、全员覆盖的制度安排,明确提出将按项目参保证明作为办理项目施工许可证的前置条件。2018年,人社部等六部门印发《关于铁路、公路、水运、水利、能源、机场工程建设项目参加工伤保险工作的通知》,创造性地解决了工程建设领域农民工参保难的问题,工伤保险覆盖面不断扩大。2017年以来,全国新开工建筑项目参保率保持在97.7%以上。2021年7月,人社部等八部门联合出台了《关于维护新就业形态劳动者劳动保障权益的指导意见》,进一步规范了平台用工关系,其中"以出行、外卖、即时配送、同城货运等行业的

平台企业为重点,组织开展平台灵活就业人员职业伤害保障试点"的条款给广大灵活就业人员吃了一颗"定心丸"。

2. 基金规模持续扩大,待遇水平不断提高

《工伤保险条例》实施以来,全国工伤保险基金收入稳步增长,2004年基金收入为58亿元,2010年达到285亿元,2021年为948.8亿元。基金支出方面,2004年为33亿元,2010年为192亿元,2021年为988.2亿元。全国各统筹地区基本建立了储备金制度。截至2020年末,工伤保险基金累计结存1 449亿元(含储备金174亿元),享受工伤保险待遇的人数从2003年的30万人增加到2020年的188万人。

2011年,《社会保险法》和修订后的《工伤保险条例》实施,提出工伤保险逐步实行省级统筹。2017年,人社部会同财政部印发《关于工伤保险基金省级统筹的指导意见》,提出在2020年底前全部实现省级统筹。截至2020年底,全国31个省、自治区、直辖市和新疆生产建设兵团实现工伤保险省级统筹。该统筹制度让有限的工伤保险基金充分发挥"共济"功能,有效提升了工伤保险基金统筹使用能力,解决了部分地方基金不足支付的主要矛盾,增强了工伤保险制度的互济性和可持续性。省级统筹的推进确保了受保障人群的保障待遇稳步提高。

党的十八大以来,我国工伤保险待遇动态调整和确定机制逐步走向科学规范。2017年,人社部制定印发《关于工伤保险待遇调整和确定机制的指导意见》,明确伤残津贴、供养亲属抚恤金、生活护理费和住院伙食补助费等待遇水平的调整确定办法,使得工伤职工能够及时享受到社会经济发展红利。[①]

3. 工伤保险管理服务水平不断提高

全国各地普遍建立了独立于企业事业单位之外的工伤认定、劳动能力鉴定和工伤保险经办三支专业队伍,为工伤职工提供一条龙的专业化服务。在计划经济时期的劳动保险制度下,企业不仅要具体经办劳动保险事务,还要负责对工伤职工的日常管理,企业所承担的社会事务十分繁重。工伤保险制度的改革,实现了工伤保险事务和工伤职工管理的社会化,大大减轻了企事业单位的社会事务负担。随着工伤保险事业的发展,工伤保险服务体系逐渐建立和完善,服务体系的能力建设不断增强。《工伤保险条例》实施以来,我国对工伤认定、劳动能力鉴定和工伤保险经办三支专业队伍分别展开了多种形式的培训工作,三支队伍的专业素质得到有效提升。

---

① 王永. "三位一体"全面保障劳动者职业安全——工伤保险工作综述[N]. 中国劳动保障报,2022-05-25.

(二) 工伤保险事业的未来展望

我国工伤保险的最终目标和政策取向是建立统一、健全的工伤社会保险体系。改革开放以来，我国工伤保险制度不断发展完善，但与发达国家相比，仍存在覆盖面较窄、统筹层次过低、待遇调整机制欠缺、管理不规范、重补偿而轻康复和预防等问题。因此，未来应着重做好以下几方面的工作。

第一，扩大覆盖面，完善工伤保险待遇。一方面，不断扩大覆盖面，尽快将各类职业人群纳入工伤保险制度中来，是近几年工伤保险工作的优先目标。比如，持续推进高风险行业工伤保险扩面行动，牢牢抓住以农民工为主的重点扩面人群；结合国家经济政策和社会发展情况，完善适合新业态从业人员及灵活就业人员的工伤保障方式。工伤保险的扩面要向分布在农村地区的乡镇企业延伸，进一步转变扩面方式，应逐步由单一行政推动转向政策宣传和执法处罚并重，变企业被动参保为依法主动参保。另一方面，研究建立科学的工伤保险待遇项目、结构和标准体系，完善工伤保险待遇水平与经济社会发展的联动调整机制。

第二，提高工伤保险管理服务水平，巩固完善工伤保险省级统筹。2017年，人力资源和社会保障部、财政部颁布《关于工伤保险基金省级统筹的指导意见》，在该文件的指导下，各地逐步实现工伤保险省级统筹的目标，提升工伤保险基金抗风险能力。2021年，习近平总书记在主持十九届中央政治局第二十八次集体学习时指出，要"加强社会保障精细化管理"，"在提高管理精细化程度和服务水平上下更大功夫，提升社会保障治理效能"。这对加强社保经办管理服务提出了新要求，需要重视管理服务创新，以精细化、信息管理为中心，优化流程，减少环节，持续推进社保数字化转型，提高管理服务的效率和质量；要以基本实现工伤保险指标的联网检测为目标，加快工伤保险信息系统的建设；要加快工伤保险业务平台建设，推进工伤医疗费用即时结算工作；要加强机构和队伍建设，提高工伤保险的组织管理水平，为工伤保险事业的有序健康发展提供有力支持。

专栏6-1：
新业态从业人员
职业伤害保障
困境的应对模式

第三，积极推进工伤预防机制的建立，充分发挥工伤保险的康复功能。一方面，加强工伤预防宣传，增强劳动者和用人单位的安全生产意识，加强安全生产监督检查，强化职业病监测、报告制度。通过经济激励机制提升企业开展工伤预防的积极性，在完善工伤保险费率机制的基础上引入工伤风险评估机制，充分发挥费率在促进工伤预防方面的杠杆作用，降低事故发生率。另一方面，加强和规范工伤康复管理工作，确保康复资金的投入，加强康复机构建设，推进康复专业人才队伍建设，探索工伤康复服务模式，整合工伤康复资源。

专栏6-2：
最高检发布工伤
认定和工伤保险类
行政检察监督
典型案例

第四,探索建立多层次工伤保险体系。在全面推行工伤社会保险制度的同时,探索工伤保险与商业保险的合作模式,发展补充工伤保险、雇主责任保险等,建立起多层次工伤保险体系。

第三节 中国港澳台地区的工伤保险制度

一、香港地区的工伤保险制度

香港工伤保险制度始于1953年12月港英当局制定的《劳工赔偿条例》。1980年,该条例有所修订,改称《雇员补偿条例》。香港地区对劳工权益保障是相当重视的,制定并多次修订了《雇员补偿条例》《职业安全及健康条例》《雇佣条例》《肺尘埃沉着病(补偿)条例》等多个与劳工权益有关的法律与法规,多项劳工法例为香港地区工伤保险制度的建立与实施提供了具体的依据。

香港地区的工伤保险制度属于雇主责任保险制。任何雇主都必须履行其对雇员的工伤赔偿责任,根据《雇员补偿条例》的规定,任何雇主均须为其全体雇员投保雇主责任保险,并为此承担全部费用;如果不履行投保义务,将被判有罪并受到刑事处分或罚款。香港地区的工伤保险制度在实施中不是由政府机构具体承办,而是由有关商业保险公司依法承担具体的业务经办任务,是政府强制推行、保险公司受托承办的一种社会保障业务。

在工伤保障的待遇方面,获得雇主的赔偿也是遭遇工伤事故的劳动者的法定权利。凡是雇员在受雇期间因从事职业工作受到任何伤害,只要不是雇员自己故意行为所致,雇主均须按照《雇员补偿条例》的规定,对雇员及其家属履行法定的经济赔偿义务。香港工伤保险待遇包括遗属保险金、工伤补助金、医疗补助金等。遗属保险金按照死者年龄,金额相当于死者生前36个月到84个月的工资收入不等,作为赔偿金支付给其家属。因工遭遇意外死亡的雇员,其丧葬费和医护费等相关费用有权向雇主申请发还,费用上限为92 670港币。若雇员因工受伤引致永久地完全丧失工作能力,工伤补助金额需要按照受伤时的年龄及每月收入来计算;若雇员因工受伤引致部分丧失工作能力,由两级制评估委员会负责评估雇员因工伤所需缺勤的时间和永久丧失工作能力的程度,补偿金额须依据雇员丧失赚取收入能力的程度,并参照永久地完全丧失工作能力的补偿金额,按照"永久地完全丧失工作能力的补偿金额×永久丧失赚取收入能力百分率"来计算;若雇员暂时丧失工作能力,则按照

"（发生意外时的每月收入－在意外后的每月收入）×4/5"来计算工伤病假工资补偿，可领取补偿时间为 24 个月。

在工伤预防和康复方面，1990 年港英政府制定的《雇员补偿保险征款条例》规定，部分雇员补偿保险费须用于工伤预防，因此，香港部分私营保险公司会要求投保雇主进行工伤风险评估及工伤预防改善管理。香港工伤医疗康复主要依赖香港医院管理局辖下的政府公立医院，由物理治疗及职业治疗部门负责，包括住院和门诊服务，绝大部分费用均由政府公共医疗服务预算承担。

在工伤保障的管理方面，香港雇主责任制奉行管、办分离原则，由香港特区政府中的劳工处负责统一管理并履行监督职责，由保险公司承担经办业务。雇员受伤或死亡后，由雇员或其代理人通知雇主或劳工处，法律规定雇主必须向劳工处或警署报告发生的意外伤亡事故，然后经过调查及身体检查程序进入赔偿处理阶段。此外，香港还设有劳资审裁处，该机构属于司法机构，以便捷、不拘形式的方式，仲裁雇主与雇员之间各类不属于小额薪酬索赔的问题。仲裁处专责审裁职责范围内的纠纷，其中包括雇员工伤赔偿请求等。[①]

二、澳门地区的工伤保险制度

为确保澳门工业和建筑地产业的安全生产，保障劳工权益，1989 年，澳葡政府颁布《核准事务所、服务场所及商业场所之工业安全及卫生总章程》。1995 年，澳葡政府颁布了《工作意外及职业病保险法例》。同时，为了落实安全生产和劳工保障的法律规定，澳门地区成立劳工事务局和社会协调常设委员会。

在澳门的法律制度中，劳工享有工伤事故赔偿和职业病赔偿的权利。《工作意外及职业病保险法例》中规定，受赔偿权属于不可放弃、不可查封、不可转让、不可抵充的权利，而且是优先债权，因此，在雇主处于破产或资不抵债状况下，受赔偿权享受优先清偿的权利。在出现工伤意外或职业病时，劳工事务局需主动介入，进行调查和搜集证据，并计算赔偿金额。对劳工事务局确定的金额，劳工和雇主若不认同，可以申请仲裁或由法官通过司法程序确定。在赔偿数额确定后，雇主需要及时完整做出支付。如果拒绝支付，由检察院代劳工提起诉讼程序。

在工伤认定范围方面，《工作意外及职业病保险法例》中规定，工作意外指的是在工作地点及工作时间内发生且直接或间接造成身体侵害、机能失调或疾病，并由此而引致死亡、暂时或长期无工作能力或谋生能力之意外。职业病是指劳工因在一段时间内处于曾提供或现提供服务中存有工作危险、职业活动危险或环境危险而患

---

① 许飞琼. 香港地区的工伤保障制度及其启示 [J]. 中国社会保障，2004（06）：18-19.

上的疾病。"呼吸系统职业病"或"肺尘埃沉着病"亦在保障之内。澳门社会保障基金成立于1990年，是一项供款性的社会保障计划，社会保险基金承担因呼吸系统职业病而引致受益人丧失工作能力或引致死亡的相关赔偿。

在工伤保障待遇方面，澳门工伤保险待遇包括两大项，即特定给付（恢复健康、工作能力或谋生能力的弥补）和金钱给付（丧失工作能力的赔偿）。特定给付包括：一般或专门之医疗及外科疗理，例如必要的诊断和治疗、药物疗理、护士护理入驻医院；机能康复；前往诊断、治疗的公共交通费用。金钱给付具体分为暂时丧失工作能力的赔偿和长期丧失工作能力或死亡个案赔偿。①

三、台湾地区的工伤保险制度

我国台湾地区将工伤统称为职业灾害。1950年4月，台湾地区公布《劳工保险办法》，该办法采取了将工伤保险与养老保险等社会保险综合起来的立法模式，其中规定："凡在本省境内之公营民营工厂、矿场、盐场暨公营交通、公用事业之工人，应全加入劳工保险。"1958年7月，《劳工保险条例》颁布。1960年，《劳工保险条例》在台湾地区正式实施，此后经历了多次修正，逐步扩大保险覆盖范围，建立起职业灾害劳工医疗给付制度。同年，正式成立"劳工保险局"专责办理劳工保险业务，将职业灾害保险纳入劳工保险之中。台湾地区"劳工保险局"统筹劳工保险基金，为保险人办理劳工保险业务。依据现行《劳工保险条例》的规定，15岁以上、65岁以下，被雇于雇佣5人以上厂、场、公司、行号及交通、公用、新闻、文化、公益、合作等事业单位及政府机关、公私立学校之劳工，投保单位应于到职当日为其办理加保。受雇于未满5人之单位者，可自愿加保。有雇主的各类被保险人的职业灾害保险全部由投保单位负担；无一定雇主或自营作业的职业工人的职业灾害保险费均由被保险人负担60%，其余40%由政府补助。

1984年，台湾地区通过"劳动基准法"。"劳动基准法"第五十九条规定："劳工因遭遇职业灾害而致死亡、残废、伤害或疾病时，雇主应依规定予以补偿。"

台湾地区以往职业灾害补偿相关法令主要分散在"劳动基准法"和《劳工保险条例》之中，职业灾害保险仅限于伤病、医疗、失能及死亡（含失踪津贴）等四种给付以及劳工保险预防职业病健康检查，对职业灾害劳工保障不足。在劳工团体的推动下，台湾地区立法机构于2002年通过了"职业灾害劳工保护法"。"职业灾害劳工保护法"扩大了职业灾害补偿保障范围，规定没有投保的劳工如果发生职业灾害，也能够以最低投保薪资向"劳工保险局"申请补助。"职业灾害劳工保护法"还增加

---

① 孙树菡，朱丽敏. 社会保险学 [M]. 北京：中国人民大学出版社，2019：210-211.

了职业灾害劳工生活津贴，如果职业灾害劳工丧失工作能力、生活必须使用辅助器具或需要他人照顾，可以数年不等地申请生活津贴、器具及看护等补助。"职业灾害劳工保护法"结合了工伤补偿、预防和职业重建，使职业灾害劳工能获得完善的照顾。[①] 在"职业灾害劳工保护法"的支持下，陆续有若干职业伤病诊治中心成立，旨在建立良好的职业伤病诊断、补偿与复工管理制度以及职业伤害与职业病预防体系。

2022年5月1日，台湾地区正式施行"劳工职业灾害保险及保护法"，原有的"职业灾害劳工保护法"停止实施。"劳工职业灾害保险及保护法"以制定专法的形式，整合了《劳工保险条例》中"职业灾害保险"及"职业灾害劳工保护法"的规定，旨在建构完善的职业灾害保险制度。该法扩大了保险范围，将受雇于登记有案事业单位的劳工，不论雇用人数全部强制纳入保险，并提供多元渠道，让工作者皆可享有工作安全保障；增进给付权益，适度提高投保薪资上下限，并大幅提升保险给付水准，以强化对于职业灾害劳工及其家属的生活保障，雇主亦可有效分担职业灾害补偿责任。此外，该法在年度应收保险费的20%及历年经费执行剩余额度的范围内编列经费，办理职业灾害预防及重建事项；成立财团法人职业灾害及重建中心，针对有复健需求的劳工提供最长180日的复健津贴，以有效连接职业灾害预防与重建业务。[②]

第四节 国外工伤保险事业的发展

一、国外工伤保险制度的建立与发展

(一) 雇主责任保险制度的建立

工伤保险制度是世界上最早立法的社会保障制度之一。工伤保险制度的确定，经历了从雇主责任保险向社会保险发展的历程。在前工业化社会，在手工作坊式的小工厂里，对工伤事故的预防、处理和赔偿是在雇主和雇员之间私下进行的。早期

[①] 于欣华，郑清风. 海峡两岸工伤保险法律制度比较——以工伤保险基本原则为标准的研究[J]. 内蒙古社会科学（汉文版），2012，33（05）：57-62.

[②] 详见"台湾'劳动部'劳工职业灾害保险"，网址：https://www.mol.gov.tw/1607/28162/28472/28486/nodelist.

资本主义时代，工伤事故时有发生却未引起足够的重视。受到亚当·斯密风险承担理论的影响，社会普遍认为工人理应负担其在工作过程中因工伤事故而蒙受的一切损失。随着市场经济的发展，大机器生产导致的工伤事故日益增多，开始有了雇员因工伤索赔而起诉雇主的案件。但按照当时民法的规定和程序，受害者往往得不到及时、合理的赔偿。

随着社会的发展，19世纪末期，英国、法国、德国普遍认同了职业风险原则，在侵权法的领域也出现了无过错原则。职业风险原则和无过错原则应用于工业伤害领域，代表着雇主责任制的开始。雇主责任制意味着，无论雇主是否有过错，都需要按照法律法规对受伤雇员或死亡雇员的家属承担赔偿责任。职业伤害保险从民法中独立出来之后，就进入了雇主责任保险阶段。雇主责任保险是指受伤害的雇员或其遗属直接向雇主要求索赔，雇主依照法律法规向他们直接支付保险待遇。雇主责任保险制有自保和向商业公司投保两种情况：一是雇主对职业伤害的赔偿，有些国家规定由雇主个人承担，也有些国家规定由雇主群体（如雇主协会等）承担；二是雇主通过私人保险公司投保而得到保险，这类保险公司征收伤害保险费，保险费通常根据各企业或各行业的工伤事故发生情况而定。但雇主责任保险制存在一定的缺陷：一方面，巨大的工伤赔偿可能会影响企业的发展；另一方面，赔偿金多为一次性支付，难以长期保障永久完全丧失劳动能力的雇员或工亡家属的基本生活。商业保险公司介入工伤保险同样具有很大的局限性，由于其盈利的本性，这些私营保险公司会千方百计拒绝接受职业危险性高的企业雇主和工人参加保险。在支付赔偿金时，保险公司又会尽可能去降低给付标准和逃避赔付责任。

（二）工伤社会保险制度的建立

工伤事故具有严重性、不可避免性和非个人性的特征，是社会性的问题。因此，单纯追究"个人"的责任是不合理的，需要根据社会公正原则，让全体社会成员分担损失，保证工伤职工获得赔偿。随着现代国家的社会职能加强，国家已经承担起保障社会成员免受意外损失的义务，对工伤职工的赔偿必然从工伤索赔、雇主责任制发展到工伤社会保险。1884年7月，德国颁布了《劳工伤害保险法》，这是世界上第一部工伤保险法，是专门涉及工伤事故和职业病及其预防与补偿问题的法规。这一立法的影响遍及整个欧洲，各国纷纷效仿德国，先后建立了工伤保险制度，颁布了相关法规。奥地利于1887年，芬兰、挪威于1895年，英国、爱尔兰于1897年，丹麦、法国、意大利于1898年分别首次对工伤保险立法。20世纪初，西班牙、荷兰、卢森堡、比利时、葡萄牙、希腊及澳大利亚等国先后完成了工伤保险立法。美国的首次立法出现在1908年，1911年有10个州相继进行了相关立法。日本的工伤保险立法出现在1911年。

(三)世界工伤保险制度的发展趋势

目前,无论是发达国家还是发展中国家,都在不同程度上实施了工伤保险制度。为了减少纠纷、降低制度成本,大部分国家和地区都颁布了工伤保险法及相关法规,工伤保险法律制度不断成熟,具体表现在立法理念逐步明晰,职业伤害认定范围逐渐扩大,覆盖群体不断延伸,基金管理与监督逐步科学,补偿与预防、康复逐步有机结合等。

1. 职业伤害认定范围

工伤保险制度建立初期仅包括工业上的意外事故,后来才把由于工作原因造成的职业病也包括进来。1884年,德国出台了历史上最早的工伤保险立法,这时仅以工伤意外事故为保险事故,1925年修正《劳工伤害保险法》时才将11种职业病列入保险范围。各国对工伤保险中有关工伤范围的界定,总体趋势是不断增加新的内容。

国际劳工组织1921年通过的《(农业)工人赔偿公约》(第12号)把工伤事故定义为:"由于工作直接或者间接引起的事故为工伤事故。"这里的"直接或间接引起"是指工伤事故必须与工作的时间和地点相关。1964年,国际劳工组织在《工伤事故和职业病津贴建议书》(第121号)中规定,工作场所与下列处所之间的直线路线上发生的事故可以作为工伤事故处理:雇员的主要住所或次要住所;雇员经常用餐的处所;雇员经常领取工资或报酬的处所。根据国际劳工局调查统计,1925年,世界上仅有7个国家把在上下班途中发生的意外事故包括在工伤保险范围内,而到1963年,有50个国家把这种事故视为工伤保险事故。

职业病虽非事故,但也是因为从事一定的劳动而蒙受疾病,给劳动者造成了损害。最早把职业病纳入职业伤害补偿范围的是1906年英国的"职业补偿修正案",将6种职业病纳入可赔偿的范围内。法国在1919年也开始把职业病纳入赔偿范围。最早的相关国际公约中的职业病名录仅包括铅中毒、汞中毒和炭疽病毒感染(1925年),其后的1943年名录增加到10种,1964年拓展到15种,1980年达到29种。

2. 工伤保险的覆盖群体

工伤保险的覆盖群体或者说实施范围是工伤保险立法成熟、完善与否的重要标志。早期的工伤保险的对象范围仅包括从事有危险工作的工人,有些国家甚至还把一些小企业排斥在工伤保险范围之外。目前,世界各国均有扩大工伤保险覆盖面的趋势,参加工伤保险的限制在减少,有权享受待遇的人在增加。例如,荷兰实行典型西欧国家的全民福利计划;瑞典、法国、英国虽未实行全民参保,但也几乎包括了所有的雇员和自我雇佣者;北美地区实行地方性的工伤保险制度,像加拿大各省的覆盖率介于70%～90%；日本部分自谋职业者如司机、手工艺匠经批准可参加工伤保险；新加坡工伤保险对象包括所有体力劳动者，但是家务佣工、临时雇工、家庭劳动者、月收入低于1 500新元的薪金雇员被排除在外；德国将灵活就业人员、自由职业者、学徒、学生、幼儿园儿童以及家庭佣工纳入工伤保险的保障对象。

这种变迁反映了工伤保险的发展趋势，即保障对象由危险行业的劳动者、重体力劳动者到一般体力劳动者，进而扩展至非体力劳动者，再扩展至非劳动者。这种从特殊到一般、从小范围到普遍性的变迁，是社会发展的要求，可以使更多人的权利得到有效保障。

3. 工伤保险的统筹层次

在西方各国，不管是地方性的工伤保险制度还是全国统一制度，其统筹层次一般为省（州）级或全国统筹。例如，荷兰实行的就是全国统筹，采取全民参保的形式，即年龄在18～65岁的全体荷兰居民（包括在荷兰工作并依法缴纳工资税的外籍人员）均可以享受到残疾津贴待遇。美国和加拿大则是在各州（省）内实行统筹管理，有所区别的是，加拿大某些行业（如航海运输业、铁路运输业、跨省内河运输业、银行业等跨省企业）属于联邦法律范畴，对于这些雇员实行全国统筹，而美国联邦法律规定的保险只针对联邦雇员。

4. 工伤保险的费率机制

费率机制是工伤保险基金筹集的核心问题，当然也是工伤保险管理制度的核心问题。世界上绝大多数国家都以企业职工的工资总额为基数，按照一定的比例缴纳形成工伤保险基金。在费率的确定上主要有三种方式，即统一费率制、差别费率制及浮动费率制。在已实行工伤保险的国家里，约有37%采用统一费率制度，如以色列、埃及等国；约有41%的国家采用的是差别费率制度，如德国、美国、英国等；其余的国家则多采用后两种制度相结合的方式。

5. 工伤保险的实施情况

世界上多数国家工伤保险部门的安全监察机构与劳动部门的安全监察机构并存，两者相互配合，在各自职责范围内共同做好安全监督工作。国外对于那些不参保的企业，监督力度很大，且处罚严厉，从而在很大程度上杜绝了此类不法现象。例如，在德国，对于不参保企业，将由法院强制执行；英国对于没有为雇员投保的雇主，每天罚款250英镑；美国加州工业关系局有权对未参保企业签发封厂通知书，直到雇主购买了保险，企业才能开工。[①]

---

① 吴媛，段胜楠，王菁，等．国内外职业健康保险状况的比较［J］．中华劳动卫生职业病杂志，2012（08）：630-633.

二、典型国家的工伤保险制度

(一) 美国的工伤保险制度

美国工伤保险最早的立法可以追溯到 1908 年的《联邦雇员工人补偿法》，这是美国历史上第一个有关工人工伤补偿保险的立法，但联邦政府只为自己的雇员及少数特殊高风险行业的雇员制定了工伤补偿制度。同年，联邦政府又颁布了《劳工伤害赔偿法》，从而推动了各州工伤立法的正式实施。多数州在 1910—1920 年间进行了工伤补偿制度立法。1911 年，最早通过违宪审查立法的州是新泽西州和威斯康星州。1948 年，密西西比州最后一个通过立法。到 2015 年底为止，美国共有 31 个州的工人补偿制度已建立 100 年之久。

1935 年，美国国会通过《社会保障法》，其后多次对工伤保险制度进行修订。直到目前，美国没有全国统一的工伤保险立法，各州对工伤补偿自行立法，相互独立。各州工伤补偿制度具有如下的相似制度特征：其一，强制参保，除了得克萨斯州和俄克拉荷马州外，所有州均强制雇主参加工人补偿保险；其二，在待遇支付方面，医疗费从工伤开始即 100% 支付，丧失工时现金待遇有 3~7 天的等待期；其三，雇主缴费，除华盛顿州外，工人补偿保险均由雇主缴费，雇主可以从私营保险商或州立保险基金处购买保险，某些大企业也可以自保险。[①]

1. 组织管理

美国的工伤保险制度是雇主责任保险和社会保险并存，没有全国统一的工伤保险行政管理机构，其主要的保险模式有以下三种：一是采取工伤社会保险模式，二是采取工伤社会保险与商业保险并存的模式，三是采取由政府制定补偿标准、商业保险承保的模式。相应地，美国的工伤保险经办机构在各州也有所不同。在采取社会保险模式的州，一般设立州保险基金作为劳工赔偿保险机构；在采取社会保险和商业保险并存模式的州，工伤保险由州工伤保险基金管理委员会和保险公司共同经办；在采取商业承保模式的州，由商业保险公司经办。

美国在联邦政府中设立全国工伤赔偿委员会，负责联邦政府工伤纠纷调解和仲裁，并在各州政府中设立工伤赔偿管理局，作为州政府工伤纠纷调解和仲裁的机构。

2. 适用范围

美国工伤保险主要面向一般工商业雇员和大多数公共雇员，目前只有少量的自由职业者、自我经营者没有被纳入保险计划。部分州将农业雇员（20% 的州）、家务

---

① 余飞跃. 美国工伤保险制度概述 [J]. 中国医疗保险, 2016 (01): 67-70.

佣工（1/2 的州）、临时雇员（3/5 的州）、雇员人数在 3~5 名以下的公司的雇员（1/6 的州）排除在外。

3. 资金筹集与待遇给付

美国工伤补偿待遇由雇主直接提供（如自保险）或者依据费率支付保费而由保险商提供。美国采用政府管制的办法来确定工伤保险的费率，在各州设立一个确定费率的机构，负责建立行业和职业保险分类系统。雇主的缴费率按照行业划分，同时实行差别费率，并规定费率可以上下浮动，以使企业积极做好工伤预防工作。

根据不同伤残情形，美国工伤补偿待遇可以细分为医疗待遇给付、暂时失能待遇给付、永久失能待遇给付、康复待遇给付与死亡待遇给付。

（1）医疗待遇给付包括为享有工伤保险待遇者提供免费治疗的项目。

（2）暂时失能待遇给付包括暂时全部失能支付与暂时部分失能支付。暂时全部失能是指工伤者一段时间内不能重返工作或再就业。暂时全部失能待遇一般按周支付，支付标准约为伤前工资的 2/3 左右。如果工伤者在未完全康复的情况下重返工作，由于身体原因，收入不能达到工伤前的水平，可以申请暂时部分失能待遇。

（3）永久失能待遇给付包括永久完全失能支付与永久部分失能支付。待遇支付水平具体要由工伤者治疗极限（即进一步的治疗不再有改善功能与能力的效果）的情况决定。

（4）所有州都会在提供失能待遇给付时，提供身体康复服务，多数州同时提供职业康复服务。

（5）死亡待遇给付包括丧葬费用津贴和遗属现金给付。丧葬费用津贴一次性支付，一般是 1 000~3 000 美元；遗属现金待遇按周给付，金额与家庭依赖死者收入的人数相关，设有支付上限，其中，配偶的现金待遇一般可以领到死亡或再婚。

4. 工伤预防和康复

职业安全与健康主要由劳工部职业安全与健康管理局（OSHA）负责，目标是通过与雇主、雇员共同协作，营造更加安全的工作环境，确保全美工人的安全与健康。美国的劳工部还下设煤矿安全与健康管理局（MSHA），负责《煤矿安全与健康法》的管理和实施，该法保护国家煤矿雇工的安全和健康。《职业安全卫生法》鼓励各州设立各自的安全卫生项目，由美国职业安全与健康管理局批准和监督实施。各州联合设立了职业安全卫生州计划协会（OSHSPA），这是一个旨在运行各自职业安全卫生项目的联合组织，由各成员州和联邦劳工部职业安全与健康管理局共同合作，致力于改善全美员工的安全卫生状况。

20 世纪 20 年代，美国开始对退役伤残军人和工伤残疾人员实施职业康复计划，此后美国一直在拓展其工伤康复计划。由于伤残人数增加导致社会保障负担过重，一般伤残者的职业康复转投私人康复,从而形成公共职业康复与私人康复并列的双轨体制。私人康复的经费来源于商业保险公司,不属于社会保障制度范围。[①]

(二) 德国的工伤保险制度

工伤保险作为国家立法出现,始于19世纪后期的德国。早在1881年,德国《社会保险宪章》就规定了有关事故保险的条款。1884年,德国颁布《劳工伤害保险法》,成为世界上最早确立工伤保险制度的国家。该法第一次确立了"无过错赔偿"原则,即无论工伤事故的责任在雇主还是被雇者自身,只要发生事故,工伤雇员都可以得到工伤赔偿。刚开始,德国只有工业事故工伤保险;1925年引入上下班途中发生的事故和职业病;1963年引入事故预防,并扩大了保险范围,增加现金补偿措施;1997年将工伤保险法融入社会法。由此,德国形成了完善的"预防—康复—补偿"的工伤保险模式。[②]

1. 组织管理

在德国,联邦劳动与社会事务部负责工伤保险的立法与监督;联邦、州(市)设立劳动保护局(署)承担监督检查企业制定和履行劳动保护制度的职责;同业公会管理工伤保险具体事务。

同业公会是一个非政府管理体系的社会团体组织,其主要职能是:颁布安全操作规程;监督事故隐患;协调各地区同业公会的工作;协调调剂全国社会工伤保险基金;提供工伤保险业务咨询服务;提供工伤保险业务培训;进行安全监测与调查。

同业公会根据不同行业分别建立。全国性的同业公会可以分为三大类:一是农业同业公会;二是公共系统的工伤保险经办机构;三是工商业同业公会。德国的工伤保险为高度自治制度模式,同业公会具有充分的决定权和管理权,使用的资金全部来自雇主缴费,政府不负担任何费用。

2. 适用范围

在德国,不论年龄、性别、种族、收入及从业时间长短,所有工业及商业部门内的雇员,只要存在雇佣关系,均可享受工伤保险。保障对象不仅包括企业工人、管理人员、学徒、实习人员,还包括大多数的自我雇佣者、在校学生、幼儿园儿童、家庭佣工、为公共部门或公共组织提供志愿服务的人,等等。由此可见,德国工伤保险制度具有普遍保障的特征。

---

① 孙树菡,朱丽敏. 社会保险学 [M]. 北京:中国人民大学出版社,2019:212-214.
② 应永胜. 德美日国家工伤保险制度探赜及启示 [J]. 北京航空航天大学学报(社会科学版),2013,26(04):24.

3. 资金筹集与待遇给付

德国工商业和农业工伤事故保险基金的资金来源于三个方面：第一，雇主缴纳的工伤保险费；第二，事故第三方支付的赔偿费（大部分发生在交通事故中）；第三，同业公会收缴的滞纳金、罚金以及固定资产的经营收益等。其中，雇主缴纳的工伤保险费是最主要的部分。此外，政府会对工商业和农业工伤事故保险基金的亏空给予特殊补贴。公共部门工伤事故保险基金的资金仅来源于联邦政府、地方政府、其他公共部门的税收收入或非税收入。

缴纳工伤事故保险金是雇主强制性的义务，法定受保人可自动享受。即使雇主漏缴或者少缴保险金，也丝毫不会影响雇员的法定权益。一旦发生赔偿，同业公会都会先支付，然后向雇主进行追索。

保险费用收缴额度的确定原则是"以支定收"，征缴采取延后一年推迟收取的模式，将上一年实际发生的费用在所有成员企业间分摊，不考虑经营利润，只分摊成本。工伤保险的费率取决于三个因素：企业的风险程度、工资总额以及上一年企业的工伤和职业病情况。

一旦发生工伤事故或职业病，同业公会不仅会及时给受害者经济补偿，而且会紧密协助医院医生的工作，介入个人的治疗和康复。事故受害者得到的福利包括合适的医护条件、专业的康复场所和足够的经济补偿。其中，经济补偿包括以下几个方面的内容。

第一，暂时性伤残补助金。事故造成受害者受伤、停止工作，最初6周由雇主发给受害者全部工资；6周之后工资停发，由同业公会发给伤残者事故之前个人净收入的80%（康复期间获得的所有补助不能超过本人之前的净收入），直至身体康复或领取养老金时止。领取暂时性伤残补助金的最长期限为78周。在身体康复和职业培训期间，受害者可以获得一笔额外的过渡期补助金。

第二，永久性伤残补助金。假如工伤或职业病导致受害者完全丧失劳动能力，同业公会将无限期发给受害人之前个人净收入的67%，直至领取养老金时止。如果发生部分伤残，即部分丧失劳动能力超过20%，同业公会将依据能力丧失的程度，以永久性伤残补助金全额为基数，发放部分补助金。伤残程度为90%的，发给永久性伤残补助金全额的90%；伤残程度为80%的，发给永久性伤残补助金的80%；伤残程度在80%以下、20%以上的，发给永久性伤残补助金的67%。如果发生严重伤残，即丧失劳动能力超过50%、没有工作、没有其他保险金时，在应得伤残补助金的基础上，同业公会还将补充10%的特殊补贴，最长的领取期限为2年。

第三，医疗费。不论伤残程度如何、康复期有多长，受害者的医药费、治疗费、残疾人必需的机械设备费、职业康复以及家务帮手的费用，都将由同业公会支付。

第四，遗属抚恤金。若事故受害者死亡，其婚配遗属的抚恤金相当于死者生前月收入的67%，可以连续领取3个月。

4. 工伤预防和康复

德国的工伤保险制度奉行"预防优先"的原则，由两套体系负责工伤预防工作：一是国家劳动安全检查机构根据国家法律对企业劳动安全行为进行检查；二是工伤保险同业公会按照法律规定采取一切适当手段帮助企业预防职业伤害的发生。

德国的工伤保险理念还包括"康复优于补偿"，同业公会负责对受到职业伤害人员提供三方面的康复措施：医疗康复、职业康复和社会康复。通过医疗技术对工伤职工进行治疗，通过提供再就业培训来帮助工伤职工再就业，使得他们尽早重新融入社会生活中。①

本章小结

工伤保险是社会保险的一个重要分支。工伤是指在劳动的过程中，由于劳动者与劳动工具或劳动对象的接触，或者是置身于条件不良的劳动环境中，劳动者发生伤残或死亡的情况。工伤包括工伤事故伤害和职业病。工伤保险指劳动者在生产经营活动中或在规定的某些特殊情况下遭受直接或间接事故伤害、职业病以及因这两种情况造成死亡、暂时或永久丧失劳动能力时，劳动者及其供养亲属（遗属）能从国家、社会得到必要物质帮助的一种社会保障制度。随着社会的发展，现代意义上的工伤保险的功能不断拓展和完善，形成了工伤预防、工伤补偿、工伤康复三位一体的制度体系。工伤保险具有强制性、社会性、互济性、福利性、补偿性和保障全面性特征，工伤保险的设计原则包括风险分担、互助救济原则，无过失补偿原则，个人不缴费原则，保障与赔偿相结合原则，补偿与预防、康复相结合的原则等。

我国的工伤保险从新中国成立初期劳动保险制度的建立，到"文革"期间工伤保险制度的破坏和停滞不前，以及改革开放以来实行以社会统筹为特征的改革试点和法律法规制度的建立完善，经历了从计划经济时期的"企业保险"到市场经济时期的"社会保险"的转换过程。

作为世界上最早立法的社会保障制度之一，国外工伤保险制度经历了从雇主责任保险向社会保险发展的历程。工伤保险的发展趋势是覆盖群体、工伤认定范围逐渐扩大。

---

① 孙树菡，朱丽敏. 社会保险学 [M]. 北京：中国人民大学出版社，2019：215.

主要概念

工伤　工伤保险　职业病　雇主责任保险制　无过失补偿原则　工伤保险待遇

复习思考题

1. 简述工伤保险的概念与特征。
2. 简述工伤保险制度的设计原则。
3. 简述世界工伤保险制度的发展历程。
4. 我国颁布《工伤保险条例》的意义和作用是什么？
5. 简述我国内地和港澳台地区工伤保险制度的发展历程。
6. 简述美国、德国工伤保险制度的主要特征。
7. 简述职业风险理论的内容及其对工伤保险制度的影响。

参考文献

[1] 丁学娜. 社会保险实务实训教程 [M]. 西安：西安电子科技大学出版社，2018.

[2] 封进. 社会保险经济学 [M]. 北京：北京大学出版社，2019.

[3] 郭莉. 工伤赔偿的法域调整与原则演进 [J]. 法制与社会，2013（04）：14-15，25.

[4] 胡晓义. 工伤保险 [M]. 北京：中国劳动社会保障出版社，2012.

[5] 李丽. 社会保险理论与实务 [M]. 北京：中国财政经济出版社，2015.

[6] 罗莹. 美国工伤保险立法及其理论基础 [J]. 中国社会保险，1997（11）：42-43.

[7] 史潮. 社会保险学 [M]. 北京：科学出版社，2018.

[8] 孙树菡. 工伤保险 [M]. 北京：中国劳动社会保障出版社，2007.

[9] 孙树菡，朱丽敏. 社会保险学 [M]. 北京：中国人民大学出版社，2019.

[10] 王永. "三位一体"全面保障劳动者职业安全——工伤保险工作综述 [N]. 中国劳动保障报，2022-05-25.

[11] 吴媛，段胜楠，王菁，等. 国内外职业健康保险状况的比较 [J]. 中华劳动卫生职业病杂志，2012（08）：630-633.

[12] 许飞琼. 香港地区的工伤保障制度及其启示 [J]. 中国社会保障, 2004 (06): 18-19.

[13] 应永胜. 德美日国家工伤保险制度探赜及启示 [J]. 北京航空航天大学学报（社会科学版）, 2013, 26 (04): 23-28.

[14] 余飞跃. 美国工伤保险制度概述 [J]. 中国医疗保险, 2016 (01): 67-70.

[15] 于欣华, 郑清风. 海峡两岸工伤保险法律制度比较——以工伤保险基本原则为标准的研究 [J]. 内蒙古社会科学（汉文版）, 2012, 33 (05): 57-62.

第七章

长期护理保险

―――― 本章导言 ――――

长期护理保险被定位于养老、医疗、工伤、失业、生育保险后的"第六险",是我国社会保障体系的重要制度设计,是应对人口老龄化、缓解失能老人照料压力的重要工具。我国于 2016 年开始在 15 个城市进行长期护理保险制度试点,2020 年 9 月继续扩大试点城市范围,长期护理保险制度试点城市共有 28 个。[①] 截至 2021 年,全国已有 49 座城市开展长期护理保险的试点工作[②],覆盖近 1.2 亿参保人。长期护理保险是什么?保险类型及制度模式有哪些?典型国家和我国的长期护理保险发展现状如何?这些都是学术界和实务界必须关注的课题,也是本章要展现的主要内容。

―――― 重点问题 ――――

- 长期护理保险的内涵
- 长期护理保险的类型
- 长期护理保险的制度模式
- 英国的长期护理保险

---

① 国家医保局,财政部.关于扩大长期护理保险制度试点的指导意见:医保发〔2020〕37 号[A/OL].(2020-09-10)[2022-05-15]. http://www.gov.cn/zhengce/zhengceku/2020-11/05/content_5557630.htm.

② 孙海燕.江苏多地试水长期护理险[N].江南时报,2021-11-10(4).

- 德国的长期护理保险
- 美国的长期护理保险
- 我国的长期护理保险的探索历程
- 我国的长期护理保险的不足与发展趋势

第一节 长期护理保险的内涵和类型

一、长期护理保险的内涵

（一）长期护理

1. 护理

"护理"对应的英文单词是"care"，国内学者还经常翻译为"照护""照料""照顾""介护"等。"护理"在《汉语大辞典》中有两层含义：一是配合医生治疗，观察和了解病人的病情，并照料病人的饮食起居等；二是保护管理，使之不受损害。国际上对"护理"本质的界定主要分为三类：一是把"护理"界定为一种情感；二是把"护理"界定为一种关系；三是把"护理"界定为一种劳动力。

2. 长期护理

关于长期护理的概念，国内外学者并没有统一的界定。美国健康保险学会（Health Insurance Association of America，HIAA）认为，长期护理是指在一个较长的时期内，持续地为患有慢性疾病或处于伤残状态下的人提供的医疗服务、社会服务、居家服务、运送服务或其他支持性的服务。长期护理服务的提供者既可以是家庭成员、朋友等非正规护理人员，也可以是受过专业培训并持有执照的专业、正规医护人员。长期护理既可以在家中提供，也可以在社区或专业机构环境中进行。长期护理的目标是逐步恢复和修补由慢性疾病或其他原因损害的日常生活活动能力，而传统的健康护理的主要目标仅仅是治愈疾病或保全生命。

美国纽约州保险部（New York State Insurance Department）认为，长期护理是那些由于意外、疾病及衰弱而在一段较长的时间里丧失从事基本日常生活活动能力的人需要的较宽泛的医疗、个人及社会服务。当一个人不再能独立完成日常生活活动时，就必须接受他人的辅助，即需要长期护理。世界卫生组织将长期护理定义为

"由非正规照料者（家庭、朋友或邻居）或专业人员（卫生和社会服务专员）提供的照料活动，以保证生活不能自理者获得其个人喜欢的照料、良好的生活质量和人格尊严"[1]。

综上所述，长期护理是指个体由于意外、疾病或衰弱，身体或精神受损而致使日常生活不能自理，在一个相对较长的时期里，需要他人在医疗、日常生活或社会活动中给予广泛帮助。长期护理通常指的是老年人长期护理。

具体来讲，长期照护包含了三层含义：第一是指对照护依赖老人的生活照顾——强调"照"字；第二是指与生活照顾难以划清界限的护理和康复——强调"护"字，康复护理的目标不是"治愈"，而是延缓机能衰退、维持功能发挥；第三是指照护依赖老人要享有充分的自主权和自由选择权，要得到人格的尊重，这显然与老年人权益保护相关——重点也是"护"字。一"照"（生活照顾）加上两"护"（康复护理和权益保护）就构成了"照护"。[2]

（二）长期护理保险

我国学者从不同维度对长期护理保险进行了界定。曾卓、李良军认为，长期看护保险指以因意外伤害、疾病失去自理能力导致需要看护为给付保险金条件的保险。[3] 杜鹃、万晴瑶、魏巧琴认为，长期护理保险是对被保险人因年老、慢性或严重疾病、意外伤害等导致身体上的某些功能全部或部分丧失、生活无法自理、需要在家接受他人护理或在护理机构接受稳定护理时所支付的各种费用进行补偿的健康保险。[4][5] 施永兴、黄长富认为，长期护理保险制度是指以社会互助共济方式筹集资金，对经评估达到一定护理需求等级的长期失能人员，为其基本生活照料和与基本生活密切相关的医疗护理提供服务或资金保障的社会保险制度。[6]

国外对长期护理保险的定义不尽相同。美国健康保险协会认为，"长期护理保险是为消费者设计的，对其在发生长期护理时发生的潜在巨额护理费用支出提供保障"。Black和Skipper在1994年所著的《人寿保险》一书中，把长期护理保险界定为"保障当被保险人需要住在安养院（nursing home）或雇用护理人员到家中所产生

---

[1] 转引自施永兴，黄长富.护理院医养结合与管理指南[M].上海：上海交通大学出版社，2018：353-354.
[2] 唐钧.当我们谈论养老，我们究竟在谈论什么？[EB/OL].（2021-05-27）[2022-05-15]. https://baijiahao.baidu.com/s?id=1700898645550393005&wfr=spider&for=pc.
[3] 曾卓，李良军.商业健康保险的定义及分类研究[J].保险研究，2003（04）：20-22.
[4] 杜鹃，万晴瑶.人身保险学[M].上海：立信会计出版社，2019：145.
[5] 魏巧琴.新编人身保险学[M].上海：同济大学出版社，2018：177.
[6] 施永兴，黄长富.护理院医养结合与管理指南[M].上海：上海交通大学出版社，2018：353-354.

的各种费用"。科隆通用再保险公司（General Cologne Re.）认为，"长期护理保险是指当被保险人非常衰弱以至于在没有其他人帮助的情况下不能照顾自己，甚至不能利用辅助设备时，给付保险金的一种保险"。

综合以上国内外对长期护理保险的界定，可以看出，长期护理保险就是对提供的长期护理的费用进行补偿，是一种以互助共济方式筹集资金、为长期失能人员的基本生活照料和与之密切相关的医疗护理提供服务或资金保障的社会保险制度。换而言之，长期护理保险是指对被保险人因衰老、疾病、意外伤残等导致身体上的某些功能全部或部分丧失而生活不能自理，需要住安养院接受长期的康复和支持护理，或在家中接受他人护理支付的各种费用给予补偿的一种健康保险。

长期护理保险与其他保险相比，具有以下三个显著特点。[①]

第一，长期护理保险给付周期一般持续较长。长期护理保险不同于急性疾病的护理或疾病治疗后的短期延续性护理，其持续时间一般都在 3 个月以上。

第二，长期护理保险主要着眼于功能的维持而不是功能的康复、治疗或治愈。长期护理保险旨在为失能、半失能、失智、半失智的人提供支持性服务，尽可能维持其生理功能，保证其生活质量。

第三，长期护理保险可以用来支付社会服务和医疗护理。社会服务既包括做饭、购物、清洗等工具性日常生活能力协助，也包括协助进食、洗澡、移动、如厕等日常生活能力协助；医疗护理则包括基础护理和专业护理。

二、长期护理保险的类型[②]

长期护理保险根据不同的标准可以划分为不同的类型。

（一）按保险责任分类

1. 单一责任护理保险

该险种除非附加或者附约，否则仅仅承担长期护理责任，即如果在保险期间内被保险人接受符合条件的护理服务，保险公司则按规定给付保险金。这种保险单可能带来的问题是，被保险人缴付多年保费后没来得及领取保险金就已经死去，其家属容易产生对保险公司的不满情绪，从而给保险公司带来不良的社会形象。

2. 综合责任护理保险

该险种在承担长期护理责任的基础上，增加生存和死亡给付责任，生存给付可

[①] 荆涛. 长期护理保险——中国未来极富竞争力的险种 [M]. 北京：对外经济贸易大学出版社，2006：23.

[②] 杜鹃，万晴瑶. 人身保险学 [M]. 上海：立信会计出版社，2019：145.

采取一次性给付和年金给付的形式。这种保险在提供传统寿险保障的同时,旨在增加长期护理保险责任,弥补了单一责任的长期护理保险的不足。

3. 失能收入保险的扩展

如果残疾者在退休前购买了长期护理保险,则在其退休后,保险公司提供给被保险人与失能收入补偿等额的保险金。在投保时不需要核保,只是要比正常人多缴一些保费,实际上是将失能收入保险自动转为长期护理保险。

4. 医疗费用附加长期护理保险

医疗费用保险是对被保险人因疾病、意外伤害所产生的治疗费用进行补偿,而长期护理保险是对被保险人因慢性疾病或健康状况恶化所产生的长期护理费用进行补偿。两者都是健康保险,且都涉及费用补偿,因此可将长期护理保险作为医疗费用保险的延伸。

(二) 按投保方式分类

根据投保人的不同,可以把长期护理保险划分为个人长期护理保险和团体长期护理保险。个人长期护理保险是指为单一的被保险人提供护理服务和护理费用补偿的保险。个人长期护理保险与市场上其他个人寿险具有相同的特点。团体长期护理保险分为雇主型保险计划和非雇主型保险计划。雇主型保险计划是由雇主为其雇员以团体保险方式购买的个人长期护理保险,不管雇员将来是否离职,保单一直有效。非雇主型保险计划是一些社会团体希望获得较好的保险条件,通过团体方式购买长期护理保险。

(三) 按保额是否变化分类

根据保额是否变化,可以把长期护理保险划分为保额固定型和保额递增型两类长期护理保险。保额固定型是指按合同中约定的金额给付,固定不变。保额递增型,即随着生活费用指数和护理院的护理费用指数的变化,逐年增加保险金给付。

三、长期护理保险的重要性

长期护理保险制度主要面向老年人群体。长期护理保险制度的不断发展完善让"谁来给我们养老"有了更多选择。具体而言,长期护理保险的重要性体现在以下几个方面。

(一) 分散长期护理风险

长期护理保险作为"第六险",是一种以互助共济方式筹集资金,为长期失能人员的基本生活照料和与之密切相关的医疗护理提供服务或资金保障的社会保险制度。它的重要性首先体现在保险的风险共担特性，即将保险费集中起来建立长期护理保险基金以保障广大劳动者的基本长期护理需求，同时减少不合理的长期护理费用支出，使长期护理保险基金真正用于参保人的长期护理服务，从而达到保护生产力、促进社会经济持续稳定发展以及维护社会安定的目的。

（二）整合护理资源

我国第七次人口普查数据显示，截至2020年末，我国60岁及以上人口有2.6亿人，其中65岁及以上人口有1.9亿人。[①] 随着老年人年龄的增长，身体机能会逐渐弱化，对护理的需求会不断增长。长期护理保险通过系统化的制度设计克服长期护理服务供给的跨部门、跨领域、碎片化的弱点，具有整合长期护理资源、满足老年人长期护理需求的重要作用。

（三）提高长期护理的组织效率

长期护理保险一方面可以化解个人和家庭的长期护理风险，满足失能老人的长期护理需求，减轻家庭照护者的负担；另一方面，长期护理保险通过保险公司参与、第三方运作等新型模式的探索，以信息技术、"互联网＋"等平台作为支撑，可提升长期护理服务的组织和递送效率，实现服务供给精准化、市场化、规模化，从而提升护理服务的质量。[②]

（四）提高老年人的生活质量

长期护理保险的最终目标是维持和促进被保险人身体功能的康复，保障"健康老龄化"的真正实现。长期护理保险是一项在被保险人因为年老、疾病、伤残而丧失日常生活能力无法自理时，为其提供护理保障，解决其照料护理问题，提供经济补偿来减轻其护理费用负担的健康保险。长期护理保险一方面积极应对老年人的护理需求，减轻家庭的精神和护理负担，另一方面能够提供护理保障，它既是一项保险产品，又是一项完善社会保障体系的基本制度。[③]

[①] 翟振武．新时代高质量发展的人口机遇和挑战——第七次全国人口普查公报解读［EB/OL］.（2021-05-12）［2022-05-15］. http：//www.stats.gov.cn/xxgk/jd/sjjd2020/202105/t20210512_1817342.html．

[②] 徐敬惠，梁鸿．长期护理保险的理论与实践［M］．上海：复旦大学出版社，2018：9．

[③] 孙燕霞，俞海萍．老年长期护理服务研究现状［J］．护理研究，2021，35（12）：2176-2180．

第二节
长期护理保险的发展历程和制度模式

一、长期护理保险的发展历程

长期照护的思想在中国源远流长。"老有所养、老有所医、老有所为、老有所学、老有所乐"如今已经写入我国《老年人权益保障法》。追踪溯源,"五有"是由孔子的"老有所终"思想派生演绎而来。《礼记·礼运篇》记录了孔子对理想社会的描述:"人不独亲其亲,不独子其子。使老有所终,壮有所用,幼有所长,矜鳏寡孤独废疾者,皆有所养。""老有所终"是他所憧憬的"大同社会"的理想场景之一。所谓"老有所终"其实指的是中国人一直追求的"善终",即在自己家中终其天年、安详而逝,就是希望在人生最后的"照护依赖"阶段能够在自己家中接受悉心照护并得到临终关怀,既了却自己一生中未了的心愿而不留遗憾,又能少痛苦乃至无痛苦、无牵无挂地离世。古人曰:"老死牖下,得以善终。"牖下,就是窗下,这里用来指代家中。所以,作为中国传统文化中的最后一"福"强调的是:能够在自己家中平和而有尊严地无疾而终,这才是"莫大的福气"。① 中国传统的"老有所终"观念已经融入现代长期护理的思想中。在国际上,"尊重老年人希望尽量长期待在家中生活的愿望",这一点已经达成共识。

虽然我国古代早就有长期护理的思想,现代长期护理保险制度却发迹于国外。国际上最早建立长期护理保险制度的国家是荷兰。荷兰于 1967 年 12 月 14 日通过《特别医疗支出法案》,并于 1968 年 1 月 1 日起正式实施,成为世界上第一个建立独立运行的、强制性的社会长期照护保险制度的国家。② 建立长期护理保险制度之前,荷兰已实行社会健康保险制度,覆盖了全国 2/3 的人口(主要是中低收入人群)。③ 荷兰政府拟将社会健康保险计划覆盖面扩展到全部公民,同时将长期护理纳入其福利方案,但受到商业保险公司(担心压缩商保经营空间)、雇主(担心增加支出)和医疗行业(担心强化政府管控)的强烈反对。因此,为保障全民享有免于失能费用风

---

① 唐钧. 当我们谈论养老,我们究竟在谈论什么? [EB/OL]. (2021-05-27) [2022-05-15]. https://baijiahao.baidu.com/s?id=1700898645550393005&wfr=spider&for=pc.

② Alders P., Schut F. T. The 2015 long-term care reform in the Netherlands: getting the financial incentives right? [J]. Health Policy, 2019, 123 (3): 312-316.

③ 伍江, 陈海波. 荷兰长期照护保险制度简介 [J]. 社会保障研究, 2012 (05): 102-105.

险的社会保险计划，1962年，荷兰政府提议，针对因失能、先天性肢残和精神疾病需要长期护理的人群建立长期护理保险制度。① 随着老龄化的加剧以及政府财力的增长，荷兰政府于1967年决定建立覆盖全民的长期护理保险。

随后，以色列国会在1986年通过《长期护理保险法》，1988年开始正式实施。以色列是世界上最早实行社会化护理保险的国家之一，后被很多国家效仿。以色列之所以建立长期护理保险制度，是因为20世纪中期有大量移民涌入以色列，与此同时，以色列的社会贫富差距、人口老龄化程度加剧。在悠久慈善历史的影响下，长期追求社会平等思想的以色列于1988年开始实施长期护理保险制度，旨在增加老年人的社会福利，解决老年人由于生理、心理功能减弱而显现的生活护理问题。②

到了20世纪末21世纪初，德国（1995年）、卢森堡（1999年）、日本（2000年）和韩国（2008年）等国家相继建立了长期护理保险制度。与此同时，商业长期护理保险也逐步发展。美国在20世纪70年代诞生了长期护理商业保险，但在开始后的很长一段时间内都没有得到广大消费者的认可。80年代，为了减轻医疗救助计划带来的巨额财政负担，美国政府相继实施了一系列方案力促长期护理保险，然而购买率依然很低。直到90年代，随着美国政府医疗保障体系改革的推进和相关法规政策的出台，长期护理保险才得以快速发展。③ 我国于2016年开始在15个城市进行长期护理保险制度试点，2020年9月继续扩大试点城市范围，长期护理保险制度试点城市共有28个。④ 截至2021年，全国已有49座城市开展长期护理保险的试点工作⑤，覆盖近1.2亿参保人。

二、长期护理保险的制度模式⑥

世界范围内主流的长期护理保险模式包括三种：长期护理津贴模式、长期护理社会保险模式和长期护理商业保险模式。

---

① 季佳林，刘远立，仲崇明，等. 荷兰长期护理保险制度改革对中国的启示 [J]. 中国卫生政策研究，2020，13（08）：43-49.
② 戴卫东. 以色列长期护理保险制度及评价 [J]. 西亚非洲，2008（02）：46-50.
③ 徐敬惠，梁鸿. 长期护理保险的理论与实践 [M]. 上海：复旦大学出版社，2018：1-6.
④ 国家医保局，财政部. 关于扩大长期护理保险制度试点的指导意见：医保发〔2020〕37号 [A/OL]. (2020-09-10) [2022-05-15]. http://www.gov.cn/zhengce/zhengceku/2020/11/05/content_5557630.htm.
⑤ 孙燕霞，俞海萍. 老年长期护理服务研究现状 [J]. 护理研究，2021，35（12）：2176-2180.
⑥ 刘昌平，毛婷. 长期护理保险制度模式比较研究 [J]. 西北大学学报（哲学社会科学版），2016，46（06）：112-119.

（一）长期护理津贴模式①

长期护理津贴模式是由政府出资购买服务，提供给有需要的老年人或者是补助给非正规护理者。津贴模式可以分为救助型和福利型两种。在津贴模式下，个人权利完全来自受益资格，不需要承担护理费用或者只需要承担部分自付的护理费用，各级政府为完全责任机构，政府财政提供资金支持。长期护理津贴模式旨在保证公民权利与国家义务的一致性，只要满足制度规定的受益资格，即可享受相应等级的长期护理服务或津贴，覆盖范围涵盖全体国民。英国是长期护理津贴模式的典型代表。英国政府把长期护理视为公民的一项基本福利。英国老年人长期护理服务的供给主体包括地方政府、志愿者和私人机构，服务的给付方式有实物和现金津贴两种形式。

（二）长期护理社会保险模式

长期护理社会保险模式是指由政府颁布法律法规，以三方共担的社会化筹资方式来解决长期护理服务费用。社会保险模式强调个人权利与义务的相对对等，由法律强制实施，遵循社会化筹资与风险共担原则。该模式更加注重公平互助和再分配等社会效应。政府及社保相应经办机构为主要责任机构，资金通常由政府、单位和个人三方共担。个人参保不具有可选择性，大多数实施社会保险模式的国家都有长期护理保险计划"跟随基本医疗保险计划"的规定。长期护理社会保险模式以日本和韩国为典型代表，其最大特点是将长期护理保险纳入社会保险体系，以国家"强制"的方式予以实施。②

（三）长期护理商业保险模式

长期护理商业保险模式则是一种市场化的金融产品，由个人自愿投保，保险公司在其发生护理服务需求时为其支付现金或者提供服务。商业保险模式强调个人权利与义务的完全对等，依据商业契约，遵循市场竞争规律。商业保险公司为主要责任机构，在综合考虑被保险人的投保年龄、健康状况、给付期限和给付等待期等因素的基础上设计出针对不同群体的长期护理保险产品。个人参保不具有强制性，是否投保、投保什么样的险种等都完全由个人需求、意愿和收入等因素决定。美国是商业保险型长期护理制度的典型代表，其最大特点是主要通过保险市场上的商业长

---

① 周坚，韦一晨，丁龙华. 老年长期护理制度模式的国际比较及其启示［J］. 社会保障研究，2018（03）：92-101.

② 杨翠迎，程煜. 不同福利国家模式下长期护理保险制度及其费率结构比较［J］. 经济体制改革，2019（04）：151-159.

期护理保险产品解决绝大多数美国人的长期护理问题。另外,还通过社会医疗保障系统解决残障人、老年人等少部分特殊人群的长期护理问题。[①]

第三节 典型国家的长期护理保险

国外特别是 OECD 国家大多建立起了长期护理制度,但在制度设计、模式选择上存在着多种差异。世界范围内主流的长期护理保险模式包括三种:长期护理津贴模式、长期护理社会保险模式和长期护理商业保险模式。英、澳、瑞典、奥地利等 20 多个国家的长期护理保险模式属于第一种,即由公费负担的长期护理津贴制度;采用第二种模式的典型国家有德国、日本、韩国等;采用第三种模式的典型国家是美国。为了呈现三种模式的长期护理保险内容,本节选择英国、德国和美国三个国家作为典型国家进行阐述。

一、英国的长期护理保险

英国是人口老龄化较为严重的国家之一。在短短 60 年时间内,英国 65 岁及以上的老年人口占总人口的比例从 1959 年的 11.7% 增至 2019 年的 18.4%。与具有传统孝道文化的国家不同,英国老年人的长期照料服务主要由政府和社会提供。在国际上,英国的长期照护被归类为津贴模式,具有"社会救助"色彩。在英国,长期照护被看作是社会照护的一部分,旨在通过给老年人或其他需要长期照顾的群体提供居家或机构的照料服务,以逐步恢复和修补由慢性疾病或其他原因损害的日常生活活动能力,提升其生活质量。英国的长期护理保险建立在社会救助基础之上,其制度哲学是发挥"安全网"功能,即仅为具有最迫切需求和最少资源的人提供照料服务。[②]

(一)英国长期护理保险的发展历程

英国是福利国家型长期护理制度的典型代表。英国政府把长期护理视为公民的一项基本福利。早在 12—15 世纪,英国就建立了为老年人等弱势群体提供住宿的庇

[①] 杨翠迎,程煜.不同福利国家模式下长期护理保险制度及其费率结构比较[J].经济体制改革,2019(04):151-159.

[②] 赵青,李珍.英国长期照护:基本内容、改革取向及其对我国的启示[J].社会保障研究,2018(05):96-103.

护所，由各地市民委员会进行管理，这是英国最早的具有长期护理性质的机构。1601年，英国颁布《济贫法》，开始对特定人群进行院内救济。1722年，英国颁布相关法律，明确规定老年人在贫困老人机构中应获得比在家庭更好的护理。1942年，贝弗里奇报告的发布，奠定了英国现代福利国家的基础。1948年，英国颁布《国民救助法案》（National Assistance Act），规定由中央政府提供资金给地方政府，由地方政府根据老年人的经济状况决定是否向其提供免费的养老服务。《国民救助法案》改变了以往养老服务由家庭、慈善组织和私人组织承担的局面，开启了英国社会化长期照料服务体系的建设历程。1975年，英国开始实行长期护理津贴计划，并将护理津贴分为高低两档：低档给予那些需要半日照料的人士，高档给予那些需要全日制照料的人士。1990年，英国又出台《全民医疗服务与社区照护法案》。1991年，英国发布了《社区照护白皮书》，在"促进选择与独立"总目标的指导下，建立起分工明确、条理清晰的老年长期护理服务体系。[1]

(二) 英国长期护理保险框架

1. 保障对象和保障范围

英国长期照护制度的保障对象为具有重点照护需求的老年人或残障人士。保障范围包括社会服务、医疗服务和部分现金补贴计划。英国长期护理保险还提供部分对非正式照护者的政策支持。

在保障对象方面，英国的长期照护对象要经过长期照护需求评估和收入、资产审查，才能确定是否有资格接受由地方政府提供的照护服务或获得等量的现金补贴。在需求评估的具体操作上，长期照护需求评估具体的资格标准、评估安排和预算等均由地方政府决定，国家层面只提供一个笼统的四个功能障碍等级的参照标准。绝大多数地方政府仅给重度功能障碍者提供免费的照料服务，残疾程度低、自理能力高的群体则不能得到免费的长期护理服务或全额的护理补贴。

需求评估后，还要进入第二个步骤，即家计调查。2013年，家计调查的资产上限是23 250英镑，资产超过这一限额的有照护需求的老年人将独立承担全部住所护理（residential care）的开支，低于这一限额的人则根据应税收入的高低进行差额补贴。属于住院服务的部分或通过全科医生（GP）转诊所享有的长期照护服务，无须家计调查而由NHS免费提供相应的服务。65岁以上具有一定程度功能障碍者可以领取护理津贴（attendance allowance），该津贴无须进行家计调查。2013年，65岁以上的残障人士每周的护理津贴为53英镑或79.15英镑。护理津贴作为对残障人士的收

---

[1] 周坚，韦一晨，丁龙华. 老年长期护理制度模式的国际比较及其启示 [J]. 社会保障研究，2018（03）：92-101.

入补充,一般在 6 个月的等候期满后发放。[①]

英国的长期照护还包括政府对非正式照护者的政策支持,即照护者津贴(carer's allowance)。照护者津贴被英国工作和养老金部视作对照护者收入损失的补偿而非照护的工资。2005 年,英格兰地区的照护者津贴获得者有 36.5 万人;2007—2008 年,政府在该津贴上的开支达到 13 亿英镑。然而,照护者津贴因其对投入大量时间的照护者的低保障水平以及制度复杂性而受到一定争议。[②]

2. 资金来源

英国长期照护因其社会救助的属性,资金主要来源于政府税收。具体而言,基于家计调查的社会服务,一部分来源于中央政府税收,一部分来源于地方政府税收。由 NHS 支持的相关护理服务几乎全由中央一般税收筹资,护理津贴与照护者津贴则由各级政府财政负担。另外,对于政府无法满足的老年人照护需求部分,通常以个人、家庭、私人保险或慈善的方式筹集资金。[③]

3. 服务提供方式

英国的长期照护服务由非正式照护服务和正式照护服务构成。非正式照护由家庭成员、邻里提供,正式照护服务由政府提供。只有被鉴定为具有最迫切需求且通过家计调查的群体才有资格享受由政府公共财政支持的正式长期照护服务。英国的长期照护制度与西欧其他国家不同,在决定长期照护服务获得资格时,会考量非正式照护服务的可及性。

英国的社会化长期照料服务体系主要由机构照料和社区照料构成。长期照护服务机构主要面向鳏寡孤独、生活自理能力较差、需要长期照护、缺乏家庭支持的老人。长期照护服务机构有疗养院(residential care homes)、护理院(nursing homes)和极少量的作为 NHS 系统一部分的长期住院照料(long-stay hospital provision),其中,疗养院主要为生活自理能力较差的老人提供助餐、助浴、助行、助厕等服务;护理院在养老院提供的服务的基础上增添了医疗服务,具有医养结合的性质;NHS 的长期住院照料则主要为患病、身体健康状况非常差的老年人提供服务。

当前,除部分疗养院由地方政府运营外,大多数的疗养院和所有的护理院均由第三方机构提供,由地方政府直接提供长期护理服务的比例很少,大多采用政府购买服务的方式进行。

---

① 赵青,李珍. 英国长期照护:基本内容、改革取向及其对我国的启示 [J]. 社会保障研究,2018(05):96-103.

② 赵青,李珍. 英国长期照护:基本内容、改革取向及其对我国的启示 [J]. 社会保障研究,2018(05):96-103.

③ 赵青,李珍. 英国长期照护:基本内容、改革取向及其对我国的启示 [J]. 社会保障研究,2018(05):96-103.

4. 管理部门[①]

英国长期护理服务的管理部门是地方政府的社会事务部门。社会事务部门负责设置各项长期护理服务的管理标准,负责公民护理服务资格认定、护理费用预算安排等具体工作。如果一位英国公民想要获得政府的长期护理服务,首先要去社会事务部门登记,接受社会事务部门的需求评估和资格审查。公民亦可自掏腰包自行购买私人机构提供的长期护理服务。

5. 资金来源

在"福利国家"理念的影响下,英国的长期护理保险资金主要来源于地方财政补助以及地方政府成立的基本医疗信托基金(primary care trusts,PCTs),PCTs 由中央卫生预算和地方社会福利预算统一划拨。除了地方政府和 PCTs,国民保健系统(NHS)和个人也负担一定的比例。具体来讲,NHS 承担向公民完全免费提供护理服务涉及的所有费用,同时,NHS 还负责支付由注册护士负责的护理院中专业护理的费用,住宿费和个人生活护理费需本人或地方政府负责解决;PCTs 根据患者疾病的类型、复杂程度、不可预测性和护理或临床医疗需求进行评估,达到标准即可免费住进专业护理院;个人和地方财政则分担非专业的护理院的费用,地方政府的支付有最低标准和最高标准之分,最低标准一般仅支付住宿费,最高标准在每个地区有所不同,与当地的地理位置、经济等因素有关。[②]

二、德国的长期护理保险

德国的长期护理保险制度采用社会保险模式,覆盖了德国近九成的人口。德国的长期护理保险是德国社会安全网的重要组成部分。德国在 1994 年建立社会长期护理保险制度之前,并没有公共的长期护理筹资渠道,有长期护理需求的人需要自己付费,在个人积蓄用完以后,经过收入审核,接受社会救助。[③] 1994 年,《长期护理保险法案》出台,在此之后,在长期护理保险资金的筹集上采用雇主和被保险人共同缴费的模式。德国的长期护理保险模式被日本、我国台湾地区等学习和借鉴。

(一)德国长期护理保险的发展历程

20 世纪 90 年代,德国的人口老龄化态势加剧。1990 年,德国 65 岁以上人口占

[①] 周坚,韦一晨,丁龙华. 老年长期护理制度模式的国际比较及其启示 [J]. 社会保障研究,2018(03):92-101.

[②] 赵青,李珍. 英国长期照护:基本内容、改革取向及其对我国的启示 [J]. 社会保障研究,2018(05):96-103.

[③] 徐敬惠,梁鸿. 长期护理保险的理论与实践 [M]. 上海:复旦大学出版社,2018:44.

总人口的比重就高达 14.9%；1995 年，德国 60 岁以上人口的比重高达 21%，65 岁以上人口比重达到 15.46%。[①] 人口快速老龄化带来了对长期护理服务需求的膨胀。与此同时，在建立长期护理保险制度之前，德国健康社会保险体系严格区分疾病（illness）与监护（custodial care），因疾病导致的急性护理需求的费用由被公众普遍享有的健康保险疾病基金提供，而疾病基金对由失能导致的长期监护需求产生的费用只能提供非常有限的支付，长期护理费用主要由社会救助计划支付，但社会救助计划存在多方面的问题，亟须改革，这是促成德国长期护理保险制度出台的直接原因。[②]

德国联邦议院在 1994 年颁布了《长期护理保险法案》，建立了长期护理保险制度，至今已走过了近 30 年的历程。《长期护理保险法案》是在 1883 年的《疾病保险法》、1884 年的《劳工伤害保险法》、1889 年的《老年和残疾保险法》以及 1927 年的《失业保险法》的基础上制定的。此法案的发布标志着德国开始通过立法实施普遍的、强制性的长期护理社会保障体系，对各年龄人口的家庭护理和护理院护理服务进行覆盖，不再考虑人们的财务状况。德国在 2008 年、2014 年、2015 年和 2017 年分别对《长期护理保险法案》进行过调整。经过几十年的发展，德国的长期护理保险已经成为德国社会保障的"第五支柱"。德国的长期护理保险在减轻公民因年老、疾病、残疾等带来的身体、心理和经济负担等方面的压力发挥了重要作用。

（二）德国长期护理保险框架

1. 覆盖范围

德国长期护理保险的保障对象为全体德国国民，其参保范围覆盖率接近 100%，年满 18 岁的国民必须参保，受抚养子女随原被保险人投保。政府机关官员、法院法官及专职军人在享受长期护理服务时产生的费用由国家承担，少数自雇人员、自由职业以及高收入者有法定义务参加商业长期护理保险，德国绝大多数居民被强制参加法定的社会护理保险。此外，德国《社会法典》明文规定，长护险被保险人的无职业配偶、同居人或受抚养子女无须缴纳保险费，随原被保险人投保。2017 年德国长期护理保险数据报告显示：86.7% 的居民参加了长期护理社会保险，11.3% 的居民参加了私人长期护理保险，全民参保率高达 98%，德国长护险显然已经成为基本覆盖

[①] 阮佳闻.德国老龄化问题日渐凸显：超过三分之一 65 岁以上老人独居 [EB/OL]. (2021-09-29) [2022-06-15]. https://baijiahao.baidu.com/s?id=17122547120828117121&wfr=spider&for=pc.

[②] 郝君富，李心愉.德国长期护理保险：制度设计、经济影响与启示 [J]. 人口学刊, 2014, 36 (02): 104-112.

全民的社会保险。[1]

2. 给付对象

虽然德国长期护理保险体系实现了受益范围的全面覆盖，但是否可获得保险受益取决于受益人是否具有真实的护理需求。德国长期护理保险刚实施时，给付对象仅限定在因为身体、心理或精神疾病或残障而在很长一段时间内（6个月以上）都迫切需要个人护理、营养、出行、家务等方面照料的群体。尽管德国长期护理保险覆盖所有人，但当时的享受对象大多数是60岁以上的老年人，低于60岁的给付对象占比仅为17%。在60岁以上的人群中，65～80岁的老年人群占比为28%，80岁及以上的占比为55%。随着时间的推移，给付对象范围逐步扩大。当前，德国长期护理保险的给付对象主要是身体损伤者、痴呆患者、具有认知障碍的人群三类。[2]

3. 护理级别

如果申请人通过了受益资格审核被确认为具有长期护理服务需求，需要进一步被认定需要什么程度的护理需求，进而被划归为不同程度的照料级别。照料级别划分主要取决于其所需要的护理时间和护理频率。2017年之前，护理级别分为三级：一级护理是指每天至少需要1次、至少90分钟的日常生活护理服务；二级护理是指每天至少需要3次、至少3个小时的日常生活护理服务；三级护理是最高级别的护理，需要24小时不定次数、至少5个小时的日常生活护理服务。[3] 2017年后，长期护理级别在原先三个级别的基础上进行调整，划分出五个护理级别，此次调整的目的是消除认知障碍和身体残疾两者之间的区别。

4. 资金来源

德国政府、企业及个人三方承担社会长护险的筹资责任。个人是长期护理保险制度的直接受益人，企业是该制度的间接受益者，德国政府需要在宏观上调控长护险，承担最后兜底的责任。个人为了在需要照料时享受到长期护理服务，必须缴纳相应的保费，这体现了责任与义务相统一的原则。另一受益方企业根据负担与受益相一致原则也需要承担部分保费。多方共同分担长期护理保险制度筹资责任能均分筹资的压力，更好推进长护险的发展、建设及成熟。购买商业长护险的群体通常为

---

[1] 许敏敏，段娜. 德国长期护理保险及其筹资机制经验对我国的启示 [J]. 价格理论与实践，2019（07）：99-103.

[2] 许敏敏，段娜. 德国长期护理保险及其筹资机制经验对我国的启示 [J]. 价格理论与实践，2019（07）：99-103.

[3] 郝君富，李心愉. 德国长期护理保险：制度设计、经济影响与启示 [J]. 人口学刊，2014，36（02）：104-112.

高收入人群，商业长护险的筹资责任由自身承担。①

具体来讲，长期护理社会保险的保费通过法律统一规定按雇员工资总收入的1.7%进行强制性征收，由雇员和雇主各负担一半。退休人员只支付保费的一半，另一半由其养老保险基金支付。长期护理保险1.7%的费率与其他四大社会保险总计42.94%的费率相比较，被认为是社会保险体系中最便宜的部分。而且，为缓解雇主对立法和政策推行的反对，德国政府通过立法取消了一个强制性的雇员带薪假期，该带薪假期的成本约相当于雇主所承担的长期护理保费支出的75%，大大降低了雇主的成本负担。②

5. 服务内容

德国的护理保险分为护理服务给付和现金给付两种：选择护理服务给付的，可以获得全部的费用支持；选择现金给付的，只能得到服务给付金额的一半。护理服务可以选择的形式有居家护理（包括协助完成家务、健康护理、支援住宅改造、提供护理用具等）、半机构护理（日托、夜间护理、短期护理）以及机构全托护理三种。

6. 管理机构

德国在医疗保险机构中设置了专门负责运行护理保险的机构，根据服务对象的不同，可以将其分为企业医疗保险机构、职员替代医疗保险机构、地方医疗保险机构、手工业替代医疗保险机构等八类。德国的护理级别认定机构是健康保险医事鉴定服务处（MDK），认定的依据是社会福祉法，这是一个公益性机构。认定的内容包括护理的必要性、护理等级、使用器具的必要性等。被认定为长期护理的对象之后，还要定期复查，再次认定，根据不同年龄段确定不同的复查时间。

（三）德国长期护理保险的改革与发展③

随着老龄人口的不断增长及失业人员的日渐增多，德国护理保险基金也承受着巨大的压力。2008年出台的《护理保险发展法案》除了将已婚未生育参保人员个人缴纳部分的标准提高之外，还增设了护理假制度，允许任何劳动者最长可以休假8个月以照顾失能的家庭成员，休假期间单位无须支付工资，但可以向各州申领最低生活保障金。2014—2016年出台的《加强护理法案》对长期护理保险制度做了全面的改革，具体的改革有如下几个方面。

---

① 许敏敏，段娜. 德国长期护理保险及其筹资机制经验对我国的启示［J］. 价格理论与实践，2019（07）：99-103.

② 郝君富，李心愉. 德国长期护理保险：制度设计、经济影响与启示［J］. 人口学刊，2014，36（02）：104-112.

③ 刘月. 我国长期护理保险制度发展研究［J］. 西南金融，2021（09）：52-64.

第一，提高保险基金的缴纳比例和给付标准。个人缴纳部分的比例在原有1.7%的基础上提升至2%，其中增加的0.2%用于提升给付标准，0.1%用于充实保险基金的资金池。

第二，针对《护理保险法》和《护理保险发展法案》中对老年痴呆认定标准过于严格的问题，2015年第二部《加强护理法案》重新界定了老年痴呆的标准，并降低了认知能力的评估。与此相对应，个人缴纳部分的标准提升至2.2%。2016年第三部《加强护理法案》出台后，德国再次将个人缴纳部分的标准提升，当前一般参保人个人缴纳部分是2.7%，23岁以上已婚但无子女的为2.95%。

德国长期护理保险制度设计充分体现了德国福利保险模式的发展特征。一方面，德国模式极为注重家庭护理在长期护理服务中的价值，认为家庭成员是最好的护理服务者；另一方面，虽然重视家庭在长期护理服务中的价值，但并不倡导积极的就业政策，鼓励已婚女性退出就业市场。因此，2016年第三部《加强护理法案》规定，如果已婚家庭女性退出就业市场，女性个人缴纳部分免除，单位缴纳部分由州政府代缴。当然，德国除了鼓励女性退出劳动力市场之外，也鼓励其他劳动者在家庭成员失能后需要照顾的时候回归家庭。为此，设定了以下政策支持及相关制度。

第一，为回归家庭照顾失能人员的劳动力提供现金补贴，这部分补贴纯属国家福利待遇，由各州公共财政支出，每人每月的标准为1 800欧元。如果该劳动力申领了最低生活保障金，现金补贴的标准降为800欧元/月。

第二，设立了护理假制度。如前所述，劳动者为了照顾失能家庭成员，可以无薪休假8个月，假期结束后可以继续在原岗位上工作，用人机构不得以此为由解雇无薪休假照顾家庭成员的劳动者。2016年第三部《加强护理法案》中进一步规定，如果家庭成员失能情况严重，劳动者最长可以无薪休假2年，用人机构不得解雇该劳动者，确保该劳动者在居家护理中无后顾之忧。

第三，为家庭成员居家护理服务提供政策支持。一是参加4周免费的专业护理服务培训，二是可以申请最低生活保障金。由此可见，德国护理保险法律体系所构建的长期护理保险制度带有较强的福利属性，能够为失能人员提供较好的照护服务。

三、美国的长期护理保险

美国的长期护理保险主要由公共社会保险和商业保险共同构成，属于混合型长期护理保险模式。

（一）美国长期护理保险的发展历程

20世纪70年代的美国面临较为严重的老龄化形势，且家庭护理功能逐渐弱化，医疗费用急剧上涨。在此情形下，美国开始探索长期护理保险制度。刚开始，长期护理保险并未得到广大美国消费者的认可。即使在20世纪80年代，在政府已经相继实施了很多推广方案后，长期护理保险的市场渗透率仍很低。直到20世纪90年代，随着美国政府医疗保障体系改革的推进和相关法规政策的出台，长期护理保险才得以加速发展。据美国健康保险计划协会统计，2002年，104家保险公司销售了超过900 000份长期护理保险单，长期护理保险市场份额从1987年到2002年以平均每年18%的速度递增，保单销售方式主要有个人销售、团体协会销售、雇主资助保费销售、作为寿险附约——提前死亡给付的方式销售。目前，长期护理保险已成为美国最受欢迎的健康保险产品之一。[①]

（二）美国长期护理保险体系

美国的长期护理保险主要由公共保障（社会保险）和商业保险构成。随着护理成本的增加，为缓解失能老年人巨大的护理需求，减轻非正式照护成员的经济及心理压力，美国政府一方面通过公共保障计划，即通过联邦政府和各州政府的转移支付，实现对中低收入人群的补缺式保障；另一方面，采取国家政策支持和市场调节方式，引导民众购买商业长期护理保险。目前，美国60%左右的长期护理费用由公共保障计划承担，其中，医疗保险计划承担20%，医疗补助计划承担40%。除此之外，则主要依靠商业保险（7%）、个人自付（29%）以及退伍军人管理局和慈善计划等（4%）。由此可见，美国的公共保障计划在长期护理保险体系中占据重要地位，是解决失能老年人护理服务需求的重要方式。[②]

（三）美国长期护理保险的覆盖范围

美国采用了社会保障托底、商业保险作为补充的复合型护理保障模式。社会护理保障对象分为两类，一类是覆盖所有老年人群及部分特殊人群的短期护理保障，另一类是针对低收入家庭的长期护理保障；商业保险的保障对象则是中高收入阶层。

（四）美国的公立长期护理保险

具体来讲，美国的公立长期护理社会保险体系主要由医疗保险计划（Medicare）、医疗补助计划（Medicaid）、社区生活援助和支持计划（Community Living Assistance Services and Support Program，CLASS）、长期护理合作计划（Long-Term Care Partnership Policies，LTCPP）、社会服务补助金计划（Social Service Block

---

① 荆涛，杨舒. 美国长期护理保险制度的经验及借鉴 [J]. 中国卫生政策研究，2018，11(08)：15-21.

② 徐敬惠，梁鸿. 长期护理保险的理论与实践 [M]. 上海：复旦大学出版社，2018：47.

Grant，SSBG)、老年法案（Older Americans Act，OAA）、退役军人福利计划（Department of Veterans Affairs，DVA）构成。① 其中，最核心的是医疗保险计划和医疗补助计划。

1. 医疗保险计划

医疗保险计划是由美国联邦政府针对65岁以上的老人或者符合一定条件的65岁以下的长期残障人士或晚期肾病患者开展的计划。申请人必须是美国的公民或永久居民，且申请者本人或配偶已向国家缴纳医疗保险税10年以上。自20世纪60年代以来，医疗保险计划已经发展成为美国一项较为健全的社会保障制度，其构成要件具有多样性，不仅包括住院保险（Part A）、补充性医疗保险（Part B），还包括医保优势计划（Part C）以及2006年1月实施的处方药计划（Part D）。

医疗保险计划所包含的长期护理保障项目主要由Part A和Part B组成。其中，Part A是强制性保险，资金全部来源于工薪税，由联邦政府拨付，无须被保险人额外缴纳保费。Part A主要覆盖患者住院费用、专业护理费用、家庭保健服务费用（主要包括急性医疗服务）以及晚期病人收容所护理费用等。② 2010年的数据显示，医疗保险计划覆盖了4 800万人，其中4 000万是65岁及以上的老年人，800万是年轻的残疾人。医疗保险计划覆盖了受益者一半的医疗费用。③

2. 医疗救助计划

医疗救助计划是美国各州政府为低收入个人或家庭提供免费医疗护理援助的计划。目前，美国老年人长期护理服务使用者中约有30%的人享受医疗救助待遇。与医疗保险计划不同，医疗救助计划的覆盖对象有严格的收入水平限制，联邦法令将医疗救助计划覆盖的人群分为以下几类：家庭低收入者或患有需要护理类疾病的未成年人、低收入孕妇、低收入残疾人和65岁及以上的低收入老年人。医疗救助计划的资金来源于联邦政府财政和州财政，其中联邦政府财政承担一半以上的出资责任，并根据各州不同的贫困线对各州进行资助。④

和医疗保险计划相同，医疗救助计划也对医疗护理费用进行补偿，并且包括了因慢性疾病或意外伤害导致的长期护理费用。医疗救助计划的覆盖范围包括护理院护理和家庭健康护理服务的费用，但联邦政府对各州的医疗援助资助是通过向提供

---

① 荆涛，杨舒. 美国长期护理保险制度的经验及借鉴 [J]. 中国卫生政策研究，2018，11 (08)：15-21.
② 荆涛，杨舒. 美国长期护理保险制度的经验及借鉴 [J]. 中国卫生政策研究，2018，11 (08)：15-21.
③ 徐敬惠，梁鸿. 长期护理保险的理论与实践 [M]. 上海：复旦大学出版社，2018：48.
④ 荆涛，杨舒. 美国长期护理保险制度的经验及借鉴 [J]. 中国卫生政策研究，2018，11 (08)：15-21.

保健（长期护理）服务的运营者提供补贴进行的。美国医疗救助总支出中有近30%用于老年人的长期护理，并承担老年人长期护理总费用的40%。2011年，医疗救助计划用于老年人长期照护的支出为1 182亿美元，占当年医疗救助计划总支出的27.6%。由此可以说明，医疗救助计划在美国老年人长期护理体系中具有举足轻重的作用。[1]

（五）美国的商业长期护理保险[2]

美国的商业长期护理保险出现于1974年，起初并未得到广大消费者的认可。20世纪80年代，美国政府相继实施多种方案推广商业长期护理保险，但其市场渗透率仍很低。直至20世纪90年代，随着美国政府医疗保障体系改革的推进和相关法规政策的出台，商业长期护理保险才得以迅速发展，成为起步最晚但最受欢迎、发展最快的健康保险产品，发挥着越来越重要的作用。按照美国国家保险委员会的分类，商业长期护理保险可分为个人长期护理保险（individual policies，IP）、通过雇主购买长期护理保险（policies from my employer，PME）、联邦长期护理保险（federal long term care insurance program，FLTCIP）、持续护理退休社区提供的长期护理保险（policies sponsored by continuing care retirement communities）、协会保险（association policies）、人寿保险或年金保险（life insurance or annuity policies）。

美国商业长期护理保险的优势主要体现在以下几方面：第一，自愿参保使保险公司可以根据社会不同层次的需求开发不同的险种，其供求关系完全由市场调节，体现了灵活、自由、多样化的优势；第二，经营长期护理保险的商业保险公司以营利为目的，因此，其业务管理自成体系，且能够与医护机构密切合作，重视核保核赔业务，能有效控制业务风险；第三，参保人具有自由选购长期护理保险产品的权利，能够促进长期护理保险经营者之间的相互竞争，提高服务水平。

与此同时，美国商业长期护理保险也存在一些弊端：第一，商业保险市场信息不对称现象导致的逆向选择和道德风险严重，使得保险公司较难控制医护方的医疗费用，有可能造成照护费用的失控；第二，由于不同收入水平的人享有照护服务的差别较大，医疗服务不公平现象比较突出。因此，在美国，一方面，照护费用不断攀升；而另一方面，越来越多的居民由于承受能力有限而没有任何健康保险制度（含长期护理保险）。

---

[1] 荆涛，杨舒. 美国长期护理保险制度的经验及借鉴 [J]. 中国卫生政策研究，2018，11 (08)：15-21.

[2] 荆涛，杨舒. 美国长期护理保险制度的经验及借鉴 [J]. 中国卫生政策研究，2018，11 (08)：15-21.

第四节
我国长期护理保险的探索及发展趋势

一、中国长期护理保险制度建构的背景

(一)人口老龄化、高龄化程度加剧,失能老年人数量剧增

近十年来,我国老龄人口、高龄人口数量逐年攀升,截至 2020 年底,我国 65 岁及以上人口数量达到 19 064 万人,占全国总人口的 13.50%;80 岁及以上高龄老年人口已达 3 580 万人,占全国总人口的 2.54%。国家卫健委发布的统计公报显示,2019 年,我国居民人均预期寿命较 2015 年提升 0.96 岁,达到 77.3 岁,但由于工业化、城镇化以及生态环境和生活方式变化等因素的影响,我国老年人的健康状况不容乐观。当前,我国有 4 000 多万失能、半失能老年人,预测显示,到 2030 年前后,老年失能人口将突破 1 亿,并于 2050 年前后达到峰值 1.29 亿。同时,老年失能人口呈现出增速快、高龄化、性别失衡、城乡差异的显著特征。[①] 人口老龄化、高龄化进程的不断加快,以及失能人口在数量和结构上的演变,都对我国现有的老年护理格局提出了挑战。

(二)传统的家庭照护功能不断弱化

首先,家庭结构向小型化、少子化转变。第七次全国人口普查数据显示,2020 年,我国平均家庭户规模为 2.62 人,较 2010 年减少 0.48 人,已跌破"三口之家"的数量底线。造成这一现象的原因,除了生育率的不断下降,更为重要的是"单人户"数量增长,以致大量的空巢家庭、独居家庭、风险家庭和脆弱家庭不断涌现。人口出生率的不断下降伴随着老年抚养比的不断增加,家庭规模小型化使得家庭内部养老负担不断加重,这无疑对传统的家庭照护模式带来了挑战。[②]

其次,女性就业率逐步提高。在传统的以"男主外、女主内"为主要特征的家庭分工模式下,老年人的日常生活照料和生病时的护理基本上都由家里的女性来完成。

[①] 李晓鹤,刁力.人口老龄化背景下老年失能人口动态预测 [J]. 统计与决策,2019,35 (10):75-78.

[②] 詹鹏,宋蒙蒙,尹航.家庭规模小型化对家庭消费结构的影响——基于 CFPS 2014—2016 年面板数据的研究 [J]. 消费经济,2020,36 (05):17-28.

随着时代的变迁和女性自我意识的觉醒,更多的女性从家庭走上职场,2019年,全社会就业人员中女性占比超过四成。妇女的社会参与程度不断提高,这给传统的由女性承担对老年人的长期护理的模式带来了挑战。①

(三) 长期护理费用与老年人支付能力之间的矛盾突出

中国保险行业协会、中国社会科学院人口与劳动经济研究所联合发布的《2018—2019中国长期护理调研报告》(以下简称《调研报告》)显示,以Barthel指数来衡量,调查地区有4.8%的老年人处于ADL(日常生活活动)重度失能状态,7%处于中度失能状态,总失能率为11.8%,有四分之一的老人需要得到全方位的照料。在老年人长期护理需求不断扩大的背景下,也存在着支付意愿和支付能力不足的情况。超过六成的受访成年人对自身失能风险持乐观态度,在一定程度上低估了未来的长期护理需要,仅有8.2%的人购买了商业长期护理保险,与55%的商业医疗保险购买率存在较大差距。同时,护理费用也给老年人带来了较大的经济负担。

《调研报告》显示,有护理费用支出的中度失能老人中,有一半的人每月服务费用支出占本人可支配收入的80%以上,重度失能老人的情况则更为严峻,有大量的人出现高额支出现象,一半以上的服务购买者每月费用占可支配收入的90%以上。预测显示,到2050年,我国人均照护费用将比2020年增长约7倍。② 护理费用负担加剧,使长期护理保险制度的保障功能愈加凸显。

二、我国长期护理保险的探索③

我国长期护理保险制度是随着家庭结构的变迁、医保制度的改革、老年照护体系的完善及商业长期护理保险的探索而逐渐被提上议程的。在全国范围内看,青岛市起步最早,在2002年建立了家庭病床制度,其后通过整合社区医疗、养老护理机构和二、三级医院资源,于2012年建立了长期医疗护理保险制度,帮助失能人员解决照护难题,起到了良好的示范作用。

2013年,国务院在《关于促进健康服务业发展的若干意见》(国发〔2013〕40号)中提出开发长期护理商业保险。2016年,"开展长期护理保险试点"被纳入"十三五"规划,我国开始在15个城市进行长期护理保险制度试点。2017年,国家卫计

---

① 戴卫东. 长期护理保险制度理论与模式构建[J]. 人民论坛,2011(29):31-34.
② 张良文,方亚. 2020—2050年我国城乡老年人失能规模及其照护成本的预测研究[J]. 中国卫生统计,2021,38(01):39-42.
③ 王啸宇,张欢. 长护险制度设计评价与运行效果研究[J]. 公共行政评论,2021,14(05):81-100,198.

委等多部门联合印发《"十三五"健康老龄化规划》，进一步提出要"探索建立长期护理保险制度"。2020年，党的十九届五中全会通过的《中共中央关于制定国民经济和社会发展第十四个五年规划和二〇三五年远景目标的建议》提出"稳步建立长期护理保险制度"。2020年9月，国家医保局和财政部发布了《关于扩大长期护理保险制度试点的指导意见》（以下简称《指导意见》），决定扩大试点城市范围，把长期护理保险制度试点城市扩展到28个。截至2021年，全国已有49座城市开展长期护理保险的试点工作，覆盖近1.2亿参保人。

经过5年左右的试点，目前《指导意见》中的试点地区均已建立较为成熟、稳定的长期护理保险制度。基于此，本节选取首批15个试点城市作为研究对象，围绕参保范围、筹资机制、给付机制、失能评估管理等方面的政策安排，分析中国长期护理保险制度试点发展的现状。

（一）参保范围

目前，15个试点城市的参保范围主要分为两类：一类是城镇职工基本医疗保险和城乡居民基本医疗保险的参保人员（以下简称"职工医保参保人员、居民医保参保人员"），如青岛、石河子等8个城市；另一类是职工医保参保人员，如承德、安庆等6个城市。上海市划定的参保范围较为特殊，为60周岁及以上居民医保参保人员与职工医保参保人员。

（二）筹资机制

稳定、多元化的筹资渠道是长期护理保险制度运行的可靠保障。试点初期，15个试点城市全部采取从医疗保险基金划转部分运行资金的方式，迅速扩大长期护理保险的覆盖面，以确保制度的落地与推进。在试点结束后，多数地区通过探索实行多元筹资方式，逐步强化个人、用人单位、政府以及社会的筹资责任。筹资方式与筹资标准是筹资机制的基础与核心。从年筹资标准来看，15个试点城市的长期护理保险制度主要采取比例筹资、定额筹资、混合筹资三种筹资方式。采取比例筹资方式的试点城市中，筹资标准大部分以职工上年度工资总额、基本医疗保险缴费基数或上年度居民人均可支配收入为缴费基数，筹资比例大部分为0.3%~0.5%；采取定额筹资方式的试点城市中，由于每个城市的经济发展水平与老龄化程度不同，筹资标准也存在较大差异，筹资标准为每人每年30元到150元不等；采取混合筹资方式的试点城市中，长春与青岛的筹资标准较为接近，而石河子侧重按人头确定财政补贴资金的方式，明确了政府财政的主要筹资责任。

（三）给付机制

目前，15个试点城市均已将重度失能人员作为重点保障对象。南通、苏州、广州将给付对象扩大到了中度失能人员;苏州、南通、宁波、上饶、青岛、广州将满足条件的失智人员也纳入了给付对象范围。此外,上海市在失能失智评定标准之外,还附加了60周岁及以上的年龄限制条件。

为了合理控制长期护理保险费用支出,15个试点城市均对给付限额做出了明确规定。从给付限额来看,目前主要有日限额、周限额和月限额三种形式。除上饶、成都、石河子和上海外,大部分试点地区规定了每日最高给付额。实行月给付限额的上饶、成都、石河子主要按照护理服务机构的不同,适度调整月给付限额。在上海、广州这样的长期护理服务市场化程度较高的地区,开始通过逐步缩小居家护理服务与机构护理的给付差距,引导受益者接受居家护理服务。

同时,在试点实践过程中,长期护理保险的给付水平受到当地经济发展水平的影响,发达地区的长期护理保险给付水平明显高于其他地区。上海、青岛等试点地区将给付水平提高到了70%~90%,承德、成都、石河子等试点地区则保持在70%~75%,而齐齐哈尔、安庆、上饶等试点地区的给付水平控制在70%以下。

(四) 失能评估管理

当前,15个试点城市的失能鉴定工作主要由商业保险公司、第三方专业评估机构、医护专家团队和劳动能力鉴定机构开展。

三、我国长期护理保险试点的问题

我国长期护理保险试点工作和制度构建取得了一定的成绩,但在参保对象、基金筹措、保险待遇等方面还存在较多的问题。

(一) 参保覆盖范围较窄

整理各地试点政策可以发现,多数试点城市的参保覆盖范围仅限于市直或市区范围内的职工医保参保人群,农村地区人群涉及较少。这种以城镇职工为主要保障对象的长期护理保险制度的结果,可能使职工医保参保人员既能享受优越的医疗保险待遇,又能享受到护理服务,得到的保障越来越多;而居民医保参保人员(尤其是农村居民)的医疗保险待遇本就远低于城镇职工,加之在长期护理保险制度试点中政策的边缘化,进一步加剧了现行社会保险待遇的不公平性。[1]

---

[1] 张瑞达,王前强. 中国长期护理保险制度发展现状及建议[J]. 合作经济与科技,2022(01): 173-175.

(二) 筹资机制欠合理

解决资金筹措问题是推进长期护理保险制度构建的关键要素，各地在试点中对筹资义务、筹资标准的规定存在较大的差异。

在筹资义务上，除了从医保基金中划筹长期护理保险基金之外，各地对于单位、个人、政府的筹资义务规定不一。长春、宁波、上海等5个城市规定，从医保统筹账户或个人账户中按照缴费标准划拨来进行筹资。青岛、苏州两地规定，除了从个人医保账户中划筹之外，市、区两级政府还应以财政补贴的形式予以筹措配套。安庆、重庆两地规定，除了从医保基金统筹账户中划筹之外，个人还需要缴纳保费。[①]

在筹资标准上，各地规定也不一样。南通、重庆、荆门、石河子等10个城市推行的是固定缴费规则，成都、青岛、上海等4个城市推行的是比例缴费标准，以参保人上一年度工资总额或医保基金账户统筹总额为基数，设置一定的缴费比例来进行资金统筹，长春市则针对两类不同的参保人设定了不同的缴费规则。[②]

试点城市的长期护理保险制度在筹资渠道、年筹资标准上各具地方特色，而且存在筹资过度依赖基本医保统筹基金、未实现独立筹资、筹资模式定位不清等问题。随着人口老龄化进程的加快，长期护理保险的费用支出将不断上涨，而现行的筹资机制会导致基本医疗保险基金负担过重，严重影响长期护理保险制度的稳定性和可持续性。[③] 因此，合理厘清政府、单位和个人的缴费义务及比例，公平合理设置相应的缴费标准，是未来推广长期护理保险的核心问题。

(三) 给付标准存在差异

试点城市长期护理保险给付主要有定额支付或限额比例支付。重庆、宁波、苏州、上饶采取定额支付标准，如苏州市将支付标准分为机构护理、居家护理、现金补贴三类，这三类标准分别为每月1 100元、900元、450元。上海、成都、石河子、荆门等8个试点城市采取限额比例支付标准，参保人员可以在最高限额内按照比例报销。如荆门市规定，全天居家护理服务每人每天限定100元，其中保险基金承担80%，个人承担20%；养老院或护理院按照床位计算，每床每天限定100元，其中保险基金承担75%，个人承担25%；医院护理按照床位计算，每床每天限定150元，其中保险基金承担70%，个人承担30%。[④]

[①] 刘月. 我国长期护理保险制度发展研究 [J]. 西南金融，2021 (09)：52-64.
[②] 刘月. 我国长期护理保险制度发展研究 [J]. 西南金融，2021 (09)：52-64.
[③] 张瑞达，王前强. 中国长期护理保险制度发展现状及建议 [J]. 合作经济与科技，2022 (01)：173-175.
[④] 刘月. 我国长期护理保险制度发展研究 [J]. 西南金融，2021 (09)：52-64.

由于试点城市之间经济发展水平存在差距，筹资机制各具地方特色，中国长期护理保险制度试点城市政策给付机制参差不齐，而且存在给付对象范围不统一、资格认定审查程序不严格、给付等级划分不清晰等问题，既不利于长期护理保险服务成本的控制，也有损社会公平。[①]

（四）失能评估管理机制不完善

失能评估管理机制不完善首先体现在失能等级评估标准不统一。第一批15个试点城市通过不同的失能等级评定标准界定给付对象，其中10个城市参照国际评估量表执行，5个城市自行研制本地化的评估标准体系。由于《指导意见》并未明确规定失能评估鉴定机构和管理方法，试点地区开展的失能评估鉴定活动差异较大。[②]

失能评估管理机制不完善体现之二是失能等级评估的客观性和有效性有待提升。从评估方法来看，多数试点城市采取他评与自评相结合的失能等级评定方法，然而他评和自评都存在局限性，易受到主观因素、专业知识等方面的影响，容易出现为获得更高等级护理而夸大病情的现象，影响评估的客观性。从评估机构来看，有的城市是委托第三方专业评估机构负责失能等级评定工作，有的城市则是由定点服务机构初审，劳动能力鉴定中心或医保经办机构复审，这些复审机构还担负自身专业事务，同时兼任"裁判员"和"运动员"的角色，使得评定结果的有效性难以保证。[③]

经历了5年多的探索，15个试点城市在失能等级评估工具、划分标准、评估机构的选择等方面都存在较大的差异性，在受益者资格认定、失能等级审核等过程中引发了不少争议。同时，失能评估队伍在整体上尚显不足，也限制了各地失能鉴定机构的评估能力，这在一定程度上阻碍了我国长期护理保险的全民化。[④]

（五）法律保障不充分

从2006年起，长期护理保险开始出现在我国的政策文件中。其中，国家层面的政策参与主体涉及多个单位，主要包括民政部、人社部、国家发改委、国家卫健委（原卫生部）、国家中医药局、中国残联、国家乡村振兴局（原国务院扶贫办）、自然

---

① 张瑞达，王前强. 中国长期护理保险制度发展现状及建议 [J]. 合作经济与科技，2022（01）：173-175.

② 潘萍，覃秋蓓. 中国长期护理保险制度模式选择与发展路径 [J]. 西南金融，2022（02）：89-100.

③ 潘萍，覃秋蓓. 中国长期护理保险制度模式选择与发展路径 [J]. 西南金融，2022（02）：89-100.

④ 张瑞达，王前强. 中国长期护理保险制度发展现状及建议 [J]. 合作经济与科技，2022（01）：173-175.

资源部（原国土资源部）、住房和城乡建设部、财政部、中国人民银行、银保监会（原银监会、原保监会）、证监会等，参与部门之多，可以见得国家对于长期护理保险制度建设和发展的重视。地方层面的政策文件大多由国家公布的试点城市出台，少数由各地自发出台。政策文件按类型可划分为意见类、规划类、通知类和决定类，这些类型的文件优势在于制定周期短、易实施，缺点在于缺乏法律效力、约束力不强。从整体上看，已有政策文件多停留在探索建立长期护理保险制度、开展和扩大长期护理保险制度试点层面，各地在覆盖面、筹资来源、待遇给付、管理办法等方面呈现出"碎片化"特征，缺乏统一的具有强制力的法律文件。目前，我国《社会保险法》没有明确规定长期护理保险可以作为社会保险或从属某种类型的社会保险，这也给各地探索建立长期护理保险制度造成阻碍。因此，未来我国要加快长期护理保险立法，形成有效的立法保障。[①]

四、我国长期护理保险的发展趋势

2021年9月29日，国务院办公厅印发《"十四五"全民医疗保障规划》，明确了党和国家有关稳步建立长期护理保险制度的战略部署。我们可以根据"保基本、低起步、广覆盖、提标准"的原则，充分考量我国当前经济发展水平和老龄化发展趋势的国情基础，以国家、社会、个人责任共担为权利义务分配理念，以独立险种为制度目标，构建中国的长期护理保险制度。

（一）加快顶层设计，形成全国统一的制度框架

首先，应尽快开展长期护理保险立法研究，针对试点中存在的筹资模式、待遇给付等方面的公平性问题，从立法层面明确发展方向。我国可以借鉴国外经验，通过法律明确各相关主体的责、权、利，建立起内容完整、条理清晰、要素完备的长期护理保险法规体系，为长期护理保险制度的可持续发展提供法律依据。

其次，统一制定各项标准与细则。应加大探索力度，在确保制度的一致性和公平性的基础上，尽快在参保对象、保障范围、资金筹集、待遇给付、经办管理等制度设计框架上形成统一的"国家线"，各地可依据自身情况适度调整，避免制度碎片化带来的弊病。与此同时，政府还应利用多种宣传渠道，提升民众对长期护理保险的知晓度，在进行制度设计和调整时充分考虑民众需求。

[①] 张瑞达，王前强. 中国长期护理保险制度发展现状及建议[J]. 合作经济与科技，2022(01)：173-175.

(二) 统一失能评估标准①

评估体系是确立保障资格的重要依据，事关制度的运行，失能评估体系发展的滞后已成为我国长期护理保险发展的瓶颈。建立一个合理的评估体系，需要综合考量我国的经济发展状况和失能群体的个人特征，具体要细化到评估工具、失能等级、护理方式与监督管理等各个层面。2021年8月3日，国家医保局办公室和民政部办公厅印发了《长期护理失能等级评估标准（试行）》，对评估指标、评估实施和评估结果判定做了相关规定，明确了14个新增试点城市参照该标准执行，原有试点城市参照完善本地标准并于两年内统一到该标准上来。这一举措将有力助推全国建立统一的长期护理失能等级评估标准，使失能人员能公平享有护理服务待遇，也为长期护理服务的规范化和精准化提供了模板。

(三) 完善多元筹资机制②

首先，各地区通过科学测算本年度所需的护理费用，以支定收，合理规划本年度基金筹资总额。其次，坚持共建共享原则。《指导意见》规定，职工参保人群的筹资责任由单位和个人同比例分担。而我们应该看到，长期护理保险是补偿个人在失能时所产生的护理费用，在权责统一的社会保险体系下，应着重突出个人筹资的重要性。已有研究测算得出，我国民众对长护险具有较高的筹资潜力。因此，建议在科学测算的基础上适度增加个人筹资比例。此外，从一些采取社会保险模式运作长期护理保险的亚洲国家的经验来看，财政应适当补贴长护险。各地可根据自身财政状况，科学划分政府筹资比例。最后，拓宽筹资渠道。积极引导社会力量共建长期护理保险，充分发挥个人捐款、团体捐赠、企业捐赠以及福利体彩等社会化筹资渠道的作用。对特殊困难群体给予适当资助，充分发挥社会保险的互助共济功能。

(四) 适度扩大群体受益面③

适度扩大保障范围，重点保障重度失能人员的基本护理保障需求。重度失能对象由于其群体特点（如人数比例低、平均余寿短、状态可逆转性低、护理需求强度高，整体呈现出生存质量偏低的状态），亟须从制度层面给予保障。各地区可根据基金筹资水平和服务体系发

专栏7-1：长期护理保险对医疗费用的替代效应及不同补偿模式的比较

---

① 刘月. 我国长期护理保险制度发展研究 [J]. 西南金融, 2021 (09): 52-64.
② 刘月. 我国长期护理保险制度发展研究 [J]. 西南金融, 2021 (09): 52-64.
③ 刘月. 我国长期护理保险制度发展研究 [J]. 西南金融, 2021 (09): 52-64.

展状况，考虑拓宽保障范围，向中度失能人群逐步扩展。还要合理规划保障项目，明晰长期护理保险中的基本护理服务与基本医疗保险中的医疗护理和家政家务服务之间的界限，着重规范项目的内涵和质量。

本章小结

长期护理是指个体由于意外、疾病或衰弱，身体或精神受损而致使日常生活不能自理，在一个相对较长的时期里，需要他人在医疗、日常生活或社会活动中给予广泛帮助。虽然长期护理可针对任何年龄的人，但通常指的是老年人长期护理。广义的长期护理既包括对失能人员的生理、心理需求的日常护理和医疗护理，也包括社会服务支持和其他支持性服务。而狭义的长期护理主要指日常生活活动护理和医疗护理。每个人都会变老，每个人都会在不同的生命周期内需要长期护理。长期护理保险作为独立于养老、医疗、工伤、失业、生育保险的"第六险"，是我国社会保障体系的重要制度设计，具有分散长期护理风险、整合护理资源、提高长期护理的组织效率、提高老年人的生活质量等作用。

长期护理保险按保险责任可以分为单一责任护理保险、综合责任护理保险、失能收入保险的扩展、医疗费用附加长期护理保险四类。按照投保方式可以划分为个人长期护理保险和团体长期护理保险。根据保额是否变化可以划分为保额固定型和保额递增型两类长期护理保险。

长期照护的思想在中国源远流长。"老有所养、老有所医、老有所为、老有所学、老有所乐"如今已经写入我国《老年人权益保障法》。追踪溯源，"五有"是由孔子的"老有所终"思想派生演绎而来。虽然我国古代早就有长期护理的思想，现代长期护理保险制度却发迹于国外。国际上最早建立长期护理保险制度的国家是荷兰。到了20世纪末21世纪初，德国（1995年）、卢森堡（1999年）、日本（2000年）和韩国（2008年）等国家相继建立了长期护理保险制度。与此同时，商业长期护理保险也逐步发展。美国在20世纪70年代诞生了商业长期护理保险。

世界范围内主流的长期护理保险模式包括三种：长期护理津贴模式、长期护理社会保险模式和长期护理商业保险模式。英国的长期照护被归类为津贴模式，具有"社会救助"色彩。在英国，长期照护被看作是社会照护的一部分，旨在通过给老年人或其他需要长期照顾的群体提供居家或机构的照料服务，以逐步恢复和修补由慢性疾病或其他原因损害的日常生活活动能力，提升其生活质量。英国的长期护理保险建立在社会救助基础之上，其制度哲学是发挥"安全网"功能，即仅为具有最迫切需求和最少资源的人提供照料服务。德国的长期护理保险制度采用社会保险模式，覆盖了德国近九成的人口。德国的长期护理保险是德国社会安全网的重要组成部分。

德国在 1994 年建立社会长期护理保险制度之前，并没有公共的长期护理筹资渠道，有长期护理需求的人需要自己付费，在个人积蓄用完以后，经过收入审核，接受社会救助。美国的长期护理保险主要由公共社会保险和商业保险共同构成，属于混合型长期护理保险模式。

我国于 2016 年开始在 15 个城市进行长期护理保险制度试点，2020 年 9 月继续扩大试点城市范围，长期护理保险制度试点城市共有 28 个。截至 2021 年，全国已有 49 座城市开展长期护理保险的试点工作，覆盖近 1.2 亿参保人。从当前的试点来看，我国长期护理保险还存在参保覆盖范围较窄、筹资机制欠合理、给付标准存在差异、失能评估管理机制不完善、法律保障不充分等问题。未来的我国长期护理保险要加快顶层设计，形成全国统一的制度框架，统一失能评估标准，完善多元筹资机制，健全监督管理体系。

主要概念

长期护理　长期护理保险　单一责任护理保险　综合责任护理保险　长期护理保险模式

复习思考题

1. 长期护理保险的功能有哪些？
2. 长期护理保险的意义有哪些？
3. 长期护理保险的类型有哪些？
4. 长期护理保险有哪几种主要模式？
5. 简述英国、德国、美国长期护理保险的发展历程。
6. 简述我国长期护理保险的探索历程。
7. 简述我国长期护理保险的发展趋势。

参考文献

[1] 曹信邦. 中国失能老人长期护理保险制度研究——基于财务均衡的视角 [M]. 北京：社会科学文献出版社，2016.

[2] 戴卫东. 长期护理保险制度理论与模式构建 [J]. 人民论坛，2011（29）：31-34.

[3] 戴卫东. 以色列长期护理保险制度及评价 [J]. 西亚非洲, 2008 (02): 46-50.

[4] 杜鹃, 万晴瑶. 人身保险学 [M]. 上海: 立信会计出版社, 2019.

[5] 国家医保局, 财政部. 关于扩大长期护理保险制度试点的指导意见: 医保发〔2020〕37号 [A/OL]. (2020-09-10) [2022-05-15]. http://www.gov.cn/zhengce/zhengceku/2020-11/05/content_5557630.htm.

[6] 郝君富, 李心愉. 德国长期护理保险: 制度设计、经济影响与启示 [J]. 人口学刊, 2014, 36 (02): 104-112.

[7] 季佳林, 刘远立, 仲崇明, 等. 荷兰长期护理保险制度改革对中国的启示 [J]. 中国卫生政策研究, 2020, 13 (08): 43-49.

[8] 荆涛. 长期护理保险——中国未来极富竞争力的险种 [M]. 北京: 对外经济贸易大学出版社, 2006.

[9] 荆涛, 杨舒. 美国长期护理保险制度的经验及借鉴 [J]. 中国卫生政策研究, 2018, 11 (08): 15-21.

[10] 李晓鹤, 刁力. 人口老龄化背景下老年失能人口动态预测 [J]. 统计与决策, 2019, 35 (10): 75-78.

[11] 刘昌平, 毛婷. 长期护理保险制度模式比较研究 [J]. 西北大学学报 (哲学社会科学版), 2016, 46 (06): 112-119.

[12] 刘金涛. 老年人长期护理保险制度研究 [M]. 北京: 科学出版社, 2014.

[13] 刘月. 我国长期护理保险制度发展研究 [J]. 西南金融, 2021 (09): 52-64.

[14] 潘萍, 覃秋蓓. 中国长期护理保险制度模式选择与发展路径 [J]. 西南金融, 2022 (02): 89-100.

[15] 阮佳闻. 德国老龄化问题日渐凸显: 超过三分之一65岁以上老人独居 [EB/OL]. (2021-09-29) [2022-06-15]. https://baijiahao.baidu.com/s?id=1712254712082811721&wfr=spider&for=pc.

[16] 施永兴, 黄长富. 护理院医养结合与管理指南 [M]. 上海: 上海交通大学出版社, 2018.

[17] 孙海燕. 江苏多地试水长期护理险 [N]. 江南时报, 2021-11-10 (4).

[18] 孙燕霞, 俞海萍. 老年长期护理服务研究现状 [J]. 护理研究, 2021, 35 (12): 2176-2180.

[19] 唐钧. 当我们谈论养老, 我们究竟在谈论什么? [EB/OL]. (2021-05-27) [2022-05-15]. https://baijiahao.baidu.com/s?id=1700898645550393005&wfr=spider&for=pc.

［20］唐钧．中国传统文化和老年照护的国际共识——专访中国社会科学院社会学研究所唐钧研究员［EB/OL］．（2022-02-28）［2022-05-15］．https：//www.cn-healthcare.com/articlewm/20220227/content-1319770.html．

［21］王啸宇，张欢．长护险制度设计评价与运行效果研究［J］．公共行政评论，2021，14（05）：81-100，198．

［22］魏巧琴．新编人身保险学［M］．上海：同济大学出版社，2018．

［23］伍江，陈海波．荷兰长期照护保险制度简介［J］．社会保障研究，2012（05）：102-105．

［24］徐敬惠，梁鸿．长期护理保险的理论与实践［M］．上海：复旦大学出版社，2018．

［25］许敏敏，段娜．德国长期护理保险及其筹资机制经验对我国的启示［J］．价格理论与实践，2019（07）：99-103．

［26］杨翠迎，程煜．不同福利国家模式下长期护理保险制度及其费率结构比较［J］．经济体制改革，2019（04）：151-159．

［27］曾卓，李良军．商业健康保险的定义及分类研究［J］．保险研究，2003（04）：20-22．

［28］翟振武．新时代高质量发展的人口机遇和挑战——第七次全国人口普查公报解读［EB/OL］．（2021-05-12）［2022-05-15］．http：//www.stats.gov.cn/xxgk/jd/sjjd2020/202105/t20210512_1817342.html．

［29］詹鹏，宋蒙蒙，尹航．家庭规模小型化对家庭消费结构的影响——基于CFPS 2014—2016年面板数据的研究［J］．消费经济，2020，36（05）：17-28．

［30］张良文，方亚．2020—2050年我国城乡老年人失能规模及其照护成本的预测研究［J］．中国卫生统计，2021，38（01）：39-42．

［31］张瑞达，王前强．中国长期护理保险制度发展现状及建议［J］．合作经济与科技，2022（01）：173-175．

［32］赵青，李珍．英国长期照护：基本内容、改革取向及其对我国的启示［J］．社会保障研究，2018（05）：96-103．

［33］周坚，韦一晨，丁龙华．老年长期护理制度模式的国际比较及其启示［J］．社会保障研究，2018（03）：92-101．

［34］Alders P．，Schut F. T. The 2015 long-term care reform in the Netherlands：getting the financial incentives right？［J］．Health Policy，2019，123（3）：312-316．

第八章

社会保险管理

本章导言

社会保险项目多、范围广、专业性强，是新时期保障人们基本生活、缓解社会矛盾、维持社会稳定的重要制度工具。社会保险离不开社会保险管理。缺乏有效的社会保险管理，社会保险的职能和目标就难以实现。那么，什么是社会保险管理？社会保险管理由哪几个部分的内容构成？社会保险管理模式有哪些？我国社会保险管理经历了哪几个发展阶段？运行现状如何？存在的问题是什么？对以上问题的回答构成了本章的核心内容。

社会保险基金是社会保险制度的物质基础和实现其社会政策的核心条件，作为复杂的社会系统工程，涉及亿万民众的切身利益和社会稳定大局。社会保险基金管理是研究社会保险基金的征缴、保管、投资运营、保值增值、监管等方面的运行机制、制度规范及其规律的一门新兴的、综合性的管理学科。

重点问题

- 社会保险管理的内涵
- 社会保险管理的基本特征
- 社会保险管理的基本内容
- 社会保险管理模式
- 中国社会保险管理的发展历程
- 中国社会保险管理的权责分工

- 社会保险基金管理的基本概念
- 社会保险基金管理的主要内容

第一节 社会保险管理的内涵及特征

一、社会保险管理的内涵

要掌握社会保险管理的内涵,必须先明晰什么是管理,什么是社会保险。鉴于在前面章节中已阐述社会保险的含义,此处只详细地阐述管理的内涵。

(一)管理的内涵

管理活动存在于任何一个组织中。由于人是天生的社会动物,因此,管理活动与人类社会活动并存。换句话说,只要有人类社会存在,大至一个国家,小到一个企业、机关或学校,都存在着管理活动。

学者们对管理的内涵进行了多维度的解读。哈罗德·孔茨从管理的目标来界定管理,认为"管理就是为在集体中工作的人员谋划和保持一个能使他们完成预定目标和任务的工作环境"。亨利·法约尔从过程维度考量管理,认为"管理就是实行计划、组织、指挥、协调和控制"。赫伯特·A.西蒙从决策科学的角度出发,认为"管理就是决策",凸显了决策在管理中的重要性。约瑟夫·梅西从管理的主体出发,认为"管理就是通过其他人来完成工作"。小詹姆斯·唐纳利等人认为"管理是由一个或更多的人来协调他人活动,以便收到个人单独活动所不能收到的效果而进行的各种活动"。美国的管理学大师彼得·F.德鲁克认为"管理是门艺术","管理是一种工作,它有自己的技巧、工具和方法;管理是一种器官,是赋予组织以生命的、能动的、动态的器官;管理是一门学科,一种系统化的并到处适用的知识;同时管理也是一种文化"。[1]

由上可见,不同学者对管理内涵的理解不同。由于管理是一个动态的、发展的概念,因此,随着社会的不断发展变化,管理的含义还会随之发生变化。但综合不同学者的界定,可以发现管理活动的诸多基本点,如管理的目的性、管理职能的重要

---

[1] 转引自马小姗,刘瑞军,虎啸.管理学[M].成都:电子科技大学出版社,2019:2.

性、管理工作与一般作业活动的区别等。本书采用周三多在《管理学》中对管理的界定，把管理定义为"为了实现组织目标而进行的计划、组织、领导、协调、控制等一系列活动的总和"。

(二) 社会保险管理的内涵

社会保险是国家强制实施的、体现公民权利和义务相结合的社会保障计划，是规避社会风险、增强社会韧性的一种方式。社会保险涉及经济、政治、社会、法律等各个方面，并且处在各个学科之间的交叉领域，这就决定了社会保险管理是一个极其复杂的社会系统工程，具有很强的综合性特征。加之社会保险涉及劳动者的切身利益，因此社会保险管理需要通盘考虑、综合协调，否则可能影响社会保险计划的实施效果。

什么是社会保险管理？从社会保险管理的过程出发，可以把社会保险管理界定为"为了实现社会保险的目标，通过特定的组织机构和制度安排，对各种社会保障事务进行计划、组织、领导、协调、控制和监督的过程"。根据社会保险管理的目标，可以把社会保险管理界定为"社会保障法制的延伸和强化，其基本任务就是保证现行社会保险法律、法规、政策得以贯彻落实"[①]。

本书认为，社会保险管理是为实现社会保险的基本目标，保证社会保险制度的稳定运行，对社保基金的运行条件、管理模式、投资运营、监督管理等进行全面规划和系统管理的一系列活动的总和。社会保险管理本质上是一种社会事务和社会政策管理，是一种政府行为，目的在于向公众提供公共服务和公共产品，是社会保险法制的延伸和强化。

二、社会保险管理的特征

由于各国的社会保险制度在内容、目标和运行机制上存在差异，因此，社会保险管理模式和内容也存在差别。但无论采取何种管理模式，行政管理、业务管理、基金管理以及监督管理之间的责任划分必须是明确的，协调机制必须是有效的，社会保险管理必须是有章可循的。综合各国社会保险管理的实践和经验，有效的社会保险管理应具有以下特征。

(一) 系统性

社会保险管理是一个系统的工程。社会保险管理由社会保险行政管理、社会保

---

① 夏敬. 社会保险理论与实务 [M]. 大连：东北财经大学出版社，2006：88.

险业务管理、社会保险基金管理和社会保险监督管理等构成，运行中涉及行政部门、经办机构、基金运营机构、监督部门等机构，在专业领域方面由养老保险、医疗保险、失业保险、工伤保险、生育保险、长期护理保险等项目构成。因此，要做好社会保险的管理工作，必须遵循系统原则，注意社会保险管理相关部门之间的有效衔接、沟通与协作，建立不同社会保险项目之间以及同一项目在不同地区之间的衔接机制。尤其在我国，如何实现不同地方养老保险、医疗保险等保险项目的转移接续，如何解决好机关事业单位养老保险中的"老、中、青"群体的过渡问题，都关系着社会保险管理机制运行的整体效果。

（二）法治性

有效的社会保险管理均以相关法律、法规、规章、政策、办法等为依据，各部门均遵循法定的程序实施管理。社会保险管理的法治性主要体现在三个方面：一是社会保险的管理机构、管理岗位及职责应依法设置；二是管理机构和人员必须在规定的职责范围内行使社会保险管理权力，依法管理；三是违法必究，任何社会保险管理的行为如若违背了法律，必须受到法律的制裁。社会保险依法管理的原则既约束了社会保险管理机构的行为，同时也确保了社会保险管理的权威性。社会保险管理是否有法可依、执法必严、违法必究，直接影响社会保险管理的效果和社会保险的运行机制。

（三）效率性

社会保险不同于社会福利以及社会救助，既注重公平性，也注重效率性。社会保险管理作为社会保险的重要环节，作为一种计划、组织、领导、协调、控制和监督的过程，必须运用先进的管理技术和管理手段实现资源的高效利用和社会保险管理的良性运行，防止在社会保险管理过程中发生资源浪费、办事拖沓、部门扯皮的现象。因此，在社会保险管理的实际工作中，要实行政事分开，实现立法、执法和监督相分离，把社会保险的行政管理、业务经办、基金运营和监督等几个环节统分起来，以实现各环节之间相互协调、相互约束，提高管理效率。

三、社会保险管理的意义

首先，社会保险管理是国家的一项责任和义务，是衡量政府治理能力的一个重要指标。发展经济，增进国民福利，提高国民的生活质量，实现民众对美好幸福生活的向往是每一个国家义不容辞的任务。社会保险作为一种保障国民基本生活、实现美好幸福生活的重要方式，需要政府承担起诸如制定相关法律法规及政策、依法进行监督和管理的责任。

其次，社会保险管理有利于保障社会保险的准公共物品性质。社会保险是一种特殊的准公共物品。社会保险的准公共物品性质需要政府介入并对其进行经营和管理，否则难以取得理想的效果。政府对社会保险进行管理和监督，可以减少社会保险基金调节和支付过程中的成本与费用，矫正和弥补市场机制下收入分配的缺陷。另外，政府还可以通过对社会保险的管理和监督来调控宏观经济。

最后，社会保险管理能克服社会保险内容复杂性带来的挑战。社会保险涉及政治、经济、社会、法律等各领域，内容非常复杂，关系到劳动者的切身利益。因此，需要通过管理和监督来协调各方面的关系和利益。否则可能会影响社会保险计划的实施效果，进而影响社会保险目标的实现。

第二节 社会保险管理的内容

社会保险管理是指通过特定的机构和制度安排，采取一定的方法和手段对社会保险计划的实施进行计划、组织、领导、协调、控制与监督，以实现社会保险制度目标的过程。虽然不同国家、不同模式下的社会保险管理内容具有差异，但大体上来说，社会保险管理都包括社会保险行政管理、社会保险业务管理、社会保险基金管理以及社会保险监督管理这几个方面的核心内容。

一、社会保险行政管理

社会保险行政管理与一般社会活动的行政管理相比，既有共性又有差异性。社会保险行政管理的主要内容包括以下几点。

（一）制定社会保险法律、法规和政策

有法可依是社会保险行政管理的关键环节，是社会保险工作顺利进行的前提。社会保险的立法工作由立法机构与社会保险的中央领导机构共同完成。社会保险立法工作主要是规定社会保险的实施范围和对象、享受保险的基本条件、社会保险资金的来源、基金管理和投资办法、待遇支付标准和对象以及社会保险各主体的权利、义务等。

（二）设置和配备组织机构及工作人员

社会保险管理要依托相应的组织机构和人员来进行。社会保险的管理机构由中央和地方各级政府根据社会保险法的规定建立,并享有法律规定的相应的管理权限。与此同时,社会保险各级管理机构要依法配备懂业务、善管理的职能人员。社会保险的职能人员主要包括政策研究人员、信息收集与传递人员、计划统计人员、监督审计人员、精算人员、财会人员、保险金收付和社会服务的办事人员等。

(三) 贯彻、落实法律法规,并负责监督、检查

国家和地方两级社会保险主管机关对各级办事机构在社会保险法令、规章制度的实际执行过程中出现的问题和特殊情况,负有监督、检查的责任,并要及时做出相应决定给予纠正和解决,以保证社会保险法令和政策的正确实施。[①]

除以上三条之外,社会保险行政管理还包括拟订社会保险发展规划和计划,统筹协调社会保险政策,妥善处理不同地区和人群之间的利益和矛盾,受理社会保险方面的申诉、调解和仲裁,建立和完善社会保险信息化、社会化服务体系,培养、考核、任免社会保险管理干部等方面的内容。

二、社会保险业务管理

社会保险业务管理是指对社会保险业务正常运转所必须经过的各个环节进行全面规范管理。

(一) 社会保险业务管理的主体

社会保险经办机构是社会保险业务管理的主体,其主要职责为参保登记、缴费核定、依法征缴社会保险费、费用记录处理、待遇审核及待遇支付、基金财务管理和审计稽核等。

(二) 社会保险业务管理的内容

社会保险业务管理的内容主要有社会保险档案管理、社会保险数据库管理和社会保险个人账户管理等。

1. 社会保险档案管理

社会保险档案管理是对参保单位和参保职工的信息材料进行收集、分类、整理、归档、装订成册,以及对档案内容进行补充更正、保管、检索的全过程进行的管理,是社会保险业务管理最基础的工作之一。社会保险档案的信息主要由三部分组成:一是各级社会保险经办机构的综合信息,包括社会保险统计报表与财务报表;二是

---

① 申曙光. 社会保险学 [M]. 广州:中山大学出版社,1998:173.

参保单位、参保职工、参保离退休人员的基本信息；三是社会保险业务台账。[1]

2. 社会保险数据库管理

随着计算机技术的发展，计算机数据库管理已经成为社会保险档案管理的重要手段。数据库的日常管理包括数据采集和录入、数据汇总、数据更新、检索打印、建立上报文件、建立保存文件等。由于社会保险数据库具有信息量大、存储周期长、准确率要求高、数据膨胀快等特点，数据库的日常管理工作极为重要。[2]

3. 社会保险个人账户管理

社会保险个人账户管理主要包括基本养老保险个人账户管理和职工基本医疗保险个人账户管理两类。

基本养老保险个人账户主要记载职工本人缴纳基本养老保险费的基数、按规定比例缴纳基本养老保险费的金额等。职工退休时，个人账户的记录将作为计发基本养老金的重要依据，社会保险经办机构为参保职工建立养老金个人账户，并进行记载、转移、计息、核对和支付。

职工基本医疗保险个人账户管理主要包括建立和记载两个方面。建立基本医疗保险个人账户时，要根据参保人的年龄合理确定用人单位缴费划入个人账户的比例，要根据"以支定收、收支平衡"的原则，兼顾个人账户规模和个人承受能力，并明确统筹基金与个人账户基金各自的支付范围。

三、社会保险基金管理

社会保险基金管理是社会保险管理中的重要一环，对一国社会保险的有序运行以及整个经济社会的稳定发展都具有重大影响。

（一）社会保险基金管理的主体

不同国家社会保险基金管理的主体具有差异性。例如，新加坡的社会保险基金由政府自身来管理和运营；美国、日本通过委托代理方式建立社会保险信托基金；智利则把社会保险基金交给私营机构来管理和运营。还有国家开创了多层次社会保险模式，选择不同类型的社会保险基金管理模式。无论社会保险管理的主体是谁、方式是什么，只要能实现社会保险基金的保值增值，保证社会保险目标的实现，就值得肯定。

---

[1] 邓大松. 社会保险 [M]. 北京：高等教育出版社，2016：159.
[2] 邓大松. 社会保险 [M]. 北京：高等教育出版社，2016：160.

(二) 社会保险基金管理的主要内容

社会保险基金管理包括社会保险基金的投资营运和监管两个方面。

社会保险基金的投资营运是指按照现代投资组合理论与技术，实施资产负债管理、投资组合管理，按照一定的投资组合规则，在保证基金营运安全的原则下，实现较高投资收益。

社会保险基金监管的主要内容有：一是建立和完善社会保险基金投资营运的各项规则，对社会保险基金营运机构的资格进行认定，制定各类监管准则；二是通过具体的监管方式和监管手段，监督实施各类基金管理规则，实施对社会保险基金投资营运的有效监管；三是通过立法监管、经济监管、行政监管和其他多种监管方式的共同作用，实现社会保险基金管理的规范、有序和稳健发展。[1]

四、社会保险监督管理[2]

社会保险监督管理是社会保险管理的重要环节之一。社会保险监督管理是指由国家行政管理部门、专职监督部门以及利害关系者对社会保险管理者的管理过程及结果进行评审、鉴定，以保证社会保险管理符合国家有关法规和政策，并最大限度地保障被保险人的利益。

(一) 社会保险监督管理的主体

社会保险监督管理的主体，即社会保险的监督者，应当包括三个方面：国家有关社会保险行政管理部门、专职的经济监督部门和利害关系者。社会保险是一种政府行为，是由国家举办的事业，除直接的业务管理部门外，还有其他政府部门从不同角度对社会保险进行管理和监督，如财政、劳动、金融等部门；审计是专职的经济监督部门，当然会参加社会保险的监督管理；另外，作为社会保险的保障对象——劳动者，以及作为投保人、承担社会保险费用的企业或单位，他们是社会保险的利害关系者，也有对社会保险的监督权，应当参与对社会保险的监督。

(二) 社会保险监督管理的内容和目的

社会保险监督管理的内容是对社会保险管理者的管理结果及管理过程进行评审、鉴定。管理结果是指社会保险对劳动者基本生活的保障程度，管理过程主要包括社会保险管理的手段、方法以及方针政策等。

---

[1] 林义. 社会保险 [M]. 北京：中国金融出版社，1998：114.
[2] 申曙光. 社会保险学 [M]. 广州：中山大学出版社，1998：192-198.

社会保险监督管理的目的是保证社会保险管理符合国家的社会保险法规与政策，保障劳动者或企业的根本利益，并纠正、查处各种违纪违规行为，促进完善社会保险制度，提高管理效益。社会保险监督不同于一般意义上的监督，具有强制性和社会性。

（三）社会保险监督管理的形式

1. 行政监督

行政监督是指政府有关部门根据其相关的管理职能，代表国家对社会保险实行监督。对社会保险的行政监督主要包括财政监督、金融监督和劳动监督等方面的内容。

1）财政监督

财政监督是指财政部门对社会保险管理部门遵守财经法纪和财务会计制度情况的监督。财政监督的内容主要包括：社会保险发展的中长期规划、发展水平是否与国家经济发展总体状况相适应，是否适应国家财政的负担能力；社会保险管理机构的经费预算；社会保险基金的财务管理和会计核算。

2）金融监督

金融监督是指国家金融管理部门对社会保险管理部门的金融活动是否符合国家金融政策所进行的经济监督。金融监督的内容主要包括：金融政策监督，即监督社会保险金融活动是否符合国家金融政策，基金的管理与运作是否符合国家的宏观规划；投资过程监督，即金融管理部门在基金营运的选项、可行性研究、经济担保等环节实行必要的事前监督，以确保投资基金的安全；投资结果监督，即监督投资收入是否按规定并入社会保险基金，进行社会保险基金存储合理性与合法性的监督。

3）劳动监督

社会保险就是国家劳动政策的一种具体体现，因此，劳动主管部门有责任和义务对社会保险执行国家有关劳动政策的情况进行监督。劳动监督的主要内容包括：劳动者失去劳动能力而获得物质补偿是否符合劳动政策方面所规定的条件；社会保险基金的来源是否合理，是否超过企业和劳动者的实际负担能力以致对企业的正常生产和经营、劳动者的正常生活产生损害性影响；劳动部门制定的有关社会保险政策的贯彻落实情况；社会保险所提供的物质补偿是否能够保证劳动者的基本生活需要。

2. 审计监督

审计监督是由专门从事审计业务的部门对社会保险基金的财务收支、社会保险的效益和违反财经法纪的行为所进行的经济监督。审计监督在社会保险的监督体系中占有中心地位。从事社会保险审计监督的主体是国家审计机构和管理部门内部审计机构。在国家审计机构授权的情况下，社会审计组织也可以从事审计，但以国家审计机构的审计为主。国家审计机构对社会保险进行审计，一般应包括法规政策性审计、效益审计和财务审计等三个方面的内容。

3. 社会监督

社会监督是指社会保险的直接利害关系者或其他群众组织，借助舆论的作用影响，对社会保险进行监督。社会监督区别于行政监督和审计监督，它是一种群众性的、以维护自身利益为目的的监督，它没有行政监督的权威性，也没有审计监督的超脱性和专业性，但它符合社会保险的社会性特点，因此也对社会保险管理部门的管理行为产生重要的约束作用。社会监督包括工会监督，劳动者监督、企业监督和舆论监督等多种形式。

第三节 社会保险管理的模式

谁来管理社会保险？管理主体是一元的还是多元的？管理主体之间的关系如何？它们是如何分工合作的？对这些问题的回答及其规定就构成了社会保险管理的模式。换言之，社会保险管理模式就是在社会保险产品的生产和供给过程中，承担主体构成及其相互关系的组合方式。具体而言，社会保险管理模式是指社会保险行政管理机构、业务管理机构、基金管理机构和监督管理机构在社会保险管理过程中形成的体例和框架。由于经济发展水平、历史文化传统以及政治制度的不同，各国、各地区的社会保险模式存在差异。集权制国家与分权制国家所采取的社会保险管理模式存在差异，特定国家不同地区、不同城市的社会保险模式也可能存在差异。

一、集中管理模式

集中管理模式，又称统一管理模式，是把养老保险、失业保险、医疗保险及其他社会保险项目全部统一集中在一个管理体系内，建立与之相适应的、统一的社会保险管理、执行、资金运营和监督的机构，甚至个人的社会保险账户也由社会保险机构统一管理。在实行社会保险集中管理模式的国家，一般从中央到地方都设立专门的行政管理机构和业务机构，配备专职的工作人员。

集中管理模式既有优点，也有缺点。优点主要表现在：一是能有效防止政出多门、部门之间互相扯皮的现象，提高社会保险管理机构的运作效率，使社会保险的功能得以有效发挥；二是有利于社会保险项目之间的相互协调，保障社会保险基金的合理使用，提高资金的使用效益；三是有利于社会保障管理机构和相关企业精兵简政、降低管理成本、控制管理费用。集中管理模式的缺点也显而易见，尤其在人口众多、辖区较大的国家或地区，各个险种统一实施的难度系数较大，且受行政干预较多。①

英国和新加坡是实行社会保险集中管理模式的典型代表。英国的社会保障部由总部和5个执行局组成。总部主要负责政策法令制定、统计服务等，并组织协调社会保障部的内部管理。5个执行局分别是待遇计发局、缴费征收局、信息技术服务局、儿童供养局和战争养老金局。各个执行局都设有独立的机构，每个机构都有自己明确的分工，分别负责社会保险政策的具体实施。②英国还设有独立的法定机构负责对社会保险工作的监督。独立法定机构包括独立仲裁庭、中央裁判庭、社会基金独立审查署和养老金申诉调查办公室。独立监督体系的建立对于英国社会保险管理起到一定的约束作用。

二、分散管理模式

分散管理模式与统一管理模式相反，社会保险项目如养老保险、医疗保险、生育保险、工伤保险、遗属保险、失业保险等，都分别由不同的政府部门进行管理，且不同的社会保险项目对应不同的保险经办机构、基金运营机构和监督管理机构。③各社会保险项目之间具有相对独立性，各项目所筹集到的社会保险基金实行专款专用。

实行社会保险分散管理模式的典型国家是德国。德国作为联邦制国家，政府分为联邦、州和市三级，各级政府财政相对独立。在社会保险方面，德国各级政府仅仅起到设立机构、监督社会保险的作用。德国社会保险管理体系中的一般执行机构有政府部门、公共保险公司和私有保险公司。负责社会保险管理的政府部门主要包括联邦卫生部、劳动社会事务部以及劳动就业部，分别负责医疗领域、养老金和工伤保险、失业保险。三部门各自设有专门的管理机构，具体负责本辖区的社会保障事务。④

德国社会保险管理执行机构还包括联邦卫生部下属的联邦保险局和州保险局。德国的社会保险管理较为碎片化，不同行业的养老保险由专门的行业机构进行管辖。德国各级政府在财政上相对独立，各级政府在社会保险相关部门的权力相互分离，

---

① 孙树菡，朱丽敏. 社会保险学 [M]. 北京：中国人民大学出版社，2019：58.
② 孙树菡，朱丽敏. 社会保险学 [M]. 北京：中国人民大学出版社，2019：58-59.
③ 孙树菡，朱丽敏. 社会保险学 [M]. 北京：中国人民大学出版社，2019：59.
④ 郭曦. 社会保险学 [M]. 北京：中国劳动社会保障出版社，2019：62.

各级政府社会保险部门之间预算独立,各级政府之间的联系是间接的,具体事务的管理通常由政府外包给社会机构。①

三、统分结合管理模式

统分结合管理模式是统一管理模式和分散管理模式二者的结合。在统分结合管理模式下,对共性较强的、适宜归为一类的社会保险项目进行集中管理,而对具有特殊性的社会保险项目实行分散管理。比如,有的国家把养老保险、医疗保险等社会保险项目集中起来进行统一管理,而失业保险和工伤保险分别由劳动部门和其他部门进行管理。统分结合管理模式的优点是能有效发挥统一管理模式和分散管理模式各自的优势,与此同时,能节约管理成本,提高管理效率。

实行统分结合管理模式的典型国家有美国。美国的社会保障总署负责管理各种主要社会保障事务,而劳工部只负担少数管理责任。社会保障总署属于独立机构,不隶属于任何行政部门。美国的社会保障项目有8项,其中有6项由联邦政府管理,2项以州管理为主。② 美国社会保障总署实行垂直领导体制,全国按大区设立分署,分署之下设地区办公室。

四、市场化运营模式

市场化运营模式是指私人机构负责社会保险的具体事宜及基金运作,政府只承担一般性的监督和政策规划职能。市场化运营模式的优点是有利于减轻政府支出和财政负担,有利于提高社保基金回报率。缺点是社会保险基金容易受市场波动的影响,风险较大。

智利是市场化运营模式的典型代表。早在20世纪70年代初,智利就开始改革公共养老金计划。1981年,智利政府批准25家私营公司经营养老保险基金并对其进行市场化管理,政府的社会保障部门只制定政策和发展计划。经过多年的发展,智利养老保险的参加者数量大大增加,1981年到2015年的年平均回报率为8.8%,不仅缓解了养老金支付困难的问题,减轻了政府的财政负担,也为经济发展提供了大量的资金。③ 但近年来,受新冠疫情和经济波动的影响,智利养老金私营模式给群众承诺的高回报率难以实现,很多退休人员在养老金发放时只能领到最低工资的三到四成,且养老金覆盖面较之过去有所降低。

---

① 郭曦.社会保险学[M].北京:中国劳动社会保障出版社,2019:62.
② 孙树菌,朱丽敏.社会保险学[M].北京:中国人民大学出版社,2019:60.
③ 郭曦.社会保险学[M].北京:中国劳动社会保障出版社,2019:66.

第四节
中国的社会保险管理

中国的社会保险制度经历了 70 多年的发展和改革，逐步趋向成熟和完善。我国社会保险管理的发展演变主要体现在社会保险管理部门的设置及管理制度的建立和发展。

一、中国社会保险管理制度的发展演变

新中国成立后，我国开始摸索建立社会保险制度。梳理社会保险的发展脉络，可以把社会保险管理大体上划分为三个发展阶段。

（一）初始发展阶段（1949—1977）

1949 年新中国成立后，国家积极探索建立社会保险制度。1949 年，成立了内务部和劳动部，分别负责机关事业单位和企业的社会保险管理工作。1969 年，内务部被撤销，以前由其主管的事务分别移交给财政部、卫生部、公安部和国务院政工组多个部门管理。此阶段是我国社会保险管理制度的确立和发展阶段，初步形成了我国社会保险分散管理的格局。这一时期的社会保险管理主要是"单位包办"，行政管理和业务管理、政府和单位之间并没有明确的权责划分，且机关事业单位社会保险与企业社会保险分而治之。

（二）社会保险管理改革阶段（1978—1997）

1978 年，我国设立了民政部，负责军队离退休干部的安抚和管理、指导农村五保户供养、举办敬老院、扶持农村贫困户以及负责城镇困难户和下岗职工的救济、社会福利等工作。1979 年，国家劳动总局和各地劳动厅也相应设立了保险福利局、处等，加强对劳动保险工作的领导和管理。各级工会组织也同步开始恢复，与劳动部门一起共同领导和管理企业社会保险工作。

1982 年，劳动人事部成立，下设保险福利局，重新统一管理企业的社会保险工作。1986 年，民政部设立农村社会保险司，负责领导、管理和监督农村养老保险工作。1988 年，劳动人事部被拆分成劳动部和人事部，分别管理企业和机关事业单位的社会保险工作。1990 年改革后，劳动部和地方各级劳动部门负责管理城镇企业职工的养老保险工作，而人事部、民政部分别负责国家机关、事业单位和农村的养老保险工作。

通过一系列的改革和调整，我国社会保险管理形成了较为分散的管理格局。劳动部、人事部、财政部、民政部、卫生部、国家体改委、中共中央组织部等都参与了社会保险的管理。多头管理、条块分割的管理方式使社会保险政策难以实现有效衔接，不利于社会保险制度改革的有效推进。

(三) 建立现行社会保险管理制度阶段 (1998年至今)

1998年的国务院机构改革对社会保险管理机构进行调整，在原先劳动部的基础上组建了劳动和社会保障部。新的劳动和社会保障部将以前较为分散的社会保险管理职能集中在一起。2000年，全国社会保障基金理事会成立。截至2017年底，我国社会保险管理的主要部门是人力资源和社会保障部。2018年，新一轮的国务院机构改革将人力资源和社会保障部的城镇职工和城镇居民基本医疗保险、生育保险职责，国家卫生和计划生育委员会的新型农村合作医疗职责，国家发展和改革委员会的药品和医疗服务价格管理职责，民政部的医疗救助职责整合，组建国家医疗保障局。总体上看，社会保险管理改革遵循大部制改革的理念。

二、中国当前社会保险管理的权责分工[①]

社会保险管理从横向看，涉及不同政府部门之间的管理权限划分问题以及政府部门与社会保险管理机构之间的职责分工问题；从纵向看，社会保险管理主要是中央和地方之间的关系问题。

(一) 社会保险行政管理部门的设置及其职责

我国于2011年7月1日起实施《社会保险法》。我国的社会保险行政管理机构是各级人力资源和社会保障行政部门。各级人力资源和社会保障行政部门按照属地原则，对社会保险进行管理，并对其派出的经办机构的业务活动进行指导和监督。对于违反法律法规的行为，及时发现并予以纠正，解决社会保险经办机构和用人单位、个人之间产生的行政争议，保证社会保险制度的正常运行。我国的社会保险行政管理部门划分为中央管理部门、中层管理部门和基层管理部门。中央管理部门是人力资源和社会保障部，中层管理部门是地方各级人力资源和社会保障部门，基层管理部门是直接为被保险人服务的管理部门。

(二) 社会保险业务管理部门的设置及其职责

我国的社会保险业务经办机构是行政管理部门的派出机构，为被保险人提供各

---

① 孙树菡，朱丽敏. 社会保险学 [M]. 北京：中国人民大学出版社，2019：61-63.

种社会保险服务，接受行政管理部门的监督。业务管理部门是社会保险政策法规的执行机构，为独立的法人机构，具有非营利性，具体办理社会保险基金收支和管理工作。其主要职责包括：负责社会保险基金的征缴和待遇发放；依法承办社会保险关系变更；提供咨询服务；负责社会保险基金的预算、决算编制和执行。此外，业务管理部门还要依法审核被保险人是否有资格享受社会保险待遇，并确定其享受社会保险待遇的标准和期限。此外，社会保险业务管理部门是为社会提供服务的窗口，要通过多种方式，如现场咨询、电话咨询、网站咨询等为被保险人提供服务。

（三）社会保险基金管理部门的设置及其职责

我国的社会保险基金管理部门是全国社会保障基金理事会，主要负责基金的运营管理，包括社会保险基金的财务管理和投资管理等方面。全国社会保障基金理事会是负责管理运营全国社会保障基金的独立法人机构，是国务院直属正部级事业单位，其主要职责有：管理中央财政拨入的资金、减持国有股所获资金以及以其他方式投资的资金；制定全国社会保障基金的投资运营策略并组织实施；选择并委托全国社会保障基金投资代理人、托管人对全国的社会保障基金资产进行投资运作和托管，对投资运作和托管情况进行检查；在规定的范围内，对全国社会保障基金进行直接投资运作；负责全国社会保障基金的财务管理与会计核算，定期编制财务会计报表，起草财务会计报告；定期向全国公布全国社会保障基金的资产、收益、现金流量等财务情况。

（四）社会保险监督管理部门的设置及其职责

社会保险监督管理部门是独立于行政管理部门、业务管理部门和基金管理部门之外的机构，负责对社会保险运行过程、社会保险管理部门的活动、社会保险基金的运营过程、社会保险体系的运作过程进行全面的监督管理。社会保险监督包括内部监督和外部监督。社会保险内部监督有财务监督和内部审计两个方面，主要是内部审计机构对财务收支、财务核算、会计科目设置等情况进行审计。外部监督主要有行政监督、专职监督和社会监督。

三、中国社会保险管理的不足

近年来，我国社会保险管理工作取得了一些进展。但从管理的主体、管理机制、管理效果来看，还存在一些不足。

（一）管理碎片化

我国的社会保险制度建立和改革的初衷之一是为国企改革提供配套措施。随着国企改革的深入和社会保险参保覆盖范围的扩大，国有企业职工早已应保尽保。当把社会保险制度推广到非公经济成分和其他群体时，却发现原有的社会保险制度难以完全适应这些不同的群体。因此，许多地方政府开始纷纷采取变通措施，如降低费率、单独建立小制度，以最大限度地覆盖城镇灵活就业人员、农民工、务农农民、失地农民等不同群体。① 于是，中国社会保险管理的碎片化现象就出现了。具体表现为企业职工和机关事业单位的失业保险分别由劳动部门和人事部门负责管理，养老保险则由劳动部门、人事部门、民政部门、商业保险公司、老龄工作委员会和退休管理委员会分别管理，不同系统、不同行业的社会保险分别实行系统统筹和管理。社会保险管理的碎片化带来多头管理、政出多门、职责不明、效率低下、转移接续不顺畅等问题。

（二）管办不分、监管乏力

我国社会保险的行政管理和业务管理在实质上没有分开，导致相当一部分社会保险业务由各单位直接管理，这不仅给企业带来负担，也无法发挥社会保险风险共济的功能与作用。与此同时，管办不分导致监管乏力，而监管乏力导致违规侵占、挪用社会保险基金有机可乘。在未来的发展中，社会保险管理要逐渐厘清行政职能和业务职能、宏观管理职能和具体操作职能。社会保险的宏观管理主要负责把握政策的制定方向、保险基金的运营等，具体业务管理部门主要负责保险金的收缴、登记、稽核、发放等具体操作环节。只有将两个层次明确区分、独立执行，才能真正实现保险经办机构的有效运行。②

（三）信息化建设重复

目前我国实行的是按险种设置单险种经办机构的行政体制，业务管理较为单一。这一模式虽然能够集中力量提供较为专业化的服务，但是由于社会保险的五大险种都有办理登记、核定缴费基数以及征集、录入、维护基础信息等共性业务，按单险种经办难免会出现信息采集方面的重复操作。同时，由于多头经办和一些业务交叉，社会保险基金也呈现出分散化的特征，各险种的积累基金分属不同部门管理，不能集中运营，这不仅不便于监管，而且使基金运营形成不了规模效应。多部门协作管理的行政体制已经严重阻碍了中国社会保险事业的健康发展。③

除此之外，社会保险机构经办人员的业务素质有待提高、人员队伍建设落后、经办经费有限等问题也制约着社会保险机构的正常运转，更直接影响到社会保险各项目的顺利开展和实施。

---

① 张茂松. 社会保险 [M]. 开封：河南大学出版社，2014：47-48.
② 张茂松. 社会保险 [M]. 开封：河南大学出版社，2014：77.
③ 张茂松. 社会保险 [M]. 开封：河南大学出版社，2014：77.

第五节
典型国家的养老保险基金管理

纵观全球,从基金性质和资金来源上看,各国的公共养老基金可以分为"储备型"和"缴费型"两种。"储备型"养老基金是指由政府直接建立、在管理上与社会保障制度自身相分离、融资渠道主要来自转移支付的公共养老基金,其目的是应对社会保障制度未来的财政赤字压力;"缴费型"养老基金是指由政府或社保部门建立的支撑现收现付制的公共养老基金,其资金来源主要是参保者的缴费余额。从管理模式上看,各国的公共养老基金主要分为市场机构投资模式和政府部门投资模式两种,其中以市场机构投资模式为主流。市场机构投资模式是指政府将基金委托给市场上的投资运营机构或专门成立投资运营机构,开展市场化、专业化投资运营,该类机构一般注册为企业法人或特设机构,其机构设置和人员配备完全采取市场化方式。政府部门投资模式是指基金投资由政府直接主导的管理方式,例如成立专门的政府部门或者委托财政部代为管理,其机构设置和人员配备接受政府部门的管理和监督。

近年来,为了提高投资收益,应对日益激烈的市场竞争,公共养老基金普遍加大市场化、专业化投资力度。各国养老金在基金性质和管理模式上的分类如表 8-1 所示。

表 8-1 各国养老金基金性质和管理模式分类

性质	国家	基金名称	管理机构	管理模式
储备型	挪威	政府全球养老基金(GPFG)	挪威央行投资管理公司(NBIM)	市场机构
	爱尔兰	国家养老储备基金(NPRF)	爱尔兰国家养老储备基金理事会(NPRFC)	市场机构
	新西兰	超级基金(SF)	新西兰超级基金监管人(GNZS)	市场机构
	澳大利亚	未来基金(AFF)	未来基金管理委员会(FFBG)	市场机构
	澳大利亚	昆士兰公务员养老基金	澳大利亚昆士兰投资公司(QIC)	市场机构
	法国	国家养老储备基金(FRR)	储备基金监管委员会	政府部门
缴费型	加拿大	加拿大养老金计划(CPP)	加拿大养老金计划投资理事会(CPPIB)	市场机构

续表

性质	国家	基金名称	管理机构	管理模式
缴费型	丹麦	劳动力市场补充养老金（ATP）	丹麦ATP集团（ATP Group）	市场机构
	日本	国民养老金投资基金	日本年金公积金管理运营独立行政法人（GPIF）	政府部门

总结各国公共养老基金的管理经验可以发现，比较有效的做法是决策职责和执行职责相分离，受托管理机构把基金投资运营的具体业务委托给投资能力强的执行机构实施，发挥执行机构的专业优势，提高市场化、专业化程度。

一、储备型养老金管理体制

（一）挪威政府全球养老基金

挪威政府全球养老基金（GPFG）是挪威政府为了补充养老金缺口而建立的储备型养老基金，其资金主要来源于挪威政府的石油收入。为了确保基金的长期收益，挪威议会制定了《政府养老基金法案》，确立了基金的运作架构。截至2016财年，GPFG市值达到8 780亿美元，约合人民币58 299.2亿元。挪威财政部将GPFG委托给挪威央行管理，议会监督执行，挪威央行下设的投资管理公司（NBIM）负责基金的具体运营和投资执行，采用市场化方式运作。作为基金所有者，财政部是基金的主管部门，负责设定基金的投资规划、投资准则、投资范围和预期收益，制定投资战略并进行风险和收益评估，定期向议会报告基金的投资及运营情况等。作为基金受托人，挪威央行专门设立NBIM负责基金的具体运营。NBIM的主要职责包括：执行投资策略，进行基金主动管理；规范风险评价标准，及时报告和控制风险；行使基金股东权利，提出投资策略建议；接受财政部、议会和央行的监督等。在法定职责范围内，NBIM按照商业化、市场化的集中管理模式管理基金，权责与分工明晰，提高了基金的管理效率。

NBIM在组织架构、人员薪酬和监管制度等方面都有所创新。NBIM下设权益投资部，固定收益部，房地产投资部，风险、绩效和会计部，IT部，行政法务部以及人事与系统支持部等部门。为了精简机构，IT部的系统维护工作采用了外包的形式，人事和系统支持部与挪威央行共用。NBIM现有员工500多人，员工来自30多个国家和地区，国际化水平比较高，平均年龄在40岁左右，超过一半的员工都属于前台业务部门。NBIM实行市场化管理，人员薪酬因身份和岗位不同而有所区别。NBIM执行董事的薪酬由央行执行董事会确定；高级管理人员如首席执行官、首席合规官、首席投资官、首席行政管理官等实行协议固定年薪制。2016年财报显示，人员工资、社会保障等支出的人员成本达到11.77亿挪威克朗，约合人民币9.45亿元，人员成本为基金资产规模的0.01%；人均成本为207万挪威克朗，约合人民币166万元；CEO的薪酬为723万挪威克朗，约合人民币580万元，其中工资支出为656万挪威克朗，约合人民币526.78万元。

(二) 爱尔兰国家养老储备基金

为应对人口老龄化的冲击，爱尔兰政府于2000年12月10日通过了《国家养老储备基金法》，根据该法，于2001年4月2日成立国家养老储备基金（NPRF）。NPRF的资金来源主要为三个方面：国有企业私有化的收入划拨；2055年前财政预算拨款；其他方式拨入。2015年财报显示，NPRF规模已达150亿欧元，约合人民币1 018亿元。爱尔兰国家养老储备基金理事会（NPRFC）是NPRF的最高管理决策机构，直接对财政部和国会负责，国家公债管理局（NTMA）承担基金的具体运营。NPRFC是一个永久存续的法人机构，由7人组成，包括1名主席和6名专业人士，全部由财政部长任命。其主要职能包括：依据基金投资政策控制和管理基金资产，并负责基金资产的投资运作；授权从基金中向财政部支付款项及依照储备基金法支付其他的基金款项；根据基金投资政策确定基金投资策略，制定适当的基金投资收益评估标准及基金可投资的资产类别；审查监督投资策略的执行情况；任命基金的投资管理人和托管人；委托独立评估机构评估基金投资情况。NPRFC通过NTMA履行其职能，NTMA成立于1990年，最初主要负责国债发行和国家债务管理等事务。NPRF成立后，NTMA成为NPRFC的具体执行机构。NTMA的职能主要包括：向NPRFC提出投资参考建议，执行NPRFC的决策并负责行政事务；向NPRFC汇报决策执行情况等。NTMA内设投资委员会，其首席执行官也是NPRFC的成员。NTMA对NPRF采用完全市场化的管理模式，除一部分自营投资管理外，其余资金通过招标的方式选择外部管理人进行委托管理。

(三) 新西兰超级基金

新西兰超级基金（SF）是新西兰的养老储备基金，2003年正式开始投资运作，基金的前期资金由政府税收提供，之后通过投资和积累扩大规模。SF成立的目的在于平滑新西兰的代际税收负担，计划通过前期积累，在一个固定的时点（大体是2031年）用来弥补养老金的支付需求。根据2016年财报，SF管理资金的规模总计346亿新西兰元，约合人民币1 687亿元。

SF由新西兰超级基金监管人（GNZS）负责统一管理，GNZS是一个独立的公共机构，实行完全市场化运作。GNZS内设董事会，由5～7名成员构成，其成员必须具有金融投资的专业知识和实际经验，由财政部长提名，新西兰总督任命。董事会是GNZS的最高决策机构，对基金管理和投资运作负责，拥有管理、监督、指导基金业务所必需的一切权力。董事会的主要职责包括：制定投资决策、业绩标准和程序；选择任命投资管理人和托管人；向政府监管部门和社会报告基金管理运作情况等。董事会下设管理团队、投资决策委员会、审计委员会和风险控制委员会等，管理团队和各个专业委员会负责基金的具体投资运营。

GNZS的员工管理和薪酬分配采用市场化方式。目前，GNZS共有专业投资人员115人，2016财年薪酬总支出为2 963万新西兰元，约合人民币1.43亿元；人均薪酬约为25.77万新西兰元，约合人民币124.72万元。薪酬支出合计（未包括职工养老金支出和其他费用）约为基金资产规模的0.1%。雇员薪酬结构分为基本薪酬和绩效奖金两部分，绩效奖金视个人业绩和基金业绩的完成情况而发放。

SF的运作模式充分体现了市场化原则，管理机构拥有独立的投资决策权和执行权，其责任非常明确。董事会拥有制定投资政策、确定投资策略、选择投资工具的广泛权力。政府监管部门的权力与管理机构的权力有明确的界定，虽然法律允许监管部门可以就基金业绩的预期对GNZS发出指示，但同时规定，这种指示不得妨碍GNZS审慎地、基于商业基础履行投资决策的职责。

（四）澳大利亚未来基金

澳大利亚未来基金（AFF）设立于2006年，主要目的是从2020年起为澳大利亚政府的退休金缺口提供调剂与补充。AFF的资金来源为政府财政盈余和出售及转让澳洲电信公司股份的收入，之后由政府财政拨款和投资收益组成。根据2016年财报，AFF管理规模总计1 228亿澳元，约合人民币6 258亿元。按照《未来基金法案（2006）》的规定，未来基金管理委员会（FFBG）负责管理AFF，其主要任务是为基金的投资活动确定战略方向，并对基金的业绩负责。未来基金管理局（FFMA）负责为委员会提供协助和建议，并具体负责基金的投资运营和日常管理。

FFBG是独立于政府的法人机构，由1位主席和其他6位委员组成，委员由财政和国库部部长委派，任期为5年，委员的挑选以其在投资管理和公司管理方面的专业技能为基础。除管理AFF外，委员会还负责管理另外4个公共基金，包括残疾人保障基金、医疗研究未来基金、教育投资基金和澳大利亚建设基金。

FFBG下设投委会负责投资计划的具体制定和实施，此外还设有审计与风险委员会、薪酬和提名委员会等。其中，投委会下设管理人评估委员会、资产评估委员会等。FFMA按照委员会的投资方针进行活动，为委员会提供投资战略以及战略执行方面的建议，并承担所有与基金管理相关的行政和操作职能。AFF的投资执行由委员会挑选的外部专业投资管理人负责。

根据2016年财报，FFBG共有雇员129人，管理费用约为2.46亿澳元，约合人民币12.52亿元，占基金资产的比例为0.207%。人员成本支出3 726万澳元，约合人民币1.89亿元，合计约为基金总规模的0.03%。其中，薪酬成本支出3 387万澳元，约合人民币1.72亿元；养老金支出209万澳元，约合人民币1 063万元；其他成本支出129万澳元，约合人民币656万元；人均成本开支约为28.88万澳元，约合人民币147万元。人员薪酬共分为七个等级，最低等级基本薪酬为5.5万~10万澳元，约合人民币27.99万~50.9万元；最高等级则为38万~70万澳元，约合人民币193.4万~353.5万元。此外，还根据业绩发放一定的绩效薪酬，人均薪酬约为26.3万澳元，约合人民币133.86万元。

（五）澳大利亚昆士兰公务员养老基金

澳大利亚昆士兰投资公司（QIC）是澳大利亚昆士兰州主权财富基金的管理机构，也是澳大利亚第三大机构投资管理人。QIC创立于1991年，主要资金来源是昆士兰州财政部拨款和州公务员养老基金，起先专门管理昆士兰州的公务员待遇确定型养老金计划，之后逐渐商业化。自2005年起，QIC开始为非政府投资者提供投资管理服务，目前为澳大利亚过半的养老基金提供资产管理服务。

目前，QIC管理的资产规模约810亿澳元（约合人民币4 148亿元），主要投资于全球基础设施、全球不动产、私募股权、全球多资产和对冲基金等产品，是全球另类投资市场的主要参与人。在其管理的昆士兰政府养老基金中，另类资产投资占43%左右。昆士兰州政府作为基金的所有者，负责确定基金的投资范围。QIC作为受托人，负责基金的管理运营。QIC内部实行双层架构管理模式，公司层面设立董事会（Board of Director），负责基金的管理运营和决策，包括薪酬设计、绩效评估和投资战略制定等，董事会成员由州长任命，并经议会通过。董事会下设专业委员会，主要包括审计委员会、风险管理委员会等，负责协助董事会监督QIC遵守既定的公司治理、风险管理规则，保证合法合规。在具体执行方面，董事会下设执行委员会（Executive Committee），并任命首席执行官及其他高级管理人员，负责基金的日常运营和决策执行。执行委员会采用前台与中后台相分离的模式，下设公司管理事业部（Corporation Management Group）和资产管理事业部（Asset Management Group），分别负责中后台和前台业务。公司管理事业部下设5个部门，主要包括财务部，风险、法规和税收部，战略和市场部，人事部，信息技术部。资产管理事业部下设5个部门，主要包括全球流动性管理部、全球房地产投资部、全球基础设施投资部、全球私募股权投资部和全球多资产投资部，负责各类资产的投资管理。

QIC的员工招聘和薪酬分配均实行市场化管理。由于主权财富基金和公务员养老基金的管理费用较低，为了吸引优秀人才，保持有市场竞争力的薪酬水平，QIC

也为市场上的其他投资者提供资金管理服务。目前，QIC 在全球范围内拥有超过 100 个机构客户，主要包括主权财富基金、公共养老金、行业养老金及其他大型投资公司等。通过受托管理其他投资者的资金，QIC 可以获得更多管理费用于补充员工的薪酬支出。2015 年财报显示，QIC 支付管理费用 2.48 亿澳元，约合人民币 12.82 亿元，其中绝大多数为员工薪酬支出。现 QIC 集团共有员工 550 人左右，平均年薪大约为人民币 200 万元。

（六）法国国家养老储备基金

法国国家养老储备基金（FRR）于 1999 年建立，2003 年开始运营。FRR 成立的主要目的是弥补未来人口老龄化产生的养老金收支缺口。根据 2015 年财报，FRR 的基金规模达到 363 亿欧元，约合人民币 2 464.77 亿元。按照相关法律，储备基金监管委员会担任基金的受托管理机构，负责基金投资管理，法国信托投资局（CDC）负责具体运营。

储备基金监管委员会由国会议员、社会保障部和经济部的代表、雇主和雇员代表等组成，下设执行委员会，包括 3 名成员，主席由 CDC 首席执行官担任。其主要职责包括：根据执行委员会建议，确定基金资产的总投资政策指引；任命基金的独立审计师，对基金运作绩效进行审计；批准基金财务会计报告；起草基金管理年度报告并向公众披露等。

执行委员会主要负责 FRR 的日常运作，下设若干业务部门，其工作人员由 CDC 派出。其主要职责包括：为监管委员会制定投资政策提出建议；实施经批准的投资策略；监督基金的实际运作；选择投资管理人；为监管委员会提供秘书服务；定期向监管委员会报告投资政策的执行情况等。

二、缴费型养老金管理模式

（一）加拿大养老金计划

加拿大养老金计划（CPP）设立于 1966 年，由加拿大养老金计划投资理事会（CPPIB）负责管理。根据 2016 年 CPPIB 财报，CPP 基金规模为 2 789 亿加元，约合人民币 14 091 亿元。

从性质和职能上看，CPPIB 是一个皇家实体，实行完全市场化运作。CPPIB 注册资本为 100 加元，从财政部综合收益基金中支出，股份分为 10 份，每份 10 加元，由财政部长代表女王持有。CPPIB 不同于一般的公司，加拿大的公司法与非营利组织法不适用于 CPPIB，其直接对国会负责，但又不属于政府机构的组成部分，也不是政府的派出机构。CPPIB 的投资运营保持高度的透明性,其投资决策不受政府干扰,理事会成员在 CPPIB 任职后,不再兼任政府部门其他职务。其唯一目标是,在风险适度的前提下,追求投资收益最大化。从组织框架上来说,CPPIB 的最高权力机构是理事会,理事会由 12 名理事组成。理事经财政部长提名,由加拿大总督任命,每届任期不超过 3 年,可以连任。理事长在理事中产生,经财政部长会同各省财政厅长协商推荐提名,由加拿大总督任命,任期由总督决定。理事会的主要职责是对加拿大养老保险基金的各项投资业务和事务进行管理和监督,下设 4 个专业职能委员会:投资委员会、审计委员会、人力资源和薪酬委员会以及治理委员会。4 个职能委员会负责 CPPIB 的日常运作,各自履行职责,均对董事会负责。

CPPIB 目前设有 10 余个职能部门,可根据市场需要进行调整,主要包括公共市场投资部、私人投资部、房地产投资部、组合管理部、资金、风险、交易和信息技术部,公共事务与联络部、人力资源部、财务部、法律部等。各职能部门负责具体的日常管理工作,接受不同委员会的监管。此外,CPPIB 在全球设有分支机构,包括中国香港(2008)、孟买(2015)等地。

从人员薪酬管理来说,CPPIB 实行市场化管理模式。根据 2016 年 CPPIB 财报,基金在过去 10 年的投资收益率为 6.8%。运营费用从基金中直接列支,经费用途由 CPPIB 自主决定。CPPIB 目前人员有 1 266 人,包括专业投资人员和非专业投资人员,投资人员薪酬福利处在市场的中高位水平。2016 财年人均费用为 47 万加元,约合人民币 246 万元,人员成本合计为基金规模的 0.21%。

(二) 丹麦劳动力市场补充养老金

1964 年,为了保障高收入者退休后的老年生活水平,通过集体谈判,丹麦颁布实施了劳动力市场补充养老金法,丹麦的劳动力市场补充养老金(ATP)建立。丹麦 ATP 是一个法定养老金计划,采用缴费确定型完全积累的制度模式。根据 2016 年财报,ATP 管理的资产规模为 8 743 亿丹麦克朗,约合人民币 9 000 亿元。丹麦 ATP 集团成立于 1964 年,是为专门管理运营 ATP 基金而设立的独立法人机构,实行完全市场化运作。ATP 集团下设执行委员会、审计委员会、风险评估和支付评估委员会,其中执行委员会负责基金的投资管理工作。ATP 集团开展业务活动时将直接投资和委托投资相结合,投资范围比较广泛。

ATP 集团采用了市场化的员工管理办法,从全世界各地招聘优秀专业人才,采用市场化的薪酬制度。截至 2016 财年,ATP 雇员总数为 2 445 人,2016 财年人力成本支出总计为 14.47 亿丹麦克朗,约合人民币 14.9 亿元。其中,薪酬成本支出 1 512.34 亿丹麦克朗,约合人民币 12.74 亿元;养老金缴费支出 1.89 亿丹麦克朗,约合人民币 1.94 亿元;其他支出 0.24 亿丹麦克朗,约合人民币 0.25 亿元。人均成本支出为 59.18 万丹麦克朗，约合人民币 60.95 万元，人员成本合计为基金资产规模的 0.16%。

ATP 在十年间（2007—2016）实现了 9.5% 的较高收益率，最主要的原因是其高度的市场化、专业化管理程度。

（三）日本国民养老金投资基金

日本国民养老金主要指日本养老保障体系的第一支柱公共养老保险，其主要用于国民退休后的基本生活保障，可以分为两个层次：第一层次是国民年金，又被称为"老龄基础年金"；第二层次是厚生年金和共济年金。国民年金、厚生年金和共济年金共同构成了政府强制、现收现付、缴费统一和收益统一的公共养老保险制度。

日本年金公积金管理运营独立行政法人（GPIF）是日本国民养老金投资的管理机构，本质上是政府机构的延伸。2006 年，GPIF 重组为一个独立组织。虽然在形式上独立，日本厚生劳动省一直为 GPIF 制定中期发展目标、投资政策、资产配置比例、投资目标等，并委任部分厚生劳动省官员在 GPIF 任职。此外，GPIF 的日常费用全部由厚生劳动省拨款，其预算也由厚生劳动省制定。GPIF 的管理层包括一名主席、一名理事长和两名审计人。主席由厚生劳动省任命，并直接向厚生劳动省汇报工作。GPIF 下设投资委员会，所有委员由厚生劳动省任命。截至 2015 财年，GPIF 管理的资产规模为 134.7 万亿日元，约合人民币 7.75 万亿元。

本章小结

社会保险管理包括社会保险行政管理、社会保险业务管理、社会保险基金管理和社会保险监督管理。社会保险管理有集中管理、分散管理、统分结合管理、市场化运营等四种模式。我国的社会保险管理制度经历了三个发展阶段，逐渐形成了集中管理和分散管理相结合的社会保险管理体制。当前，我国社会保险管理存在管理碎片化、管办不分、监督乏力、信息化建设重复等问题。

主要概念

社会保险管理　社会保险管理体制　社会保险管理模式　集中管理模式　分散管理模式　统分结合管理模式　市场化运营模式

复习思考题

1. 简述社会保险管理的内涵。
2. 简述社会保险管理的特征。
3. 简述社会保险管理的必要性。
4. 简述社会保险管理的主要内容。
5. 社会保险管理的类型有哪些？它们各有什么特点？
6. 简述我国社会保险管理的发展历程。
7. 我国社会保险管理体制存在哪些问题？

参考文献

[1] 邓大松. 社会保险 [M]. 北京：高等教育出版社，2016.

[2] 邓大松，刘昌平，等. 改革开放30年：中国社会保障制度改革回顾、评估与展望 [M]. 北京：中国社会科学出版社，2009.

[3] 郭曦. 社会保险学 [M]. 北京：中国劳动社会保障出版社，2019.

[4] 林义. 社会保险 [M]. 北京：中国金融出版社，1998.

[5] 林义. 社会保险基金管理 [M]. 北京：中国劳动社会保障出版社，2002.

[6] 刘金章，王岩. 现代社会保险学教程 [M]. 北京：清华大学出版社，北京交通大学出版社，2019.

[7] 马小姗，刘瑞军，虎啸. 管理学 [M]. 成都：电子科技大学出版社，2019.

[8] 申曙光. 社会保险学 [M]. 广州：中山大学出版社，1998.

[9] 孙树菡，朱丽敏. 社会保险学 [M]. 北京：中国人民大学出版社，2019.

[10] 夏敬. 社会保险理论与实务 [M]. 大连：东北财经大学出版社，2006.

[11] 张茂松. 社会保险 [M]. 开封：河南大学出版社，2014.

[12] 张旭升，刘桂梅，米双红. 社会保险 [M]. 上海：复旦大学出版社，2007.

第九章

社会保险精算

本章导言

精算管理系统是发现和明确精算问题、设计并执行精算解决方案、监控解决方案的实际效果并为进一步明确精算问题提供决策意见的过程。本章介绍了社会保险精算管理系统，并按照社会保险精算管理的一般流程和核心内容，介绍了社会保险精算评估的目的和范围、评估所需数据和信息的收集与整理、精算评估模型的构建、精算假设的选择、评估结果的表述、敏感性分析和随机检验等内容，同时结合典型社会保险精算案例分析了社会保险精算过程，并介绍了典型国家的社会保险精算制度。

重点问题

- 风险评价
- 精算模型
- 精算假设
- 精算报告

第一节
社会保险精算管理系统概述

精算管理系统最早由英国精算师协会前任主席杰瑞米于1985年提出，其基本原理是运用控制论和负反馈观念描述精算师在金融服务业和管理中的工作流程和工作职责，从而将精算工作各领域有机地联系起来，也建立了精算工作与其他工作领域的相互联系。20世纪90年代初，精算管理系统的观念被澳大利亚的几所大学引入精算教育体系。随后，国际精算师协会在其推荐的精算教育大纲中强调了精算管理系统的重要地位。精算管理系统也迅速在实践中发挥作用，成为系统地解决风险管理问题的核心。

精算管理系统的主要思想基于发现问题、设计并执行解决方案、监控解决方案的实际效果这一决策和控制过程，同时需要考虑外部环境或问题的实际背景。以保险公司为例，精算管理系统描述了从风险评估、产品设计、定价、负债评估、资产评估、资产负债管理、偿付能力评价、经验监控、利润分配，再回到风险评估，开始下一轮循环的各具体环节及其相互联系，以及社会、经济、人口、税收、法律等环境因素对系统各环节的影响，同时也涉及精算师职业化问题。在养老保险领域，精算管理系统包括养老保险风险评价、精算模型选择、数据准备、精算假设筛选和确定、精算评估结果表述、经验监控、精算建议，最后再回到风险评价等的循环过程。

社会保险精算管理系统是精算管理原理在社会保险领域的应用。其主要要素包括明确社会保险的风险问题，为设定的目标建立精算解决方案，建立精算评估模型并根据当前的制度选择合适的模型，建立评估所需的数据基础，对未来的变动做出假设，建立精算报告制度，表述评估结果和陈述精算建议等。

社会保险精算管理系统可以用图9-1表示。

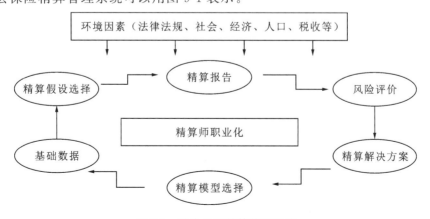

图 9-1 社会保险精算管理系统

一、社会保险精算管理系统的环节

（一）风险评价

在社会保险精算管理系统中，首先要对社会保险面临的风险做出评价。以养老保险为例，养老保险的风险包括人口数量和结构变动等人口风险、通货膨胀和金融市场变动等经济风险、政策环境等政治风险、管理缺陷导致的风险等。养老保险面临的人口、经济、政治和管理方面的风险，可能使养老保险制度在财务上难以为继，不能实现养老保险制度的预期目标，甚至引发社会矛盾，不利于社会经济的稳定发展。对养老保险面临的风险做出评价，需要运用技术手段建立评估指标，对风险程度及其损失做出衡量，为建立新制度、改革旧制度，以及维护现有制度的正常运行提供基础和准备。

（二）设定精算管理的目标

新建立的制度、需要改革的制度、正在运行中的制度以及不同类型制度都会影响精算管理目标的设定。对于新建立的制度，需要更关注制度的覆盖面、待遇水平、基金来源以及制度的建立可能产生的社会经济影响等问题，精算管理的设定目标可能是在一定覆盖面和待遇水平下所需的成本水平以及基金筹集对国家、单位和个人的影响等。对于进行结构性改革的制度，需要关注制度的历史债务、制度的转轨成本、不同改革成本分摊方案的财务影响、改革可能产生的未来长期财务影响、改革对不同人群的影响等。对于制度的定期修订，需要更关注制度在覆盖面、待遇水平、融资方式等方面的改革产生的财务结果以及对社会经济的影响等。对于正在运行中的现行制度，精算管理依据过去的经验，对精算假设和方法做出调整，对未来短期和长期内的财务结果做出预测，对财务结果的社会经济影响做出评价等。

（三）建立精算评估模型

在设定的精算管理目标下，依据精算原理，建立精算评估模型组，并针对具体目标选择精算模型。在社会保险精算管理中，需要根据不同的目标建立、选择合适的精算模型，用于测算和分析未来可能的变动对决策目标的影响。例如，对正在运行的现收现付养老保险制度，精算管理的目标往往是通过测算未来收支，实现制度设定的待遇与缴费的平衡，或者说，为制度设定的待遇确定合适的缴费。

根据朱威尔（1980）的定义，模型是一组经过验证的数学关系或逻辑步骤，用来描述观察到的、可测度的现实世界现象，并揭示引发现象的假定条件，同时出于决策目的预测现象未来的表现。社会保险精算模型是用于表述社会保险收入、支出、基金积累、负债积累以及诸多影响因素与它们之间关系的数学模型。社会保险精算模型有确定性模型和随机性模型，确定性模型的模型参数都不是随机变量，模型依赖于基础数据和一定的精算假设，每次得到的结果是单一的；随机模型中若干模型参数是随机变量，得出的结果是一个在一定概率下的变动范围。在实践中，大部分情况是在模型的某些部分采用确定模型，而采取随机模型的情况较少。例如，美国社会保障信托基金报告中提供的随机预测，用随机模拟方法估计精算评估中的不确定因素对未来财务收支的影响。这些不确定性因素包括生育率、死亡率、迁入和迁出人口、消费价格指数、平均实际工资、失业率、信托基金回报率、伤残发生率、伤残恢复率等。此外，部分采取确定模型，部分采取情景模型。情景模型是对影响模型结果的一个或多个因素事先设定若干可能的变动情景，运用情景模型测算在不同情景下的结果。

（四）数据基础

精算模型建立和运行的基础是经验数据，没有数据的模型是纯粹的理论模型。模型要想用于实际问题的解决，需要输入实际数据。

（五）精算假设

精算模型的建立和运行除了需要建立在经验数据基础上，还需要对未来影响因素的变动做出假设。例如，在养老保险精算评估中，需要对未来人口、经济、制度等因素的未来变动趋势做出假设。对未来缴费收入的预测，需要预测未来的缴费人口和缴费水平，而参保人口是缴费人口的基础，就业人口是参保人口的基础，人口又是就业人口的基础。在长期预测中，人口生育率、死亡率、迁移率是未来人口变动的决定因素，就业率是未来就业人数的决定因素，参保率是未来参保人口的决定因素，参保缴费是未来缴费人口的决定因素。在精算模型中，需要对这些决定因素的未来变动水平做出精算假设。精算假设需要根据过去若干年的经验数据和对未来的判断做出。比如，工资增长率假设需要根据过去若干年工资增长变动趋势，考虑未来工资改革的相关政策来确定；利率假设需要依据过去投资组合及利率波动，考虑未来社会保险基金投资政策和市场的可能变动情况做出；人口方面的精算假设需要根据地区人口、养老保险覆盖面以及当地社会保险在未来的变动等做出。

（六）精算报告

精算报告是对精算管理结果以报告形式做出的表述。精算报告通常应说明评估目的、评估项目当前基本状况、上次评估结论及本次评估发生的变动、本次评估所用的方法数据和精算假设等，并对评估结果以及未来可能变动对评估结果产生的影响进行分析，提出本次评估的结论及相关建议。对于连续评估的项目，还需要在报告中分析上次评估和本次评估的差异以及产生差异的原因，最后给出评估建议，并由精算责任人对报告的质量做出陈述。

（七）环境因素

在社会保险精算管理系统中，环境因素包括影响社会保险制度运行的法律法规，社会、经济、人口状况和国家财政收支状况等，这些因素对社会保险精算管理系统的各个环节都会产生影响。例如，人口出生率和死亡率的下降、人口老龄化、人口寿命延长，从而使人们领取养老金的时间延长。在风险分析中，应充分认识到人口老龄化和长寿风险对制度模式的影响。在精算假设中，应考虑人口死亡率不断降低的趋势，分析这些环境因素的变动对养老保险制度财务收支的影响，为建立财务稳健的养老保险制度提供技术支持。

二、社会保险精算评估目的和范围

（一）对新建制度的评估

在建立社会保险制度时，需要评估一定的资金能够提供的待遇水平，这些资金一般包括政府财政拨款、单位和个人的缴费等。或者说，需要评估为实现一定的待遇目标需要的资金支持，以及所需资金在政府、单位和个人之间的不同分配模式产生的影响等。通过短期评估，分析一定待遇目标在短期内（未来 3～5 年）对政府财政产生的影响、对企业和个人增加的负担，或者一定的缴费能够实现怎样的待遇水平等；通过对 50 年以上的长期评估，分析实现一定待遇目标产生的长期经济影响，或者每年一定的缴费能够实现的待遇水平及其待遇的变动等，从而为新制度的建立提供依据。

另外，由于标准工资和实际收入的差异，在缴费和待遇水平的确定中，需要根据相应法律法规，确定缴费工资水平和待遇的计算标准。以养老保险为例，我国社会养老保险的单位缴费和个人缴费都设定了一个缴费上下限。工资水平超出社会平均工资 300% 的单位和个人，按 300% 的社会平均工资水平缴费；工资水平低于社会平均工资 60% 的单位和个人，按 60% 的社会平均工资缴费。此外，还应该明确制度规定的领取养老金的最低退休年龄、最低缴费年限以及养老金待遇的定期调整机制等。

(二) 对现行制度的定期评估

社会保险为参保人提供了养老、医疗、工伤、失业、生育等方面的保障。对现行制度的定期精算评估是制度风险管理和基金监管的重要手段。通过精算评估提供的现行制度未来财务收支预测，可以对现行制度未来财务状况做出诊断，对未来的发展趋势有所把握，对未来可能产生的问题做出预警，从而为政策制定者和基金监管者提供决策依据。对现行制度的定期精算评估，通过对现行制度在未来（50~75年）的财务收支预测，可以提供为满足现行制度的待遇水平和待遇调整，在参保人口及其年龄结构、未来工资和利率变动情况下的未来缴费变动；可以提供未来财务收支的盈余或缺口状况，未来基金缺口在不同解决方案下对不同利益方的影响等。

1. 经验分析

对现行制度的定期评估从对制度的经验分析开始。经验分析是指对过去的实际结果与过去所做的精算评估结果进行比较分析，从而发现在过去精算评估中所采用的精算假设与实际的差异，为进一步评估确定合适的精算假设提供依据。例如，在经验分析中，需要对参保人数、缴费人数、缴费水平、待遇领取人数、待遇水平、待遇调整、投资回报等的假设水平与实际水平进行对比分析，发现不同因素对过去评估结果产生的影响，决定是否对精算假设做出调整以及如何做出调整等。

2. 调整精算假设和方法

在经验分析的基础上，需要对影响社会保险未来收支的因素进行分析。例如，考虑未来人口死亡率的降低、新增参保人口和退休年龄的变动、工资增长、待遇调整、投资回报增长等，依据影响制度未来收支的人口和经济因素的变动，以及对过去经验的分析，确定用于评估的精算假设。有时，根据经验分析也可能对评估方法做出调整和改进。

3. 财务预测

根据确定的精算假设和方法以及社会保险制度的修订情况，可以对制度未来收入、支出、结余等做出预测。根据财务预测的结果，给出对收支调整的建议。例如，如果制度未来财务将出现严重的支付缺口，这一缺口又很难通过国家财政补贴填补，就应该考虑提高未来的缴费或者降低待遇水平以实现收支的平衡。

(三) 对改革方案进行评估

在社会保险制度改革中，需要测算不同的改革方案对制度财务短期和长期的影响，从而明确制度改革的方向，把握改革影响，为改革提供依据。改革可能是对制度缴费、待遇、覆盖面等的调整，也可能是从结构上对制度实施变革。我国养老和医疗保险制度的改革是从结构性改革开始的，即从过去完全现收现付的覆盖国有和集体企业职工的企业养老保险，改革为覆盖城镇劳动者的社会统筹与个人账户相结合的部分积累制度，其中社会统筹采取现收现付的筹资模式，个人账户正在向完全基金积累模式改革。在这种结构性改革中，需要通过精算评估，确定从过去制度向现行制度过渡的成本，测算这一过渡成本在不同的分摊模式下对制度未来财务的影响，对国家、集体和个人等不同利益方的影响，分析应对过渡成本的经济来源等。在建立名义账户或逐步建立实际个人账户的过程中，精算评估能够提供在不同的个人账户积累方式和个人账户计发公式下预计的待遇水平，分析不同积累利率和计发公式对个人待遇的影响。当前，我国社会保险正在进行扩大覆盖面、提高征缴比例、建立待遇发放与缴费的联系、建立定期调整养老金水平机制等方面的改革。在这些改革中，精算评估可以提供不同改革对未来收支可能产生的影响。例如，发现养老金的指数化调整对支出产生的影响，从而得知增加多少缴费或者政府补贴才能满足对支出增加的需要；另外通过评估可以发现改革养老金的计发标准对支出的影响，从而得出缴费应如何调整才能维持收支平衡等。

（四）短期收支预测

在制定社会保险年度收入和年度支出预算时，需要通过短期精算评估提供关于年度缴费、投资收入、待遇、费用等方面的数据。我国社会保险将实行独立于财政的预算管理制度，通过精算评估，可以提供未来缴费收入、投资收入、待遇支出等未来现金流量的收支预测，从而对预算管理、投资决策等都有重要的意义。

短期预测与长期精算评估在方法和精算假设上有一定的差异。在长期精算评估中，强调对未来收支趋势的认识；在短期预测中，更强调准确性。因此，在对工资、缴费、投资收入等的假设上，应考虑短期内的政策调整、工资变动和待遇的调整。精算评估人员应该与经济、会计、法律、投资等人员密切配合，确定合适的精算假设。

（五）对特别项目的精算支持

精算评估也可以为政府或其他相关部门提供特别的支持。例如，对养老保险待遇调整的决定、推迟退休年龄的决定、扩大制度覆盖面的决定、提供工伤保险准备金的决定等，都需要借助精算评估的结果分析改革的成本和财务能力，分析改革对收入再分配的影响和对促进社会公平的影响，分析改革的长期社会经济影响。

第二节
社会保险评估的流程

一、数据和信息的收集与整理

社会保险管理数据库是精算评估的基础，用于精算评估的数据应该与精算评估模型和方法一致。如果数据信息不完全或者不准确，需要对数据做必要的修正。在数据收集和分析前，需要对制度覆盖面、待遇领取条件、待遇计发公式、缴费工资、缴费率以及制度条款等进行研究。精算评估所需要的数据主要来源于制度管理数据库系统，同时，也需要从政府统计部门或相关部门收集必要的人口和经济方面的数据。数据的结构和类型应该与模型对数据的要求保持一致。在数据用于模型评估前，需要对数据质量进行检验，对不合格的数据进行必要的处理。

（一）社会保险精算评估要求的数据

社会保障精算模型所需数据一般包括人口和经济数据、参保人口数据、被评估社会保险项目的基本法律规定等。

1. 人口和经济数据

（1）人口数据，包括分年龄性别人口、生育率和出生性别比、分年龄性别死亡率、迁入和迁出人口、分年龄性别婚姻状态人口数据等。国外的社会保障往往提供遗属给付或夫妻联合的生存给付，这时需要参保人婚姻状况方面的数据。

（2）劳动力、就业、失业数据，包括劳动力参与率、从业人数、失业人数、失业率等数据。

（3）工资、利率、通货膨胀和 GDP 数据，包括工资总额、工资在 GDP 中的比例、平均工资、通货膨胀率、利息率等。

2. 参保、缴费和待遇领取数据

（1）参保人口。参保人口包括缴费人口、注册但未缴费的参保人口。未缴费参保人口可能在过去曾经缴费或者在过去计划下积累了领取待遇的权益，缴费人口也可能在参加了一段时期后退出或者停止缴费，一段时间后可能重新缴费，成为参保人群。通常精算评估需要分年龄的缴费人口数据。

（2）新增和重新加入的参保人口。精算评估需要分年龄数据。

（3）参保人口工资收入和缴费工资收入。通常缴费收入有上下界限，对收入高于某一水平的参保者按规定的最高限额缴费,高出部分不缴费。

(4) 实际缴费人数比例。实际缴费人数比例的定义为一年内实际缴费人数与应缴费人数的比例,用于预测未来的实际缴费。

(5) 待遇领取人数。需要分年龄性别收集领取各种待遇的人数。例如,在养老金系统中,应包括每年待遇支出总额、个人待遇水平、平均养老金和平均替代率、养老金随价格和劳动生产率指数的变动等。

(二) 社会保险精算评估的数据来源

社会保险精算评估所需的统计数据来源于社会保险管理数据库系统以及人口和统计部门或相关业务部门定期公布的统计数据。

1. 社会保险管理数据库系统

按照管理的需要,社会保险管理数据库系统包括参保个人性别、出生年月、工作时间、参保时间、缴费记录、领取记录等数据,这些数据经过整理可以作为精算评估的基础数据。同时,社会保障相关管理部门如法律、税收、投资、缴费征收、待遇发放等部门也有相应的数据库系统。社会保障法律部门负责社会保险法律和法规的制定与监督执行,会计和财务部门负责财务报告和相关的资产评估,投资部门负责对缴费的投资管理,税务部门负责对缴费和待遇领取的征税处理,待遇发放部门负责核准待遇并实施发放,社会保障部门负责缴费收集和待遇发放,这些部门的数据往往相互联网构成社会保障管理数据库系统。

2. 人口和经济统计

人口普查和人口统计可以提供分年龄、分性别、分地区和分行业的人口数据,这些数据可以作为人口预测的基础数据。在我国,分别于 1953 年、1964 年、1982 年、1990 年、2000 年、2010 年、2020 年进行了七次全国人口普查,于 1987 年、1995 年、2005 年进行了 1% 全国人口抽样调查。根据相关规定,未来每隔 10 年将进行一次全国人口普查,两次普查中间年份将进行一次全国人口抽样调查。全国人口普查和抽样调查数据提供了关于人口总量、结构、出生、死亡、迁移等详细的数据,这些数据为人口预测提供了基础。另外,国家统计局定期公布的经济和劳动力统计数据,以及经济普查、劳动力状况抽样调查等,提供了劳动力、就业、失业、工资等相关数据。

(三) 与制度相关的法律法规信息

在精算评估中,除了收集必要的统计数据,对与制度相关的法律法规信息的收集和整理也是数据信息收集的重要环节。精算评估所采用的模型必须与被评估制度或计划的相应法律法规保持一致。在精算评估中,应该熟悉法律法规的具体规定和实际执行中的问题,包括社会保险覆盖面、法定缴费率、缴费工资、待遇领取条件、待遇计发公式、其他融资来源、投资规定等相关法律规定。

(四) 我国的社会保险信息数据库系统

随着社会保险个人账户的建立、养老金的社会化发放以及离退休人员管理服务社会化进程的推进,社会保险业务管理的信息量急剧膨胀,传统的手工方式乃至小规模的计算机管理系统已不能满足日常管理工作的需要。同时,市场导向就业机制的建立,使劳动者流动日益频繁。为了满足劳动和社会保障信息化管理的迫切需要,劳动保障部门开始实施建立全国统一的劳动和社会保障信息系统工程,简称"金保工程"。2002年,中共中央办公厅、国务院办公厅转发的《国家信息化领导小组关于我国电子政务建设指导意见》,明确将劳动和社会保障部提出的金保工程作为"一号工程",于2002年10月全面启动。

金保工程是利用先进的信息技术,以中央、省、市三级网络为依托,支持劳动和社会保障业务经办、公共服务、基金监管和宏观决策等核心应用,覆盖全国的统一的劳动和社会保障电子政务工程。金保工程分为社会保险和劳动力市场两个子系统。金保工程系统建设分为中央、省、市三级。劳动和社会保障部网络中心连接全国32个省级劳动保障部门(含新疆生产建设兵团)。省级劳动保障部门网络中心连接本省范围内所有地级及以上城市市域网和省本级经办机构。包括省本级在内,全国大部分城市联入各省级劳动保障部门网络中心,城市级网络连接市内区县所有经办机构、街道(社区)经办网点,以及医疗服务机构、银行、邮局、公安、财政等相关单位和部门。

二、建立精算评估模型

在一定的评估目的下,依据收集到的数据和相关信息,建立评估模型,或者对过去已有的评估模型进行必要的修订,是精算评估的重要环节。社会保险精算评估模型是分析不同保险项目在一系列不确定因素影响下未来可能财务结果的模型,这些不确定因素包括未来的人口和劳动力、参保人口、工资、缴费、待遇领取条件、待遇种类和水平、通货膨胀、投资利率、制度改革等。在建立评估模型时,需要考虑数据的支持能力和计算机的运算能力。

精算评估模型可以是确定性模型,也可以是随机模型。确定性模型基于给定的数据和假设,经过模型运算产生一组结果。随机模型是以概率表示的数学模型,用于估计随机变量的均值和置信区间,其输出是与发生概率相关的结果的一个范围。确定性模型的输入数据包括统计数据和精算假设,输出结果是保险项目未来的年度收支和财务平衡状况。养老保险的精算评估通常采用确定性模型,同时采用敏感性测试分析不同输入变量或精算假设的变动对分析结果的影响。近年来,随机模拟被引入社会保险的精算评估。例如,美国社会保障信托基金报告从 2003 年起增加了随机模拟分析,对基金支出的分布进行研究,从而更好地把握未来风险对制度的财务影响。

三、精算假设的选择

社会保险精算评估的假设涉及人口、经济和制度三个方面。人口假设一般包括人口生育率、死亡率、迁移率等;经济假设一般包括失业率、利息率、工资增长率、收入分布、GDP 增长率等;制度假设包括制度覆盖率、参保状态转移率、遵缴率、待遇调整指数等。在运用精算模型进行评估时,需要对这些因素的未来变动做出假设,这些假设就是精算假设。

不同假设的设定建立在专门研究的基础上。例如,对未来人口生育率和死亡率的假设建立在人口专家对人口发展规律相关研究的基础上,人口专家将人口政策、社会经济环境变化、生物学等因素结合起来,得出未来人口生育率和死亡率水平的可能变动趋势;对未来经济发展水平的假设建立在经济专家对未来经济走势研究的基础上。精算假设往往是影响测算结果最重要的因素之一,一个在理论上完美的模型,如果输入不恰当的假设水平,就会得出错误的结论。在美国,社会保障信托基金报告的精算假设由专家小组确定,专家小组由人口、经济、精算和社会保障等领域的专家组成。

考虑到养老保险、医疗保险、工伤保险、失业保险、生育保险等社会保险项目具有不同的覆盖范围、缴费规定、待遇种类和标准等,这里以养老保险为例展开说明精算假设的选择。

(一)参保人口假设

1. 覆盖率

覆盖率是用于衡量保险覆盖比率的指标,通常养老保险的参保人口应覆盖一个国家的全体劳动者。由于经济发展水平和社会保障发展水平的差异,有些制度规定的覆盖人口只有城镇劳动者或者在城镇从事正规职业的劳动者,有些养老保险专门针对公共部门的职工。我国现行养老保险制度覆盖的主要人群是城镇劳动者。根据不同的目的,制度覆盖率可以是制度实际覆盖人口数与总人口数的比例,用于衡量制度覆盖总人口的比例;也可以是制度实际覆盖的劳动力人口数与劳动力人口数的比例,用于衡量劳动力人口中参加养老保险的比例;还可以是制度实际覆盖人口数与制度规定的覆盖人口数的比例,用于衡量制度应覆盖人口中实际覆盖的比例等。在养老保险精算评估中,覆盖率通常定义为养老保险覆盖的就业人口数与总就业人口数的比例。

在覆盖人口中,有些人可能由于各种原因逃避缴费,使缴费人口小于覆盖人口,因此精算评估也经常采用缴费人口与就业人口的比例衡量覆盖率。由于不同类型就业人口参保缴费率存在较大差异,通常分就业类型、年龄、年度分别计算覆盖率。总覆盖率是各类缴费人口的总和在各类劳动力人口中的比例。

$$\text{分类覆盖率}(z, x, t) = \frac{\text{缴费人口}(z, x, t)}{\text{劳动力人口}(z, x, y)}$$

$$\text{总覆盖率}(t) = \frac{\sum_{z=1}^{n} \sum_{x=\text{最小年龄}}^{\text{最大年龄}} \text{缴费人口}(z, x, t)}{\sum_{z=1}^{n} \sum_{x=\text{最小年龄}}^{\text{最大年龄}} \text{劳动力人口}(z, x, t)}$$

其中,z、x、t 分别表示就业类型、年龄和年度;n 为就业类型总数;分类覆盖率 (z, x, t) 表明在 t 年度,z 就业类型、年龄是 x 的覆盖率。

2. 参保状态变动

参保人员的状态包括就业和失业、缴费和未缴费等几种,在不同年度或者同一年度内的不同月份,几种状态可能发生转变。例如,参保状态可能从就业缴费状态转变成失业缴费、失业未缴费或退出劳动力人口等状态,也可能从失业缴费状态转变为就业缴费、失业未缴费或退出劳动力人口等状态。一般情况下,可以将某年的参保人口分为参保缴费人口(active contributors)和参保未缴费人口(inactive insured persons)两类。参保缴费人口指年度内缴费的参保人口,包括处于就业状态的参保缴费人口和处于失业状态的参保缴费人口。参保未缴费人口指过去注册为参保人口,并因过去缴费积累了一定权益,但当年没有缴费的人群,包括失业未缴费人口和退出劳动力的人口。精算模型和假设中需要将参保状态在年度内的转移考虑进来。

3. 新增参保和重新参保

社会保险的精算评估是在开放人口下进行的,需要考虑不断的新增参保人口和重新参保人口以及他们的性别年龄分布。这一假设通常根据过去的经验和对新增就业人口的预测做出。

(二)缴费工资变动

缴费工资是参保缴费人员缴纳保费的工资部分,参保人员缴费数额等于缴费工资和缴费率的乘积。为了保护高收入参保人员的利益,通常对收入高于某规定水平后的部分免于缴费。缴费工资基数的确定与工资变动模式、收入分布模式、最高或最低缴费工资水平以及实际缴费占应缴费工资的比例等有关。

1. 工资变动模式

工资总水平的变动决定于 GDP 水平及其增长、劳动生产率及其增长、收入在劳动力和资本之间的分配情况等。通常依据过去的 GDP 水平和增长率、工资水平及其在 GDP 中的比例，做出对劳动力总收入的预测。依据对就业人数的预测，做出对平均工资水平及其增长率的预测。

对于参保个人，工资会随工龄增加、职位变动及工作业绩变化而发生变化。通常用工资模式描述一批人在经历不同年龄时工资的变动模式。工资模式通常以最低年龄参保人工资为基础，并将其单位化（通常设为1），随着年龄的增长，工资模式表示为不同年龄工资与最低年龄工资的比例。例如，20 岁平均工资为 2 000 元，21 岁平均工资为 2 100 元，22 岁平均工资为 2 300 元等，如果以 20 岁工资为基础，设其工资为 1，这样，21 岁的工资为 1.05，22 岁的工资为 1.15。在一定的工资模式下，可以根据某年龄的平均工资或社会平均工资，推算出其他年龄的工资，用于对不同年龄缴费的预测。

如果将劳动生产率和通货膨胀率对工资的影响独立出来，设 x 岁的业绩工资为 $(SS)_x$，x 岁职工的当年工资为 s_x，职工在 y 岁加入保险时的工资为 s_y，则有：

$$s_x = s_y \frac{(SS)_x}{(SS)_y}(1+I+P)^{x-y}, \quad x > y$$

其中，I 为通货膨胀率使工资提高的比率，P 为劳动生产率和工资的增长率，$\frac{(SS)_x}{(SS)_y}$ 是工资模式指数。

2. 收入分布模式

收入分布模式表明不同收入水平人群的分布状况，在确定缴费上限时，需要对收入分布模式进行研究。从国内外大量的理论研究和实证研究结论看，收入分布基本上都服从对数正态分布，即收入变量的对数服从正态分布，对数正态分布的形状由均值和标准差决定，这两个参数可以通过经验数据来估计。

设缴费人群的收入为随机变量 X，且服从于同一对数正态分布，$\ln X \sim N(\mu, \sigma)$。假设共有 n 个缴费者，第 i 个缴费者所缴保费为 X_i，$i=1,2,\cdots,n$，则均值和标准差的估计值为：

$$\mu = \frac{\sum_{i=1}^{n} \ln X_i}{n}, \quad \sigma = \sqrt{\frac{\sum_{i=1}^{n}(\ln X_i - \mu)^2}{n}}$$

设 $t = \ln X$，则对数正态分布的概率密度函数为：

$$f_{\mu,\sigma}(t) = \frac{1}{\sigma\sqrt{2x}} \exp\left\{-\frac{1}{2}\left(\frac{t-\mu}{\sigma}\right)^2\right\}$$

对数正态分布是一种偏态分布,具有明显的右偏性质,其分布的均值大于中位数,表明收入低于平均水平的人数多于收入高于平均水平的人数。劳动人口的收入分布是工资模式、同一年龄收入的分布模式和人口年龄分布的函数。如果制度规定了缴费上限,则覆盖人口的工资分布会发生变化,高收入人群收入高于规定的水平后不记入缴费基数。

在考虑缴费上限的情况下,需要对缴费基数进行调整。设缴费上限为 A,这时,调整系数可以按下式计算。

$$调整系数 = \frac{\int_{-\infty}^{\ln A} \exp(t)dt + \left[1 - \int_{-\infty}^{\ln A} f(t)dt\right]A}{\int_{-\infty}^{\infty} \exp(t)f(t)dt}$$

(三) 经遵缴率调整后的缴费基数

由于失业和经济方面的原因,部分参保者在一个缴费期内不能完全履行缴费义务,使实际缴费减少。遵缴率描述了实际缴费人数在应缴费人数中的比例,不同性别和年龄参保人口的这一比例可能不同。在缴费工资下,按照一定的缴费率和遵缴率可以计算出人均实际缴费基数,在预测的缴费人数下可以计算出总缴费基数。

人均实际缴费基数 = 人均缴费工资 × 调整系数 × 遵缴率

总缴费基数 = $\sum$ (第 t 年第 i 类人群的缴费人数 × 第 t 年第 i 类人群的缴费基数)

(四) 过去缴费年数

对于养老保险,待遇通常与缴费相关,只有满足相关缴费或缴税义务的参保人,才有资格领取养老金。为了鼓励缴费,养老金的数额通常也与缴费数额建立联系。例如,我国现行养老保险规定的最低缴费年数为 15 年,养老金待遇按实际缴费与社会平均缴费的比例指数化发放。对于与参保年数或过去服务年数挂钩的养老保险待遇,参保人通常不直接缴费或缴税,只要在制度覆盖下工作年限满足规定的标准就可以领取相应的养老金。我国过去的城镇职工养老保险制度以及现行的机关和部分事业单位职工的养老保险采取不缴费的覆盖模式。从不缴费覆盖转变为缴费覆盖的制度,需要估计过去制度积累的服务年数,并转化为视同缴费年数,用于测算转换为新制度的养老金待遇。

在精算评估中,通常先估计同一年龄过去缴费年数的分布。例如,评估年龄 50 岁的参保人口,其中 5% 的人口拥有 10 年的过去服务年数,6% 的人口拥有 11 年的过去服务年数等,再预测未来缴费年数,就可以得到退休前累计缴费年数。

(五) 死亡率

参保人口死亡率是人口预测的基础,通常依据参保人口经验数据编制。由于社会保险基本上覆盖了全体从业人口或者城镇从业人口，人口死亡率通常可以依据人口普查数据提供的劳动力人口或者从业人口数据得到，有时也直接采用人口生命表。我国历次人口普查提供了编制人口生命表的基础资料。

（六）退休年龄分布

退休年龄是参保者开始领取退休金的年龄，通常养老保险制度会规定正常退休年龄、最低退休年龄和最高退休年龄。正常退休年龄是制度规定的可以领取标准养老金的退休年龄，在正常退休年龄退休的参保者可以按制度规定的标准退休金水平领取待遇。最低退休年龄是可以开始享受退休养老待遇的最低年龄，在最低退休年龄退休的参保者，他们的养老金水平会相应降低。最高退休年龄是制度允许的最高退休年龄，超出这一年龄退休，养老金待遇不因参保年数的增加而增加。为了鼓励退休，有些国家甚至对超出一定年龄退休者的待遇按一定比例递减。

退休年龄分布是测算、领取退休待遇的基础，通常按经验数据得出分性别年龄的退休分布，同时考虑未来就业、通货膨胀等因素对退休年龄分布的影响，做出未来分性别的退休年龄分布假设。

（七）中途退出

在参保的缴费人口中，有些人由于残疾中途退出养老保险，开始纳入残疾收入保险。与死亡类似，中途退出也使参保人数减少，在精算评估中需要做出分性别年龄的中途退出率假设，这一假设通常根据经验数据给出。

（八）待遇调整指数

待遇的定期调整，将使得待遇随时间推移逐步提高。在精算评估中，需要对待遇的调整指数做出假设。依据制度的规定，养老金及伤残、失业等待遇可能会随价格和工资指数的变动而自动进行指数化调整，也可能以价格指数和工资增长指数为依据，定期确定待遇调整指数。精算假设应依据制度规定及过去的待遇调整经验做出。

（九）投资回报率

投资回报率假设应该依据社会保险基金投资渠道、投资组合以及对未来经济状况的预测做出。由于投资回报率受未来经济环境和投资政策变动的影响，因此，需要在过去经验的基础上，考虑未来影响利率变动的因素，做出投资回报率假设。不少国家的养老保险制度对参保者的遗属和未成年子女也提供相应待遇，如果有这类待遇，需要在精算评估中预先设定参保者死亡后有遗属的概率、遗属的平均年龄、子女数量和年龄分布等精算假设。

假设变量之间常常并不是相互独立的，在假设设定时，需要同时考虑一组变量的变动。例如，经济增长和技术进步会使劳动生产率提高，也会带动就业，促进工资的增长。同时，当人口增长提供足够的劳动力参与就业市场时，会有充足的就业，就业人数决定了可能参加社会保险的人数。在一定的缴费率下，缴费工资水平决定了缴费数额。另外，工资水平与收入在资本和劳动力之间的分配有关，名义工资和名义利率受通货膨胀的影响。

需要指出的是，上面讨论的各种精算假设在设定上需要遵守一些基本原则，但国际上并没有统一的规定。在美国，有关精算假设的标准由精算标准局颁布实施，有关社会保障的精算实务标准由精算学会下的社会保障委员会制定。美国社会保障精算标准规定：精算报告应该说明假设的细节和假设的设置理由，如果是其他人做出的假设，应该披露来源和原因；如果假设基于判断或过去的经验，报告应该表述假设的基础；如果假设不同于当前的趋势，应该说明假设变动的趋势；如果假设数据来源于外部，应该说明选择它们的理由；如果其他因素影响假设的变动，也应该有所说明。

四、评估结果和敏感性分析衔接

（一）评估结果

将基础数据和精算假设输入精算模型进行运算，就可以得到关于制度的未来年度收支状况和其他财务结果。根据研究目的，有时输出也可能是月度收支结果，如一些短期现金流量测算，输出结果是每月的收支。通常，精算评估报告可以分为人口和财务两部分内容。人口预测结果一般包括缴费人口、各种类型待遇领取人口、待遇领取人口与缴费人口的比例也就是制度抚养比等。在现收现付制度下，这一比例随着人口老龄化逐步提高，从而反映出制度成本率逐步上升的趋势。财务预测结果通常包括缴费收入、投资收入、其他收入、各类支出以及准备金比率等。

社会保险精算评估的输出结果通常包括以下内容：① 参保人口、缴费人口、待遇领取人口、制度抚养比；② 缴费工资总额、缴费收入总额、待遇支出总额；③ 预测期内未来年度平均缴费、平均待遇、平均替代率；④ 预测期内未来年度现收现付制度下的成本率；⑤ 预测期内未来总支出以及分类支出在 GDP 中的比例；⑥ 预测期内的平均收支比例；⑦ 在当前缴费率下预测期累积准备金；⑧ 预测期内的准备金比率，反映准备金与年度支出的比例；⑨ 资本积累比率，反映实际资本积累与准备金的比例；⑩ 政府补贴数额及其在总支出或总缴费收入中的比例。

(二) 精算评估结果分析指标

精算评估常采用一些指标反映被评估对象的财务状况,这些指标在分析保险项目的偿付能力、待遇水平、覆盖范围、缴费负担等方面具有重要的作用。在不同的评估目的下,分析指标的选择是有差异的。精算分析的指标可以分为人口指标和财务指标。

1. 人口指标

人口指标通常包括制度抚养比、制度覆盖率、缴费比率等。

(1) 制度抚养比是制度内待遇领取人口与缴费人口的比例,反映平均每一个缴费者负担的待遇领取人数。这一指标与人口抚养比相对照,可以看出制度内人口老龄化和全国人口老龄化的不同程度,发现制度潜在的人口趋势。

(2) 制度覆盖率是实际参加制度人数与按法律规定应该参加制度人数的比例,反映制度实际覆盖了应覆盖人口的比例。

(3) 缴费比率是实际缴费人数与应缴费人数(缴费和不缴费)的比例,反映缴费人群的实际比例。

2. 财务指标

财务指标包括现收现付缴费率、平均收支比率、总支出占 GDP 的比例、精算平衡值、准备金比率、资产负债比率、平均养老金替代率、准备金耗尽年份等。

(1) 现收现付缴费率是被评估项目总支出在总缴费工资收入中的比例,这一比率也正是项目在现收现付融资方式下,为满足支出必须达到的缴费率,通过这一指标在不同时间的对比,可以看出计划成本率的变动情况。

(2) 平均收支比率是未来缴费(包括未来新参保人口缴费)收入现值与评估日准备金之和在未来待遇支出现值中的比例,这一指标反映了按当前缴费水平缴费和准备金积累满足未来支付的能力。

(3) 总支出占 GDP 的比例反映了养老保险支出在国内所有产品和服务价值中的比例。

(4) 精算平衡值是收入率和成本率的差,表明收入满足成本支出的能力。

(5) 准备金比率是准备金在项目年度支出中的比例,反映了在项目没有缴费和投资收入时,项目积累的准备金能够维持支付的年数。

(6) 资产负债比率是项目积累的准备金占项目负债的比例,表明项目基金积累的程度。

(7) 平均养老金替代率是平均养老金与平均缴费工资的比率,反映了项目提供的待遇替代缴费工资的比例。

（8）准备金耗尽年份是按照项目规定的缴费率，在没有其他融资方式下，项目到达收支平衡需要的年数。

(三) 敏感性分析

在确定性模型下，输入基础数据和精算假设可以得到评估结果，而评估结果所依据的精算假设实际上建立在精算师在评估日对未来的判断上，这种预先的判断可能偏离将来的实际情况，如果将来发生了偏离假设的情况，评估结果就会偏离实际。为了反映精算假设的变动对评估结果的影响，需要进行精算假设变动对评估结果影响的敏感性分析。考虑到评估成本，敏感性分析一般选取对成本影响较大的因素进行，有时也对确定假设时数据不充分的因素或者一些难以把握的因素进行敏感性分析。例如，评估日可能面临经济环境不稳定、未来就业难以预测的情况，这时需要对劳动力就业水平这一因素进行敏感性分析。

敏感性分析的变量通常包括生育率、死亡率、迁移率、经济增长率、就业率、价格增长、实际工资增长、实际投资回报率、退休实际年龄等。通常把评估给出的假设水平作为居中假设或者最好估计假设，再根据对假设因素的研究，分别给出低于和高于居中假设的乐观假设和悲观假设，即假设未来发生了有利于和不利于未来财务状态的情况，分别将乐观假设和悲观假设代入模型，就可以得出在不同假设下的财务结果。对比在乐观假设、居中假设、悲观假设下的评估结果，也可以看出不同假设变动对结果的影响程度。

敏感性分析通常分别对单个假设进行，即在一次敏感性测试中，只变动其中的一个因素，其他因素保持原来的居中假设，测试结果表明所测试的这一因素变动对结果变动的影响。考虑到精算假设之间的相互联系，有时也对一组假设变动的结果进行测试，这时，将评估中采用的假设设置为基础假设组或者称为基础情景，把基础假设组看成最可能发生的情景，在此基础上考虑假设之间的相关影响关系，调整假设组中的某些因素，设置乐观和悲观假设组，分别测试不同假设组下的财务结果。由于假设组的设定需要考虑不同假设之间的相互联系，相对来说比单因素敏感性分析更为复杂。

专栏 9-1：职工基本养老保险个人账户利差损研究

第三节
典型国家的社会保险精算评估制度

一、德国国家社会保险精算评估制度

(一) 德国社会保险精算的发展历程

20 世纪 30 年代以来,德国暨欧洲保险数学处于一个突飞猛进的发展时期。随着新计算模型和精算原则的提出以及德国保险学会的推动,自 1957 年起,德国将积累制的筹集制度转变为现收现付制,随即建立了客观指数化调整公式模型,通过精算对资金收支做精确、透明、合理的数据调整,在平衡不同代人之间财务负担原则的指导下,切实保障养老保险体系的可持续发展。这其中就涉及诸如养老金月领取金额精算公式,包括每年需要公告与调整的当前养老金价值决定公式、保费缴纳(工资与劳动收入)上下限与各社会保险保费缴纳上下限总额的比例关系等。在 20 世纪 90 年代,德国基于精算的结果分别以 1992 年、2001 年和 2011 年为节点,进行了多项改革,包括养老金给付与现值调整精算公式的精确化、组成参数的微调(如提早退休者精算调整)、降低全额养老金给付的平均所得净工资替代率(由 70% 逐渐降低)、延后退休年龄的时间规划(养老金领取年龄由 65 岁逐年提高到 67 岁)等。自此,精算报告开始服务于社会保险政策的制定,社会政策暨社会制度具备了数理科学的依据。

(二) 精算报告的体例与社保基金平衡法则

根据德国《社会法典》的相关规定,社会保险精算报告包括法定养老保险报告、法定医疗保险暨社会照护保险报告、工伤事故保险报告三类,但是后两种在现收现付的筹资机制下多为数据统计,几乎不涉及中长期的精算预估,因此不具备通过精算工具实现基金收支平衡制度的典型特征,这里以法定养老保险报告为主要研究对象。《社会法典》第六册"法定养老保险"第一百五十四条详细规定了《养老保险报告》的结构性特征。该报告的主要内容系对养老保险中期(未来 5 年)及长期(未来 15 年)的资金发展状况进行预估性计算,即在最新确定的参保人和养老金领取人人数、养老保险的收入与支出、可持续储备金额度等数据的基础上,通过不同的模型计算对法定养老保险资金的发展情况进行分析,并据此得出为保证给付及其他服务

持续履行的资金所必须达到的保险费率，力求对德国法定养老保险的收支发展状况进行客观展示。

从近年来的报告内容来看，中期报告以联邦政府的中期经济发展评估为基础，并据此确定相应预估条件下必需的保险费率，以此作为联邦政府确定养老保险保费费率的基础；长期报告以德国养老保险基金会联合会提供的关于被保险人和养老金领取者的人数及其比值、养老保险的收入与支出以及可持续储备金的数据统计为基础，通过对工资和收入的平均水平、在职劳动者以及失业者数量、养老金领取人数等多个变量的模拟，在不同层级平均毛工资发展趋势的设定以及对于保费缴纳者和失业者状况的设定基础上得出结论。在此前提下，除了上述重要的影响参数之外，基准年可能存在的经济发展状况的特殊最高点和最低点也会对变量假设产生不同的影响。从养老金报告的内容来看，其仅仅包含了对目前养老保险费率的分类统计，以及不同测算模型下对未来中长期费率调整的预估和建议，本身不具备法律意义上的权利、义务和责任分配的内容。

社会养老保险基金依据精算报告的费率建议就能实现平衡只是一种理想中的状态，尤其是在现收现付的筹资机制下，社会保险担负着公共财政政策的公共福利保障功能。在德国，这种功能主要是通过联邦政府对养老保险基金的财政补贴以及雇员所得税税收优惠等制度来实现的。德国社会保险遵循自治管理原则，各类基金会在社保服务和资金收支方面由参保人群体通过一整套法人机制自决并实施之，此原则要求基金会将政府补贴连同基金的各类收支状况纳入年度预算案中，由参保人代表组成的最高决策机构通过后再由决算制度确保实现收支平衡的实然目标。

预算实现收支平衡的具体含义应当包括：一方面，在具体预算年度里，不允许收大于支（预算结余）或支大于收（预算亏损），考虑到基金的收入包括保费、财政补贴和投资收益，支出包括给付、行政成本和储备金，此要求实际上是将各类基金会的全部收支情况向参保人公示，并处于参保人代表的民主决策和监督之下，基金会向参保人定期汇报收支情况并接受质询和问责；另一方面，不允许各基金会通过自治规章确定预算细则，联邦政府颁布了《社会保险财务条例》《社会保险支付、会计和账簿条例》和《社会保险会计一般管理办法》三部法规，详细规定了预决算案中必须包含的收支项目。各基金会必须按照统一的口径编制预算，并接受联邦政府的审计监督。

与此相对应的是，德国联邦预算法和各州预算法不再将社会保险基金的预算作为政府预算案中的一个常规项目，并且也不再接受各级审计机关的监督；只有当联邦直属的养老保险基金会根据联邦法律获得补贴或者联邦对其承担担保义务时，才接受联邦审计署的审计。目前，自治管理原则仅能够反映在社会保险给付服务的领域，在财务制度中已经很难找到该原则适用的空间了。这清晰地表明，由于自治管理原则的影响，德国社保基金实现收支平衡的机制在结构上有别于一般的公共财政基金：虽然其法定养老保险在联邦层面上统筹，但是由各基金会分散管理基金，并由参保的雇主和职工通过选举产生拥有最高权力的成员代表大会，再由大会选举出理事会或董事会负责社会保险经办机构的财政事务，从而具备了根植于参保成员意思表示的一整套治理机制。

因此，预决算制度在基金会内部展开已经可以实现参保成员的预算监督权利了，一般政府财政预算案中只列出对社保基金的补贴额以及参保人的减税额即可。然而，对于基金会内部的预决算机制，法律并没有降低要求，各基金会必须按照与一般政府财政预算相同的法则确定收支情况，并接受参保人代表组成的代议机构的民主监督和其他国家机关的审计监督，二者在公共资金预算民主性的法理上并无二致。德国社会保险基金仍然奉行预算平衡的原则，精算报告仅仅是对费率调整的建议，目标是在较长期间内实现平衡。但是，在某个具体的期间，例如年度内实现平衡还必须依赖预决算制度。由于各基金会基于自治管理原则建立了预算监督机制，因此，社保基金的预算案可以独立于公共财政，不能就此认为德国社会保险基金不需要预决算制度。[①]

二、美国联邦社会保险信托基金年度报告

（一）美国联邦社会保险信托基金年度报告概况

美国联邦社会保险信托基金年度报告（简称OASDI年度报告）是一个广覆盖的打包式社会保险计划，包括联邦老年、遗属和伤残保险，医疗保险由另外的计划单独构成。美国的《社会保障法》要求建立社会保险信托基金理事会来管理OASDI计划，并要求理事会每年定期向国会报告基金的运行状况。作为一项最基础、最成功和最有效的用以保障退休老年人、遗属和伤残人士最基本生活需要的收入支持计划，与之关联的OASDI年度报告的发布往往会受到社会的广泛关注。

OASDI年度报告主要回答人们关注的以下问题。

（1）美国的社会保险系统是否运转良好？是否仍然是安全、有效、稳健和值得信赖的系统？

（2）在什么时间联邦社会保险系统仍然具有足够偿付能力？可以以什么样的标准支付老年人、遗属和伤残人的待遇给付？

---

① 娄宇. 德国社会养老保险精算制度探析——演进、理念、体例、编制流程与启示[J]. 学术界，2018（01）：190-202.

（3）如果有问题，社会保险系统的哪一部分出了问题？是什么样的问题？隐含在问题背后的原因是什么？是退休年龄的增加还是更多的妇女加入劳动力市场，或者生育率的下降抑或其他原因？

（4）联邦社会保险系统过去应对挑战的举措是什么？有哪些经验和教训？调整工薪税等系统参数的后果是什么？

（5）为解决长期偿付能力问题，现在可以做的是什么？是提高工薪税率上限还是直接提高工薪税率？是需要温和调整还是进行激进的改革？

（6）联邦社会保险基金本身的运行状况如何？其负债与收入是多少？此后的缺口是多少？

（7）应该向公众传达什么样的关于社会保险的理念？对公众进行社会保险理念教育也是OASDI报告的任务之一，因为更加广泛的社会保障问题不仅仅是老年人和伤残人的问题，年轻人和健全人也需要给予关注。无论是现收现付制还是基金积累制，系统偿付能力的恶化将会影响到所有人，对年轻人来说，将通过他们的父母及其他家属影响到他们未来的福利水平。同时，应该向公众表明，维持社会保险系统的正常运转不仅仅是钱的问题，还涉及国家经济安全与所有人的体面、有尊严的生活问题。社会保险不能够解决所有问题，也不是解决问题的唯一方法，却是基础性的、广覆盖的、重要的手段，是不可或缺的经济冲击的缓冲器。

（二）美国联邦社会保险信托基金年度报告的技术手段

OASDI年度报告共分为五部分：第一部分是引言；第二部分是概览，包括报告的主旨与要点、参数指标的未来假设汇总、养老基金未来财务状态的预测以及结论；第三部分是对社保基金上一年度财务状况的回顾以及上一年度社会保障法规与制度方面的变化的说明；第四部分是具体的计算结果，包括短期和长期精算平衡状态；第五部分是精算估计的假设与方法；最后是附录。OASDI年度报告不给出任何政策分析与建议，由总统、国会、研究机构、专家学者和公众自行解读。

OASDI年度报告提供情景分析、模拟分析和敏感性分析三种分析手段，包括25年的短跨度预测和75年的长跨度预测两个时间窗口，据此来评价OASDI计划的财务可持续性与稳健性。OASDI年度报告的指标预测分析流程包括指标预测、指标估计、不确定性分析和基本结论，涵盖人口、经济以及系统参数三类指标。人口指标用来预测未来社会保险参保人数，包括生育率、死亡率以及移民人数等。经济假设预测生产率、通货膨胀率、利率、工资水平、税赋、待遇给付和积累资产的投资收益等。系统参数包括缴费人数、退休人口和残疾受益人数量、获得待遇给付的家庭成员和遗属数量等指标。所有的情景假设最终由首席精算办公室（The Office of the Chief Actuary，即OACT）给出。

OACT 用以下三种指标来测度信托基金的精算平衡状态。

(1) 现金流测度，包括收入率、成本率与收支差额。年收入率是非利息收入占 OASDI 应税薪金的比例，非利息收入包括工薪税、表定待遇给付税、单方基金转移支付和补偿金额。年成本率是 OASDI 计划的成本占应税薪金的比例，成本包括表定待遇给付、管理费用、与铁路退休计划间的净互换额度和为残疾受益人提供的职业康复服务费。收入率减去成本率为收支差额。

(2) 信托基金率。信托基金率是在年初能够用基金资产支付的预测成本的比例，具体包括最大信托基金率的水平、基金储备的耗尽时间以及基金储备耗尽后可用于支付的表定待遇给付比例，通过长跨度预测可得知期末信托基金率的稳健性（偿付能力的可持续性与稳定性）。

(3) 精算平衡和无资金准备债务。精算平衡揭示盈余或者赤字占应税薪金的比例，无资金准备债务表示按照现值计算的基金缺口规模。所有的年度数值按照计价期限贴现的现值计算并且都要按照法律的规定进行调整。精算平衡仅仅是指预测窗口期末的平衡状态。从技术上看，所有的预测建立在对未来人口和经济趋势假设的基础之上，对假设的不同处理直接导致不同的预测结果，对各种指标未来的假设构成报告的主体部分，是所有计量模型和政策结论的基础。例如，可以对一系列的经济和人口参数采用年度滚动方式对未来状态进行预测，然后以最后的指标值作为剩余时间的基准值。

年度报告提供高成本悲观情景、低成本乐观情景和中性最优情景三种预测情景以模拟未来可能的各种变化。中性情景被认为是最有可能的状态，悲观情景被认为将使系统的精算平衡恶化，乐观情景被认为将提升系统的精算平衡状况。

从报告的文本叙述脉络看，对于人口和经济指标，OASDI 报告关于指标预测的问题分析与描述过程可以分解为四个阶段：第一，历史趋势描述该指标过去的变化路径，经济周期性变化是主要说明的部分；第二，现实调整部分说明自上一年度的报告发布以来的人口、经济以及法律上的重大变化及其影响，在最终的精算平衡表中会表明各部分在调整中的比重；第三，未来预测给出最后的预测结果，包括短跨度预测和长跨度预测两种预测方法的具体说明；第四，方法解读部分是对基本概念、相关政策与法律规定进行补充说明，对方法进行解释与评价。

对于系统参数指标，OACT 使用了更加复杂的模型来预测 OASDI 覆盖人群数以及他们的收入水平、未来的受益人数及其期望待遇水平。这些模型不仅依赖前面的经济与人口假设，而且包括大量的系统层面的参数假设与方法，影响到工薪税和待遇水平。这些系统参数包括自动调节参数、与计算受益人口数有关的指标、与参保人口待遇给付计算有关的指标。由于过去的历史趋势对制度参数的影响不大，因此不能完全按照线性趋势外推得到这些参数。对于这类指标的预测，主要是在概念解读的基础上进行短跨度和长跨度预测,这与人口与经济指标的预测模式有所不同。[①]

本章小结

社会保险精算管理系统是精算管理原理在社会保险领域的应用。其主要要素包括明确社会保险的风险问题,为设定的目标建立精算解决方案,建立精算评估模型并根据当前的制度选择合适的模型,建立评估所需的数据基础,对未来的变动做出假设,建立精算报告制度,表述评估结果和陈述精算建议等。

主要概念

风险评价　精算模型　精算假设　精算报告　敏感性分析

复习思考题

1. 简述社会保险精算管理的基本内容。
2. 简述社会保险精算评估的范围。
3. 社会保险精算评估的数据包括哪些?
4. 社会保险精算评估结果的分析指标分为哪几类,其具体内容有哪些?

参考文献

[1] 陈信勇. 中国社会保险制度研究 [M]. 杭州:浙江大学出版社,2010.

[2] 邓大松,刘昌平,等. 改革开放30年:中国社会保障制度改革回顾、评估与展望 [M]. 北京:中国社会科学出版社,2009.

[3] 高全胜. 美国OASDI年度报告技术解读与启示 [J]. 社会保障研究,2015(05):102-112.

[4] 胡晓义. 走向和谐:中国社会保障发展60年 [M]. 北京:中国劳动社会保障出版社,2009.

---

① 高全胜. 美国OASDI年度报告技术解读与启示 [J]. 社会保障研究,2015(05):102-112.

[5] 刘金章，王岩. 现代社会保险学教程［M］. 北京：清华大学出版社，北京交通大学出版社，2019.

[6] 刘同芗，王志忠. 社会保险学［M］. 北京：科学出版社，2016.

[7] 娄宇. 德国社会养老保险精算制度探析——演进、理念、体例、编制流程与启示［J］. 学术界，2018（01）：190-202.

[8] 任正臣. 社会保险学［M］. 北京：社会科学文献出版社，2001.

[9] 史潮. 社会保险学［M］. 北京：科学出版社，2007.

[10] 宋士云. 社会保障学［M］. 北京：对外经济贸易大学出版社，2010.

[11] 孙光德，董克用. 社会保障概论［M］. 北京：中国人民大学出版社，2012.

[12] 孙健夫. 社会保障概论［M］. 北京：经济管理出版社，2007.

[13] 汤兆云. 城乡统筹发展中的社会养老保险制度建设研究［M］. 北京：经济日报出版社，2016.

[14] 汤兆云. 新中国农村人口政策及其演变［M］. 北京：社会科学文献出版社，2019.

[15] 汤兆云，覃平. 社会保障调节收入再分配效应及其政策体系完善研究——以社会养老保险为分析视角［M］. 北京：经济日报出版社，2020.

[16] 王晓军. 社会保险精算管理——理论、模型与应用［M］. 北京：科学出版社，2011.

[17] 郑功成. 从企业保障到社会保障——中国社会保障制度变迁与发展［M］. 北京：中国劳动社会保障出版社，2009.

[18] 邹东涛，李欣欣，等. 社会保障：体系完善与制度创新［M］. 北京：社会科学文献出版社，2011.

第十章

社会保险的经济社会效应

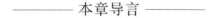
本章导言

社会保险的经济社会效应是指社会保险对一个国家或地区在经济、社会等方面所产生的作用及影响,其主要内容可概括为社会保险对于经济发展、收入分配、储蓄、劳动供给等方面的影响。本章从理论上系统阐述了社会保险中的养老保险、医疗保险、失业保险、工伤保险和生育保险的经济社会效应,包括不同社会保险项目对收入、劳动供给、储蓄和投资、消费和价格等产生的影响和经济作用。

———— 重点问题 ————

- 社会保险的经济社会效应的基本概念
- 社会保险对于经济发展的影响
- 社会保险对于收入分配的影响
- 社会保险对于储蓄的影响
- 社会保险对于劳动供给的影响

第一节
社会保险的经济社会效应概述

一、社会保险对于经济发展的影响

作为社会保障体系的重要组成部分,社会保险在整个社会保障体系中居于核心地位,其通过立法强制建立社会保险基金,是一种缴费性的社会保障,由用人单位和劳动者本人缴纳资金,政府财政给予补贴并承担最终的责任。在经济稳定发展方面,社会保险可以作为经济需求管理工具,对资本市场产生正面影响,促进社会经济的持续繁荣,为企业招揽人才提供基本条件。

社会保险对于社会经济发展的影响体现在以下几点。

第一,社会保险制度作为经济学中需求管理的一个重要工具,如运用得当,将对经济发展起到正面的作用。在经济需求不旺时,政府运用扩张性财政政策,扩大财政支出,提高工资,增加劳动者收入,增加社会福利如完善社会保险制度等,将增加有效需求,使国家摆脱经济危机。在经济需求非常旺盛,社会总需求大大超过社会总供给的时候,通过增加税收如社会保险税(费)、压缩政府支出规模,尽可能接近财政盈余,财政盈余意味着将一部分社会总需求冻结不用,从而达到压缩社会总需求的目的。因此,在宏观经济管理中,国家可以通过建立以社会保险为核心的社会保障体系,实施相关社会保障措施,以调节社会总供给与总需求,达到熨平经济周期的目的。社会保险制度参与政府宏观经济调控的作用机理可以归纳为图10-1。

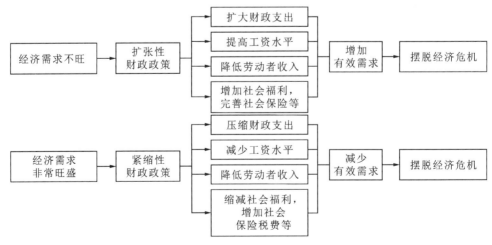

图 10-1 社会保险制度参与政府宏观经济调控的作用机理

第二，社会保险可以对资本市场产生正面影响。社会保险由政府举办，强制某一群体将其收入的一部分作为社会保险税（费）形成社会保险基金，从而为经济增长提供充足的资金，增加资本市场的总供给，通过资产组合选择，对资本市场中其他投资者的资产组合产生影响，促进金融工具的创新。这些影响将在一定程度上促进资本市场走向成熟与完善，对经济发展具有十分重要的作用。

第三，社会保险基金的有效利用将促进社会经济的持续繁荣。在经济过热时，人们的货币收入增加，按照既定的税率缴纳的社会保障税自动增加，减少人们的可支配收入，从而抑制过度需求；在经济萧条时，失业保险及其他社会救助方案促使人们的收入增加，提升有效需求，增加就业，从而达到经济复苏的目的。

第四，社会保险制度的建立和完善可以为市场经济中的企业招揽人才提供基本条件。社会保险主要是通过筹集社会保险基金，并在一定范围内对社会保险基金实行统筹调剂，当劳动者遭遇劳动风险时给予其必要的帮助。社会保险为劳动者提供了基本生活保障，只要劳动者符合享受社会保险的条件（与用人单位建立了劳动关系，或者已按规定缴纳各项社会保险费），即可享受社会保险待遇。这样的制度安排为企业招聘人才提供了条件和保障。

二、社会保险对于收入分配的影响

在任何国家或社会，都存在着竞争与生存中的弱势群体。由于社会成员的先天因素和后天努力程度的不同，也由于社会经济资源分配机制的不合理或不完善，社会成员所享有的社会待遇是不平等的，收入分配上的差异是最主要的方面。社会保险调节收入分配的功能体现在收入分配的多个层次中，包括初次分配、再分配，甚至第三次分配。其中，社会保险在收入再分配方面的作用更加明显。

第一，在初次分配中，社会保险影响初次分配格局，以利于提高低收入者的收入，减轻其负担。初次分配是国民总收入直接与劳动力、资本、土地和技术等生产要素相联系的分配。在市场经济条件下，取得这些要素必须支付一定的货币，这种货币报酬就形成各要素提供者的初次分配收入。作为社会保险主体的用人单位和劳动者本人，必然参与到初次的要素收入分配过程，也就影响到社会初次分配。

第二，在再分配领域，通过发挥政府的主导和调节作用，运用社会保险的资源和机制，扶弱济困，帮助参保者应对各类风险。通过政府对社会保险的财政转移支付机制和社会保险的资金筹集与待遇支付机制，可以实现对弱者和贫困人口的直接帮助，进而调节不同人群之间的收入分配。其中，社会保险通过权利与义务关系的非完全对应性进行资金筹集与待遇支付，可以体现调节收入分配的作用；社会福利和社会救助由于具有显著的福利性，其收入分配调节作用更加明显和突出。

第三，在第三次分配中，社会保险激励慈善事业的发展。党的十九届五中全会提出"发挥第三次分配作用，发展慈善事业，改善收入和财富分配格局"。慈善事业是我国社会保障制度的重要组成部分，也是社会保障体系的必要补充。社会保险和慈善事业共同在社会保障制度中发挥着各自的作用。

在现代社会，社会保险矫正收入分配中的市场失灵，为一些没有生活来源者、贫困者、遭遇不幸者提供保障，保证社会成员的基本生活需要，是保障社会成员尤其是弱势群体的基本权利，从总体上保障每个社会成员享有大致相同的基本发展机会，实现社会收入公平分配的重要手段。其收入分配效应在代际和代内、性别方面有着不同的表现。

从代际和代内来看，社会保险的财富分配效应在代际和代内不同。在现收现付制下，劳动者在工作期间缴纳社会保险，但不享受相关保障措施，获得社会保险支付（如养老保险金）的是退休人员，即收入从在职人员向退休人员转移。代际分配是现收现付制下社会保险的效果，但如果实行完全基金制，则不会出现明显的代际分配问题。代内分配是指高收入阶层缴纳社会保险而不一定享受社会保险支付或者享受少于社会保险缴费的社会保险支付，低收入阶层不缴或少缴社会保险而更有可能获得多于社会保险缴费的社会保险支付。另外，从性别来看，社会保险制度还会使收入从男性转移给女性，因为通常来说，女性的寿命较长，能够更长期地领取养老金。

三、社会保险对于储蓄的影响

关于社会保险对储蓄的影响，在学术研究方面还存在争议。在早期研究中，凯恩斯认为，社会保障的发展阻碍了私人储蓄的增长。在传统生命周期框架下，学者认为，社会保障投入的增加将导致居民储蓄的减少。如在20世纪30年代，费舍尔认识到在工作年份进行的储蓄可以改变退休时期消费状况的问题，从而指出为退休进行储蓄的重要性；阿伦在比较严格的模型限定条件下，提出社会保障制度带来的收益会降低私人储蓄的论断，并给出经验证明。在扩展生命周期框架下，学者依然认为，社会保障投入的增加将导致居民储蓄的减少。1964年，著名经济学家马丁·费尔德斯坦修正了哈罗德的储蓄生命周期模型[1]，最先明确提出"挤出效应"，在他看来，公共养老金制度对储蓄的负面影响很大，社会养老保险将通过"资产替代效应"和"引致退休效应"两个方向的力量减少个人储蓄。[2] 在行为生命周期框架下，巴罗

---

[1] R. F. Harrod. Towards a dynamic economics [M]. London：Macmillan Press，1948.

[2] Martin Feldstein. Social security，induced retirement and aggregate capital accumulation [J]. The Journal of Political Economy，1974（82）：905-926.

等在经济模型中加入了心理学理论，进一步扩展了生命周期理论，认为社会保障减少储蓄的程度并非如马丁·费尔德斯坦研究的结果那样强烈。很多经济学家从其他角度来构建、探讨经济模型，如皮克曼修改了马丁·费尔德斯坦的计算方法，发现社会保障可能导致国民储蓄的增加。

国内关于社会保险对储蓄影响的研究较晚。穆怀中认为，社会保障支出水平上升，国内生产总值中的国内储蓄比重将下降。[①] 孙永勇综合不同理论和实证分析，认为社会保障对私人储蓄的净影响可能不显著。[②] 周小川认为，社会保障体系不完善是导致高储蓄率的原因，从逻辑上来说这是对的，但没有太大的统计和实证支持。[③]

社会保险对家庭储蓄的影响是通过储蓄动机来影响储蓄行为，因此，社会保险对储蓄的影响可以分为资产替代效应、退休效应和遗赠效应。

居民个体在其生命周期的工作期间进行有意识的储蓄，在退休期间提取储蓄进行养老消费，在生命周期的不同阶段，理性的消费者会选择一个符合其预期的、稳定的平均消费水平进行消费，即消费者会在不同的生命周期内选择平滑的消费水平。当人们意识到，缴纳社会保障税后可以得到一笔有保证的退休收入，他们会减少自己的储蓄，这种现象被称为财富替代效应。这也就是马丁·费尔德斯坦认为的社会保障在储蓄中的挤出效应，具体来说，即资产替代效应。

关于社会保险在储蓄中产生的退休效应，学术界众说纷纭。一般来讲，人们参加社会保险，如养老金的缴纳与退休金的支取，将在一定程度上取代家庭的储蓄行为，使储蓄量减少；另一方面，社会保险金会提高人们退休后的生活保障，在某种程度上讲，会鼓励人们退休。然而，有些人认为，提前退休使个人不工作只消费的年限增加，积累资金的工作年限缩短，特别是社会保险金提高又会促使劳动者个人在工作期间增加储蓄，以保证日后的生活质量，因此，社会保险在储蓄方面的退休效应会增加私人储蓄。关于社会保险到底是否影响到家庭储蓄，目前认为不影响的有两种观点：一种观点认为，人们并不是完全理性的，会仍旧按照收入的一定比例继续储蓄，从而不会影响储蓄；另一种观点认为，人们并没有在储蓄方面为退休后进行规划，所以也不存在影响家庭储蓄的现象。持有相反观点的人则认为，社会保险的保障作用会增加家庭对不确定事件的抵抗能力，从而减少了预防性储蓄。有关我国社会保险对家庭储蓄影响的研究表明，社会保险对家庭储蓄存在一定的挤出效应，

---

① 穆怀中.中国社会保障适度水平研究［M］.沈阳：辽宁大学出版社，1998.
② 孙永勇.社会保障对储蓄的影响——西方主要理论思想与经验检验研究［D/OL］.武汉：武汉大学，2005［2022-05-15］.https：//kns.cnki.net/kcms2/article/abstract？v=3uoqIhG8C447WN1SO36whBaOoOkzJ23ELn_-3AAgJ5enmUaXDTPHrLN04PrAq12t7ltLfaoV1tcz_rXVA8i_DxGMksrt3dAK&uniplatform=NZKPT.
③ 周小川.关于储蓄率问题的若干观察与分析［J］.中国金融，2009（04）：8-10.

即社会保险在一定程度上替代了家庭储蓄的比例；另外，考虑到退休后的退休金对生活的保障，人们也会减少储蓄的数目。还有学者认为，社会保险对家庭消费的影响同社会保险对家庭储蓄的影响类似，呈现相反的情况，即社会保险在一定程度上增加了家庭非医疗消费比例。家庭收入主要用于消费、储蓄、投资等方面，其中，消费是一个家庭必需的开支。研究调查表明，参加社会保险的家庭同相同收入水平的未参加社会保险的家庭的非医疗消费的消费情况有明显的差别，参保的家庭消费情况高于非参保的家庭。但是，在医疗消费方面却没有明显的差别，因为社会保险会保障人们的生活，减轻人们面对不确定事件的处理难度，所以会促使人们拿出更多的钱用来消费，在收入一定时，人们增加消费，则会减少储蓄的数额。

社会保险制度往往把收入从子女（工人或纳税人）转移到父母（退休者或养老金领取者），父母为子女留下遗产的遗赠动机促使其增加储蓄，留下更多财富，以便消除社会保险制度对子女收入的影响。这就是遗赠效应，遗赠效应会增加私人储蓄。

社会保险的支出增加时，企业往往可以通过降低工资和减少雇佣来稳定成本，政府则可以通过增加税收来维持开支，因此，社会保险水平提高对企业和政府储蓄的影响不确定。

四、社会保险对于劳动供给的影响

在劳动供给方面，社会保险发挥着社会稳定器的作用，保证社会劳动力再生产的顺利进行，为经济增长提供稀缺的人力资本，调节劳动力供给，产生劳动力供求效应。

社会保险能发挥社会稳定器的作用。在任何时代和任何社会制度下，都无法避免劳动者的老、弱、病、残、孕以及丧失劳动能力等客观现象。当社会成员遇到这种情况时，社会保险能够给予他们适当的补偿以保障其基本生活水平，防止不安定因素的出现，维持社会稳定。

社会保险能保证社会劳动力再生产的顺利进行。劳动者在劳动过程中必然会遇到各种意外事件，造成劳动力再生产过程的停顿。劳动者在遇到上述风险事故时，社会保险将给予必要的经济补偿和生活保障，使劳动力再生产得以恢复。

社会保险能为经济增长提供稀缺的人力资本，调节劳动力供给。在发达的工业化国家，人口增长率逐年下降，甚至出现负增长，人口老龄化趋势日益严重。为此，一些国家利用社会保险，通过建立生育、抚育子女和教育等津贴的形式，对劳动力再生产给予资助，鼓励劳动力再生产。与发达国家不同，在2015年"二孩"政策出台之前的很长一段时期内，中国人口多、出生率高，国家实行计划生育政策，对独生子女家庭予以补助，以减轻人口压力；通过完善社会保障制度，使老有所养、病有所医,从而抑制人口数量的过快增长;通过义务教育、希望工程、奖助学金制度等,帮助、鼓励适龄人口接受教育,从而提高人口文化素质,为经济增长提供人力资本。

在社会保险制度下,劳动者的劳动参与度会受到一定程度的影响,即社会保险会产生劳动力供求效应。

第一,社会保险制度影响个人的退休决策,鼓励人们提前退休。劳动者会把政府提供的社会保险特别是养老保险视为自己的一种隐性财富,是个人储蓄的一种替代品,从而减少自己的工作年限。

第二,社会保险制度影响劳动者工作与闲暇之间的选择。由于劳动者是理性的,他们会在工作和闲暇中进行权衡,以期实现自身效用的最大化。劳动者通过工作,可以获得工资收入,来购买自己所需的各种商品和服务,满足劳动者的需求,为劳动者带来效用。劳动者在闲暇状态时,可以更多地和家人在一起、旅游、打扫卫生等,获得一种精神享受,这也能为劳动者带来效用。劳动者在工作和闲暇两种状态之间进行选择,是更多地参与工作,还是选择较多的闲暇,以实现自身效用的最大化为标准。以失业保险为例,如果劳动者拥有失业保险,即劳动者处于失业状态时,可获得失业保险金,这将弥补失业者的闲暇成本,失业者会更倾向于闲暇,而不愿意选择工作,较高的失业保险金可能导致劳动者更多地处于失业状态,缺乏积极寻找工作的动力,对劳动者的就业造成了不利的影响。但失业保险金只是部分补偿了失业的经济损失,而且失业保险金的领取期限是固定的,对劳动者失业造成的损失的补偿是有限的。因此,合理的社会保险制度能够引导劳动者在工作和闲暇之间做出合理的选择,诱导劳动者更多参加工作,增加社会财富和个人财产;而不合理的社会保险制度会诱导劳动者更多地选择闲暇,而不主动参与工作。

第三,在社会保险制度下,不仅劳动者需要缴纳社会保险金,而且企业或雇主也需要缴纳一定的社会保险金。这一制度安排将提高企业雇用劳动力的成本。

第二节
养老保险的经济社会效应

一、养老保险对于经济的影响

在我国,养老保险包括三大类别:第一类是公共养老服务体系,主要由政府主导,是一种强制性的养老体系,又称为养老金第一支柱;第二类是以企业年金/职业年金为代表的第二支柱,属于补充养老保险,由国家政策引导、单位和职工参与、市场化运营管理、政府行政监督；第三类是以个人养老储蓄为代表的第三支柱，也称为商业养老保险，主要以个人自愿参与为主。养老金模式有现收现付制、完全积累制、"统账结合"部分积累制、"个人账户"部分积累制和"名义账户统账结合"部分积累制等。不同的养老保险模式对于经济社会的影响有所不同。

（一）从整体上讲，养老保险有利于促进经济的发展

各国在设计养老保险制度时，多将公平与效率挂钩，尤其是部分积累和完全积累的养老金筹集模式。劳动者退休后领取养老金的数额，与其在职劳动期间的工资收入、缴费多少有直接的联系，这无疑能够产生一种激励，促使劳动者在职期间积极劳动，提高效率。此外，由于养老保险涉及面广，参与人数众多，在其运作过程中能够筹集到大量的养老保险金，从而为资本市场提供巨大的资金来源。尤其是在基金制的养老保险模式下，个人账户中的资金积累以数十年计算，使得养老保险基金规模更大，通过对大规模资金的运营和利用，有利于国家对国民经济的宏观调控。

（二）基金积累模式将提高全社会储蓄率，促进经济的持续健康增长

养老金是资本市场的重要参与力量。在不同的养老模式下，养老基金的支付方式不一样。欧洲各国的养老模式一般与基金积累方式相关，其养老模式随着时代和社会发展，已向现收现付方式转变。由于人口老龄化和养老保险基金支付压力，一些国家实行部分积累制。20世纪80年代，智利实现了从现收现付制向基金积累模式的成功转轨，此时，资本市场已经比较完善，积累基金的投资收益率相比以往更高，人们对基金积累模式更加喜爱。很快，基金积累模式成为促进资本市场发育的重要支撑，也是克服人口老龄化的重要措施。除此以外，采取基金积累模式，还可以提高资金利用率和全社会储蓄率，从而增强经济增长的后劲。智利的改革取得重大成就后，世界各国开始纷纷效仿进行养老保险制度的改革。

据经合组织的数据，2008年，全球养老金资产规模为25万亿美元。2009—2016年间，全球养老金资产规模从23.5万亿美元增长至39.5万亿美元，年化增长率为6.7%。根据估计，2017年，22个主要国家的养老金资产规模突破了41.4万亿美元，较2016年同比增长13.1%。截至2020年末，全球养老金资产规模达到56万亿美元。2022年，全球主要养老金的资产管理总规模只有47.9万亿美元，较上年同期的56.6万亿美元下跌15.37%，创下自2008年金融危机以来的最大年度跌幅（如图10-2所示）。在全球养老金总资产中，有20%都用作了养老金的发放，剩余的养老金可以通过市场投资，为今后挣取更多的投资回报。对于一些开放式基金管理的国家来说，例如法国、加拿大、爱尔兰、美国等发达国家，其回报率也比其他国家更高。较高的投资回报率将促进投资的增加和资本的积累，能够在较长时段内推动一个国家的经济增长。

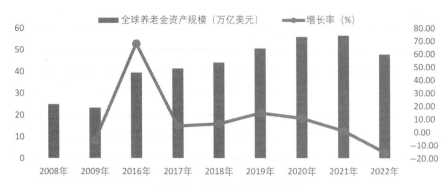

图 10-2　全球养老资产规模

（数据来源：经济合作与发展组织）

（三）人口老龄化进程加快背景下，现收现付制难以长期维系

随着人口老龄化的快速发展，通过提高社会保险税率可以解决老龄人口的养老需求。但是，提高社会保险税率将增加劳动力和企业的负担，可能会刺激工人提前退休，增加失业率，从而减少长期储蓄与投资行为，推高公共养老金的隐形债务和随之而来的税收负担，最后可能达到难以承受的地步。根据第七次全国人口普查数据，2020年，我国60岁、65岁以上老人分别为2.64亿人（占比18.7%）、1.91亿人（占比13.5%）。按照中国发展基金会的预测，从2022年开始，我国将正式进入深度老龄化社会（65岁以上人口占比大于14%）。目前，全国已有149个地级市进入深度老龄化状态。在不同的老年人口背景下，养老金现收现付制的运作面临不同的情况，如图10-3所示。

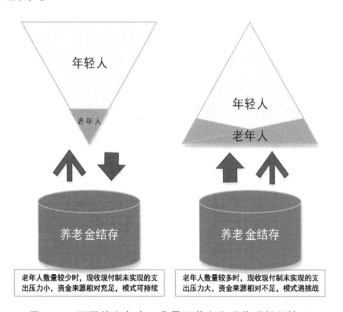

图 10-3　不同的老年人口背景下养老金现收现付制情况

在现收现付制下，由当代在职人员缴纳养老金，用于上一代退休人员的养老金支付，养老基金无须储蓄积累，制度侧重于公平目标，充分发挥养老保险的再分配和社会共济功能。在我国现行制度下，老年人领取的基础养老金，即养老保险社会统筹部分，就属于典型的现收现付制度。而在1997年之前，已经退休或者已经工作的人，他们是没有个人账户积累的。很多退休职工年轻时虽然没有缴纳社保，但他们为祖国建设也付出了自己的青春，这部分人按现收现付制度领取的养老金，都要从社会统筹账户中支付。这就导致我国目前的职工养老在名义上实行统账结合的部分积累制，实际上，统筹账户和个人账户资金普遍混合使用，大量个人账户空账运行。社会保险体系将为这部分人负担大规模的隐性债务。经济学家林采宜发布的报告指出：2020年，我国31个省、自治区、直辖市中仅广东（544.5亿元）、北京（204.7亿元）、云南（15.3亿元）、西藏（13.9亿元）、新疆（4.2亿元）和湖南（2.4亿元）六地的职工养老保险基金收支有盈余，其他地区都是入不敷出。

自从20世纪70年代以来，一些国家就开始出现改革优化养老金制度的势头，其本质目的就是解决由人口老龄化引起的养老基金的困难。这样可以理顺国家、企业和个人之间的关系，强调个人要对国家和社会负责，通过消费投资等方式提高资本投资回报率，推动国家的经济增长。

二、养老保险对于社会的影响

养老保险的目的是保障老年人的基本生活需求，为其提供稳定可靠的生活来源，实现老有所养。养老保险通过再分配手段或者储蓄方式建立保险基金，支付老年人的生活费用。养老保险对社会的作用主要体现在：通过建立养老保险的制度，为老年人年老退休、新成长劳动力顺利就业创造条件，有利于保证劳动力再生产，实现劳动力群体的正常代际更替和就业结构的合理化，维持社会的安全稳定。随着人口老龄化的到来，老年人口的比重越来越大，人数也越来越多，养老保险保障了老年劳动者的基本生活，等于保障了社会相当部分人口的基本生活。对于在职劳动者而言，参加养老保险，意味着将来年老后的生活有了着落，免除了后顾之忧；从社会心态上来说，人们多了些稳定、少了些浮躁，这有利于社会的稳定。

在中国，20世纪90年代之前，企业职工实行的是单一的养老保险制度。1991年，国务院发布《关于企业职工养老保险制度改革的决定》，其中明确提出："随着经济的发展，逐步建立起基本养老保险与企业补充养老保险和职工个人储蓄性养老保险相结合的制度。"从此，中国逐步建立起多层次的养老保险体系，其突出特征是"统账结合"。在统账结合的部分积累模式之下，养老保险基金涉及两个部分：一部分就是由劳动者自己缴纳的基本养老保险基金，这是直接进入个人账户的一种基金，可以承担退休之后养老金的支付，这样安排的目的是，在注重效率的同时，可以激发人们努力工作的热情，起到兼顾公平的作用；另一部分是由用人单位进行缴纳的基本养老统筹基金，这一部分基金是用于职工退休之后社会统筹部分的养老基金，实行现收现付制度，可以减轻用人单位的负担，同时也可以体现社会层面上互帮互助的原则。另外，针对人口老龄化背景下养老金不足的情况，我国划转部分国有资本充实社保基金，这是在统筹考虑基本养老保险制度改革和深化国有企业改革的基础上，增强基本养老保险制度可持续性的重要举措，有利于充分体现国有企业全民所有的特征，发展成果由全民共享，增进民生福祉；有利于实现基本养老保险制度的代际公平，避免将实施视同缴费年限政策形成的基本养老保险基金缺口通过增加税收、提高在职人员养老金缴费率等方式转移给下一代人；有利于推进国有企业深化改革，实现国有股权多元化持有，推动完善公司治理结构，建立现代企业制度，促进国有资本做强做优做大。经过改革，我国企业养老保险基金总体上有较大规模的结余，基本养老保险基金有相当存量，为我国应对人口老龄化压力打下了坚实的基础。

专栏 10-1：
多措并举降低
企业社保
缴费负担

第三节
医疗保险的经济社会效应

一、医疗保险对于经济的影响

医疗保险是医疗改革的基础性工程，完善的医疗保险制度有利于提高劳动生产率，促进生产的发展，对于促进各国经济增长转型有着不可替代的作用。医疗保险是生产发展、社会进步的必然结果。在近代欧洲，由于大工业发展，产业工人工作环境恶劣，疾病流行，工伤事故时常发生，迫使工人要求相应的医疗照顾。但他们的工资较低，个人难以支付医疗费用，因此，很多地方的工人便自发组织起来，筹集部分资金，用于生病时的开支。18 世纪末 19 世纪初，民间医疗保险在西欧发展起来，慢慢演变成由国家筹集医疗资金，之后形成医疗保险制度。因此，医疗保险是经济社会快速发展、人类文明不断进步的结果。医疗保险制度的建立和完善反过来又促进了社会文明进步和生产力的发展。归结起来，医疗保险制度具有如下几个方面的作用。

第一,有利于扩大就业,促进劳动力的正常再生产。医疗保险能够有效解决民众最关心的生老病死难题,为消费起到铺垫性的作用,并为政府财政问题的解决和其他社会难题的解决提供有效的托底保障。医疗保险的实施,为稳定居民就业、推动就业持续向好发展提供了有力的保障。医疗保险的实施本身创造了大量就业岗位,为就业率的提高提供了重要增长点。医疗保险解除了劳动者的后顾之忧,使其可以安心工作,从而提高劳动生产率,促进生产的发展。

第二,有利于调节收入差距,体现社会公平性。医疗保险通过征收医疗保险费和偿付医疗保险服务费用来调节收入差距,是政府掌握的一种重要的收入再分配手段。医疗保险制度的建立和实施集聚了单位和社会成员的经济力量,再加上政府的资助,可以使患病的社会成员从社会获得必要的物质帮助,减轻医疗费用负担,防止患病的社会成员"因病致贫",实现社会公平。

第三,有利于拉动医药服务行业消费,保障劳动者的身心健康。从医药服务行业发展的角度来看,社会医疗保险制度的建立,可以增加人们的医疗服务消费需求。在参加社会医疗保险的基础上,国民的入院次数、用药量等需求都会有所提升。在社会医疗保险普及范围逐步拓宽的同时,医疗费用支出将产生较大的不确定性,政府也将逐步增加医疗费用支出。而在人口老龄化趋势不断发展的情况下,政府负担将逐步增大,不缴纳社会医疗保险的退休人员会导致个人账户基金收入减少。同时,老年群体属于慢性病、高危病高发的群体,对其医保基金支出也将不断增加。在这一背景下,社会医疗保险收入的变化将导致国家经济结构的变化,在拉动国民消费方面将产生重要的作用。因为在社会医疗保障制度存在的情况下,国民个人及家庭应对未来不确定性的能力将随之增强。国民的消费可以划分为医疗消费和非医疗消费,医疗风险的降低将使国民逐渐减少预防性储蓄,释放当前消费能力,从而增加家庭消费中其他方面的支出占比。因此,随着社会保障体系的日渐完善,社会医疗保险在全民的推行将使国家经济产生较大的增长潜力。

第四,有利于推进经济体制改革特别是国有企业改革。医疗保险制度改革是经济体制改革的重要组成部分,运行良好的医疗保险制度是进行国家经济体制改革的基础和保证。从当前的改革实践来看,我国医疗保险制度形成了不同形式的"统账结合"模式。这些模式虽然都有其合理性,但都在实践中暴露出基金收缴困难、医疗服务和支出管理机制失灵等一系列深层次的矛盾和问题,难以形成一种有效的医疗保险模式。另外,长期以来,国有企业办医疗机构是我国医疗服务体系的重要组成部分,亦是建设健康中国的重要力量。深化国有企业办医疗机构改革,既有利于国有企业卸下包袱轻装上阵、公平参与市场竞争,更好做强做优做大国有企业,更有助于深入推进卫生健康领域的供给侧结构性改革,扩大优质医疗卫生服务供给,提升服务效率和质量。

二、医疗保险对于社会的影响

医疗保险具有社会保险的强制性、互济性、社会性等基本特征，是维护社会安定的重要保障。医疗保险以合同的方式预先向受疾病威胁的人收取医疗保险费，建立医疗保险基金；当被保险人患病并去医疗机构就诊而发生医疗费用后，由医疗保险机构给予一定的经济补偿。因此，医疗保险具有风险转移和补偿转移职能，即把个体身上的由疾病风险所致的经济损失分摊给所有受同样风险威胁的成员，用集中起来的医疗保险基金来补偿个体由疾病所带来的经济损失。医疗保险对患病的劳动者给予经济上的帮助，有助于消除因疾病带来的社会不安定因素，是调整社会关系、缓解社会矛盾的重要机制。

第一，医疗保险是促进社会文明进步的重要手段。医疗保险属于社会互助共济的社会制度，通过在参保人之间分摊疾病费用风险，体现出"一方有难，八方支援"的新型社会关系，有利于促进社会文明进步。

第二，医疗保险可以增加农民工就业的稳定性。作为我国数量最多的流动人口类型之一，在过去，农民工因医疗保险的保障力度不足，在择业方面始终保持着较高的流动性。近年来，随着社会医疗保险制度的逐步完善，更多的农民工开始选择在城镇稳定就业，为推动城镇经济的发展做出了显著贡献。就目前来看，为吸引更多的外来从业人员到城市就业，上海、深圳等城市专门针对农民工设立了社会医疗保险制度，增强了劳动力扎根城市的意愿和底气，有效推动了城市经济的发展和社会秩序的稳定。此外，对于劳动者来讲，社会医疗保险制度的实施，使得自身的身体健康得到了较大程度的保障，从而使劳动者的劳动生产率得到了有效提升。而更多健康劳动力的投入，给企业带来了更多的经济效益，有效推动了社会经济的增长。

第三，医疗保险可以提高国民的生命健康水平。社会医疗保险制度的推行，医疗保险覆盖率的提高，使得国民的生命健康水平得到了极大程度的改善。从我国老年人调查数据来看，社会医疗保险的推行，使得被保险覆盖的老年人的三年间死亡率得到了有效降低，老人平均寿命要比无保险老人延长5年，死亡风险可以降低19%。而新型农村合作医疗的推行，有效减少了参保者因病卧床天数和患重病次数。社会医疗保险可以发挥经济补偿作用，使得国民的生产与生活稳定得到了保障。"十三五"期间，职工医保政策范围内住院费用基金支付比例从2015年的81.9%提高到2020年的85.2%，城乡居民医保政策范围内住院费用基金支付比例从2015年的64.6%提高到2020年的70%。基本医疗保险五年累计支出8.7万亿元，个人卫生支出占卫生总费用的比例从2015年的29.27%下降到2020年的27.7%。在通过医疗保险给予国民经济补偿的情况下,国民患病时的经济压力得到了有效降低。因此,国民的生命健康水平得到了有效提高,国民拥有了更多财力进行健康投资和健康储蓄,从而使先进生产力的作用得到了有效发挥。此外,在国民身体素质得到提升的情况下,由于国民将部分消费转化为医疗基金积累下来,消费基金的膨胀也得到了有效控制,继而为推动经济的长远发展做出了有力贡献。

专栏10-2:
社会医疗保险的
减贫效应

第四节 其他保险的经济社会效应

一、失业保险对于经济社会的影响

在失业保险制度下,满足一定条件的失业人员可以按月领取失业保险金。失业保险制度是为保障有工资收入的劳动者失业后的基本生活而建立的,其覆盖范围包括劳动力队伍中的大部分成员。失业保险对于经济社会的影响主要表现在通过发放失业保险金、提供失业培训支持、促进物资平衡等,保障基本生活,维持稳定和谐,促进创业就业,调节经济运行,从而实现兜底民生、维护社会稳定的功能。

第一,保障基本生活。失业保险的重要功能之一在于保障民众基本生活。当劳动者处于失业状态后,失去直接收入来源,生活变得困难的时候,失业保险机构向这些符合条件的失业者发放保险金,依据缴纳年限兑现失业期间的保险金发放额度。例如,有的国家规定,参保1~2年的在失业期间享受3个月的失业保险金,参保2~3年的在失业期间享受6个月的失业保险金,以此类推,累计参保满5年不足7年的享受15个月的失业保险金,满7年的享受16个月的失业保险金,以后累计参保时间增加1年,享受期限增加1个月,最长不超过24个月。失业保险保障失业者在失业期间的基本生活所需,使失业者能够正常生存下去,为再就业、再劳动提供必要保障。

第二,维持稳定和谐。失业保险的维持稳定和谐功能主要体现在两个方面:一方面,失业保险金的筹集和发放减轻了经济波动程度,有助于缓解失业对家庭生活、社会生活的冲击;另一方面,失业保险稳定了失业者暂时的收入,避免失业者因为失业而产生对社会的不平衡心态和攻击心态等不良心态,进而达到维持社会稳定和谐的目的。例如,在2020年疫情的背景下,我国政府在失业保险金方面出台了"援企稳岗"政策,促使企业尽可能地少裁员,保持就业岗位的相对稳定,促进社会和谐发展。通过稳岗护航补贴的运行，失业保险取得了良好的社会效果：一是岗位的稳定情况得到改善，参保企业并未发生大规模的裁员现象，在保障社会和谐方面发挥了关键性的作用；二是助推了企业的稳定发展，大部分企业在稳岗补贴下，减少了通过裁员缓解企业资金周转困难的现象，实现了良好发展的局面；三是调动了企业为劳动者缴纳保险的积极性，有助于进一步构建和谐社会。

第三，促进创业就业。失业保险在促进创业就业方面的功能主要体现在，失业保险机构为失业者提供职业培训、职业介绍机会，重视就业信息的沟通互动与再就业的直接推动。2017年，人力资源和社会保障部决定对取得职业技能资质证书的参保失业人员发放职业技能补贴，一是引导和鼓励员工参与职业技能培训，提升其职业能力及竞争力，尽可能地预防失业、维护稳定就业局势；二是通过政策扶持提升劳动者整体素质水平，以满足社会发展的客观需求；三是作为财政预算管理的范畴，职业技能补贴的发放有助于提升失业保险金的使用效率，并实现稳定就业、促进就业；四是失业保险金从保障失业者基本生活延伸到职业技能拓展，使被保险者从中受益更多。因此，通过失业保险对失业人员进行创业就业培训，能够提升失业人员的核心竞争力，将极大促进失业者的创业和再就业。

第四，调节经济运行。失业保险可以向符合条件的失业者提供物质资源资助，物质方面的平衡将调节社会贫富差距，资源的合理配置将调节劳动生产率，调节经济运行，使社会处于一种和谐稳定运转的状态。每做好一位失业人口的保障，意味着稳定了整个失业人员家庭的生活，也为市场拉动了"大于1"的消费需求。因此，做好失业人员保障，对于推动经济复苏、尽快实现疫情后复工复产等，都是意义重大的。失业保险制度能够维持劳动力资源的生产和再生产，有助于劳动者既有能力的充分发挥和自身素质的提高，在宏观层次上有助于提高经济活动的效率。同样，失业保险制度可以通过劳动力更合理的配置、实现更高的劳动生产率来调节经济的运行。自2004年以来，我国失业保险金余额越来越多，领取失业保险金的人却越来越少，导致失业保险金大额冗余。因此，通过扩大失业保险覆盖范围，降低失业人员领取门槛，能够盘活失业保险金，从而有效调节经济运行。

二、工伤保险对于经济社会的影响

工伤保险以政府法律法规的强制性要求居民参加其中，居民在遭受工伤事故时据以获得工伤保险金。因此，工伤保险降低了居民对未来不确定性的风险预期，提高了社会成员应付未来意外事件发生的能力，对保障企业职工合法权益、促进经济发展和社会安定发挥了积极作用。

工伤保险是推动社会文明进步的重要手段。作为社会保险制度的一个组成部分，工伤保险是国家通过立法强制实施的，是国家对职工履行的社会责任，也是职工应该享受的基本权利，其起源可以追溯到18世纪的欧洲。当时，资本主义的发展正处于手工工场阶段，劳动条件恶劣，工伤事故严重，工人收入微薄。因此，劳动者为了生存，互相团结、共济组合，并自发组织起来筹措资金，解决生产和生活中意外事故给自己和家人带来的经济负担，但当时的互助资金仅限于工友之间调剂使用。当资本主义发展到大机器生产阶段，工人单凭过去的自发性互助方式难以抵御事故和贫困的威胁。后来，相继出现了"预防互助会""共同救济会"等集体互助形式，这些组织实际上是工人面对"风险"的一种自我防卫措施。在这个阶段，保险基金除工友之间自筹外，已经有企业主加入，但仍然是一种契约制度。19世纪中叶以后，工业革命从英国扩展到欧洲其他国家，随着社会化大生产的发展，阶级斗争日趋激烈，工人阶级走上了政治舞台，迫使当局者实行强制性社会保险。德国、英国和法国等许多国家先后制定了《雇主责任法》《劳动者赔偿法》及《职业伤害保险法》等，由此，包含工伤保险在内的社会保险进入了国家立法阶段。工伤保险的实施是人类文明和社会发展的标志和成果。

实行工伤保险，有利于保障工伤职工的医疗以及其基本生活，做好伤残抚恤和遗属抚恤，在一定程度上解除了职工和家属的后顾之忧。工伤补偿体现出国家和社会对职工的尊重，有利于提高他们的工作积极性。我国《社会保险法》规定的医疗费用先行垫付条款充分保障了受伤害职工的合法权益。通过建立起工伤预防、待遇补偿和工伤康复相结合的制度体系，工伤保险较好地保障了职工的工伤权益，有效地分散了用人单位的风险，发挥了社会"稳定器"和经济"助推器"作用。工伤保险的功能主要体现在以下几个方面。

第一，有利于促进安全生产，保护和发展社会生产力。工伤保险与生产单位改善劳动条件、防病防伤、安全教育、医疗康复、社会服务等工作紧密相联，对保证生产经营单位和职工的安全生产，防止或减少工伤、职业病，保护职工的身体健康来说至关重要。

第二，可以减轻企业负担。如果企业职工不参加工伤保险，一旦发生工伤事故，将由企业承担职工工伤所带来的医药费、伤残补助金、伤残津贴等诸多费用。在极端情况下，在发生重特大安全事故的情况下，一些小企业或效益相对较差的企业往往会因为一起工伤事故而无力支付赔偿金，有的企业会感到难以为继，甚至被迫停产。而企业只要向当地政府社会保险机构缴纳职工工资总额1%左右的工伤保险费，不论企业发生何种工伤事故，其所需有关费用都可以由社会保险经办机构按规定进行赔偿。这样，就可以大大减轻企业因工伤而引起的经济负担。

第三，保障受伤害职工的合法权益。随着工业化、城市化步伐的日益加快和交通、建筑等行业的快速发展，劳动者所面临的职业伤害风险也在不断增加；同时，在发生工伤事故后，一些企业往往以职工违章操作（未进行岗前培训）或违反厂纪等种种借口未按照规定的工伤处理，使职工的合法权益得不到应有的保障。如果企业职工参加工伤保险，一旦发生事故，将由当地劳动保障行政部门依法进行工伤认定。确定是工伤的，由劳动鉴定机构对工伤职工的伤残情况进行等级鉴定，并由社会保险部门按规定进行赔偿。这样能较好地维护企业职工的合法权益，妥善处理事故和恢复生产，维护正常的生产、生活秩序，维护社会安定。

第四，可以较好地调整劳动关系，维护社会稳定。如果企业职工不参加工伤保险，一旦工伤事故发生，企业在处理工伤事故的过程中，工伤职工和其家属往往会对工伤事故处理的公正性产生怀疑，进而对处理结果表示不满，容易导致劳动关系紧张甚至激化矛盾，产生不稳定因素。如果企业参加工伤保险，发生事故后，由企业向当地劳动保障管理部门上报事故情况，劳动保障部门调查核实后进行工伤认定。如果是工伤，则工伤职工可以享受工伤保险待遇。这样，就能够较好地处理工伤事故，协调好企业和工伤职工的劳动关系，有效地防止不稳定因素的产生，企业也不会因工伤事故的发生牵涉过多的精力和财力。

第五，可以增强企业的安全意识，减少企业工伤事故。近几年来，企业工伤事故时有发生。这在很大程度上是由企业和职工安全生产意识淡薄造成的。企业参加工伤保险后，向社会保险经办机构缴纳工伤保险费，看起来付出了一些经济代价，但换来的是企业和职工安全意识的增强，这将有效预防和减少企业工伤事故的发生。

第六，可以促进企业发展。企业要发展，根本的一点，就是企业能不能调动起全体职工的积极性和创造性。众所周知，职工的积极性、创造性来源于企业对职工的关心和爱护。只有企业真诚地关心和爱护职工，维护职工的利益，职工才会热爱企业，关心企业，才会在生产经营中充分发挥积极性和创造性，为企业发展做出积极贡献。企业职工参加工伤保险，可以使广大职工深刻感受到企业的真诚关心和爱护，进一步增强企业的凝聚力和向心力，调动职工的生产积极性和创造性。

第七，可以促进城乡一体化建设。建立完善的社会保险体系是城乡一体化的重要内容，工伤保险是完善的社会保险体系的重要组成部分。没有工伤保险的社会保险体系是不完善的社会保险体系，没有工伤保险的城乡一体化也是不完善的城乡一体化。由此可见，大力推进工伤保险是推进城乡一体化的必然要求。

三、生育保险对于经济社会的影响

生育保险是社会化大生产特别是市场经济发展的客观需要，是经济发展和社会进步到一定程度的必然结果。生育保险不仅可以保障妇女基本权益，提高人口素质，而且有利于贯彻国家人口政策，为妇女平等就业创造条件。

第一,生育保险有利于保障妇女的基本权益。生育保险不仅使妇女安全、健康地渡过生育期,也为其产后投身于正常工作创造了条件。生育保险为生育女职工提供孕期检查、医疗服务、生育津贴和新假期,保障了其生育期间的身体健康和基本生活,解除了她们生儿育女的后顾之忧。国家通过制定相关政策保障她们离开工作岗位期间享受有关待遇,其中包括生育津贴、医疗服务以及孕期不能坚持正常工作时给予的特殊保护政策,在生活保障和健康保障两方面为孕妇的顺利分娩创造了有利条件。实行生育保险是对妇女生育价值的认可。妇女生育是社会发展的需要,她们为家庭传宗接代的同时,也为社会劳动力再生产付出了努力,应当得到社会的补偿。因此,对妇女生育权益的保护,得到大多数国家的接受认可和政策支持。目前,世界上已有135个国家通过立法保护妇女生育的合法权益。

第二,生育保险有利于提高人口素质,保障劳动力的再生产。人类繁衍、世代延续是社会得以生存和发展的基础。要提高人口素质,首先要保证母亲健康。如果女职工在生育期间的生活得不到保障,就会因生活困难而被迫降低必要的保健与营养水准,直接影响到婴儿的生存和健康成长。妇女生育体力消耗大,需要充分休息和补充营养。生育保险为她们提供了基本工资,使她们的生活水平不会因为离开工作岗位而降低。同时,生育保险为她们提供了生育相关的医疗服务项目,包括产期检查、围产期保健指导等,监测胎儿的正常生长。对于在妊娠期间患病或接触有毒有害物质的妇女,要做必要的检查,如发现畸形儿,可以及早终止妊娠。对于在孕期出现异常现象的妇女,要进行重点保护和治疗,以达到保护胎儿正常生长、提高人口出生质量的作用。

第三,生育保险有利于国家人口政策的顺利贯彻实施。目前,西方一些发达国家的人口出生率很低,许多国家都制定了一系列鼓励生育的政策,其中包括生育保险政策。我国实行计划生育、优生优育的基本国策,更要从国家和民族发展的长远利益来认识和理解生育保险的意义和作用,促进这一基本国策的贯彻落实。生育保险待遇具有一定的福利色彩,生育期间的经济补偿高于养老、医疗等保险项目。生育保险提供的生育津贴,一般为生育女职工的原工资水平,也高于其他保险项目。另外,在我国,职工个人不缴纳生育保险费,而是由参保单位按照其工资总额的一定比例缴纳。

第四,生育保险为企业公平竞争和妇女平等就业创造了条件。由于行业特点和社会分工不同,一些企业女职工比例较高,另一些企业则较低。实行生育保险有利于均衡用人单位的生育费用负担,促进企业公平竞争。同时,实行生育保险,女职工生育依法享受带薪假期,所需基本生活费用和医疗保健费用由生育保险基金给予一定的补偿,解除了妇女就业的后顾之忧,有利于克服就业领域的性别歧视现象,对于促进男女平等就业、同工同酬目标的实现,有着十分积极的意义和作用。

本章小结

社会保险的经济社会效应主要体现在对于经济发展、收入分配、储蓄、劳动供给等方面的影响。本章从理论上系统阐述了养老保险、医疗保险和其他保险项目的经济社会效应。

主要概念

经济效应　社会效应　社会再分配

复习思考题

1. 在后疫情时代，社会保险如何对经济发展、社会稳定产生作用？
2. 在人口老龄化背景下，养老保险对经济社会的影响如何？
3. 如何规避社会保险对于劳动供给的不利影响？

参考文献

[1] 穆怀中. 中国社会保障适度水平研究 [M]. 沈阳：辽宁大学出版社，1998.

[2] 孙永勇. 社会保障对储蓄的影响——西方主要理论思想与经验检验研究 [D/OL]. 武汉：武汉大学，2005 [2022-05-15]. https：//kns.cnki.net/kcms2/article/abstract? v ＝ 3uoqIhG8C447WN1SO36whBaOoOkzJ23ELn ＿-3AAgJ5enmUaXDTPHrLN04PrAq12t7ltLfaoV1tcz＿rXVA8i＿DxGMksrt3dAK&uniplatform＝NZKPT.

[3] 周小川. 关于储蓄率问题的若干观察与分析 [J]. 中国金融，2009（04）：8-10.

[4] Martin Feldstein. Social security, induced retirement and aggregate capital accumulation [J]. The Journal of Political Economy，1974（82）：905-926.

[5] R. F. Harrod. Towards a dynamic economics [M]. London：Macmillan Press，1948.

POSTSCRIPT

后记

社会保障是民生之基。经过不懈努力,我国建成了具有鲜明中国特色、世界上规模最大、功能完备的社会保障体系,人民群众获得感、幸福感、安全感更加充实、更有保障、更可持续。党的二十大报告在阐述"健全社会保障体系"时强调,要"健全覆盖全民、统筹城乡、公平统一、安全规范、可持续的多层次社会保障体系"。具体来说,就是要"扩大社会保险覆盖面,健全基本养老、基本医疗保险筹资和待遇调整机制,推动基本医疗保险、失业保险、工伤保险省级统筹。促进多层次医疗保障有序衔接,完善大病保险和医疗救助制度,落实异地就医结算,建立长期护理保险制度,积极发展商业医疗保险"。社会保险是整个社会保障体系的主体性制度安排,也是重要的公共政策改革领域。伴随着我国社会保险事业取得举世瞩目的成就,学术界同时也取得了丰硕的研究成果。社会保险改革和发展的实践日益深入,需要相应的理论和研究方法做到与时俱进。然而,如何将最新的实践变革和理论成果吸纳到教材和课堂中来,是社会保险教学面临的难题和挑战。此外,招收培养港澳台侨学生和以华裔新生代为主的外国留学生,是国家创办华侨大学的初心和学校新时代的使命,也是华侨大学不同于其他大学的办学特色和独特优势。华侨大学政治与公共管理学院拥有一定数量的境外学生,不论是本科生,还是学术硕士研究生和专业硕士研究生的培养方案,都设有社会保障方向的课程。

华侨大学政治与公共管理学院社会保障研究团队是一支年轻的、不断蓬勃发展的教学科研团队。一段时间以来,社会保障研究团队在承担社会保障的教学和研究工作的过程中,一直努力尝试着将"讲好社会保障中国故事"融入社会保障学科基础理论的教学过程,并取得了一定的成绩。为展示这一努力尝试的成果,社会保障研究

后记

团队在"社会保障""社会保险""社会福利和社会救助"等主要社会保障课程长期教学积累的基础上，耗时两年编写了《社会保险学》这本教材。在编写过程中，参与教材撰写的老师们还在一定范围内进行了试教，并根据教学反应进行了完善和提高。

本教材是华侨大学政治与公共管理学院社会保障研究团队集体智慧的成果。当研究团队提出编写教材的计划时，团队的老师们积极参与。大家就整体架构和章节内容的安排等问题进行了多轮次的讨论。在编写过程中，汤兆云教授和和红副教授负责本书的整体框架设计、章节案例材料的收集整理和知识点的校对。具体章节的编写分工如下：第一章由和红副教授负责撰写；第二章由姜泽华教授负责撰写；第三章由汤兆云教授负责撰写；第四章由田洁玫博士负责撰写；第五章由黄秋风副教授负责撰写；第六章由庄思薇副教授负责撰写；第七、八章由韩艳副教授负责撰写；第九章由和红副教授负责撰写；第十章由双文元副教授负责撰写。

本书在编写过程中，社会保障研究团队成员付出了最大的努力，但可能还存在着一些错误和不足之处，希望得到各位前辈和同行的批评指正。

本书在出版过程中，得到了华中科技大学出版社钱坤老师、张馨芳老师和黄军老师的大力支持和帮助。在此表示最诚挚的感谢！

值《社会保险学》教材出版之际，感谢社会保障研究团队的老师们在教学科研方面的精诚合作。教研相融，共生互长，期待大家取得更好成绩，更上新台阶！

汤兆云　和红　谨志

2022 年 11 月

与本书配套的二维码资源使用说明

本书部分课程及与纸质教材配套数字资源以二维码链接的形式呈现。利用手机微信扫码成功后提示微信登录，授权后进入注册页面，填写注册信息。按照提示输入手机号码，点击获取手机验证码，稍等片刻收到4位数的验证码短信，在提示位置输入验证码成功，再设置密码，选择相应专业，点击"立即注册"，注册成功。（若手机已经注册，则在"注册"页面底部选择"已有账号？立即注册"，进入"账号绑定"页面，直接输入手机号和密码登录。）接着提示输入学习码，需刮开教材封面防伪涂层，输入13位学习码（正版图书拥有的一次性使用学习码），输入正确后提示绑定成功，即可查看二维码数字资源。手机第一次登录查看资源成功以后，再次使用二维码资源时，只需在微信端扫码即可登录进入查看。